作者简介：

　　林克勤，文科三级教授，文学博士。主要学术兼职：中国认知传播学会常务副会长、中西语言哲学研究会常务理事、华夏文化促进会华夏传播专业委员会学术顾问、国家社科基金评审专家、教育部人文社科项目评审专家、重庆市人民政府发展研究中心研究员、重庆市企业文化研究会副会长、中美后现代发展研究院特聘专家、日本札幌大学客座教授。主持并完成国家社科基金一般规划项目一项、国家出版基金项目一项、重庆市社科重大项目一项、重庆市社科一般规划项目四项，讲授重庆市双语教学示范课程"国际传播学""中西比较新闻学""中国文化走出去研究"等，在国内外权威学术期刊发表论文三十余篇，出版专著四部。曾应邀在美国的克莱蒙研究生大学（CGU），日本的北海道大学、札幌大学，新加坡的南洋理工大学，以及我国的香港浸会大学、台湾华梵大学讲学。主要学术兴趣：体认传播学与马克思主义新闻观、文化话语研究。致力于超学科视阈下的传播与文化的跨界研究，是目前体认传播学派的主要倡导者和践行者之一，其相关论文在《中国社会科学报》、*Asian Journal of Communication* 上发表，受到传播学界的广泛关注。

国家出版基金项目
NATIONAL PUBLICATION FOUNDATION

ZHONGGUO WENHUA ZOUCHUQU DE
CELÜE YU LUJING CHUANGXIN YANJIU

中国文化走出去的
策略与路径
创新研究

林克勤◎著

四川大学出版社

责任编辑:敬铃凌　余　芳
责任校对:周　洁
封面设计:严春艳
责任印制:王　炜

图书在版编目(CIP)数据

中国文化走出去的策略与路径创新研究 / 林克勤著.
—成都：四川大学出版社，2018.12
ISBN 978-7-5690-2687-0

Ⅰ.①中…　Ⅱ.①林…　Ⅲ.①文化交流-研究-中国
Ⅳ.①G125

中国版本图书馆 CIP 数据核字（2018）第 285617 号

书　名	中国文化走出去的策略与路径创新研究	
著　者	林克勤	
出　版	四川大学出版社	
地　址	成都市一环路南一段24号 (610065)	
发　行	四川大学出版社	
书　号	ISBN 978-7-5690-2687-0	
印　刷	成都国图广告印务有限公司	
成品尺寸	170 mm×240 mm	
印　张	28	
字　数	486 千字	
版　次	2018 年 12 月第 1 版	
印　次	2018 年 12 月第 1 次印刷	
定　价	89.00 元	

◆ 读者邮购本书,请与本社发行科联系。
电话:(028)85408408/(028)85401670/
(028)85408023　邮政编码:610065
◆ 本社图书如有印装质量问题,请
寄回出版社调换。
◆ 网址:http://press.scu.edu.cn

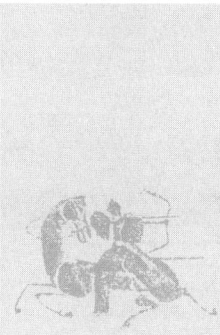

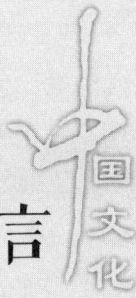

序 言

　　克勤教授的这本大作是在新世界主义视阈下探索中国文化外溢传播的必然性与合法性策略与路径的一次创新性尝试。新世界主义是习近平主席及其领导集体对时代潮流和世界现状及发展趋势所秉持的创造性系统认识、论述、主张和行动方案。它以"同心打造人类命运共同体"为基本前提，其理论体系表现为：反对西方中心主义和霸权思维，主张世界多极化和文化多元化；反对地域保护主义，主张人才与信息等的自由流通、开放和合作；主张共商、共建、共生、共荣，摒弃自私和狭隘的保守立场；反对干涉他国内政，主张和谐包容、市场运作、和平发展；反对歪曲、篡改历史，主张前事不忘后事之师，防止历史悲剧重演。在这个新世界主义视阈下，中国文化走出去是文化涵化的必然要求，也是丰富国际文化生态的刚性需求，更是中国文化自省、自觉的重要路径。

　　这本书立足于文化话语研究的理论前沿，梳理了历史上中国文化外溢传播三次高峰的时代脉络，确证了秦汉时期、唐宋时期、明清时期的中国文化走出去既有当时国家的主观意图和政治思考，又有文化涵化流动的倒逼和客观需要。而在新时期，中国文化走出去的深层考量则主要是基于文化逆差的现实规制和文化安全的必然进路。在西方中心主义的霸权思维和霸道行径冲击下，中国必然要型构和坚持自己的东方立场和价值体系，同时也会让中国制造和中国文化共同为世界面临的困难和问题提供解决方案、贡献中国智慧。文化之争的外在表现形式就是话语之争。从历史的视角看，中国话语文明与西方话语文明存在着阐释想象和客观再现的重大区别，中国文化要走出去，重构与重释中国话语体系势在必行。这种重构与重释既借鉴了西方学术思想的理念、方法、手段，又突出了中国特色和民族记忆，即以新儒学为代表的中国传统文化当代阐释为主要思路，凸显中国语境或东方语境的包容性、丰富性和多样性，重新规划和构筑中国文化从边缘到中心的新世界主义再中国化路径。中国文化走出去还是国家形象重塑的重要手段。由于历史和政治的原因，中国或者东方一直是被西方作为他者来审视的，这种居高临下的视角充分揭示了西方对包括中国在内的东方国家的地理殖民本质和文化优越心态。要打破这种有意矮化中国的定势，实现民族文化身份的独立、合法和多元文化的平等互视，中国文化的域外分层传播成为当下紧迫的任务。我们应当既在自醒自觉的前提下发掘本民族文化有普遍意义的精髓与国际社会共享，又在与异质文化的交流中不断进行文化创新，以实现世界的进步发展为最高理性诉求。简要地说，这种分层化的外溢包括传统文化、大众文化、政治文化三个向度，面对不同的接受群体的需求，展示中国作为文明、民主、富强、开放、包容、进步的东方大国品牌形象。当然，对中国文化走出去的框架设计也不能仅仅依靠站在圈内人的立场上进行内省、挖掘、传播等自说自话的行为，还要睁眼看世界，借鉴发达国家在文化立国与文化输出方面的经验和模式，如美国的文化输出战略、俄罗斯应对西方文化渗透的经验和教训、日韩文化立国与国际传播的策略等，反观我们的文化方针并不断进行调整、充实、创新，以产生更好的政策效应，获得更佳的传播效果。

在中国文化走出去的实践路径论证这一部分，该书首先从中国文明史的挖掘、提炼、再造角度，站在自发与自觉辩证统一立场反思中国文化遗产的具象传播，包括物质文化和非物质文化遗产的保护、传承与创新，从大陆文明、海洋文明到空间文明的高度阐释中国文化遗产的外延命题，即以博物馆为中心的文化遗产地方展示体系，以大众媒介为主渠道的中国形象宣传路径，以互联网、自媒体技术、人工智能等信息存在建构的数字化传播进路。其次，从翻译作为媒介的交流传播方面分析中国文学在世界上的译介、扩散与接受。在跨文化背景下，译者主体的翻译模式发挥着重要作用，这包括中国学者主体、外国学者主体和中外合作等三种类型。从翻译方法论上看，深度翻译、滤写翻译、文化离散书写等构成中文外译的几种具体手段。在国际交流越来越深入的今天，全社会正在共同努力，打造一个由"翻译国家队"、应用型翻译队伍等多层次构成的翻译人才体系。第三，中国戏剧是国际社会认可的中国元素，也是最能代表中国形象的艺术形式之一。中国戏剧不能驻足于国门之内自我欣赏，而是要跨越民族疆域、审美差异，实现人类艺术遗产的共享。这其中，京剧、川剧、昆曲的海外传播具有一定代表性。从某种程度上说，中国戏剧要走出去，除了尽量拉近中西戏剧的审美距离、适应西方观众的审美诉求和观赏期待，也应重视翻译这一中国戏剧实现跨文化传播的关键环节。故此，中国戏剧的现代转型是值得深入探讨的创新思路之一。第四，高等教育作为国家软实力的重要组成部分，在中国文化走出去的过程中扮演着关键角色，它为民族崛起源源不断地提供了人才资源和制度设计。高等教育国际化是现代大学发展的必然方向，是国际文化交流的主要组成部分，也是国家文化软实力的重要表现形式。在中国文化全球传播的大背景下，由孔子学院推动的汉语国际化方兴未艾，是增强中国国际话语权和文化软实力的重要措施。目前，孔子学院的全球布局已从1.0时代迈进了2.0时代，其注重内涵提升和组织创新的去官方化、学术研究化、融入异质文化环境等方针正在逐步推进，由学院到书院的改革、嬗变、衍进也在不断发展。第五，企业作为社会活跃的组织细胞，也是承载文化的模因复合体，它不仅生产了物质产品，也复制着精神产品。在全球知名品牌的背后，其母国的文化价值观和意识形态发挥着重要的辐射作用。作为企业发展的高级形式，跨国公司在全球文化交流与传播中的角色和地位也越来越受到人们的重视。中国企业文化的培育和跨国公司的文化传播在中国文化走向世界的进程中发挥了重要的主导作用。中国企业走出去是中国文化走出去的先导与基础，企业形象代表了国家形象，这方面中兴、华为、中海油等中资公司为树立中国全球品牌、传播中国价值观和文化精髓起到了标杆和示范效应。

该书的一大特色是运用了超学科的思维框架和研究范式。超学科研究处于学科融合的最高层次，它在不同学科之间交相辉映、建路搭桥并取代和超越其自身，代表了一种新的视角和一种新的知识生产范式。该书在大文化的理论框架下论述与例证中国文化弘扬民族特色、丰富世界文化生态的必然性与合法性，视野宏大，论述精深，涉及后现代哲学、认知科学、社会学、文化学、语言学、比较文学、人类学、传播学、翻译学、戏剧学、历史学、艺术学等诸多学科领域，综合运用了人文学科的多重理论范式和研究方法，凸显了其学术进路上的超学科特色，并努力做到了多维指向、融会贯通、衔接合力、逻辑通达、语篇隽美。相信读者读完本书，会得出与上述评价相似的结论。

该书还提出了不少有建设性意义的观点，如：文化与国家整体实力关系紧密，但文化流动也有着其自身规律和特点，弱小文化对强大文化的反哺与逆袭时有发生，文化是互动的，文化回流是必然的；中国文化走出去既是文化自发流动的必然趋势，又是丰富世界文化生态、共享人类精神遗产的理性诉求，更是维护国家文化安全、重塑中国国家形象、提升中国国际话语权的深层考量；中国话语体系的重释与重构是与西方文明进行平等互视、理性对话、共商共享的关键进路，其中学术话语体系的重塑又是基础平台和思想资源；跨文化交流中的"误读"不可避免，既有恶意的"误读"，又有善意的"误读"和创造性"误读"，这种"误读"的作用不可过分夸大；要借鉴美国、俄罗斯、日本、韩国等国文化输出的经验与教训，要把文化立国、文化产业做大做强，不可依赖于简单的防堵式策略和灌输性宣教模式，要把文化主权的维护和文化走出去作为双轮驱动的战略来抓；全球社会对现代性的反思为中国在新时代迈向空间文明提供了伟大契机，天下立场展示了一个交叉、立体、互融、创新的系统和场域；"一带一路"倡议是新世界主义视角下建构空间文明的一项重要举措，它不仅意在推动中华文明伟大复兴，更意在推动其伟大转型；它修订了内陆文明从属于海洋文明、东方依附于西方的霸权主义观点，顺应世界重心东移的趋势，重塑均衡、包容的全球文明；等等。这些观点寓意深刻，发人深省，值得我们认真咀嚼、仔细品味。

总之，在新的历史时期，中国文化走出去应遵循这样的总体思路，即建我话语体系，重塑国家形象，防止精神殖民。这几个方面既是中国文化走出去的目的和意义所在，又是其策略与路径指向。

这本书获得国家社科基金和国家出版基金的双重资助应在情理之中，因为它本身内蕴的价值已经说明了一切。

再次祝贺本书的隆重面世！

华夏文化促进会主席
国际易学联合会荣誉会长　　廖彬宇

2018年12月

中国文化

Zhongguo Wenhua Zouchuqu de Celüe yu Lujing Chuangxin Yanjiu

目 录
CONTENTS

第一章

中国文化走出去的
历史和学术内涵

第一节　古代中国文化走向世界的源流考察

按照文化社会学的观点，文化是人们进行社会交往的中介，又是社会结构的联系环节，因此文化不可避免地是在社会发展的过程中演进、变化、传播的。[1]文化传播基本上以文化流的方式进行，它是模态化的、持续的、多重互动的，包括本民族文化的走出去与异文化的输入。一般来说，文化是从发达的高处流向不发达的低处，但也会出现文化流的反哺现象，即低处文化会以某种方式渐进影响或最终改变高处文化。因此，本民族文化的走出去和异文化的输入是一个多主体互动的过程，在不同的场景和环境、背景下，主客转换经常发生，很多时候文化传播的主体因素在人们的认知视域中非主非客，既主又客。

作为世界四大文明古国之一，中国在其文明发展史上经历了文化流的对外传播与向内流入、影响与被影响、改变与被改变、主体化与客体化的过程。我们首先以溯因法来考察中国文化与世界文化交流互动的历史，借此一窥中国文化走向世界的历程与思路。

以季羡林先生为代表的学者群体曾经发表了一系列以"东学西渐"为主题的文章，提出了历史上中国作为许多国家文化放送国的学术观点，沿着这个思路，许多学者进行了深入的探讨。

有的学者提出广义的"东学西渐说"，认为中国文化最早的对外传播产生于远古时代，出现了中石器时代使用的部分生产生活工具向西传递，新石器时代仰韶文化彩陶器皿传入俄罗斯、土耳其和部分西亚国家，以及亚洲人跨越白令海

1　司马云杰：《文化社会学》，北京：中国社会科学出版社2001年版，第268页。

峡到达美洲等历史事件，并辅之以一些田野发掘来进行佐证。[1]考古发现台湾高山族人的头骨与印第安人的头部结构变化基本一样[2]；美国内陆出土的印第安人生活用具上刻有数个表达意思的符号，与中国仰韶文化和西安半坡村遗址出土的日常生活器皿上的符号基本一致；起源于中国东南沿海的巴国石匕兵器曾经流传到波利尼西亚与美洲。[3]另外，最早起源于中国的具有华夏文化特征的细石器用具在内蒙古、宁夏、甘肃、青海、新疆、西藏乃至南西伯利亚贝加尔湖均有发现。[4]新石器时代仰韶文化的出土彩陶与基辅以南的特里波巴、土耳其斯坦的安诺彩陶文化特征，甚至与巴比伦尼亚、亚述、阿兰发现的彩陶风格相同[5]；史前的裸女塑像及带有"卐"形纹饰的生活陶器在我国及欧、亚、非广大地区陆续出土[6]……这些都被一些持激进观点的考古学者认为是中国文化对外传播的早期痕迹和历史证据。

当然，这些零散的事实线索还不足以确证中国文化早在石器时代就已对外传播的历史。学术研究的严肃性特点在于，要证明一个问题的真实性，必须同时具有严密的逻辑推理体系和大量的事实证据。以上推论和假设，仅能作为一种史学探想和田野猜测，而不足以形成充分的学术定论和某种理论的中心价值指向。

目前史学界对中国文化对外传播的起源大多采纳以陆上丝绸之路和海上丝绸之路开通为线索的二分论断法，认为这两条丝绸之路的开通真正力证了东西方文化之间广泛交流的事实。19世纪以来通过对丝路地理环境变迁、交通路线确定、沿途国家的社会经济文化交流、古代民族活动、宗教文化传播、商品贸易变化等的实地考察和范畴分类，从各个学科的角度初步确定了丝绸之路的研究范围和方向。20世纪以后，丝路研究开始摆脱单向旅行的考察阶段，向政治、经济、文

1　冯国荣、侯德彤：《中学西渐的历史线索及相关研究课题》，载《东方论坛》2004年第5期。

2　忻剑飞：《世界的中国观》，上海：学林出版社1991年版，第22页。

3　凌纯声：《中国台湾与东南亚的巴国石匕兵器及其在太平洋与美洲的分布》，载台湾大学《考古人类学刊》1956年第7期。

4　中国大百科全书总编辑委员会《考古学》编辑委员会，中国大百科全书出版社编辑部：《中国大百科全书：考古学》，北京：中国大百科全书出版社1986年版，第18页。

5　赫罗兹巴著，谢德风等译：《西亚细亚、印度和克里特上古史》，北京：生活·读书·新知三联书店1958年版。

6　郭大顺、张克举：《辽宁省喀左县东山嘴红山文化建筑群址发掘简报》，载《文物》1984年第11期。

化、艺术、宗教等领域全面扩展，逐渐成为一门独立的学科。[1]丝路学派以历史文明交往为基础，以国际关系框架与全球治理视域组成其研究的学理轮廓。丝路学派不仅固化了门类多样的学科体系、借路传道的学术传统、西强中弱的话语格局，还成为兼具著书立说与建言献策两个应用指向的一门显学，涌现出几代学术名人甚至身份显赫的史学权威，如斯文·赫定、伯希和等欧洲学派巨擘，F. 斯塔尔、布热津斯基、基辛格、福山等美国学派权威，以及黄文弼、季羡林等中国学派大师等，名人效应巩固了丝路学派的显学品格与学界地位。[2]

虽然丝路研究分布在不同学科的学术平台上，内容也比较杂乱，视角不同，理论没有形成主线，但以丝绸之路研究为历史脉络探索中国文化对外传播的起源与演变是大多数学者都首肯和认同的。

有史可考的中国文化最早的对外交往活动始于秦朝。虽然关于秦代的中西文化交流、国外使者来访等显性史实，文献上并没有明确的记载，但考虑到短短十几年的秦朝烽火频起、战乱不止，秦始皇又焚毁了大批典籍文献，因而不排除有一些记载对外交流的史料被销毁的可能。另外，秦始皇喜欢各处巡游，寻访仙人以求长生之术，《史记·秦始皇本纪》中徐福率三千童男童女寻访蓬莱三岛而后不知所终等各种历史记载都确切反映了秦朝热衷于对外交往。[3]凡此种种的历史鳞爪，都显示出秦王朝存在与异文明发生关系和进行文化传播等活动的可能。

另外，秦在统一中国之前就征服了许多小诸侯国和异民族国家，并开垦荒地，移民填充，建立起大大小小的聚居地，使秦国的疆土不断向外延展。秦对所谓蛮夷的挤压和战争迫使原在黄河河西一带的异民族部落西迁，这些部落又进而推动原住西部的各民族逐一向更偏远的西方迁移，使得这些迁移民族入侵西亚诸国，促成了后来的亚述帝国灭亡等西亚地区的民族兴替与迁移融合态势。其后，居鲁士又几经更迭建立了波斯帝国，至大流士时期更发展成为横亘欧亚非大陆的强盛帝国。因此，有学者认为秦疆域的西扩与波斯的东进构建了东西方文明大通

1　李明伟：《丝绸之路研究百年历史回顾》，载《西北民族研究》2005年第2期。

2　马丽蓉：《丝路学，关于"中国与世界关系"的百年显学》，http://opinion.huanqiu.com/opinion_world/2017-11/11411046.html，2017-11-29。

3　司马迁：《史记：第1册　卷1-7》，北京：中华书局1982年版，第247页。

道，开始了东学与西学的互视与对流。[1]

2006年7月，考古专家对秦始皇陵挖出来的十几具尸骨做了DNA鉴定，发现其中一具尸骸具有明显的白种人体貌特征。而据史料记载，直至汉代张骞出使西域后汉朝才逐渐与西域乃至西亚建立起联系，而秦朝统治区域内怎么会出现远隔万里的异民族呢？有专家指出，所谓的"白种人体貌特征"（欧亚西部人种特征）是以人类学、考古学等学科依据来判断的，而这些体貌指标主要指向印欧人（即白种人）。理论上讲，这次发现的这具遗骸，主要是在证据上补充了在秦朝时代，中国中原地区与异文明的中亚、西亚地区，甚至更远的地域，如地中海沿岸地区和两伊地区，就已经有贸易往来，并且还有人员的交流与融合。[2]因此，完全否定秦朝存在对外交往和文化传播的做法比较武断，虽然没有史料明确记载秦朝与别的国家发生大规模贸易和文化交往的相关事件，但零星的人员往来，甚至是文化的少量传播应该是可能的。

根据丝路研究的历史线索和学术推论，"陆上丝绸之路"和"海上丝绸之路"最早形成于汉代。据《后汉书·西域传》描述，自玉门关和阳关往西域方向共有两条通往西方文明带的要道。其中，由"鄯善傍南山北，波河西行至莎车，为南道"，由"车师前王庭随北山、波河西行至疏勒，为北道"[3]。这就明确清晰地勾勒出了汉代中国从陆路上与西方国家进行交流的通道与路径。[4]除了"陆上丝绸之路"外，汉代还开通了从沿海港口通向其他国家的"海上丝绸之路"。据考证，"海上丝绸之路"自西汉汉武帝时期就已存在，出海港口主要分布在浙江、福建、广东等沿海地区，其海上走向是从我国海岸线出发，穿越中南半岛、马来半岛和马六甲海峡，抵达孟加拉湾，最远到达印度次大陆以南的斯里兰卡。[5]还有的学者认为其时还存在一条"西南丝绸之路"，这条路线从四川出发，途经云南进入缅甸，最后抵达印度，长逾2000公里。后来，茶马古道与西南丝绸之路融合，驼马商队沿着这条路线向缅甸、印度大量输出中国的茶叶、丝

1　冯国荣、侯德彤：《中学西渐的历史线索及相关研究课题》，载《东方论坛》2004年第5期。

2　佚名：《秦始皇陵何以挖出外国人》，载《山西老年》2007年第5期。

3　沈福伟：《中西文化交流史》，上海：上海人民出版社2014年版，第36页。

4　李立新：《东学西渐与中国文化的传播历程》，载《兰台世界》2012年第13期。

5　廖国一：《汉代合浦郡与东南亚等地的"海上丝绸之路"及其古钱币证据》，载《广西金融研究》2005年第A2期。

绸、瓷器，同时换回其他国家的商品。这些都说明从汉代开始中国对外的经济与文化交流进入了一种先于组织、未设框架、缺乏设计的自发对外传播阶段。

汉朝对外交流事件中最为世人所知的就是张骞出使西域。公元前139年，汉代张骞被皇帝礼聘为"郎"（侍从官），率一百多人的外交使团出使西域，其主要任务是联合大月氏抗击对汉王朝造成严重威胁的匈奴。第一次出使西域，张骞被匈奴人抓获，在苦寒的北国受到监禁羁留达十年之久。后张骞设法逃出，到达大宛和大月氏，虽然未能说服大月氏联合攻打匈奴，无功而返，但张骞通西域使中国的影响力跨越了汉朝的边界，不仅加强了与西域诸国的联系，而且也建立和密切了中国同中亚、西亚乃至南欧的交往。公元前119年张骞第二次奉命出使西域，率领300人的外交使团游说西域诸国，促使这些国家建立了与汉朝的良好关系。此后，汉朝派出的使者还到过安息（今伊朗、阿富汗一带），身毒（印度），奄蔡（今咸海、里海一带），条支（汉代安息属国），多摩梨轩国（今印度坦姆拉克Tamluk）[1]中国使者在安息受到热烈欢迎，安息等国的使者也不断来长安访问和进行贸易，从此汉朝与西域的物质和精神交往逐渐密切并稳定。

汉朝主动联络西域，虽然起始于一种明确的军事目的，但通往西域之路开通之后，这条纽带的影响与意义就远远超出了最初的军事设想。后来"丝绸之路"的开通把中国和中亚许多国家联系在一起，促进了国与国之间的政治、军事、经济和文化交流。

有学者把这些交流归纳为四个方面：

一是商品集市贸易。这是一种最直接、影响也最深远的文化传播方式。汉朝向域外各国输出丝绸、铁器以及农耕技术，中亚各国向汉朝回馈以马匹、水果等。商品作为文化的载体蕴含着创造者所代表的精神文化，接受一种新的商品无形中也就接受了这种商品所承载的文化内涵。

二是各种人员的迁徙和交往。从最初的商贾驼队、官方使者到后来的留学生、旅行者、战争移民等，这些人员的频繁迁徙和互相交往大大促进了各国之间的文化交流与传播。

三是宗教的渗透扩散。宗教是人类社会独有的一种精神信仰，具有难以改变

1　朱东润、李俊民等：《中华文史论丛：1984年第3辑》（总第31辑），上海：上海古籍出版社1984年版，第53页。

的属性。丝路开通之后，外国传教士、异域僧侣在这条道路上往来于各国，成为宗教文化传播的使者。中国的道家、儒家文化，民间信仰，生活方式等通过丝绸之路向外传播，佛教、基督教、伊斯兰教等域外宗教则向中国逆流渗透。

四是战争的后续影响。汉武帝时中国与匈奴的战争不断，造成人员的大量死亡和随之而来的移民浪潮；东汉时班超带兵征伐北匈奴，安定西域地区，进一步巩固了丝绸之路的和平繁荣。战争使当时先进的科学技术和农业、手工业技艺等得到广泛交流和传播应用，同时，随着领土的扩张也出现大规模的移民，这使得不同文化和生活习俗得以随移民潮而扩散。在那时，战争成为文化交流与融合的一种重要方式。[1]

在汉代与中亚各国的交往中，安息（伊朗）占据着突出的地位并发挥了关键的作用。中伊都是亚洲文明古国，都拥有悠久的历史和灿烂的文化。历史考察的资料证实，横贯中国东方与西方的"陆上丝绸之路"和从南海出航延伸到波斯湾的"海上丝绸之路"，将两国紧密地联系在一起。[2]据中国史料记载，中国与安息两国政府间的往来始于公元前2世纪末期，即中国西汉武帝刘彻（公元前140年—公元前87年）统治的强盛时期。但早在两国政府发生接触之前，民间交往就已经开展起来，其内容包括商品贸易和其他文化活动。丰富而频繁的物质和精神文化交往使得双方人民得以了解彼此的文化风俗习惯，交通路线也日趋成熟和固定，这为两国政府间的官方往来创造了条件，所以民间交流是中伊政治文化交流的源头。[3]

在当时，安息是丝绸之路上的重要枢纽和转换中心，被认为是东西方贸易的连接点和桥头堡。来自西方的商队把玻璃器皿、葡萄酒、橄榄油和黄金通过安息转运到中亚以及中国和印度，换取东方的丝绸、象牙、香料和宝石。中国与安息共同维护丝绸之路的畅通与稳定，进一步促进了东西方各国政府与民间的交往和经济文化的发展。

安息与西汉建交以后，双方政府使者和商队的往来十分频繁，中国的丝绸、

1　薛东前、石宁、段志勇等：《文化交流、传播与扩散的通道——以中国丝绸之路为例》，载《西北大学学报》（自然科学版）2013年第5期。

2　王锋：《丝绸之路与中伊双边关系研究》，载《丝绸之路研究》2004年第A1期。

3　何跃：《试论中伊关系的发展》，载《云南师范大学学报》（哲学社会科学版）1996年第6期。

铁器通过安息商人远销西亚各国，其他国家的珠宝、香料、象牙、犀角、毛皮也通过安息进入中国。中国的一些民间杂戏和街头市井表演，就是从安息传入的。同时，中原地区的农业生产方式，诸如灌溉、育种、冶铁等技术在这一时期也传到了安息地区，改善了当地人民生产生活的条件。[1]

公元25年东汉建立，东汉与安息依然保持着友好的关系。公元87年，安息国王遣使到洛阳，向中国赠送了狮子、扶拔等礼品。关于非本土物种狮子何时入华的问题，有学者认为："汉代，狮子作为贡品直接进入中原，改称为师子（即为狮子）。"[2]正史中首次记载西域国家献狮的是《后汉书·章帝本纪》："是岁（章和元年），西域长史班超击莎车，大破之。月氏国遣使献扶拔、师子。"[3]可知，狮子作为西域诸国向"天朝上国"朝贡的贡品传入国内应滥觞于汉代。公元97年，班超和甘英出使西域，向这些地区的各个国家传递了汉朝与各国亲善睦邻的信息。到公元101年，安息又派使者持厚礼来中国表达友善之意。这一时期，中国的史书记载了一些长期居住在长安的安息人的活动。例如，早期到中国宣传佛法的就有安息人安清和安玄。安清于公元148年来到中国，他通晓汉文，翻译了梵文佛经34部。[4]稍晚的安玄约于公元190年来到东汉首都洛阳，与中国僧人共同翻译佛经，实现了中西文化的碰撞与交流。这些事实表明，在两汉的四百年间，中国与安息的政治、经济、宗教和文化的交流已经形成一种经常化互动模式，相互施加的影响也跨越多个领域。[5]

在东方，汉代中国与日本的接触也在进行。《汉书·地理志·燕地》《后汉书·东夷·倭传》这两部史书都记载了当时日本各诸侯奉使来朝、表达臣服归顺的史实。1784年日本九州出土了汉朝皇帝赐给日本国王的金印，证明了日本当时是汉朝的册封国以及汉朝对其王权的承认这一历史事实。而这一时期的日本列

1　何跃：《试论中伊关系的开端》，载《云南师范大学学报》（哲学社会科学版）1997年第5期。

2　林移刚：《狮子入华考》，载《民俗研究》2014年第1期。

3　范晔撰，周殿富主编，方铭点校：《后汉书人物全传：（1）本纪》，北京：北京时代华文书局2014年版，第108页。

4　萧振士：《中国佛教文化简明辞典》，北京：世界图书出版公司2014年版，第974页。

5　何跃：《试论中伊关系的发展》，载《云南师范大学学报》（哲学社会科学版）1996年第6期。

岛正处于群雄割据、相互征伐的混乱之中，类似于四分五裂的中国春秋战国时期。[1]

在西南方，中国文化则对越南等国产生了重要影响。如东汉建武年间，光武帝刘秀曾派军队征伐西南蛮夷地区，到达交趾（即如今越南）一带，大批汉朝官兵在交趾等地驻扎、生活，他们带去的许多中国民间生活习俗也为当地人民所接受。至今，越南和东南亚地区的很多国家还保留着许多流传下来的中国民间习俗。

在东北方，汉朝的影响远及朝鲜半岛。刘邦的一名部将卫满曾到朝鲜建立了卫满朝鲜，作为汉朝的藩属外臣，得到汉朝的军事经济援助。此时朝鲜深受中国饮食文化的影响，朝鲜人民也被归入了"筷子文化圈"，并在饮馔习惯、烹饪原料、食品搭配上都明显受到中国文化的影响，甚至特别遵奉中国中医的"五色""五味"理论。[2]

总之，秦汉时期中国已是拥有广阔地理版图的大国，其文化影响伴随着民间接触、军事行动、贸易往来、官方交流等，以多种形式沿丝绸之路传向中亚、西亚、东亚等域外国家。当然，这种文化的交流是双向的，也是一种自发的接触扩散，还不具有文化自觉和国家传播的意识。

第二节　唐宋时期中国文化对世界文化的影响

几百年后，隋唐在一片战乱中重新统一了中国，在秦汉的地理版图和文化遗产之上重新构建了一个被当时世界作为文明中心的盛唐王国。史学家笔下的盛唐景象是这样的：在当时的长安，聚集着波斯、大食、倭国、东非、爪哇等世界各地的商人、官员、学者，各国的商品更是琳琅满目，有吐蕃的马匹、阿拉伯的鸵鸟、天竺的孔雀、波斯的铜器、爪哇的犀牛、高丽的纸张等。长安表现出了一座国际大都市的锦绣气象，各国宗教教徒杂处在一起，宽容、自由的信仰选择展示出这个城市的开放和杂糅。广州、扬州则是千帆万樯、鳞次栉比的繁华港口，与

1　转引自王铁钧：《日本学研究史识：二十五史巡礼》，南昌：江西高校出版社2004年版，第3–12页。

2　李立新：《东学西渐中国文化的传播历程》，载《兰台世界》2012年第13期。

波斯、大食、东非、爪哇的海上贸易有条不紊地进行着。市民生活也十分丰富，人间烟火升腾，歌台舞榭低回，一片清平盛世的光景。

盛唐诗人们对酒当歌的那些豪放诗句中传递出了这样的信号：中国就是世界文明的中心。中国文化对东亚各国的自发性传播与教化敦睦格局，在唐朝时已基本确立。中国文化在东亚的传播，使得由中国扩散至朝鲜、日本而开枝散叶于南洋诸岛的华夏文化圈初具轮廓，这个文化圈超越了国家、民族的疆域与界线：大米是大家共同喜爱的主食，筷子是民众熟练使用的基本生活用具；以礼治天下、和谐万邦的儒家精神是社会共有的思想价值；汉字是文化圈成员交流的媒介基础；秦汉制度、唐宋律法则为这个文化圈的文明类型提供了上层建筑体系。因此，有学者认为，盛唐时期中国文明对世界最大的贡献，是创立了一个代表着当时最先进文化的"华夏文化圈"（也有人形象地称之为"筷子文化圈"）。[1]在华夏文化圈里，最突出的文化摆渡者无疑是日本遣唐使，他们有组织、有计划地来到长安，将中国的典章制度带回日本，开始了一系列以唐朝律令为模仿对象的政治改革，从而使日本走上了迈向发达文明国家的道路。日本这个国家自中国受益最多，但是近代给中国造成的伤害也最大。

日本与中国的交往关系始于汉代之前的朝贡体制，日本当时的统治者希望在群雄割据、动荡不安的混乱之中谋求宗主国中国对其王权正统地位的确认。到了隋唐时代，这种下对上的交往关系发生了改变，日本既谋求输入中国文化，又立足于政治上的平等主义，希望与中国进行对等性的外交。自公元630年犬上御田锹率领第一批遣唐使入朝，至公元894年菅原道真奏请废止遣唐使为止，在这一段跨度逾260年的历史时期中，日本先后派遣了19批遣唐使到中国学习。在这期间，日本遣唐使作为中日文化的交流媒介与输送平台将大量的典籍、文物、种子、技艺、工匠等有形的物质文明存在和无形的思想价值观念带回日本，促进了日本社会结构与政治制度的成熟与完善，形成了日本全面效仿、学习、摄取中国文化的拿来主义高潮。[2]

日本之所以致力于向中国派遣以学习和摄取为使命的文化搬运者，是希望他

1　周宁：《世界是一座桥：中西文化的交流与建构》，桂林：广西师范大学出版社2007年版，第5页。
2　郑彭年：《日本中国文化摄取史》，杭州：杭州大学出版社1999年版，第7页。

们担负起处理外交事务、进行朝贡贸易、引进典籍制度的历史责任，由此建立起依附于当时高度发达的文明中国的紧密关系。正如日本学者明确指出的，当时的日本迫切希望与中国建立起"以外交、军事为代表的政治关系，以物资流通为表现的经济关系，以诸般文化交流为指向的文化关系"[1]。日本的遣唐使大多是通晓中国经史、擅长传统诗文之士，这些人以促进中日亲善外交的名义入唐，之后努力学习中国文化，大量购买元典秘籍。有学者认为其真实动机在于偷师学艺、仿效先进文明，"遣唐使表面上是为了敦睦邻谊，实际上是为了输入唐朝的文化产品"[2]，为日本的政治改革与文明开化提供充足的理论依据与可效仿的参照摹本。

在日本遣唐使中，阿倍仲麻吕无疑是知名度最高的一位。他入唐54年，历仕玄宗、肃宗、代宗三朝，官至正三品，由少壮直至终老都在唐朝仕宦和生活，没有回过日本。《旧唐书》中有关阿倍仲麻吕的记载如下："其偏使朝臣仲满，慕中国之风，因留不去，改姓名为朝衡，仕历左补阙、仪王友。衡留京师五十年，好书籍，放归乡。逗留不去。……上元中，擢衡为左散骑常侍、镇南都护。"[3]据史书载，阿倍仲麻吕自幼聪明，好读诗书，在日本时就以擅长和歌著称，入唐后又经过勤奋学习、博览群书而精通汉诗和中国文化。由于他在朝廷担任官职，结识了不少当时的著名诗人，并相互诗酒唱和，交往甚密。日本出版的《大日本史》第116卷有阿倍仲麻吕的小传，明确记录了李白、王维、储光羲、赵晔、包佶等士大夫向其赠诗等文学活动。[4]中国的史书上虽然没有他和唐代诗人们交往的详细描述，但在以上中国诗人的诗集中都可以看到他们赠送阿倍仲麻吕的诗作，如王维的《送秘书晁监还日本国并序》、李白的《哭晁卿衡》等。作为异邦人的阿倍仲麻吕在唐朝文坛上与众多士大夫一起雅歌投壶、曲水流觞，并如此被朝廷和知名诗人看重，也算是中日文学交流史上的一段佳话。[5]

1　池田温：《探索古代：唐与日本》，东京：吉川弘文馆1992年版，第13页。
2　周宁：《世界之中国：域外中国形象研究》，南京：南京大学出版社2007年版，第214页。
3　刘昫等撰，陈焕良、文华点校：《旧唐书：第四册》，长沙：岳麓书社1997年版，第3380-3381页。
4　德川光国：《大日本史》，东京：吉川弘文馆1928年版，第116卷第752页。
5　卜朝晖：《遣唐留学生阿倍仲麻吕和唐代的诗人们——阿倍仲麻吕和王维》，载《广西大学学报》（哲学社会科学版）2010年第5期。

遣唐使这一文化搬运和交流团队尽职尽责的学习、效仿和移植工作使得日本从中国摄取文化制度和产品的计划获得巨大成功。自此以后，日本按照唐朝典籍的规设开始走上建立文明国家的道路，陆续编撰了《近江令》《净御原令》等一系列管理社会的法规。一方面强化天皇的绝对权威，另一方面使自己步入"开化国家"的序列，提高日本在东亚，甚至世界的地位。[1]日本遣唐使带回了汗牛充栋的汉文书籍，以《日本国见在书目录》为证，日本收集了中国的《易》《乐》《诗》《孝经》等典籍40种，合计1579部16 790卷。[2]《旧唐书》曾记载："开元初，又遣使来朝，因请儒士授经。诏四门助教赵玄默就鸿胪寺教之……所得锡赉，尽市文籍，泛海而还。"[3]以唐代典籍为样本，日本先后编撰了《古事记》与《日本书纪》这两本记述自己国历的重要基础性文献，上溯创世之初，下演现时之治，广征博引中国历代经史之集，以中国式帝王形象为夸谈之荣，力求宣示日本之开化文明。[4]日本遣唐使还模仿大唐的教育机构"国子监"设立了大学寮，培养教育贵族子弟，而后在中央与地方分别设立大学与国学，以儒学经典为教授内容，并模仿唐朝设立礼乐等中国传统文化的考试科目。日本的私塾教育模式也是从唐朝借鉴而来，得到儒学者的热烈响应与普遍推广，私塾教育从此在日本社会植木成荫、逐渐推广。虽然日本学者矢口否认对中国科举制度的借鉴和搬运，但实际上日本在历史上不仅颁布了类似于中国科举制度的社会律令，同时也举行过多次选拔人才的国家考试。[5]

　　在与唐朝两百多年的交往中日本遣唐使还做了一件光耀千秋、对日本宗教文化发展起到决定性作用的大事，那就是邀请鉴真东渡弘法。公元742年，在日本入唐僧人的多次恳请和百般劝说之下，扬州高僧鉴真决定东渡日本传法，但先后五次都因有人告密而受到地方官员的阻挠，兼之海上风波险恶未能成行，到第

1　吴光辉：《日本的中国形象》，北京：人民出版社2010版，第40-41页。
2　郑彭年：《日本中国文化摄取史》，杭州：杭州大学出版社1999年版，第56页。
3　刘昫等撰，陈焕良、文华点校：《旧唐书：第四册》，长沙：岳麓书社1997年版，第3380页。
4　小岛宪之：《上代日本文学与中国文学——以出典论为中心的比较文学之考察》，转引自王勇：《日本文化——模仿与创新的轨迹》，北京：高等教育出版社2001年版，第226页。
5　吴光辉：《日本科举制的兴亡》，载《厦门大学学报》（哲学社会科学版）2003年第5期。

六次双目失明的鉴真和尚终于冲破阻挠、踏波蹈海、历经千险搭乘遣唐使的船只到达日本。鉴真在奈良东大寺设立戒坛，天皇任命鉴真为大僧都，统管全日本的寺庙，成为日本律宗始祖。天皇不仅赐予鉴真很高的地位，而且带头皈依鉴真大师崇道学佛："初于卢遮那殿前立戒坛，天皇初登坛受菩萨戒，次皇后皇太子亦登坛受戒。"[1]公元759年鉴真创建的唐招提寺在日本开基，其盛况一时无双。鉴真一行还携带了大量佛经、佛具、书籍、工艺品、种子等到日本，广泛弘法，修订佛经，传授技艺。他随行的弟子中有不少人擅长各种手工业制造工艺，名重一时，深受日本社会的欢迎，给日本艺术的发展带来了深远的影响。鉴真的东渡弘法有力地传播了中华文明与文化，对日本宗教、文化的演进格局有着重大的形塑作用。

　　总之，这一时期由遣唐使推动的日本社会全方位建设与思想体系建构可以说实行了全盘输入华夏文明的方针，大唐文化与文明成了日本社会争相仿效的样本。正如日本学者所指出的那样："（日本通过）学习与吸纳唐的制度与文化……试图构筑以天皇为中心的小中华帝国。"[2]唐朝文明与文化对日本影响之深远、之广博，可见一斑。

　　除了对外传播中华文化以外，唐代还开展了形式多样、内容广泛的中外文化交流活动。著名的玄奘西行取经就是中华文化与外来文化相互交融的典型例证。公元627年，即唐贞观元年秋，年轻的玄奘离开长安，矢志西行，踏上5万余里漫长艰辛的取经旅程。[3]玄奘在印度次大陆取经17载，游历了五十多个国家，遍访各地高僧大德，取回了大量佛教典籍。回到长安后，玄奘又在长安慈恩寺和铜川玉华宫等地潜心译经19年，留下了1335卷佛经译本，广泛影响了唐朝社会和日本、朝鲜以及东南亚各国。作为高僧大德、杰出翻译家、外交家和文化交流使者，玄奘被鲁迅誉为"中华民族的脊梁"，其所代表的文化精神已成为中华民族思想深厚内涵与符号指称的组成部分，有学者把其归纳为：舍身求法、砥砺前

1　中国社会科学院世界宗教研究所：《中国社会科学院世界宗教研究所建所50周年纪念文集（1964—2014）：上卷》，北京：社会科学文献出版社2014年版，第104页。

2　古瀬奈津子著，郑威译：《遣唐使眼里的中国》，武汉：武汉大学出版社2007年版，第144页。

3　陈文新：《中国文学编年史·隋唐五代卷：上》，长沙：湖南人民出版社2006年版，第65页。

行的忘我精神，不畏艰险、孜孜以求的精进精神，努力探索、执着求知的奋斗精神，排除万难、心归华夏的爱国精神。这些民族精神已经凝聚在千余年来传统文化的思想价值系统之中，成为中华民族的历史记忆与深刻意识。[1]

另外，唐代与当时的波斯（现今之伊朗）交流也十分密切。公元638年波斯国王就曾派使者带礼物到唐朝表达睦邻善意。波斯被阿拉伯人入侵灭国之后，其遗族大多流亡到唐都长安，先后死于中国，其余散居在西亚和中亚等地区的波斯贵胄仍与唐朝保持着密切联系，并于公元661年—762年的一百年间派使节来中国朝贡达23次之多。此外，流亡于黑海南面地区的波斯王公于公元746年遣使来华，受到唐朝中央政府的高规格接待。[2]这一时期也有一些波斯人及其后裔在唐中央政府任职，反映了当时中国与波斯官方的亲善关系。这些波斯人仰慕中华文明，倾心于中华文化，有的甚至在传统文化修养（如汉诗词）方面达到很高的水平，唐末诗人李珣（波斯人后裔）就是其中的杰出代表。他精通中国诗词，有自己的诗集，其留存下来的三首诗入选了《全唐诗》七六〇、八九六卷，另外，他还有54首词流传于世。[3]考古工作者在国内多个地方发现了为数不少的波斯萨珊王朝使用的银币，1959年在新疆乌恰县一次就出土了947枚。波斯银币在中国大量被发现，也证明了唐朝和古波斯的各种往来十分密切。[4]

总之，唐代与外域的文化交流虽因国力强盛自高而低、自上而下向外传播的居多，如大唐文化对东亚日本、朝鲜及西亚各国等的规制、教化与影响，但文化流的反哺也时有出现，如印度文化、波斯文化时不时对唐朝社会进行逆向渗透，这也反映了文化天然具有的外在交融性与内在延展性。

宋代中国是当时世界上人口最多、人民生活水平最高、政治治理最完善的国家。史学大师陈寅恪在历数世界文化的优劣之时，曾指出："华夏民族之文化，

1　王岳川：《文化输出：王岳川访谈录》，北京：北京大学出版社2011年版，第24−25页。
2　何跃：《唐宋元明时期的中国伊朗关系》，载《云南师范大学学报》（教育科学版）1997年第6期。
3　沈福伟：《中西文化交流史》，上海：上海人民出版社2014年版，第129页。
4　田鸿坡：《中国−伊朗文化交流研究》，重庆：西南大学2011年硕士论文，第9页。

历数千年之演进,造极于赵宋之世。"[1]王国维明确认为:"故天水一朝,人智之活动与文化之多方面,前之汉唐,后之元明皆所不逮也。近世学术,多发端于宋人。"[2]邓广铭更进一步评价说:"两宋期内的物质文明和精神文明所达到的高度,在中国整个封建社会历史时期之内,可以说是空前绝后的。"[3]

毋庸置疑,宋代拥有当时世界上最先进的科学技术,震惊世界的中国古代的四大发明中有三项出现在宋代,即火药、印刷术、指南针。英国著名科学家、哲学家弗兰西斯·培根曾这样评价中国文明对世界的贡献:"印刷术、火药和磁铁……这三大发明首先在文学方面,其次在战争方面,第三在航海方面,改变了整个世界许多事物的面貌和状态,并由此产生无数变化,以致似乎没有任何帝国、任何派别、任何星球,能比这些技术发明对人类事务产生更大的动力和影响。"[4]唐代的强盛,宋代的富有,使得世界为之惊艳侧目。在西方引领的现代化格局形成之前,宋代中国是当时世界上最发达的国家,人口体量大,社会发展快,管理制度严密,城市经济繁荣,人民安居乐业。

实际上,与唐朝相比,宋朝文化对日本社会施加的影响有过之而无不及。对唐代文化日本是采取囫囵吞枣式的照搬照抄、生硬模仿,主要在日本宫廷贵族的狭小圈子内盛行,显示出高高在上的傲然姿态,很少波及地方和下层民众,而宋代文化则具有与生俱来的平民气质,广受中下层民众的欢迎。到南宋时期,以佛教禅宗和宋学为代表的宋文化精华,对日本社会的发展起到了深刻而全面的教化引导作用,尤其是渗透到其国家结构的低位层面,并深入日本民众的价值观念、个人修养和审美情趣等方面,对铸就日本人的文化记忆产生了重要影响,深刻印证了日本人文化记忆的变迁历史。[5]在儒学思想和文学创作方面,日本受宋朝的影响最大。宋僧和日僧对儒学都有研究,宋朝在将禅宗传向日本的同时,也向其输出大量儒学典籍,将宋学导入日本。"宋学是儒学由汉唐的训诂学,进而受到佛教和道教影响,发展成为带有明显的思辨哲学特点的、探究人的本性、注重道

1　陈寅恪:《陈寅恪文集之三:金明馆丛稿二编》,上海:上海古籍出版社1980年版,第245页。
2　王国维:《王国维散文》,上海:上海科学技术文献出版社2013年版,第43页。
3　邓广铭:《谈谈有关宋史研究的几个问题》,载《社会科学战线》1986年第2期。
4　周思源:《中国文化史论纲》,福州:海峡文艺出版社2014年版,第104页。
5　周一良:《中外文化交流史》,郑州:河南人民出版社1987年版,第339-341页。

义、主张知行合一的学说”[1]，被引入日本后在社会上广泛传播。由于宋学主张的精神修行和禅宗修为有一致之处，加上当时的中国盛行禅儒一体，因此日本禅僧在宋学方面的造诣都很深。日本的学者沿袭了这一传统，把学习宋学和禅宗修行结合在一起，二者成为追求新思想、新知识的民众的价值指引。后醍醐天皇就曾努力钻研宋学，以求精进，其革新思想在很大程度上来源于其宋学修养。后来禅宗思想更与程朱理学归源合流，成为凌驾于社会大众之上的精神体系。“尤其是朱子学强调君臣、父子间的上下从属关系是基本，因而成为最适合维持封建统治的理论。”[2]日本大儒林罗山更依据程朱理学的思想框架创立了神道教，成为日本现代社会的精神渊源和行为指针。

总之，宋代文化对日本中世以来的美术、绘画、雕塑、建筑、印刷、书法、医学等各领域和生活习俗以及政治、经济等方面都产生了深刻制约与引导。宋代文化对日本的影响与唐代相比范围更大、渗透层次更深，特别是宋学和禅学强调人的自我修养，崇尚极简生活，倡导社会中的从属关系、群体意识，追求淡泊宁静、克己自励的人生理想，直接导致了日本近世以来的社会思想与行为变化，并逐渐规制了日本人的价值观、行为准则、社会意识和精神生活等民族核心层，甚至在某些方面发展成为现在日本文化的主要内容。[3]

除了对东亚日本、朝鲜的文化影响，宋代还极为重视同南洋诸国的贸易往来，重视拓宽拓深“海上丝绸之路”的交通架构与商业渠道。宋朝在广州、泉州、杭州、明州（今宁波）等地设立了管理海上诸般事务的官方机构市舶司，其主要职责是接待各国贡使，招待外商，管理本国商船及对海外贸易征税，收购海外运来的货物等。据《宋史·食货志》记载：“开宝四年，置市舶司于广州，后又于杭、明州置司。凡大食、古逻、阇婆、占城、勃泥、麻逸、三佛齐诸蕃，并通贸易……”[4]这就是当时官方正式的对外商品交易活动，中国出口物资以深受

1　坂本太郎著，汪向荣、武寅、韩铁英译：《日本史概说》，北京：商务印书馆1992年版，第188页。

2　依田憙家著，卞立强、李天工、雷慧英译：《简明日本通史》，北京：北京大学出版社1989年版，第139页。

3　梁中效：《宋代文化对日本的影响》，载《汉中师范学院学报》（社会科学版）1996年第2期。

4　柳诒徵：《民国大师文库：第10辑　中国文化史》（下），北京：北京联合出版公司2015年版，第781页。

国外欢迎的丝绸、茶叶、瓷器为主。当时的贸易海港以扬州、广州、泉州最为繁荣，商品运送线路从南洋延伸至印度洋、阿拉伯海，甚至抵达东非海岸。宋代的造船和航海技术已相当发达，指南针已广泛用于航海。20世纪80年代，广东阳江海域发现了一艘宋代的巨大沉船，命名为"南海一号"。这艘船上装载有文物数万件，其种类上至宫廷仪典礼器，下至百姓日常生活用品，数量之多令人咂舌，文物的文化内涵相当丰富。这艘沉船的发现，反映了宋代频繁的对外交往活动，揭示了中国古代形成的海上丝绸之路昔日的繁华与沧桑。[1]随着海上丝绸之路的贸易拓展与文化的传播，宋代中国的风俗习惯、文化、宗教等也随之远播南洋、印度以及罗马、东非等五十多个国家和地区。

宋元时代，中国文化的影响已经超出了华夏文化圈（日本、朝鲜、越南、缅甸等）的范围，通过陆上丝绸之路和海上丝绸之路这两条大动脉扩展到中亚、西亚、欧洲、非洲等广袤的地区，以其先进的科学技术发明及精深的思想文化潮流启发了西方的现代化运动，最后改变了人类社会历史演进的节奏与进程。

宋元文化在社会变迁与民族融合的背景下生成，上承封建王朝的繁荣与成熟，下启近代社会之型构与发展。在这一时期，平民文化开始兴起，民间书院、私塾教育在宋代有了飞跃式的发展，寒士和清流阶层逐步形成并固化，这种社会型制深刻地影响了中国近现代的教育文化生态及其变迁。那一时期涌现出来的小说、戏曲、杂剧和江湖杂艺在百姓的娱乐生活中占有极大的比重，雅俗文化并存的格局逐渐形成。程朱理学从哲学本体论的高度对封建制度和伦理纲常进行了体系论证和权威阐释，从而成了社会遵从的意识形态，高据于政治、文化和社会生活的顶层。三纲五常被设定为处理社会关系和人际关系的行为准则，上下尊卑的等级制度完全渗透人们的思想，成为一种集体无意识。朱熹制定的《朱子家训》不仅是当时世俗生活的行动指南，而且是朝廷宗庙祭祀等仪典严格遵循的礼仪规范。[2]这些思想文化因素不仅在中国枝繁叶茂，也实质性地影响了世界文化宏观格局的建构与发展，尤其是日本、朝鲜等近邻的社会关系的演进和文化制度的确立。当然，宋代中国文化也并非纯粹的中原汉文化血脉，它是华夏农耕文化、

---

1 王元林：《海陆古道——海陆丝绸之路对接通道》，广州：广东经济出版社2015年版。

2 元脱脱等：《宋史：第6册 卷143-172 志》，北京：中华书局1975年版，第3385页。

游牧草原文化、边陲异域文化等多种文明相互渗透、彼此规制的融合体。这一时期，外国文化的影响因子也进入了汉文化，如众所周知的宋代科技高峰的形成，与阿拉伯国家、印度等先进的科学技术等昌明成就的进入显然有着一定的联系。[1]

第三节　近代中国的东学西渐与西学东渐

明清两朝是中国历史上第三次东学西渐的高峰，也是封建文明的最后成熟期。公元1405年的明朝是当时世界上最富强的国家，此时元亡明继已近半个世纪，被战争破坏的国力逐渐得到恢复，农业经济繁荣，中国在政治版图、军事实力、经济技术等各方面与世界各国相比都占有绝对的优势。

永乐元年，明王朝开始四处遣使宣示国威和皇权，在西部出使了西番（西藏、尼泊尔、印度），在北方出使了漠北（蒙古草原），1413年秋又命陈诚出使西域各国（中亚），这些主动的政治军事交流收到明显效果，一些偏远小国不远万里奉礼来朝，表达臣服亲善之意。[2]"我朝国势之尊，超迈前古，其驭北虏西番，无汉之和亲，无唐之结盟，无宋之纳岁薄币，亦无兄弟敌国之礼。"[3]与此同时，中国的科学技术仍然占据着世界的领先地位，数学、物理、天文、地理、医学、植物学等学科蓬勃发展，涌现了《本草纲目》《天工开物》《农政全书》等药学、工艺学、农业方面的皇皇巨著，人文艺术造诣、工艺美术成果登峰造极，雕刻、家具、刺绣、陶瓷、建筑等领域成就杰出。[4]

终明一朝，其对外交流活动中最值得大书特书的事件就是郑和下西洋，它的历史影响和对世界所造成的震撼怎么强调都不为过。自1405年起，明王朝派遣郑和、王景弘率领船队先后七次扬帆海外，每次出海都有数万名士兵、水手、工匠随行，各种船只总数在两百艘左右。最大的船只长150米，宽62米，可载千人，

1　姚兆余：《宋代文化的生成背景及其特点》，载《甘肃社会科学》2001年第1期。

2　周宁：《世界是一座桥：中西文化的交流与建构》，桂林：广西师范大学出版社2007年版，第23页。

3　周宁：《风起东西洋》，北京：团结出版社2005年版，第103页。

4　冯国荣、侯德彤：《中学西渐的历史线索及相关研究课题》，载《东方论坛》2004年第5期。

即使与现代轮船的载客量相比也不遑多让。[1]郑和的航海线路图大致是这样：第一次出海自西到苏门答腊，入印度洋，到达小葛兰、柯枝、古里之后返航。第二次出海航路与第一次基本相同，但新访问了暹罗。第三次出海远行基本遵循前面两次的航程，沿途访问了更多的国家。第四次出海访问了印度洋以西的国家，包括马尔代夫和东非海岸的木骨都束、卜剌哇、麻林等；向北则穿过阿拉伯海，抵达阿丹、剌萨、祖法儿，自阿丹再分路进入红海，到达天方国、默伽、默德那。第五次先遍访西洋诸国，把朝贡的占城、满剌加、爪哇等二十多国的使节送还其国，再抵达东南亚诸国，访问渤泥、苏禄、吕宋等。第六次下洋主要是为了贸易。此时在满剌加、苏门答腊、古里等地已有明朝的常设贸易机构——"官厂"、宣慰司等。从这些地方船队分道远航，向西的一队抵达南非海岸，绕过好望角，进入大西洋和西南非洲海岸；向南的船队到达新几内亚、所罗门群岛甚至澳大利亚沿海岛屿。第七次航程基本与第三、第四次相同。[2]

郑和七下西洋是出于大明王朝宣扬国威、开疆拓土的政治需要，但其附属效应却直接造就了中华文明的对外传播和贸易交往。虽然这种交往中异邦小国奉使来朝者众多，但明王朝的赏赐、宴乐、回赠亦十分丰厚，造成了国家财政收入的大量消耗，兼之每次出海成本高昂，耗资巨大，仁宗朱高炽登基以后便诏令停止出海航行。

郑和扬帆海外，展示中华文明之敦睦教化、和谐万邦，采取政治外交之积极、主动的手段，确实在客观上传播和推广了中国的文化、礼仪、商品、习俗等。史家认为，郑和这种寻求商品信息和贸易往来、和平诏示天下的出海航行与后来以掠夺资源、殖民征服为目的的葡萄牙、西班牙的海上探险有着本质的不同。由于中国积极、正面的国家形象与强大影响，郑和本人在海外也被神化，成为华侨的守护神。至今，马六甲有三宝山、三宝井、三宝亭，吉隆坡有三宝庙，新加坡、泰国、菲律宾、文莱、柬埔寨都有三宝庙、三宝宫、三宝禅寺或三宝塔。印度尼西亚三宝垄市是东南亚祭拜郑和的中心。[3]郑和七下西洋，弘扬了一种"和、合"的文化，传亲睦于四邻，播仁爱于友邦，这与西方现代史上的侵略

1　张廷玉等：《明史》（全二十八册），北京：中华书局1974年版，第7767页。
2　周宁：《世界是一座桥：中西文化的交流与建构》，桂林：广西师范大学出版社2007年版，第24-25页。
3　梅显仁：《郑和在海外华人中的影响》，载《八桂侨刊》1997年第2期。

和征服文化有着本体论上的区别，其实质是中华民族热爱和平、共享盛世的文化精神的延续与发展。

明代与日本的关系延续了自隋、唐、宋以来的华夷秩序格局，但中日这对师徒的纽带已经开始出现裂痕。明太祖登基后为倭寇问题屡屡遣使赴日，希望日本恢复以往朝贡国的身份，承认天朝上国的统治地位并禁绝倭寇，却不料遭到日本方面的断然拒绝。日本皇族在回复明太祖的信中明确指出："臣居远弱之倭，偏小之国……今陛下作中华之王，为万乘之君……犹有不足之心，常起灭绝之意。……水泽之地，山海之州，是以水来土掩，将至兵迎，岂肯跪涂而奉之乎！顺之则未必其生，逆之未必其死。"[1]这封回信中的言中之意及措辞表达，已经表明日本开始质疑所谓历史既成的"华夷秩序"，偏离唐宋以来的主客文明轨道。

朱元璋去世后，中日关系曾有一个短暂的蜜月期，武力统一日本的室町幕府将军足利义满主动称臣入贡，接受明惠帝授予的"日本国王"称号。1403年他进一步致书明成祖，以"国臣"自居，主动而明确地要求重新回到汉代伊始确定的主从尊卑关系之中。这一时期在日本社会看来是一个中国文化重新盛行的时期。[2]日本学者敏锐地关注到这一时期日本社会中禅学的繁荣兴旺、汉诗文的再度流行等不同于以往的文化现象，将之称为"中国趣味的全盛时期"[3]。

敷衍的臣服逢迎之后，日本的神道主体意识逐渐压倒了依附大明的客体意识，历代幕府将军均拒绝向明朝纳贡称臣，尤其是丰臣秀吉统一日本之后，更是着力向外扩张，明确宣示了与中国的彻底决裂，并发动了入侵朝鲜半岛的七年战争。在中朝联军的反击下，日本一方以失败告终，但日本已经结束了唐宋以来以中国为师、向华夏看齐的国策制订与推行模式，开始着手进行以其神国思想、神道观念为框架的文化制度建设，试图创设一个以日本为中心的新的亚洲文化秩序，并在对西方文明的借鉴中逐步消解了中国作为文化对外传播国的主体地位，甚而在清代以后着手向中国进行文化的对外传播与反哺。

1　内藤湖南著，储元熹、卞铁坚译：《日本文化史研究》，北京：商务印书馆1997年版，第149页。
2　吴光辉：《日本的中国形象》，北京：人民出版社2010年版，第61页。
3　上恒外宪一著，王宣琦译：《日本文化交流小史》，武汉：武汉大学出版社2007年版，第148-151页。

除了与日本的直接交往，当时还有许多欧洲传教士来到中国，著书立说，译介改编，向欧洲介绍中国文化。实际上，早在元明时期就出现了一批由欧洲人撰写的东游见闻录，可以说是第一次集中向西方介绍东学。其中有马可·波罗的《马可·波罗游记》、柏朗嘉宾的《蒙古史》、鲁布鲁克的《东行记》等。其中马可·波罗在中国生活了17年，其游记系统介绍了中国的地理状况、政治制度、生产技术、工商贸易、宗教信仰、风俗习惯等，在欧洲社会引起巨大反响。[1]被大多数学者忽视的是，当一队队西方旅行者络绎不绝来到中国的时候，也有一位来自东方的旅行者列班·扫马到达了欧洲，他是出生在北京的蒙古人，与马可·波罗反其道而行的他穿越了整个伊斯兰文明的核心地带，来到了基督教文明的普及与广泛传播区域。他的使命不仅是旅行、传教，更重要的是地缘军事与政治结盟。在东西方双向旅行的历史上，他或许是第一位到达西方的中国旅行家。

东西方之间的亲善教化式文化交流与思想营养的互相输送在16世纪至19世纪达到最后的高潮。由于文艺复兴、启蒙运动的需要，大批到东方拓荒布道的西方传教士发掘了中国文明的开化成就，自觉或不自觉地担任了东学西渐的桥梁。他们的贡献大致分成三个部分。第一部分是全景式介绍中国的历史及基本情况，以利马窦的《基督教远征中国史》及有名的《耶稣会士书简集》《中华帝国全志》《中国回忆录》为代表。第二部分是把关注的目光聚焦在译介中国典籍与经典作者上面，翻译了《四书》《五经》及撰著了《中国哲学家孔子》等文集。第三部分则着重于对中国语言文字的研究。[2]

以传教士为主体的文化摆渡者对中国文化的译介引入，在欧洲引起了高度重视，当时的德国、英国、法国先后形成了风靡一时的"中国学"研究，西方社会的许多学者开始直接或间接地吸收中国学术思想的养分，包括伏尔泰、笛卡尔、莱布尼茨、狄德罗、魁奈、歌德等当时名噪一时的大学者、大思想家。尤其是莱布尼茨，他服膺中国文化，崇拜中国文化，认为是文明的中国使欧洲从中世纪的愚昧中觉醒和开化。伏尔泰是启蒙运动的旗手，被誉为欧洲人文主义大师，他认为中国在社会道德、政治经济学、农业、生活等方面足以引领世界文明的进步，

1　冯国荣、侯德彤：《中学西渐的历史线索及相关研究课题》，载《东方论坛》2004年第5期。

2　冯国荣、侯德彤：《中学西渐的历史线索及相关研究课题》，载《东方论坛》2004年第5期。

中国文化是理性精神与人道思想兼具的先进文化。在他的思想中，"欧洲王公及商人们发现东方，追求的只是财富，而哲学家在东方发现了一个新的精神和物质的世界"[1]。伏尔泰特别赞赏中国的道德和法律，他指出："中国是以孝来治理天下的……地方官员被称为百姓的父母官，皇帝则是全体国民的家长。这种贯彻始终的制度框架把幅员辽阔的国家组成一个家庭。"[2]魁奈则认为，中国的法律完全建立在伦理原则的基础之上，出自被认为圣书的经典，即《五经》。[3]魁奈所著《中华帝国的专制制度》被誉为西方研究中国的百科全书，在书中他把中国人的信奉礼仪、崇尚天人合一、以农为本乃至尧舜的圣明统治都当作欧洲社会学习的典范，因此魁奈在当时享有传播东方文化的盛名。歌德则推崇儒家伦理，热爱中国文学，他曾将《赵氏孤儿》改编成西方的歌剧形式，在多国的舞台上上演，在西方社会引起轰动。这部歌剧让西方人对中国人忠诚、隐忍、舍己、大义的高尚情操留下了深刻印象，在西方社会树立了中国的正面形象，传播了中国的优秀文化。

从16至18世纪的中国与西方文化交流态势来看，欧洲人精心设计、主推渗透中国的基督教文化，始终偏安于皇宫内廷、开明官员、知识分子以及少数天主教徒的狭小圈子，没有引起社会大众的共鸣与响应。在当时，传教士传播的西学内容中对中国文化影响最大的在科技方面，尤其是天文历法方面，但科技被彼时的中国认为是奇技淫巧，不为主流阶层所接受，而作为启蒙运动遗产的西方政治思想对中国社会的影响也微乎其微。正如一位学者所言："当世界走向近代化的16、17世纪，西方的科技、宗教和新的研究方法经传教士输入中国，却从未发现有政治思想的引进。"[4]总体来讲，这一时段西方文化对中国的影响较小，中国依旧运行在华夏文明的传统轨道之上。[5]

1　利奇温著，朱杰勤译：《十八世纪中国与欧洲文化的接触》，北京：商务印书馆1962年版，第79页。

2　Voltaire: *The Works of Voltaire*, New York: The St. Hubert Guild, 1901, Vol. 3, p. 79. 本书外文译文如非特别说明，均为作者自译。

3　François Quesnay: *China, A Model for Europe*, San Antonia, Fex: Paul Anderson Company, 1946, p. 212.

4　刘志琴：《晚明史论——重新认识末世衰变》，南昌：江西高校出版社2004年版，第171页。

5　郑朝红：《16-18世纪"东学西渐"重探：动因与启示》，载《贵州社会科学》2014年第5期。

　　时至晚清，东学西渐的脚步仍未停歇。这时期中国文化对外交流的杰出人物是王韬。王韬因上书太平天国事件被清政府通缉，逃往香港。在香港他进入英华书院从事翻译工作，与院长理雅各合作译写了《书经》《诗经》《中国经典》等典籍并传播到西方。这些书籍的出版在西方学术界引起了轰动，西方人通过这些翻译的书籍接受了孔孟之道的精神洗礼。同时，王韬借到欧洲游历的机会向当地社会介绍中国的情况，希望他们可以进一步了解中国文化。王韬是一位杰出的中西文化使者，他以向西方全面介绍中国、推介中国，让西方了解真实的中国为己任，尤其重视对儒家文化典籍和中国传统诗词文化的外译传播。他在译介中国民族文化方面的努力与成效，为晚清中国夕阳余晖的东学西渐活动增添了一抹亮色。[1]

　　中国的科举制度在最后的东学西渐中也产生了重要影响。当19世纪末科举在中国国内走向末路时，西方诸国却在大力引进、理性审视、深刻分析这一制度。既有最开始一边倒的赞美与推崇，如伏尔泰、狄德罗、魁奈等人，又有后期孟德斯鸠的客观评价与反思批判。在西方学界的关注与引进下，欧美社会掀起了一股借鉴中国的科举制度改革本国文官制度的热潮。英美的著名杂志都把中国科举制度作为一个可供模仿的典范来加以研究，思想界和新闻界的联手鼓吹汇成了一股强大的舆论潮流，极大地改变了欧美各国政府文官制度的决策思维。1789年法国革命后，文官考试制度开始在法国初步建立。1845年法国创立了培训各类高级部长的学院，后又建立了国家行政学院，这标志着法国文官制度的正式形成。这是法国从中国继承而来的重要精神遗产。[2]1883年美国文官制度最后定型的时候，国会行政委员会在总结报告中指出："东方世界这一最文明的古老国家对于科举制度的运用，将比其清明德政、孔孟之书、指南针、火药和乘法表带给我们的影响都大。"[3]可以认为，英、法、美各国在对中国科举制度进行客观、审慎、建设性的分析和取舍之后，吸收了本国学术界关于中国科举制度的研究成果，根据自己的国情使贡举取士的合理价值得到更加科学、创造性的利用，并在此基础上

1　熊月之：《西学东渐与晚清社会》，上海：上海人民出版社1994年版。

2　李涛、李群：《"最后的东学西渐"——十九世纪中国科举对西方文官考试制度的影响及反思》，载《海南师范学院学报》（社会科学版）2003年第3期。

3　Paul. D. Van. Riper: *History of United States Civil Service*, Sweet Port: Greenwood Press, 1976, p. 64.

建立了他们自己的文官考试制度。

当然，在晚清最后的东学西渐过程中，西方的文化与科技也随着传教士的进入被大量介绍到中国，在中国社会引起了很大的反响，形成了东学西渐和西学东渐齐头并进的局面。

西学东渐的第一条主要途径是通过教会开办西式教育文化事业。从19世纪60年代中期起，教会学校逐步从最初开设的通商口岸向内地发展。1875年天主教会有学校450所，学生约1.4万人。[1]这些学校以小学为主，后来随着学生的急剧增多、学校规模的扩大，又出现了教会中学。教会中学主要集中在上海各租界，1886年法租界公董局成立了中法学校，1890年又开办了善导学堂。天主教开设西式教育的学校，主要是为了传教，但在学校里仍然教授一些新的科学知识，另外也按照西方学校的课程设置安排了自然、地理、英文等必修课。[2]

西学东渐的第二条途径是译介。如英国传教士开设了墨海书馆，美国基督教长老会成立了美华书馆，二者都是中国近代上海最重要的印刷、出版机构。它们翻译刊行了上百种关于西方自然科学的中文书籍，其在晚清西学东渐过程中对中国社会产生的深刻影响已为学界所认可。另外，传教士还在中国设立了其规模最大的出版机构，即广学会。广学会以传播基督教文化与西方自然和人文科学知识为己任，它宣称其宗旨是借助出版物，"尤其是希望通过中国的知识群体和上层社会的教化传播，来提升中国民众的素养水准"[3]。这场知识生产运动中最著名的人物是广学会督办李提摩太。他非常注重传播西方科技文化知识，自己就译印了《泰西新史揽要》等数十种书籍。在李提摩太的主导下，广学会共译印书籍达246种之多，发行量高达73万余册，数量可谓惊人。广学会对西学的引进译介，弥补了当时中国极端缺乏西学书刊的缺陷，成为当时国人汲取西学营养的主要来源。[4]

西学东渐的第三条道路是创办报刊，介绍西学。当时最著名的由外国人创办

---

1 高时良：《中国教会学校史》，武汉：湖北教育出版社1994年版，第58页。
2 张雪永：《十九世纪末的中法文化交流述略（1860—1900）》，载《天府新论》2003年第2期。
3 林治平：《基督教入华百七十年纪念集》，台北：宇宙光出版社1977年版，第101页。
4 许艳民：《李提摩太与近代中西文化交流》，载《甘肃社会科学》2011年第3期。

的报刊是《万国公报》，先后出版将近40年，是当时介绍西学最为集中和内容最丰富的报刊。《万国公报》最初发行量只有1000多份，1898年增至38 400份，传播面遍及全国甚至延伸到日本、朝鲜等近邻国家。《万国公报》的栏目有中国事务、各国消息、时事述评、科学知识、教义教事等，对当时最新的政治经济学说及其代表人物都有介绍。《万国公报》编译的一篇综合性述评，还是最早将马克思主义介绍给国人的文章。[1]《万国公报》等报刊的主要目的仍然是服务于教会的宗教事业，使中国社会及其民众接受基督教的教义和价值观，但其客观上也起到了传播科学知识、启迪民智、开一代新风的作用，促进了中西之间的文化交流。

1894年甲午战争中国的战败使中日之间的文化交流出现了一面倒的情况。维新派人士认为，日本之所见能在甲午战争中打败中国，关键在于它发动了与西方现代文明结合的社会改革——明治维新，走上了真正的富国强兵之路，值得中国借鉴。康有为等维新派人士认为，日本能从一个依附于中国的小岛国变成亚洲的强国，维新变法是其根本原因和强大动力。[2]一时间，研究日本的热潮开始在中国知识界涌动。一些开明官员也开始改变一向视日本为蛮夷的轻蔑态度，提出向日本学习的倡议。代表人物是张之洞，他积极提议中国派遣留学生到日本，理由是，与欧美相比，日本离中国最近，既节约费用又可以多派人手，还有日本的语言文字与中国汉字相似，容易学习。更重要的是，日本已翻译了西学的精华，直接拿来改编胜于翻译浩瀚的西文典籍，可以达到事半功倍的效果。[3]当时中国学习日本的路径主要有三条：一是以军事目的聘请日本顾问来华。大多是聘请来训练北洋新军，这些顾问1901年仅有26人，到1908年人数骤增为550人。[4]二是向日本派遣留学生。1896年第一批13名留学生正式赴日。1900年前赴日留学的仅161人，1901年就达到274人，1902年574人，1903年1300人，1904年2400多人，1905

1　张静：《广学会与晚清中外文化交流》，载《历史教学》1997年第11期。
2　康有为：《上清帝第二书》，载中国史学会：《戊戌变法：二》，上海：上海人民出版社2000年版，第153页。
3　张之洞：《劝学篇·外篇》，郑州：中州古籍出版社1998年版，第117页。
4　李廷江：《戊戌维新前后的中日关系》，载王晓秋：《戊戌维新与近代中国的改革：戊戌维新一百周年国际学术讨论会论文集》，北京：社会科学文献出版社2000年版，第401页。

年8000多人，1906年则多达12 000人。[1]这些留学生学成归国后分布在中国的政界、经济界、军界和文学界，对中国社会的现代转型和演进发展发挥了极其重要的作用。三是大量翻译日文书籍，从中学习西方新知识。留学生组建了许多翻译出版团体，还有一些官办、民营的出版机构，如商务印书馆编译所、江楚编译局、新民译印书局等都翻译出版了大量汉译日籍，是从日本转译西学的重要桥梁。[2]据统计，自1896年至1911年，汉译日籍共958种，其中总类8种、哲学32种、宗教6种、自然科学83种、应用科学89种、社会科学366种、史地238种、语文133种、美术3种[3]，极大地丰富了以日本为中转站的西学东渐文化思潮的内容。

除了全盘向日本学习，晚清还开始向欧美派遣留学生。早期欧美留学生人数不多，且多以政府官费为主。1909年后，由于美国提出减收和返还庚子赔款，清廷决定用这笔经费每年派遣60名左右学生赴美留学，以后人数逐年有所增加。以清华留美学生为例，初期学生集中于江苏、广东、浙江、福建等沿海各省，随着时间推移，逐渐扩展至甘肃、山西、陕西、四川、云南、贵州、新疆等省区。总人数最多的是江苏，达到274人；广东185人，居第二；浙江与广东接近，有157人。以上三省共有留美学生616人，约占总留美人数的一半。[4]这些留学生出国之前都受到了良好的家庭教育环境的熏陶，接受过系统的初中等教育，同时也多少受到近代新式教育和高等教育的影响，因此，他们一般都具有比较深厚的人文根底和扎实的科学知识基础，整体文化修养较高。在欧美学校里，中国学生的聪明、勤奋、律己，使外国学生对他们刮目相看。当时的一些西方著名学者认为中国赴美学习的学生品性优秀、学习努力，在与外国人打交道时也能做到不卑不亢、坦诚相待，给英美社会留下了良好印象。[5]

1 李喜所：《清末留日学生人数小考》，载《文史哲》1982年第3期。
2 史革新：《甲午战后中日学术文化交流流向转变初探》，载《广东社会科学》2009年第3期。
3 实藤惠秀、谭汝谦：《中国译日本书综合目录·序》，香港：香港中文大学出版社1983年版，第116页。
4 清华大学校史研究室：《清华大学史料选编：第一卷 清华学校时期（1911—1928）》，北京：清华大学出版社1991年版，第50—55页。
5 容闳著，沈潜、杨增麟评注：《西学东渐记：中国留学生之父的足迹与心迹》，郑州：中州古籍出版社1998年版，第166页。

早期留美学生归国后，虽不为中国政府所厚遇，但由于熟谙英文和西方科学知识与技术，大都从事英语翻译、技术顾问等工作，后来陆续进入政府机关、国防军事、铁路产业、电讯公司、矿山机械等领域，成为中坚力量。他们不仅把自身学习到的西方科学技术知识运用到国家建设之中，也引入了西方的现代理念与工作作风，给当时的中国社会带来了积极奋发的时代气息。20世纪二三十年代，随着庚款生回国人数增多，留美学生作为一个群体日益崛起，清华1200名留学生中就有800名留美学生，成就显著、贡献突出的有400多人，主要分布在教育界、工程界、文艺界、金融界、商业界等领域，是中国近代新兴行业的新鲜血液，源源不断地以国外吸收到的知识养分来推动当时中国各项事业的变革和发展。[1]

第四节　多维度思考下中国文化走出去的内涵指向

关于中国历史上三次对外文化传播的高峰时期，大多数学者的看法都趋于一致，即聚焦于秦汉拓荒、唐宋隆盛、晚清返照，认为在这三个时期中中国文化迈逾疆域、远涉重洋，散播到西亚、中亚、东亚、欧美等国家和地区，完成了中国文化对外传播的历史使命。事实如何，前述三节里已有详细的历史考量与脉络考据。理性地来分析，应该说中国历史上的文化对外传播既有当时国家的主观意图和政治思考，又有文化流动的客观需求，中西文化并非相互对立、相互抵制，事实上二者相互吸引融合、相互依存。故此，为避免争论，我们倾向于用文化"走出去""外溢传播"等表述，以取其互动平等之意。

文化是人类社会发展的必然产物，是人类有意识、有目的创造的精神复合体，它虽无具象之形、规制之框，但其影响却无处不在。文化产生以后，在人类发生交往的地方都可以观察到文化的流动。有学者认为，文化流的走向一般是由文化发达的高处流向文化不发达的低处，如中国古代造纸术、活字印刷以及指南针、火药等文化传入西方，又如近代西方科学技术及民主、自由等思想观念传入中国等。[2]据此，学者们得出以下结论：强大的国家实力是文化外溢的重要前

1　林辉：《我国近代留美学生群体研究》，载《华东师范大学学报》（教育科学版）2004年第2期。

2　司马云杰：《文化社会学》，北京：中国社会科学出版社2001年版，第287页。

提，如中国历史上的秦汉、唐宋等强盛时代，中国文化无可争辩地走出去，成为各国效仿、学习、接受的对象。在论及16至18世纪"东学西渐"现象时，有学者认为国家硬实力，包括领土规模、人口优势、经济规模、军事力量等是中国文化东学西渐的重要前提。如门多萨曾不无羡慕地说："这个大帝国分为十五个省，其中每个都比全欧洲我们所知的最大国家要大。"[1] 又如明朝海军实力超越西方国家，所以中国文化向外传播影响深远。明朝海军具有当时世界上最先进的航海技术和最先进的船只，武器装备先进，火力强大，士兵骁勇善战，因此才成了当时世界上最强大的军事力量。郑和七次下西洋，其庞大的船队、强盛的国威展示了中国海军的实力。16世纪明朝海军出兵朝鲜，中朝海军联合击败入侵的十几万日本大军，还屡次挫败大批海盗的武装骚扰，此时的明朝海军实力依然强大。[2] 所以，有学者断言，从中西武器装备来看，"在明清之际，中国的军事科技并不落后于西方"[3]。

这些说法有一定道理，但也不尽然。文化"走出去"与国家的整体实力有着密切的联系，这一点无可否认，但实力并不是文化"走出去"的决定性因素。文化流动有其自身的规律和特点，它受外界因素的影响较大，但其内在的组织动因、结构嬗变也值得重视。唐代文明在当时世界上的优势地位显而易见，中国作为文化放送国向周边及更远的区域传播中华文化，但强大文化的外溢过程中也产生了弱势文化的逆流，即弱小的异族文化对唐代中国的反流入，例如唐代景教的传入。公元635年来自西域的景教传教士到达长安开始传教，一开始非常艰难，景教在政治和文化上都遭遇到了严厉的压制。公元845年景教更是遭到灭顶之灾，其传播遭到官府禁绝。不过景教虽被逐出中原近200年，但仍然在边陲地区少数民族中继续生根发芽，最后竟然逐渐回归中原，成功地影响了大批民众。另一个例子是西方传教士在中国传教的曲折漫长历程。西方传教士方济各·沙勿略在到达日本后，发现日本文化受中国的深刻影响而对中国文化非常崇拜，他决心来中国传教，但由于明朝禁海国策的施行他难以进入中国布道，在澳门外踯躅而

1　门多萨著，何高济译：《中华大帝国史》，北京：中华书局1998年版，第20页。

2　郑朝红：《16—18世纪"东学西渐"重探：动因与启示》，载《贵州社会科学》2014年第5期。

3　茅海建：《天朝的崩溃：鸦片战争再研究》，北京：生活·读书·新知三联书店1995年版，第45页。

不得进，最后在1552年12月病死于珠江口外的上川岛。后来，利玛窦等诸多传教士来到东方，继承并发展了沙勿略的宗教输出和文化交流策略，并成功把西方宗教文化渗透进了中国的版图。[1]

梳理中国上千年的文化传播与输入历史，可以发现文化流动的自发性与自觉性兼而有之。文化自发的流动是客观的、被动的流动，主观意图缺位，也没有精心的设计和考量，它遵循自然的态势，受到环境的促进以及文化自身的诱发动因的影响。而文化自觉的流动则是主观的、积极的传播，有国家民族整体的框架设计、策略指导和路径安排，有明确的目的和指向，尤其出现在民族国家间交往不仅日益频繁，而且相互之间融汇在一起的趋势日渐明朗之后。但这种交往又建立在种种不对称基础之上，现代性的拉锯与争斗便不可避免。提升到人类精神层面上讲，便是文明的冲突，它既是强者谋求霸权的精神支柱和重要手段，又是弱小者捍卫自己生存的理想目标和延伸路径。因此，在世界"现代化"的进程中，文化自觉成为各方关注的思想焦点和重要论题。

可以这样说，自发性的文化流动是前工业社会的产物，还没有上升到意识形态和国家战略的高度；而自觉性的文化流动则是现代社会的衍生物，已经提升到思想策略的层面，变成国家的规制设计和民族之间互相抗争的手段。相对于"传统性"而言，"现代性"指的是社会进程中进化式的经济与管理的理性化与分层化过程。在这种世界"既有秩序"消弭涣散，"现代资本主义工业国家"逐渐形成的过程中，两种因素的相互冲突直接导致全球范围的民族矛盾开始激化：一方面是从早期资本主义原始积累阶段就已经出现，随后范围加速扩大、内涵不断深化的对其他国家的资源掠夺和经济扩张。这种经济攫取造就了世界范围内民族国家间的商品交往日益频繁，双方各种联系不断加强；但这种经济往来所具有的不平等性质，必然导致相互关系的日趋紧张，乃至引起社会抗争、舆论对立。另一方面是与上述资本主义国家的经济凌越始终伴随着的对其他民族国家的武力征服或军事干涉，这使得双方之间经济交往的不平等性更多地直接呈现为民族国家间政治关系上的主客模式化，其典型的表现形式是宗主国与殖民地之间的相互审视与地位定性。当资本主义国家间因经济扩张而出现利益冲突时，就会出现关系

---

[1] 王岳川：《文化输出：王岳川访谈录》，北京：北京大学出版社2011年版，第78—79页。

紧张的局面，甚至会引发不同范围、不同规模的政治军事对抗。[1]战争便是这种矛盾最为极端的表现形式，而文化流向的人为操纵，则是这种冲突的另一种凸显方式。因此，季羡林先生曾提倡使用"文化送出主义"这一说法。他认为世界上不存在长期单边的文化输出活动，文化总是互动渗透的，文化的回流是迟早的事情。

在中国和平崛起的过程中，我们则倾向于用"文化走出去"这一说法，这既符合国家战略要义，又在立场上更加客观包容，有利于不同文明的对话与交流。历史上中国曾是许多国家的文化放送国，而近现代时期日本、欧美等国家又将现代科学与知识、技术传播到中国，形成所谓"西学东渐"的文化反哺，即是如此。在论及当今世界宗教的相生相灭情况时，季羡林先生指出："佛教发展到唐代，已经越过了光辉的顶点……在印度，情况也差不多，到了7世纪，印度教已完成了转型任务，影响日益广被。虽有戒日王张扬，佛教已非昔日之辉煌。后来，伊斯兰教逐渐传入。在印度教与伊斯兰教夹攻之下，佛教终于在印度销声匿迹。"这就是多数学者都认可的世界文化交流史上的一个重要现象——理论旅行中的文化回流。[2]

这种顺流与逆流的文化交际现象实际上是传播学中常见的传播—反馈—共振所引发的相互作用与转换。我们可以把发送方和接收方都看成可以动态转换的主体，传播主体力图以信息、符号、图式、语言、文字等对接受主体产生影响，而接受主体也可以对传播主体进行反馈，促使其不断地调整传播策略、方式和内容；同时，接受主体不断地吸收传播主体的营养和强势因子，进化为可以影响原传播主体的新传播主体。这样的转换、互动、增益，可以无限次地持续进行，各国文明和文化正是在这样的状态下得以发展、延伸和变迁。最明显的例子就是中国和日本在近现代所发生的语言文字、文学艺术、学术理论、饮食文化等方面的传播、交流、反哺、转化，几乎涉及政治、社会和文化、文明的方方面面。值得深入研究的是，这样的心灵交互和实践浸融不仅产生于两个国家和地区之间，还有着多边、多向、多侧面的空间复杂情形。如中国与日本以及阿拉伯和西方的建

1　张杰：《文化自觉、文化战争、文化立国——世界"现代性"进程中的文化三部曲》，载《文化研究》2008年第2期。
2　王岳川：《季羡林评传》，合肥：黄山书社2016年版，第145页。

筑、园林与绘画的关系就是这样。中世纪时，中国的装饰美术经由阿拉伯传到西方，极大地影响了巴洛克建筑及其美学思想；而后，中国的建筑和美术又受到了该领域西方理论和实践行为的影响。这样的回馈、反哺、逆流现象在西学东渐和东学西渐的文化流动中屡见不鲜、层出不穷。[1]

语言学家王寅认为，在人类产生认识和理解的过程中不仅有主体和客体这两个要素双向的互动与交流，从语言的理解性角度出发，对人类社会的语言交际或跨语言交际活动，应该秉持"多重互动"的观点，即：（1）主客互动，指人们与客观世界的相互作用，这是形成部分思想共识的基础；（2）主主互动，指交际过程中双方之间互为主体的关系作用与认知理解；（3）人语互动，指语言交际活动必然要包括的人与文本、语音、文字等之间的互动过程；（4）客语互动，指文本与客观世界在人的引导催化作用下的互动；（5）语语互动，指人在进行跨语言理解时，需考虑源语言与目标语之间的渗透互动。他认为，人们在理解和翻译过程中主要涉及这五重互动关系，其间既有主客互动，又有主主互动，及它们与交往媒介语言之间的互动，更重要的是几者的有机整合与嬗变创新。[2]他的这个理解与认知模式也适用于文化的传播（包括输入和输出）过程，可以诠释文化的外溢与交流过程中多重因素的交叉作用与相互规制。

高素质的传播者在文化的传播交流进程中是关键的一环，离开了人的主体作用，一切精神交往活动都不能完成。中国历史上的文化外溢传播与接受输入均离不开高素质的传播群体，如汉代的班超，唐代的玄奘、鉴真、遣唐使，宋代的遣宋使、理学义理的领军人物（如日本的林罗山），元代的马可·波罗、列班·扫马，明代的郑和，清代的张之洞、林则徐、李提摩太、王韬、容闳、辜鸿铭等。尤其值得一提的群体是16至18世纪为传播福音来华的耶稣会传教士们，他们多接受过正规的学术训练，通晓西方文明脉络，掌握现代文化的主旨，熟练使用西方国家通用的知识语言——拉丁语，同时能用汉语与中国民众进行交流，甚至还可以用中文写作具有一定水平的文章和书籍。传教士们虽以传教为其活动主旨，但仍然注重学习中国文化和传统知识，还在双重动因的驱使下积极向西方介绍中

1　朱希祥、李小玲：《"东学西渐"现象及相关问题的简析》，载《杭州师范大学学报》（社会科学版）2013年第3期。

2　王寅：《主客主多重互动理解》，载《哲学动态》2009年第10期。

国传统文化。受到教会的指派，传教士们潜心研习中国儒家经典和文学作品，这些经典吸引了欧洲社会的关注的目光，一经译介传播便收到了轰动性的效果。如马若瑟翻译的《赵氏孤儿》文本，经过英国人哈切特、墨菲，意大利人梅塔斯塔西奥，法国人伏尔泰以及德国大文豪歌德等西方学者的改编，在欧洲引起轰动，在多国的舞台上演出且经久不衰，让西方社会了解了中国人世代推崇的传统民族价值和高尚情操，正面宣传了中国文化的精神核心，有效树立了中国的良好形象。[1]16至18世纪中国文化传播到西方，产生深刻的影响，其实并非中国单方面有意识的文化对外传播的结果，而是外部、内部多种因素多重互动、相互激荡的结果。那个时代的中国文化走出去对现时中国文化的对外传播与交流有着积极的意义和深刻的启示。

总归起来，在新常态成为标识性概念的历史时期，中国应该重新思考如何处理民族与世界的关系问题，这个深层追问包含两方面的内容，即在文明古国的光环下如何构想中国作为民族国家的现代存在形态；中国的和平崛起将带给世界大局怎样的变化。在这一双向破题的进程中人们有理由期待更为自由、公正、繁荣的人类社会的型构，故而，"新世界主义"的应运而生是水到渠成的事情，它要求我们思考未来的中国形象以及世界的新秩序将怎样在中国与世界的互动交往中得到建构。这种将中国与世界的相互关系置入民族精神和传统思想精髓的"新世界主义"构想，有其固有的理论经验基础（中国将如何以其综合国力的巨大体量融入与改变全球，中国将如何以其传统思想脉络担起全球话语的历史使命，马克思主义中国化将带来何种具有普遍意义的精神成果），它仍然将民族精神作为参与世界竞争、推动文明进程的动力源泉，但同时又解除了民族主义对国家、政治共同体立场封闭性和自我想象性的依赖，从而为一种全球性的协商式话语体系的型构预设了基本条件。与民族主义在资本主义兴起和现代秩序形成中发挥的作用一样，"新世界主义"与中国的持续发展和包容成长将呈现出一种共生共荣的关系，对人类文明而言将构成另一种建设性的解放力量。[2]

故此，在这样的视阈下，中国文化走出去应遵循建我话语体系、重构国家形

1　郑朝红：《16-18世纪"东学西渐"重探：动因与启示》，载《贵州社会科学》2014年第5期。

2　李永晶：《新世界主义：破解民族精神的时代困境》，载《探索与争鸣》2016年第2期。

象、防止精神殖民的总体思路。这几个方面既是中国文化走出去的目的和意义所在，又是其策略与路径指向。建我话语体系，即在与异质文明（尤其是西方文明）平等交流与对话的背景下，我们必须建构一个兼具传统与现代特质的中国特色的话语体系，秉持中国理念、弘扬中国理论、坚守中国制度、确证中国道路，借此与异质文明对等互视、交流共荣，并不断提升中国的国际话语权；重构国家形象，即是要祛除西方国家几百年来对中国的误读与偏见，消解落后、停滞、不开化的旧中国形象，重塑新时代负责任、守承诺、国力强、可信赖的大国形象，在国际社会中获得身份认同和权利担当；防止精神殖民，即是在新旧文化安全观的视阈下防范敌对意识形态和不良文化的渗透，守卫国家的非物质领土，提升国民的文化素质和民族精神自信，抵御西方价值观对社会思想和民族传统的侵蚀，筑起全社会文化自信和防止精神矮化的防线，保障文化健康和核心价值的坚守。对中国文化走出去的策略与路径创新探索将在这样的总体思路下展开，并遵循国家战略思想的理论指引和取向选择。

第二章

创新思维后中国文化走出去的
现实考量和深层内视

第一节　文化安全：中国文化走出去的紧迫诉求

全球化背景下，国际文化发展的态势呈现出西方文化强势渗透、广大发展中国家尽力抵抗的特征，特别是随着现代的全球扩张及英语霸权的形成，以美国为代表的西方国家在经济、文化、科技、军事、外交等方面拥有的超强实力，对我国的文化生态及其建设形成了一定的威胁和挤压。西方国家立足于主导全球文化的主观想象，凭借其强大的国力向全球推行其文化产品和文化价值观念，以求在文化和思想上影响、同化其他国家，从而达到在意识形态和价值理念上掌控世界的目的。美国前总统小布什声称，要向全世界传播和宣传孕育了作为上帝选民的美利坚民族的价值观，把民主和自由像空气一样弥漫到全世界。[1]美国政府在针对中国的一份官方文件中也指出，要尽量用物质利益来诱惑中国的青年群体，使得他们与原来所受的思想教育分道扬镳，要使用一切手段，做好思想说服和政治宣传工作，进行更柔性隐蔽的宗教渗透，引导青年一代羡慕、向往美国的衣、食、住、行、娱乐和教育方式，培育亲近美国（西方）的中产阶级。[2]

全球化时代的来临加速了文化的流动与融汇，前工业社会那种对信息的封闭和文化的保守立场受到冲击，取而代之的是民族文化认同的危机感日益加重，各主权国家越来越重视维护本民族文化的完整、独立和安全。另外，中国的和平崛起也必然面临着各方关系与力量的挑战和规制，尤其是守成大国的警觉与打压，其中，文化安全的问题是这些矛盾中的敏感焦点。

文化安全问题本质上是文化主权问题，它与一个国家的合法性和权威性密不

1　王建华：《美国总统就职演说精选：汉英对照》，南昌：江西人民出版社2008年版，第280-287页。

2　姚黎君：《全球化时代的中华文化走向——方立克教授访谈录》，载《党政干部学刊》2001年第4期。

可分，维护文化主权不仅仅是捍卫文化的独立性，更关系到一个国家、一个民族的国际地位和国际声望。文化是一个民族的集体记忆，一个国家和民族要保持与他国的身份界限和特征区别，就必须首先保持其文化上的独立性，文化的区隔和代表特征能使一个国家保持其在国际社会中的地位。文化同质化与文化民族性的斗争虽然不是一场硝烟弥漫的"热战"，但是作为一种捍卫文化主权的斗争行为，其政治性和敏感性日渐突出，其重要性也越来越彰显，甚至在一定条件下，这种在文化场域表现出的侵蚀与抵制、扩张与对抗会进一步演变成公开的军事冲突、经济制裁和政治斗争。因此，文化主权的独立与区隔不仅仅是对文化霸权的反抗，更是对经济压制、军事威胁和政治凌越的拒绝和反抗。一方面，在文化场域表现出来的同质化与反侵蚀、压迫与抗争是政治领域、经济领域、军事领域各种斗争的反映和先导。另一方面，这些领域的斗争与竞争在信息社会里无不带有思想价值背景和意识形态的痕迹。因此，文化主权的维护关系到国家整体的安全，也关系到国家的政治主权和国际地位。[1]

从目前比较受关注的传统安全学视阈看，一般来说，文化安全具有以下特征：

（1）文化安全在国家战略中具有比较独特的地位。虽然文化安全往往与其他领域的安全共同构成国家的宏观安全体系，但文化领域的控制与抗争在国家政策方针上仍然具有区别于其他安全考量体系的独特地位。（2）文化安全具有无边界、隐形化和非直接的特点。文化领域的控制与反控制是一种宏大精神空间的对立与抗争，其复杂性、隐蔽性和长期性的特点使之迥异于其他安全领域，这种无形的较量不似军事领域那样刀光剑影，但却是国家安全防线的重要构成部分。（3）文化安全具有变动维模性和渗透趋弱性。由于民族文化体系长期受到外来文化的侵蚀与剥离，文化安全处于一种动态平衡之中，因此，它的外层表征如大众文化、社会生活等容易受到冲击和削弱，而传统文化、意识形态等内在核心则抵御能力较强。（4）文化安全具有明显的排他性与区隔性。一个国家的文化安全首先体现的就是一个民族国家的文化与其他民族国家文化的区隔，这是主权国家区别于其他国家的基本标志，如果没有民族文化的疆域划分，国家的独立性和

---

[1] 包仕国：《全球化进程中中国文化安全的衍进与重构》，上海：华东师范大学2007年博士论文，第73页。

主权性将受到严重影响。（5）文化安全具有显性的主权话语意义。文化安全的主权话语包括政治文化维护、社会制度维护、意识形态风险防控等官方色彩浓厚的言语行为，也包括国民精神建构、信息网络防范和文化产业主导等政治气氛较淡的方面。[1]

如何看待全球化态势中的文化安全，是当渗透发生的时候再考虑抵御与反击，还是防患于未然，主动调整、构建体系、做好准备、及时消解潜在威胁，这是中国和平崛起过程中我们要深入思考、认真评估和周密安排的策略与计划。

从内部构成及外部生态看，文化具有不断演进发展的性质，流动性和外溢性是其本质表现。文化的这种特性是建立在文化的自觉动因与其身份合法性的基础之上的，没有文化自觉就不可能有标志性的文化流动与外溢。一种文化的流动性一方面取决于该文化在人类文明进程中所占的地位，另一方面则受制于这种文化对他国文明传播影响的程度，而外溢性是文化的本质特征之一，是其生命力的表现。文化的生命力不仅体现在其对外来文化的包容性和消化性上，也体现在其对他国文化进行外溢传播的潜质和力量上。因此，没有一种文化是孤立存在的，与世隔绝的文化无法生存，所有文化都是"关系中的自我"。这就是文化的开放性。另外，适应性和扩展性也是文化的重要特性。从某种意义上说，文化的流动性和外溢性决定了文化的适应性和扩展性。因为从文化传播的角度讲，流动性和外溢性既可以在传播主体有目的的主观操纵下以强制或非强制的方式进行，也可以在传播主体缺位的状态下自发流动和外溢传播，以其先进性影响其他文化。在全球化大背景下，一种文化如果不能对外施加影响或不具备对其他文化的流动力和外溢力，这种文化就是一种低位文化，其抗风险能力就弱，也不能满足其实现国家目标的需要。同时，这样的文化也不构成国家软实力，而只是被矮化成了一种民俗或生活习惯，因此，流动性和外溢性是充满活力与生机的文化的重要特征，而适应性和扩展性则是文化在对外施加影响过程中的附加体现。当然，这种文化自发或自觉的流动与外溢态势并非仅由文化自身的品质、优势和生命力决定，它也和一个国家的综合国力及周边的态势，全球政治、经济、文化的多样性

1　包仕国：《全球化进程中中国文化安全的衍进与重构》，上海：华东师范大学2007年博士论文，第29—30页。

投射等因素密切相关。

从人类文明发展进程来看，一种文化越是具有符合人类文明进程的内在发展规律，这种文化的流动力度与外溢力度就越强；反之，一种糟粕的文化、肤浅的文化即便通过其所在国家处心积虑、精心设计的输出与渗透，其传播力和影响程度也未必能达到期望。这说明，先进和优秀的基因特质是文化自发性流动和影响他国、他民族文化的前提之一，企图通过文化自身生命力之外的各种软硬手段去影响和改变他文化的性质与结构，并对其进行同化的策略与设想是非理性的和不符合文化自身发展规律的。[1]

在西方推行的全球化即美国化、西方化的趋势下，西方文化，尤其是美国文化，加大了向全球推行其文化产品和价值观念体系的力度，形成了一种有意识、有计划的文化植入和文化输出，这些非自然流动的外来多元文化对我国的文化安全形成了一定的张力和触压。因此，面对异文化非常态的流动与输出，采取适当的维护我国文化安全的对策与举措刻不容缓。

哥本哈根学派对安全化问题做了如下表述：所谓安全化是这样一个过程，在国际社会的复杂关系中一旦某些问题被行为主体指认为对其存在构成威胁，只要这些威胁能够被确认，行为主体就有权要求进入一种紧急状况，采取非常规的强硬措施以平息事态，并力求证明这些措施虽然不合常理但确实属于一种正当的防卫。[2]也就是说，安全化问题的行为主体可以在保证自身合法存在的前提下使用非常手段打破既有规则、应对突发危机，从而能够在不遵守现行国际秩序制度和法定政策决策程序的条件下，将某个议题从常规化处置提升到超越既定格局的紧急考量空间，呈现出一个从公共问题政治化到整体安全化的过程。[3]

面对西方文化人为设计的、非常态的外溢渗透的情况，在传统和非传统的安全理论视角下我们应视其具体演进态势采取防御和进取两种策略。

传统的安全理论以现实主义为指向，强调国家与民族的主体性与独立性，以军事、政治、经济、文化等范式和手段主导安全价值，着力于通过战争、冲突、

1　周宇豪：《文化软实力传播过程中的输出性与渗透性研究——以孔子学院为例》，载《现代传播》2013年第5期。

2　巴瑞·布赞、奥利·维夫、迪·怀尔德著，朱宁译：《新安全论》，杭州：浙江人民出版社2003年版，第32~33页。

3　叶晓红：《哥本哈根学派安全化理论述评》，载《社会主义研究》2015年第6期。

干预、谈判、威慑、均势等具体方式应付外部威胁，解除他国对自己施加的压力，其维护行为的主体是国家和民族。[1]在这种传统思路指导下的中国文化安全防御就是要建立起文化过滤防线，对优秀的外来文化予以吸收和消化，对糟粕则予以刚性抗拒和堵截击退。具体一般从以下几个方面着手：一是强化民族文化认同，提高中国文化的向心力和凝聚力，对传统文化取其精华，去其糟粕，深入挖掘，形成体系，并在社会上广泛弘扬。二是强化对作为全国全民族最高精神载体的马克思主义理论体系的认同。马克思主义是中国特色社会主义的价值中枢，也是全党全国人民迈向新时代的共同思想基础。强化这种认同，有助于全党全国统一思想，协调行动，加快中华民族伟大复兴的步伐。与此同时，还要加强对社会主义核心价值观的认同，进一步丰富其内涵和精要，强化其对全社会的思想引领作用。三是大力推进文化产业发展，提高中国文化产品的核心竞争力。据调查，目前中国文化产业体量占国内生产总值的比率尚不到4%，而发达国家平均达到10%以上，美国则达到了惊人的25%以上。[2]因此，要尽快弥补我国文化产业发展的短板，调整优化产业结构，转变发展方式，努力形成与西方文化产业均势抗衡的核心竞争力。四是不断改革文化发展体制，提高中国文化的创新力。要充分认识到传统文化的当代价值和资源意义，进一步挖掘传统文化资源，加大开发、利用、保护的力度，创新文化的发展之路。[3]

非传统安全理论的内容创新使安全概念得到了进一步扩展和深化，不再局限于军事和政治领域，指涉对象也不只是民族国家，还包含了个人和安全复合体，包括次集团、组织、共同体等，并强调了它们之间的安全认知和利害关系。非传统的安全理论还强调了平衡态势下的"主体间性"安全，即国际体系内的安全是靠行为主体的此消彼长、互动均势来实现，着眼于安全的正负能量交换和主体间的均势制造，强调对安全困境的预先抑制与事前调控，实现正和游戏的相济共

---

1 李开盛、薛力：《非传统安全理论：概念、流派与特征》，载《国际政治研究》2012年第2期。
2 袁新涛：《提升我国文化软实力的战略思考》，载《山西社会主义学院学报》2012年第3期。
3 耿超：《全球化视野中提升中国文化软实力的思考》，载《理论月刊》2014年第3期。

赢。[1]在这个非传统立场的观照下，进取型的文化安全举措可以简化为立足于做强、做大、做优中国文化，助力中国文化的国际流动与传播、外溢，与世界文化大潮对话、碰撞、交融，努力在国际文化生态中占有自己的一席之地。

中国文化走出去的历史印迹在第一章中已有了充分梳理和论述，秦汉、唐宋、明清三个阶段的东学西渐已充分证明了中国文化走出去的可能性和取得的成功。现实状态下，经过了一百多年"拿来主义"引导的西学东渐、全盘接受和整体效仿之后，中国文化仍然具有再度东学西渐的基础和实力。一是中国的综合国力日渐强大，伴随中国的和平崛起，文化走出去必然是最合适的扩展方式。二是我们有世代相传的丰富的民族文化遗产，这是属于全人类的世界文明宝库，有取之不尽、用之不竭的文化储备资源，可以用于与其他异域文化的交流与融汇实践。三是中国共产党的坚强领导为文化传播提供了强大后盾，中国特色社会主义道路的成功展示了马克思主义的生命力、解释力、传播力，为广大发展中国家提供了可以复制的强国模式。这些都是中国文化内在走强的动力因素。当然还有世界文化大潮的吸附与包容趋势，文化本身具有的相互融合、相互吸引的递延诉求，中国文化完全可以为人类文化的发展与演进提供更多的模式和借鉴，文化的多元化与扩展化同时并存，互为推进，这也是文化全球化的潜在需求和长远目标。

雅斯贝尔斯曾提出过一个分析人类精神基础与发展动力的"轴心期"理论，在他看来，"直至今日，人类一直靠轴心期所产生、思考和创造的一切而生存。……轴心期潜力的苏醒和对轴心期潜力的回忆，或曰复兴，总是提供了精神动力"[2]。春秋战国时代被认为是中国的轴心时期。那是一个巨人及其思想频出的时代，不仅实现了中国历史发展的飞跃，而且为后来中华民族的强盛提供了充足动力。中华民族虽历尽磨难，华夏版图分分合合，始终能够保持民族意识与价值体系的完整和统一，不能不说是得益于轴心时代所建立起的一整套治国、理政、齐家的理论体系和文化制度。据史书所载，典出于北宋赵普的"半部论语治天下"——"昔以其半辅太祖定天下，今欲以其半辅陛下致太平"是中国对轴心

1　朱宁：《安全与非安全化——哥本哈根学派安全研究》，载《世界经济与政治》2003年第10期。

2　雅斯贝斯著，魏楚雄、俞新天译：《历史的起源与目标》，北京：华夏出版社1989年版，第14页。

时代的文化创造以及其为国家、民族后来发展提供文化安全保障的最好诠释。

中国当下的和平崛起负有一个重大的文化使命，即在新的时空共振阶段创造一个既继承民族传统又被赋予了文明兼容特色的新轴心时代，这不仅具有中国意义，而且孕育着世界价值。它既为中国今后的发展提供了文化精神的原动力和国家文化安全的战略架构，而且为改善和优化当今世界过于重复和同质的国际文化安全体系创造了历史性可能。中国文化走出去是中华民族又一次向世界贡献自己的集体智慧、承担文明大国的历史责任和引领国际社会繁荣共进的勇气的体现。[1]汤因比曾经断言："将来统一世界的大概不是西欧国家，也不是西欧化的国家，而是中国。……中国肩负着不止给半个世界而且给整个世界带来政治统一与和平的命运。……世界的统一将在和平中实现，这种和平统一是以地理和文化主轴为中心，不断结晶扩大起来的。这个主轴不在美国、欧洲和苏联，而在中国。"[2]中美后现代研究中心主任、著名后现代哲学家小柯布博士也高度评价中国的制度体系和文化建设，他明确指出："比起美国和西方其他国家，中国实现生态文明的前景更令人乐观。……生态文明的希望在中国。"[3]

据此，有的学者在中国文化走出去的总体架构上提出了四个重要维度：梳理、厘清中国几千年的文明以及文化精神遗产；更新观念，对当代文化正负面效应加以批评总结；钩稽当代文化大师的理论实践体系；将这些精神成果整合成新的文化实践和艺术形式，凝结中国现当代知识分子群体的智慧，让中国学术走出去，从而使世界真正在价值平等的平台上，深度理解和重新阐释中国文化与思想意蕴。[4]我们认为这从多个角度为中国文化走出去提供了途径化设想和方向性建议。

综上论述，在文化安全的视阈下，中国文化走出去是中国和平崛起的现实诉

1　胡惠林：《中国国家文化安全论》，上海：上海人民出版社2005年版，第236-237页。

2　汤因比、池田大作：《展望21世纪——汤因比与池田大作对话录》，转引自张雄、陈鸣达：《文明：充满生死搏斗的神秘剧——汤因比的〈历史研究〉》，昆明：云南人民出版社1989年版，第155-156页。

3　柯布、刘昀献：《中国是当今世界最有可能实现生态文明的地方——著名建设性后现代思想家柯布教授访谈录》，载《中国浦东干部学院学报》2010年第3期。

4　王岳川：《文化输出：王岳川访谈录》，北京：北京大学出版社2011年版，第110页。

求，也是人类社会发展的大势所趋，在这一过程中，我们应注重三个方面的问题。

（1）中国文化走出去是中国和平崛起的重要指征和融入国际社会的迫切需要。

"历史上，任何一个大国的崛起，无不对当时的地区和国际力量格局造成巨大冲击，也无不面临着当时国际体系的巨大压力。而大国能否成功崛起，妥善处理来自国际体系的压力是一个关键问题。"[1]现阶段，中国国家实力的增强和在国际上的快速崛起已引起了西方世界的强烈关注，同时已经引发了现行国际政治体系的聚焦审视与均势改变，在实体场域中产生了较为明显的结构性张力。在权力空间和地缘政治视阈下，美国、印度、日本、俄罗斯和欧洲对我国在国际上的深远影响和话语凸起已形成了担忧、疑虑、恐惧和敌视相混合的复杂心态。要消除这些负面的复杂心态和动因，除了增强我国的硬实力（军事、科技、经济等）外，更要依靠文化软实力去显示我国温和、包容的内蕴，特别是要注重加强中外文化交流，增进与外界的了解和互动，同时要积极地化解纠纷，构建共同的价值体系和战略认知框架，持续地释放善意和协商互助争取信任和支持。最终消除国际社会的担忧与疑虑，融入国际政治生态圈，成为"建设性的合作者"[2]。

（2）"文化商业化对外传播"与"文化装备的配置"是中国文化走出去的经济内涵和国防意义。

自20世纪50年代以来，以信息传播技术为核心的文化产业革命正在快速把人类数千年来形成的文明成果转化为利用现代化技术传播的聚合型文化产品，它极大地拓展了人类的思维视野和创造能力，进一步促进了文化经济的发展。毋庸置疑，文化产业创新是创新型中国的战略选择。金元浦认为："创意产业是在全球化条件下，以进入小康时代人们的精神文化娱乐消费需求为基础，以高科技手段为支撑，以网络等最新传播方式为主导的，以文化艺术与经济科技的全面结合为自身特征的跨行业跨部门跨领域重组或创建的新型产业。它是以创意创新为核心，以知识资本的运作为手段，统摄生产、传播、流通、消费等产业发展全过程

1　孟亮：《大国策：通向大国之路的软实力》，北京：人民日报出版社2008年版，第256页。

2　刘德定：《当代中国文化软实力研究》，开封：河南大学2012年博士论文，第120-121页。

的复合概念；是向大众提供文化、艺术、精神、心理、娱乐产品的新兴产业集群。与创新、创意关系最为密切的就是创意者的知识产权。知识产权和知识产权保护是创意产业得以发展的必要前提和充分条件。发达国家版权经济的发展着力于知识产权保护，这种保护首先保证了创意者的利益，推动了创意群体的形成，维护了产业发展的市场环境，同时保证了对外文化贸易的国家利益，包括直接的经济利益和长远的文化利益。……创意产业是当今世界发达国家经济文化发展的重要潮流。它和'文化经济'、'内容产业'、'版权产业'、'休闲体验产业'等概念相交错，形成了新的产业发展方向和新的发展模式。"[1]我们认为，中国文化走出去不单是文化的自发流动与外溢，更是作为文化主体的国家民族历史思想和社会价值的精心设计和自觉体现，必须注重文化产品的商业化对外传播这条路径，这是一种文化的自我建构和现实的发展战略。我们需要一系列具有市场核心竞争力的文化产品，这些产品不仅要能够满足中国文化市场的消费需求，而且还要能适应海外文化市场的商业取向。

与此同时，安全学视阈下的文化产业也正在成为国家文化建设和国防文化安全的"思想空间的装备配置"，虽然它是一种无形的防护，但它和军事、经济、科技等有形配置一起构建了整个国家安全和防御的立体网络。在这个意义下，信息产业、文化产业、传媒产业正在被整合成国防视野里的文化安全之盾，这些文化安全要素的集合体正是抵御外来不良文化入侵和加固自身文化阵地的综合防线。有的学者认为，在现实的多重场域权力的角逐与超限的战争视角下，文化思想领域已经具化为国家文化安全的非物质领土。面对激烈的全球化竞争和西方各种思潮的渗透，我们的国防文化安全的战略思维应在做强做大文化产业的基础之上，重新构建"非物质领土"和"文化装备"的新的精神空间和理论视野。[2]

（3）文化外交代表着中国文化走出去的国际关系处置考量。

文化外交不同于一般意义上的对外文化交流，它着重突出政府在对外关系中的作用，与公共外交有所区别。因此，文化外交是一国政府所从事的对外文化关系及相关活动的总和，或者说，文化外交是以主权国家为主体、对外行使国家主

---

1 金元浦：《文化创意产业：创新型中国的战略选择》，载《人民日报》2006年12月29日。

2 黄献国：《全球化语境的文化战略博弈》，载《解放军艺术学院学报》2008年第2期。

体权力的官方文化关系的运行与体现。[1]

文化外交在国家的对外交往中一般有三个方面的作用：

一是对国家身份的建构与固化。即划分"自我"和"他者"，确立思想疆域和文化区隔。其目的首先是保证和维护本国的地缘和政治认同身份，其次是力求影响并改变"他者"的认知，使其对自己的政治认同无法构成威胁。

二是明确主权国家在国际社会的价值诉求。在国际社会里，每个国家都有自己必须实现的客观诉求——自主生存、民族独立、经济繁荣和话语尊严。生存和独立是一个国家最基本、最底线的核心利益，经济繁荣是确保国家发展和强大的核心动力，话语尊严则是国家形象的外在表征，它更多的是国家的心理价值和精神诉求，是国家现实存在或物质本体利益之外的无形主权。

三是确定国家的主体行为模式。不同文化的国家有着不同的行为规范，这种非形塑性的规范一旦形成就具有较强的稳定性和传承性。在国际关系中，属于同一文化类型的国家易于相互理解与合作，分属异质文化的国家则容易产生偏见，出现矛盾和冲突。因而，文化相似度是国家之间确定彼此关系亲疏远近的一个标准。[2]

与政治外交、经济外交、科技外交、军事外交不一样，文化外交最能体现"使用交涉、谈判和其他和平方式对外行使主权"[3]的外交特点。它的这种协商性、合作性和非刚性的特点使得文化外交成为外交中的外交，其柔性运作取决于国家非直接功利性的战略目标——文化利益，也取决于其选择的手段——以思想文化为主的软权力。正是这种商议性或非刚性的特点使得文化外交相比于其他外交形式更易于被目标国所接受。[4]

因此，中国文化走出去符合中国和平崛起的战略框架设想，在外交关系中运用文化外交的柔性手段使得中国在国际事务的处理中更有操控力和回旋余地，也更易使他国政府和人民理解和接受中国的优秀文化。

1　李智：《文化外交：一种传播学的解读》，北京：北京大学出版社2005年版，第24页。
2　邢悦：《文化如何影响对外政策：以美国为个案的研究》，北京：北京大学出版社2011年版，第115-140页。
3　鲁毅等：《外交学概论》，北京：世界知识出版社1997年版，第5页。
4　李智：《文化外交：一种传播学的解读》，北京：北京大学出版社2005年版，第25页。

第二节　扭转文化逆差：
后殖民主义思潮激荡下的东方立场建构

历史上的中国曾经是文化顺差的大国，在世界历史上长期扮演着文化传播国的角色，发挥了引领人类文明、主导世界发展进程的作用。1840年的鸦片战争打破了中国长期封闭发展的局面，没有任何的缓冲和过渡，分属不同阵营的两种文明不期而遇，使得中国被强行纳入了世界资本主义市场体系。一开始，中国传统文化与西方现代文化尚能维持双峰并峙的均势局面，但这种平衡的格局并没有维持多久，以工业化大生产为物质基础，以三权分立制度为政治特征，以民主、自由、平等、法制为主体思想的西方现代文明已经成熟并不断向外扩张，逐步形成了凌越世界的霸权话语。

现代西方文明借助坚船利炮打开了中国封闭的大门，使中国看到了自己精华内蕴、和睦谦让的东方文明与强势殖民、不断扩张的西方文明之间的差距，开始了洋务运动、戊戌变法等学习、效仿西方的嬗变改革。因此，鸦片战争不仅是西方国家对古老东方的军事侵略，从文化的角度看，也是现代西方异质文化对中国传统文化的入侵与征服，引发了先后长达半个世纪的中西文化的激烈拉剧与冲突。这个时候，中国传统文化已逐渐处于劣势和被动地位，西方文化则挟现代科技的物质力、理性民主的精神力大规模登陆中国。[1]正如费正清在《剑桥中国晚清史》中所指出的那样，中国近代以来的历史"是扩张的、进行国际贸易和殖民战争的西方同固守农业经济和官僚政治的中国之间的文化对抗……从根本上讲，是一场广义的文化冲突"[2]。在这种文化冲突中，中国知识分子开始深层次地思考政治制度、社会改革等现实问题。外部的压力与内在的危机促使五四新文化运动在救亡图强的社会背景下兴起，民主和科学成为社会变革的两面大旗，中国正式走上了思想史上的现代化之路。虽然五四新文化运动引起了中国社会思想界空前的大激荡，形成了新观点、新文化、新理论百家争鸣的局面，为国家富强、社会进步所必需的政治民主、思想开放、精神自由扫清了障碍，但五四运动也从根

1　包仕国：《全球化进程中中国文化安全的衍进与重构》，上海：华东师范大学2007年博士论文，第85页。

2　费正清编，中国社会科学院历史研究编译室译：《剑桥中国晚清史1800—1911：上卷》，北京：中国社会科学出版社1985年版，第53页。

本上消解了几千年来自成一体的华夏中心主义文化版图，促成了全社会对封建传统文化的批判与脱离，开始一边倒地全盘学习新奇、炫目的西方文化，在抛弃传统文化糟粕的同时也冲击了中国文化引领社会思潮的主导地位。至此，中国历史上的文化顺差已彻底转变为拿来主义的文化逆差，对自我身份的不认同导致了文化流动的拐点的产生。

文化交流中的逆差一般是指一个国家在同其他国家的文化交流中外来文化要素对本国文化的影响大于本国文化精髓对外国文化的影响的现象。[1]在文化逆差的影响下，百余年来中国成了西方现代文化的主要接受国。据统计，从1843年到1860年，香港和各通商口岸出版西方书籍434种，其中宗教类329种，占75.8%，天文、地理、数学、医学、历史、经济等105种，占24.2%；从1860年到1900年，翻译出版西方书籍555种，其中哲学、社会科学123种，自然科学162种，应用科学225种，其他游记、杂著、议论等45种；1900年到1911年期间，从日文、英文、法文等翻译的书至少有1599种，占晚清百年译书总数的69.8%，超过此前90年译书数量的两倍。其中，马礼逊等外国传教士出版的中文书籍和刊物共计138种，属于世界历史、地理、政治、经济等方面的有32种，成为晚清社会革新派人士了解世界潮流的重要参考资料。[2]

而晚清至今百余年来中国典籍对外译介传播的状况则并不乐观，比之西学翻译的大量涌入差之甚远。王尔敏在《中国文献西译书目》中提供了几组重要数字：一是西方翻译统纂中文字典的数量，自1620年以后，有150余种；二是西方翻译中国思想文化与历史书籍的情况，《老子》译本有140多种，《四书》译本有100余种，《庄子》译本约30种，《诗经》译本有20余种，《三字经》有18种译本，《千字文》有11种译本；三是统计几百年来西方翻译中国图书的总数，搜录西文所译各种文献有3000余种；四是中文典籍翻译成西文的文字有"英、法、德、俄、拉丁、希腊、意大利、西班牙、葡萄牙、荷兰、瑞典、挪威、土耳其、

1　段京肃：《略论文化交流中的"逆差"现象》，载《国际新闻界》2001年第2期。
2　熊月之：《西学东渐与晚清社会》，上海：上海人民出版社1994年版，第11-12页；另参见熊月之：《晚清新学书目提要》，上海：上海书店出版社2007年版，第55页；吴小如：《中国文化史纲要》，北京：北京大学出版社2001年版，第98页。

捷克、保加利亚等文字，而以英、法、德三种文字为最多"[1]。

据我国学者王岳川在中国国家图书馆和北京大学图书馆的调查统计，20世纪中国翻译了西方106 800余种著作，而西方翻译中国20世纪的各种著作仅几百种，其中翻译较多的是王国维的《人间词话》等文学理论著作，20世纪末翻译较多的是一些当代作家作品，其他现代学者著作译成西方文字的则微乎其微。他认为，这种巨大的文化交流逆差现象理应引起中国翻译界的高度重视。[2]

而在1997—2009年全国出版物版权贸易数据统计中我们发现，1997年我国从国外引进版权3224种，输出353种；1998年引进5469种，输出588；1999年引进6461种，输出418种；2000年引进7343种，输出636种；2001年引进8250种，输出653种；2002年引进10 235种，输出1297种；2003年引进12 516种，输出811种；2004年引进11 746种，输出1362种；2005年引进10 894种，输出1517种；2006年引进12 386种，输出2057种；2007年引进11 101种，输出2593种；2008年引进16 969种，输出2455种；2009年引进13 793种，输出4205种。[3]整体来看，我国版权贸易中文化逆差严重，引进输出比最高的年份是1999年和2003年，逆差均高达15倍之多。

中国与西方的文化逆差不仅体现在版权贸易中的高低错位、强弱互易，在文艺舞台上情况也大同小异。从1999年到2002年，仅俄罗斯就有285个文艺团体到中国演出，同期中国到俄罗斯演出的文艺团体只有30个，相差约10倍。在影视产业的进出口上，从2000年到2004年，中国进口影视作品4332部，出口的屈指可数。美国电影的生产量只占到世界的5%到6%，但放映时间却占到全世界放映总时间的80%。在语言习得与应用方面，中国和西方的交流逆差严重。美国高中学生中有大约2.4万人学中文，但学习法语的美国高中学生则有100多万。全世界每年出版的翻译著作大约有2.4万种，其中60%是从英语翻译成其他文字的，而美国英语著作又占到80%以上。包括中国在内的发展中国家的作家用本民族文字创作

1　王尔敏：《中国文献西译书目》，台北：台湾商务印书馆1975年版，"叙录"第6-7页，"凡例"第1页。
2　王岳川：《发现东方》，北京：北京大学出版社2011年版。
3　张书勤：《中国出版"走出去"的路径选择》，载《出版发行研究》2011年第12期。

的作品，能够被翻译成英语或法语的，只占到总翻译作品的5%。[1]

凡此种种迹象表明，文化逆差已在中国的对外文化交往中凸显并固化，这是一个严重的问题。首先，文化逆差对我国的政治主权和文化资源形成了一种无形的威胁，造成了极大的安全隐患；其次，文化逆差使我国公众形成了"文化紧张"的心理态势，施加了向西方看齐的压力，社会大众仓促之下接触到海量的异质文化，被置于完全陌生的文化场域中，对其言语行为方式产生了负面影响；第三，文化逆差造成了我国思想体系的断裂和价值观的冲突，特别是我国目前处于社会转型期，公众的多元价值取向在文化逆差的影响下很容易造成社会不稳定，导致认知混乱和秩序崩溃。[2]

如何消除文化逆差，恢复文化交流的平等性和合理性，是任何一个国家、一个民族在生存与发展过程中都需要认真思考的问题。有的学者认为需增强综合国力，以硬实力的提升来加强软实力；有的学者认为需要加强文化产业创新，以潮流方式包装传统文化，生产出符合当代需求的文化产品，并大量用于商业化对外传播，既调整了国内产业结构，又抵御了外来不良文化的传入；有的学者认为应坚持主流意识形态，以正确价值观引领文化导向，确保国家文化安全和政治主权……凡此种种，都是扭转文化逆差的手段，但这都是在具体操作层面上的探索，而非顶层设计与策略思考。我们认为，要抵御并扭转这种文化逆差，以上各种措施必不可少，但更重要的是坚持自己的文化自信和主流价值，认清传统文化的优势，结合当代文化的特点，借以形成外化的广阔视野与操作格局。这是一个国家、一个民族的文化内省，也是一个国家、一个民族的思想价值传播与对外交往取向。

从历史上看，西方对东方文化输出的优势是伴随着资本主义的全球扩张而形成的，这种殖民主义的文化移植与思想渗透加速造就和固化了西方的中心地位。而这个时候的被殖民地区的文化则蜕变成一种变异的文化、一种受挤压与被审视的文化，被殖民地区成为交流的逆差方——发展中国家。美国著名左翼文化批评家詹明信发现："我们从一开始就必须注意到一个重要的区别，即所有第三世界

---

1 邹盛瑜、蔡朋杞：《浅谈中国文化"走出去"战略中的制约因素及瓶颈突破》，载《时代文学》2008年第18期。
2 段京肃：《略论文化交流中的"逆差"现象》，载《国际新闻界》2001年第2期。

的文化都不能被看作是人类学所称的独立或自主的文化。相反，这些文化在许多显著的地方处于同第一世界文化帝国主义进行生死搏斗之中——这种文化搏斗的本身反映了这些地区的经济受到资本的不同阶段或有时被委婉地称为现代化的渗透。"[1]

马克思主义者和民族主义者对殖民主义、帝国主义等意识形态都进行了深入的批判和抨击，其内容涵盖经济、政治、文化、军事、社会等各个方面，而后殖民主义学者对殖民主义的批判则主要集中在对其话语理论和模式的分析和解剖。后殖民主义理论家中最著名的当推萨义德、斯皮瓦克和霍米·巴巴，他们被称为后殖民主义理论的三位奠基人。"可以毫不夸张地说，萨义德的《东方主义》（出版于1978年）等系列著作独辟蹊径创造了新的学术空间——殖民话语研究，也可以称之为殖民话语理论或殖民话语模式的分析领域。"[2]但是，关于"后殖民"这个术语，学界对其的认知把握和范畴解读却非常含混，对其内涵的界定也过于宽泛，后殖民主义思潮虽对西方思想界有着重大的影响，却没有一个确切的定义。国外学界比较认可的是美国学者阿道夫·德里克的观点，他的观点在纷繁复杂的后殖民评说中具有一定的代表性。他在《后殖民氛围：全球资本主义时代的第三世界批评》一文中指出"后殖民"包含三层意思："一是对前殖民地社会的现实状况的一种真实描绘。在这种情况下它有着具体明确的指称对象，如后殖民社会或后殖民知识分子；二是一种对殖民时代以后的全球状态的描述，在这种情况下它的用法比较抽象；三是描述一种关于上述全球状态的话语，这种话语的认识论和心理取向正是上述全球状态的话语，这种话语的认识论和心理取向正是上述全球状态的产物。"[3]国内学者对此也是各抒己见，从不同学科的多个视角展开对后殖民主义的研究。有学者认为，后殖民主义包括对东方主义的批判、文

---

1 詹明信著，张旭东编，陈清侨等译：《晚期资本主义的文化逻辑：詹明信批评理论文选》，北京：生活·读书·新知三联书店1997年版。转引自中共中央党史研究室宣教局：《党史文化与中国特色社会主义时间段历史研究》，北京：中共党史出版社2015年版，第527页。

2 Patrick Williams, Laura Chrisman: *Colonial Discourse and Post-Colonial Theory: A Reader*, New York: Columbia University Press, 1994, p. 5.

3 任一鸣：《后殖民：批评理论与文学》，北京：外语教学与研究出版社2008年版，第5页。

化身份和殖民者身份的分析及对民族主义的探讨。[1]也有的学者认为后殖民主义具有文化多元性，研究的是宗主国与殖民地之间的知识生产、文化话语与权力交织的关系，以及有关种族主义、文化帝国主义、国家民族文化、文化权力身份等新问题。[2]但大多数学者都基本认同后殖民批评话语侧重研究的是全球化背景下殖民地与宗主国的关系、媒体霸权与文化帝国主义扩张、他者与文化身份书写、民族文化与现代性、全球化与本土文化冲突、内部殖民等话题。[3]

应该说，后殖民主义思潮是对现代性的批判反思，是对殖民主义文化的重新书写和深层考量。后殖民主义思潮有三个关键要素：一是对现代性（殖民性）的深层反思和重新书写；二是从文化角度考量和审视现代性（殖民性）；三是作为一种批判现代性（殖民性）的话语方式。[4]

后殖民主义理论能解决目前这种东西文化关系的失衡和秩序偏向问题吗？我们认为是不可能的，根本原因在于后殖民主义缺乏一种完整的历史观。后殖民主义延续了西方文化片面而深刻的学理逻辑，认为东方的历史都是参照西方的主导叙事模式书写出来的，是欧洲历史的东方版本，是一种主调制约下的变奏。这个视角是对历史普遍规律的忽视，完全丧失了从全球关系的角度去观察和理解区域问题的可能，更谈不上处理全球性的文化冲突了。另外，后殖民主义学者尽管大多出身于发展中国家，但现在均已置身于发达国家学术圈的中心地带，如爱德华·萨义德、霍米·巴巴等。他们其实早已变成了典型的资本主义世界知识分子，他们的祖国无论是从空间距离还是情感经验上离他们都已十分遥远。这样一来，曾经限制过西方知识分子的文化认知基础和思想框架符码也在不同程度地规制和影响着他们，使他们在资本主义理论和贫穷母国记忆发生矛盾和冲突时，常常不自觉地以实际位置决定思考方向，做出与发展中国家本土知识分子完全不同

1　张京媛：《后殖民理论与文化批评》，北京：北京大学出版社1999年版，前言第8页。

2　王岳川：《后殖民主义与新历史主义文论》，济南：山东教育出版社1999年版，第9页。

3　胡友珍、梅然：《后殖民主义理论的中国话语》，载《中国农业大学学报》（社会科学版）2010年第2期。

4　张其学：《后殖民主义：一种反思现代性的话语方式——兼评作为历史分期概念使用的"后殖民主义"》，载《哲学动态》2007年第9期。

的判断和选择。[1]

因此，我们认为后殖民主义理论不能解决目前中西方文化逆差的问题，要使这种文化逆差恢复到文化涵化交流的正常范围，必须依靠东方本土的知识分子立足于东方立场所采取的一系列策略和手段。

现今东西方的差异性存在和不对等互视的文化格局是建立在现代性对民族传统的张力基础之上的，这使得西方中心论和东方主义都立足于世界二元对立的理论假设，强调着不同文化的隔膜与矛盾。批判东方主义的话语也同样以二元对立的世界秩序这个假设为前提，只提供了这种秩序模式规制的两种立场可以选择，或者东方主义，或者西方主义，这就造成了文化的割裂与相互抵触，令人可能走向两个极端：一是对凡是现代化的东西都一味简单反对的本土主义倾向，它造成一种复兴的假象，似乎回到前现代社会就进入了理想田园。二是制造了一种夜郎自大和闭关锁国的民族主义取向。这些都不是东方立场的应有主张，真正的东方立场超越了二元对立的格局，并非从一方转向另一方的情绪宣泄，而是采取完全不同于后殖民框架下东方主义的思维方式，立足于强调文化的包容性与连续性，聚焦世界历史发展中不同文明的互动，关注不同种族、文明之间的跨文化空间的发展动力，客观审视不同文明之间的疏离与分界，从而形成一种不仅有相互区隔与冲突，也有互补共融、相济相成的内在需求，对文化间性予以深层透析的包容性思维模式。[2]

故此，东方立场的建构不是民族主义精神的沉渣泛起，也非仅仅是对现代性的简单批判，而是恢复东方，尤其是中国正常的文化身份，避免世界对东方文化的误读。当然，文化身份意味着某种文化只有通过对自己的历史记忆和当代传承的重新书写，才能确认自己真正的文化品格和文化精神，这种身份与他种文化相区别，成为一个民族的集体无意识和精神向心力，也是拒斥文化霸权的前提条件。在世界文化格局中，文化身份是在与他文化的对比映照中形成文化差异后的某种区隔与自我认同。在萨义德的话语谱写中，身份是一个重要范畴，如全球化

1　罗钢：《关于殖民话语和后殖民理论的若干问题》，载《文艺研究》1997年第3期。

2　Almut Hofert & Armando Salvatore: *Between Europe and Islam*, pp. 14-15，转引自周宁：《东方主义：理论与论争》，载《厦门大学学报》（哲学社会科学版）2003年第1期。

中的身份存在、权力话语中的身份认同、后殖民的身份体系等，在全球化的背景下，身份危机、身份冲突、身份取向、身份建构、身份模因等都是人们关注的话题，身份立场在当今世界已成为一个绕不开的重大话题。[1]如何保持自己独特的民族文化身份，既与外来文化平等交流和友好互视，又不被外来文化完全渗透同化和彻底取代，是扭转文化逆差的关键。

在全球文明的现代化道路越来越艰难和狭窄的今天，作为拥有五千多年历史的文明古国和当代大国，中国更要发出自己的声音，为世界文明贡献自己的力量。在东西方文化与思维方式的两分坐标上，季羡林认为西方形而上学的世界图景已快走到尽头，而东方智慧、东方立场的价值指向必将立于潮头，以分析为基础的西方文化也会随之衰微，代之而起的必然是以综合为基础的东方文化。[2]东方文化的综合首先表现在天人合一，这也是与西方建设性后现代主义思潮一脉相承的价值体系。著名建设性后现代哲学家约翰·小柯布就认为中国与美国不一样的是，中国还不是一个富人掌权的国家，真正关心大多数穷人依然是中国政府的首要任务。据此，他认为，中国作为一个正在崛起的大国要勇敢担负起自己应承担的责任，"中国是世界上最有可能实现生态文明的地方"[3]。东方文化的综合优势还体现在技术应用方面。中国古代的工艺曾经巧夺天工，光耀人类文明的历史。中国是一个注重实际技艺的国家，"大国工匠"口号的提出既是对传统工艺现代传承的总结反思，又是对现今世界技术文明发展方向的重新设计，深层审视和创新我们的工匠技术，亦是对世界文明的重大贡献。故此，东方立场是一种"君子和而不同"的价值取向，是与他国文化互相了解、互相映衬、互相交融的视角与范式。有学者认为，"东西问题"承载了过多的二元对立式的、现代性意识形态的相互攻讦的思维定式，而应该高度关注的"古为今用"的问题却被掩盖与忽略了。故此，我们必须要超越东方主义与西方主义、全球化与本土化、体与用、进步与落后等二元对立的现代性规设视角，以"和而不同"的包容心态看待

1　王岳川：《文化输出：王岳川访谈录》，北京：北京大学出版社2011年版，第110页。

2　万本根：《东方文化的复兴——试论季羡林先生的东方文化观》，载《中华文化论坛》2001年第2期。

3　冯俊、柯布：《超越西式现代性，走生态文明之路——冯俊教授与著名建设性后现代思想家柯布教授对谈录》，载《中国浦东干部学院学报》2012年第1期。

和构建多元文化的生态体系。[1]

要秉持东方立场,从新的视角探讨东方文化的当代价值和未来走向,深入厘清中国文化的理论特质,进行体系重构,本土化的知识分子担任的角色至关重要。进入后现代社会之后,对现代性的批判和消解本身是没有丰富的学术内涵和太多的现实意义的,民族主义的区位坚持和激情充盈的批判式话语也只能演变成时代镜像的学术泡沫。知识分子作为这种立场和身份的命名者和书写者,必然要具备清醒的主体意识和内在的德行操守,既不能摒弃人文精神而同化于世俗现实之中,也不能在自我放逐的思想流亡中远庙堂而独善其身,更不能告别时代责任和理想愿景走入愤世嫉俗、寄情山水和语言游戏之中。在这种精神体系的转换中,知识分子应当担当起重建东方立场和亚洲价值的重任,把握住全球化中的占时处于低势位的"转型期"中国所具有的流动演化性,认真审视自我身份在价值建构中遭遇的诸多问题,从而将前沿性思考贯穿社会发展的始终。全球化时代为中国从"西学东渐"走向"东学西渐"的文化自视与重构提供了基本背景,本土化知识分子负有传承民族记忆与核心价值、稳定学术话语生态的历史使命,只有他们才能系统梳理、总结归纳出中国文化的博大思想体系,并加以重新诠释和广泛传播。[2]

我们相信,随着中国文化的再一次走出去、文化逆差的扭转、东西方对话机制的建立,中国文化身份的重建与中国文化的创新发展必然为人类社会带来鲜活的力量和靓丽的风景,届时,整个世界文化生态的重构也会提上当代知识生产的议事日程,这将是中华文明对世界文明的又一次重大贡献。

第三节　崛起的取向选择:中国制造还是中国文化走出去

早在20世纪80年代,西方的政治家和思想家们就在关注中国崛起的问题。西方学者在谈到中国崛起的起点和条件时认为,一是中国形成了一个视阈宏观、体系连贯和富有远见的战略思路和决策框架,在这方面对俄罗斯、美国、日本和欧洲国家等占有比较优势;二是中国将有能力保持经济持续稳定增长,这个国家

1　王岳川:《东方文化身份与中国立场》,载《东南学术》2005年第1期。
2　王岳川:《发现东方》,北京:北京大学出版社2011年版,第19-23页。

可望在不久的将来发生重大变化。[1]哈佛大学经济学教授威廉·奥弗霍尔特1993年出版的《中国崛起：经济改革如何造就一个新的超级大国》被认为是关于中国崛起的第一部专著。他在书中预测了随着中国的巨大体量融入世界格局，将会给亚洲的政治经济态势带来巨大改变，同时促进中国的国际地位提升和社会制度改革，并使全世界的文明生态发生改观。他认为中国崛起是世界历史上影响深远的重大事件。[2]

大国的崛起必然冲击现有的国际权力体系和利益格局，给国际社会带来一定的震动。所有国家尤其是既有大国必定会密切关注中国崛起这一高显示度事件和焦点问题，调整其战略部署或制定应对之策略。目前对于中国的和平崛起态势，国际社会大致有"中国威胁论""中国崩溃论""欣赏中国论"等几种意见，持前两种立场和观点的国家非常明显是不愿意看到一个强大的中国出现在世界版图之中，它们要么对中国怀有根深蒂固的历史偏见，要么对中国本能地抱有意识形态的敌意，还有一部分国家不了解中国及其文化，对中国的崛起产生误读和疑虑。持"欣赏中国论"的国家则多是发展中国家或欠发达国家，他们认为中国的崛起有助于改变世界权力一股独大的霸权格局，同时也为广大发展中国家或欠发达国家提供了非扩张性、非掠夺性和非侵略性的富国强族的新模式。

针对国际上对中国崛起的种种猜测和推想，中国向世界正式题解迷局，明确发出了"和平崛起"的战略宣言。早在2003年11月3日，中国改革开放论坛理事长郑必坚代表中国政府在博鳌亚洲论坛发表了题为《中国和平崛起新道路和亚洲的未来》的演讲，第一次向外界昭示了中国的和平崛起理念。其后，时任国务院总理的温家宝同志在美国哈佛大学演讲时首次使用"和平崛起"的正式说法，向世界表明了中国在历史性崛起过程中的道路选择，标志着中国开始了一种新型发展道路的探索。温家宝在演讲中反复强调，中国的发展和崛起是和平的崛起，我们要走一条和一些大国不一样的道路，这条道路就是和平崛起的道路。其后，胡锦涛同志、习近平同志先后在各种正式场合明确指出，中国永远不称霸，永远坚持走和平崛起的发展道路。种种情况表明，和平崛起已经成为中国新一代领导

1　转引自刘晓林：《中国和平崛起》，载《观察与思考》2004年第10期。
2　宿景祥、齐琳：《国外著名学者、政要论中国崛起》，北京：中共中央党校出版社2007年版，第10—12页。

人的战略选择，这一战略决策在经济界、政治界、军事界、文化界都已得到广泛认同和普遍支持，并在国际社会赢得了认同和赞赏。

抛开通过政治和军事手段实现的刚性崛起，经济发展便成为和平崛起的一个先行选择。20世纪七八十年代，中国经济开始进入起飞阶段，中国社会与民众生活的富裕梦想逐步实现。回溯全球文明的发展过程，世界现代化格局形成的历史，实际上就是既有强权国家的全盘工业化与商品化的历史，许多国家沿着这条道路实现了富强的梦想，登上国际社会的权力舞台。美国是靠资本、资源、人才、技术集中的大工业生产的普及化成功实现强国、登顶霸主地位的第一个成功追赶的案例，在第一次世界大战后接过了殖民时代日不落帝国的权杖，成为世界大国。日本则在第二次世界大战后依靠美国的扶持，甘附骥尾，成功起飞，在20世纪80年代其人均国内生产总值超过了美国，实现了世界上的第二个经济奇迹。其后的亚洲"四小龙"则花了30年的时间追赶西欧发达国家，成为第三个成功追赶的范例。中国被认为是第四个成功的案例。中国目前综合国力世界排名第二，与发达国家的相对差距迅速缩小，"到1995年中国人均GDP相当于西欧12个国家人均GDP的比重已由1978年的9.1%上升为1995年的19.0%"。"中国已经上升为世界第二大经济实体。按实际购买力平价1990年国际美元计算，1978年后中国GDP占世界总量比重迅速上升，由1978年的5%上升为2000年的12.5%。2020年中国人均GDP将达到或超过世界人均水平，约占世界经济总量的1/6，将建成世界最大的经济实体。"[1]中国也已经成为世界上最大的国内投资国，按实际购买力计算，中国国内投资额占世界总量比重由1980年的4.4%上升为2000年的18.2%，已经超过美国的16.2%。中国还是世界工业生产的第一大国。目前，中国主要工业品（除发电量、汽车等少量工业产品之外）产量已经位居世界首位，中国工业基础增加值占世界比重从1975年的3.4%迅速上升到2002年的21.5%，已大大超过美国的17.1%。中国也是世界第三大贸易国，第二大外国直接投资吸引国。到2020年，中国将成为世界第二大贸易国，贸易量约占世界总量的10%以上。中国还是世界上人力资本最多的国家，其总人力资本（15岁到64岁人口与15岁以上人口平均受教育年限的乘积）在过去20年翻了一番，是中华人民共和国建立初期的

1　胡鞍钢：《如何看待现代中国崛起》，载《开发研究》2005年第3期。

近20倍。其中，中国具有高等教育文化程度的人口几乎增长了10倍。[1]

在经济先行增长的大背景下，"中国制造"开始崭露头角，向全球进发与扩展。据统计，2012年我国的制造业增加值为2.08万亿美元，在全球制造业中占比约为20%，与美国相当，已成为世界制造业大国。[2]中国已形成了世界上门类最为齐全、生产线独立完整的现代化大工业体系，与此同时，中国还拥有体量巨大的国内需求市场、强大的技术规模基础和雄厚的人力资源优势。

但是，尽管"中国制造"拥有巨大的数量与庞大的体系，中国产品在国际社会中却被认为是通过廉价劳动力和优势资源，以低价格为竞争优势，从而扩大国际市场占有率。[3]客观地讲，这个说法并非全是西方国家的抹黑和妖魔化描述。这些年来，当大量的中国产品源源不断进入国际市场后，消费者最开始一般会青睐于其低廉价格，但随后其产品质量、耐用性、服务方面出现的问题则开始受到所在国民众的批评与责难，难免引发贸易争端和媒体非议。如有学者收集了30年间美国四家主流媒体《纽约时报》《华盛顿邮报》《今日美国》《华尔街日报》有关"中国制造"的新闻报道进行分析，发现产品安全是被提及最多的一个问题，其次为国际贸易、中美关系、人权等。这些报道从宏观和微观两个层面反映了美方主流媒体对"中国制造"的担忧。媒体报道中对"中国制造"修饰语的变化过程清晰地折射出"中国制造"的媒体形象的演变——从初期的物美价廉到近期的负面倾向。在中美贸易开局的初始阶段，inexpensive（廉价的）和cheap（便宜）是提及"中国制造"时最常用到的两个词，出现频率均超过50次。同时还间或伴有pretty（漂亮的）、stylish（时尚的）、exotic（异域风情的）这样的修饰语。到后来，tainted（污染的）、dangerous（危险的）、toxic（有毒的）、unsafe（不安全的）、defective（有缺陷的）、poisonous（有毒的）、harmful（有害的）这样的词汇构成了中国产品的常用修饰语，出现频率分别高达218、198、134、67、40、34和22次。[4]当然，这些负面报道与美国媒体对华报道根深

1　胡鞍钢：《如何看待现代中国崛起》，载《开发研究》2005年第3期。

2　周济：《智能制造——"中国制造2025"的主攻方向》，载《中国机械工程》
　　2015年第17期。

3　王珺：《"中国制造"：特征、影响与升级》，载《学术研究》2007年第12期。

4　王秀丽、韩钢：《"中国制造"与国家形象传播：美国主流媒体报道30年内容分
　　析》，载《国际新闻界》2010年第9期。

蒂固的刻板成见和预先设定的新闻框架有关，也与更深层次的政治、经济、文化及意识形态因素紧密相连。例如，美国学者在对1988年—2007年间中国玩具在海外的召回事件的研究中发现，"中国制造"近来在国际社会中的形象恶化与其产品本身的质量并不具有直接关系——绝大多数玩具召回都是因为产品设计问题，而非中国的生产制造失误。同时，"非中国制造"被召回的比例远高于"中国制造"。[1]这表明，除开质量，外部环境因素已严重影响到了"中国制造"的市场占有率和其国际形象。

抛开外部的干扰因素内视自己，从"中国制造"负面影响的内部构成因素来看，我们也要清楚地认识到"中国制造"的短板，即产品技术含量不高、附加值较低、智能化不足、创新性不够等。目前的"中国制造"还未达到"中国智造"的标准，即以信息化与工业化深度融合为主体，以制造业的数字化、网络化、智能化为突破口和主攻方向，大力推进设计技术创新、生产工艺突破、管理效益提升、智能化集成制造系统研发等，实现"中国制造2025"的转型升级。

在推进"中国制造"由大转强的过程中，尤其需要一种"大国工匠"的精神。有学者把这种工匠精神的内涵归纳成五个方面：一是尊师重教的师道精神；二是严谨细致的工艺精神；三是敢为天下先的开拓精神；四是探索创新的变革精神；五是知行合一的实践精神。[2]这从不同的方面阐述清楚了中国工匠精神的合理内涵与价值指向。中国历史上的能工巧匠将智慧与实践相结合，曾经创造了光耀千秋、不可胜数的精品杰作，尤其注重制造工艺的严格繁复、一丝不苟，力求技艺之道的完美发挥与产品制作的精益求精，实现了他们追求卓越、创造极致的人生理想。而在机械化大工业思维的影响下，现代人逐渐形成了心浮气躁、蜻蜓点水、短视功利、快节奏的生活特征，不少人无法沉下心来、踏踏实实、细致有序地进行生产和制造。现代化机器生产解放了生产力，提高了规模产出效益，但也在一定程度上销蚀了人的创造性和工匠精神。在现代社会，经济理性主义原则取代了人本主义的创造美学，成了工业生产和商品制造的主流价值观，追求利益的最大化成为当代中国工商业发展的内在驱动力，人们从事一切制造、生产、服

1　P. W. Beamish & H. Bapuji: "Toy Recalls and China Emotion vs. Evidence", *Management and Organization Review*, 2008, Vol. 4, No. 2.

2　李宏伟、别应龙：《工匠精神的历史传承与当代培育》，载《自然辩证法研究》2015年第8期。

务活动的最终目的都是要实现经济利益的最大化。从"中国制造"走向海外的历程来看，质量低劣的产品虽然暂时能获得不菲的利益，但也只是历史长河的匆匆过客，最终仍会遭到被淘汰的厄运。世界名牌产品百年不衰的历史经验告诉我们，只有在产品生产中始终贯穿工匠精神，以追求完美和极致为目的，不断创新思维、精益求精，才会赢得历史的铭记、社会的信赖，中华民族伟大复兴的强国梦想才能最终实现。[1]

中国的和平崛起是以"中国制造"的规模化生产与国际输出为主要先行途径的，提高"中国制造"的质量，注入大国工匠精神，实现"中国智造"，可以进一步地支撑和诠释中国的和平崛起战略。但有的学者已开始对中国崛起本身的策略进行反思和创新，认为应运用涵盖和平崛起理念包容性崛起的理念。所谓包容性崛起包括三个方面的内容：一是包容竞争者，这也是和平崛起的应有之义，以承担国际责任、社会道义为前提；二是包容旁观者，包容其他国家的发展需要和合理诉求，带动异质文明共同繁荣；三是包容新时代，真正立足于"公天下"的立场为人类实现持久和平、整体发展提出一系列的观念、主张和制度设计。习近平主席向国际社会宣示的"人类命运共同体"理念就是中国包容性崛起的一个具象考量和体系设想。[2]

包容性崛起的对外张力是主动去包容外部环境及其主体运行因素，那么靠什么样的介质走出去对外宣示我们的国家意志才不会招致对手、他者和环境的反感及警觉呢？广大学者基本形成了共识，即认为应重视文化直指人心的影响作用。如果把一个国家视为物化的生命体，也有自己的身躯、心脏和灵魂，那么以政治、军事、经济等为代表的外在包装和硬实力是国家的身体，而以文化、思想、价值观为代表的软实力则是国家指挥身体的心脏和灵魂。强壮的身体可以向外界呈现一种力量的压迫，而只有高尚的情操与品德才能不战而屈人之兵，让人心悦诚服。同样，一个国家要想屹立于世界民族之林，仅凭肌肉力量和物质手段是不够的，只有其民族文化、核心价值观得到国际社会的理解和认同，获得了一定的

1　肖群忠、刘永春：《工匠精神及其当代价值》，载《湖南社会科学》2015年第6期。

2　王义桅：《超越和平崛起——中国实施包容性崛起战略的必要性与可能性》，载《世界经济与政治》2011年第8期。

国际话语权，才算是真正的成功。[1]因此，文化自信和自觉前提下的本国本民族文化走出去被认为是包容性崛起的一个有效途径。

从历史上看，中国文化具有天生的包容性，历经数千年来横向的吸收融汇和纵向的兴衰更替，依然特色鲜明，体系完整，这不能不说是中国文化的独特魅力。历史上中国文化也曾多次遭受外来文化的浸润与影响，如印度的佛教文化就曾经极大地影响了中国社会，但最后佛教文化依然融入了中国的传统文化体系，与民族记忆和社会心智结合为一体，你中有我，我中有你，发展出一套不仅在中国生根发芽，而且延伸到日本、朝鲜及东南亚的宗教文化系统。有学者在谈到中西方的思维差异时指出："东方的思维方式是精神的、内向的、整体的、自觉的和主观的，西方的思维方式是物质的、外向的、分析的、逻辑的和客观的。"[2]如果说现代科学和资本主义生产力的极大发展曾经极大动摇了东方人的价值自信，使得全面学习西方的"拿来主义"一度在中国社会甚嚣尘上，成为主导话语和践行方式的话，那么西方社会走到今天的困境之后，对其文化的深层反思与紧迫破局的战略选择则让中国文化重新焕发了生机与活力。中国文化经由天人合一、物我共体的历史积淀所固化和提炼的包容精神，使一度彷徨于工具理性与价值理性彼此断裂窘境中的国际社会看到了新的希望和复兴契机。[3]

西方文明演进到今天，其种种弊病已经开始显现，很多西方学者已认识到，如果不改变现代社会的增长方式，人类世界将会走上自我毁灭的道路。西方知识分子已经开始着手从中国儒家体系中发掘有益于人类进步的思想因素："面对后现代化的挑战，西方反而表现出无能为力，如全球环境的破坏、富国与穷国之间经济差距的扩大、核武器扩散、不同种族之间的地区冲突增多。西方人文主义面对近代社会已降的挑战，迄今无法给出一个正确的答案。那么，为什么不思考一下儒家思想可能指引世界的道路，例如'天人合'提出的尊重自然的思想、'远神近人'所倡导的拒绝宗教的完整主义以及'四海之内皆兄弟'的博爱精

---

1 杨雪兰：《中国文化的独特魅力是中国的潜在财富》，http://www.chinanews.com/other/news/2006/09-01/783310.shtml，2006-09-01。
2 李君文：《东西方文化价值观念对比与分析》，载《外语研究》2000年第1期，第31页。
3 韩冬雪：《论中国文化的包容性》，载《山东大学学报》（哲学社会科学版）2013年第2期。

神呢？"[1]一位法国汉学家则提出：孔子思想体系充满了信仰、希望、慈悲的力量，具有一种泽被天下的普遍性。在21世纪的今天不仅体现了道德实例的示范教化作用，更有精神反刍的复制辐射作用。[2]这说明，人类社会发展到今天，各个民族和国家文化中具有特殊先进价值的因素将会助力推进世界文化的潮流，引导国际社会格局的渐进发展，并有可能成为全人类共同拥有的具有普遍价值意义的文化资源，中国文化走向世界，包容、融汇其他异质文化完全值得期待。

文化本身具有相当的社会渗透性和一定的经济属性，它不局限于自身学科领域的界定而辐射、外溢到了社会生活的方方面面。文化也不仅仅是人们为了自娱自乐而创造出来的精神产品，它还具有生产、流通、增殖、消费等现代经济的属性。现代社会不同于传统社会，不同于早期资本主义社会的地方，就是文化因素已经深深地渗透整个社会生活的各个领域和国家的各个部门。可以说，当代社会的最主要的特点就是文化在整个社会中的弥漫性、浸透性、优先性及其随器赋形的特殊价值形态。相对于社会的政治和经济等其他领域而言，文化因其重要性已经跃居社会生活中的首位；现代的政治问题已不可能复制古代或早期资本主义社会时期的既设思路，单靠政治或军事手段就可以解决；现代的经济领域同样不能仅依赖各种经济手段的促进，也需要文化因素的大量介入才能活跃和繁荣起来。[3]

在第四次工业革命的推动下，文化的经济化，经济的文化化，这对双向主体的相互推动与交叉影响越来越明显。文化产业作为调整发达国家和地区产业结构的最有活力的部分，在各国国民经济发展中的地位越来越重要，许多国家的文化产业甚至已经超越其他产业成为支柱产业。如美国的音像业超过了其航天业的收入居出口贸易首位，日本的娱乐业一项收入就超过了钢铁业与汽车业的收入总和。[4]根据国际唱片业协会提供的《2011年数字音乐报告》，从2004年以来，全球数字内容产业发展迅速。2010年该产业总收入达到158.6亿美元，其中数字游戏占39%，数字音乐占29%，电子报纸占4%。从2004年到2010年全球数字音乐市场增长了940%，而传统音乐制品市场则逐步萎缩。中国新兴的数字音乐市场也

1　汪德迈：《〈儒藏〉的世界意义》，载《光明日报》2009年8月31日。
2　华德：《中法学者沪上共论孔子思想》，载《文汇读书周报》2009年4月18日。
3　高宣扬：《布迪厄的社会理论》，上海：同济大学出版社2004年版，第14页。
4　赵金龙、闫小峰：《文化产业发展途径探析》，载《市场论坛》2011年第8期。

以每年47%的复合增长率迅猛增长。[1]这从一个方面说明，传统文化产业已经开始与现代科技成果相结合，逐渐占据国民经济中的重要位置，走融合发展之路了。

布尔迪厄把人类的一切实践活动都视作是创造和更新文化的活动，但这样的学术判断显得过于武断和简单，也容易堕入宏大虚无、赋形与抽象的理论陷阱，相比其文化再生产的内涵界定及发展研究，文化产品作为人类精神创造和思想物化的一个现实形态，作为具象化和组织化的精神活动的结果，更容易对其在社会使用功效中进行把握和深入探究。完全抛开"中国制造"去谈论文化产业是单向的和偏颇的，因为二者已经发生了紧密的联系和内在的结合。因此，有学者认为，包容性崛起的实现途径也是"中国制造"与文化产业融合发展的途径，也就是说，"中国制造"的走出去与中国文化的走出去共同构成中国包容性崛起的物质和思想平台。

我们认同这样的观点和思路。在包容主义者的价值视角下，"中国制造"升级换代的方式已经超越了第四代工业革命的各种新新发明的一般性科技范畴，还延伸覆盖了商品标识、外形符号、著作版权和冠名设计等非实体性的文化价值聚焦，迈向了更为广阔的内容指向空间。对科技含量和文化内涵的全方位诉求已经构成新时代工业产品附加价值的双轮驱动要素。高新技术产业能够将最新信息革命的技术成果带入产品的设计和生产，在内生性环节赋予了产品更多的科技含量和专利增值；而文化产业则可以成功地将文化理念与造型设计、推广策略联系在一起，从而在最终产品中植入了含金量更高的文化内涵和品牌附加值。因此，中国制造业与文化产业的融合发力首先应在产品产出过程中关注如何不断提升"中国制造"的文化附加值的问题；其次要聚焦在市场上文化要素对消费者选择偏好的影响，强调如何把文化含量高的知识产权作为企业的核心竞争力来打造；第三要大力推进自主创新品牌，尤其是全球性品牌的形塑，加速中国文化软实力提升与"中国制造"品牌国际化的进程。[2]

1　花建等：《文化软实力：全球化背景下的强国之道》，上海：上海人民出版社2013年版，第116页。
2　李翔、刘刚、杜曙光：《文化产业与"中国制造"融合发展：基于知识产权优势理论的评析与重构》，载《马克思主义研究》2012年第9期。

第三章

场域理论视野中的
中国话语文明

第一节　文化资本与中国话语

布尔迪厄的资本概念与马克思的资本概念有着一定的联系，但也有着明显的区隔，他的定义明显跨越了阶级斗争场域的资本内涵，覆盖了人类社会的一切活动领域。布尔迪厄一开始就把他的资本定义为劳动的积累，并以劳动时间来衡量各种形式的资本普遍等价物，这有些类似于劳动价值论的理论取向，与马克思以剩余价值为中枢的资本描述颇为相似。但实际上，他的资本概念远宽于这个范畴，已经扩展到了涉及所有社会活动的权力空间，其触角深入了人类生活的各个层面。他认为，在当代社会中，个体与群体凭借着各种文化的、经济的、社会的、符号的资源维持或改进其在秩序体系中的地位，当这些资源作为利害关系影响到社会的存续与发展的时候，它们就成了各种权力争夺的对象，故此，这些有价值的资源就被布尔迪厄抽象化成了资本。[1]

布尔迪厄主要论述了四种在人类社会普遍存在的资本类型：经济资本、文化资本、社会资本、符号资本。他虽然比较关注权力与政治，但他的资本概念与马克思基于剩余价值生产和剥削理论建构的资本描述仍有着较大的区别。相较于马克思的政治经济学，布尔迪厄发现了内涵更宽广的构成权力资源的劳动类型（社会的、文化的、政治的、宗教的、家庭的等），他认为它们在一定的条件下通过特定的比率可以互相转化。实际上，正是对个体与群体在什么条件下并以何等方式利用资本积累策略、投资计划以及各种形式的资本转化计算，以便维护或强化他们在现行社会秩序中的既有地位的研究，构成了布尔迪厄社会学理论的

---

1 P. Bourdieu: *La noblesse d'Etat: Grands corps et grandes écoles*, Paris: Éditions de Minuit, 1989.

核心视域。[1]

布尔迪厄对于文化资本的深入理解突出表现在他建立的"场域、惯习、资本"三位一体的概念模式上。在这种学术视野中，文化修养和教育经历能在特定场域中和一定条件下成为公众获取社会地位的工具和手段，而合法化的文化资源或高雅的品位则是场域中被各种力量争夺的关键性资源。这些资源存在因它们的稀缺性特点被布尔迪厄概念化为形而上的资本。对个人而言，要想从社会场域中获取收益，他必须依赖于一定程度的教育经历和社会关系。如果我们是以个人占有多少资本的形式来理解和考量权力在个人和群体中的不平等分配，就不会把社会生活理解为谋事在人、成事在天的简单化顺应模式，而应把人生视为类自然界法则的，充满了努力、奋斗、进取、抢夺等弱者淘汰、强者生存内容的斗争过程。换言之，布尔迪厄的文化资本学说，为我们描摹出了这种斗争的残酷性和嬗变性：现代社会的个人或群体如何参与特定场域的资源生产、渐进积累和相互转换，并且有意无意地盘算设计，与他人不断争夺和重新分配更具稀缺性和权威性的文化资本。[2]

布尔迪厄认为，文化资本是指"一种标志行动者的社会身份的，被视为正统的文化趣味、消费方式、文化能力和教育资历等的价值形式"[3]。具体来讲，文化资本有三种表现形态：一是抽象形态的文化资本，如人的精神交往活动；二是具象物质形态的文化资本，如图画、书籍、音像等文化产品；三是合法化仪式下体系制度形态的文化资本，如教育素养和学术资历等。[4]以上三种形态分别贯穿于个人、群体、社会等三个层次的人类活动中，我们将逐一展开进行分析。

关于人的精神活动，我们认为应该包含两个层面，一是自我精神交往，即运用感官系统和心智能力对各种信息进行加工、存储、消化、认知改造，从而形成内在意识和个人思想的过程。自我精神交往是人在非群体共在的状态下和安静的环境中对生活中的事物进行思考或内心自我对话的活动，是个体内在的自主精神

1 戴维·斯沃茨著，陶东风译：《文化与权力：布尔迪厄的社会学》，上海：上海译文出版社2006年版，第87页。
2 张意：《文化与符号权力：布尔迪厄的文化社会学导论》，北京：中国社会科学出版社2005年版，第127-128页。
3 陈爱国：《论布尔迪厄文化资本的形态构造》，载《学术论坛》2006年第6期。
4 康兆春：《文化分层化和跨文化再适应》，载《广州大学学报》（社会科学版）2009年第10期。

运行。汉娜·阿伦特认为自我精神交往的本质是对意义的把握，其具有内聚性、独处性和批判性的特点。自我精神交往是人的社会精神活动的前提和基础，人只有在独处时自我心灵对话的过程中，才能认识到徘徊于得失、成败、衰荣过程中的矛盾与冲突，即发现自我意志的存在与作用。在此基础上，人才能对各种问题和行为做出合乎自我本性的判断，而不是非理性地顺从或无思虑地妄为，从而彰显人的理性精神和自在自为。在她看来，自我精神交往可以促使道德、良知在人的内心存在与生长，有利于人产生积极健康的意志和做出公正无私的判断，从而为社会民主培育善良、理性的参与者，确保民主制度拥有坚实的群众基础，同时也为社会民主提供道德设防，约束和禁绝极权主义的产生。[1]二是与他人、他群体的精神交往，即人际间的精神交往行为。马克思很重视从人类思想和心灵的总体上对社会交往进行研究，他曾称赞法国人"在当前交往的一切范围和形式上，指出了现代生活的矛盾和反常现象"，特别是"傅立叶对当前交往的批判性论述"[2]在。在针对社会问题和现象的许多具体的研究中，他都意识到交往作为一种决定性的社会力量的存在。1868年他在考证完有关交往产生的德文词汇以后，在与恩格斯的讨论中说："原来逻辑范畴的建构还是基于'人与人之间的交往'！"[3]马克思和恩格斯曾多次使用"精神交往"这个概念，他们的论著对于宗教、舆论、文艺、宣传、新闻等各种"精神交往"形态和语言、符号、文字、报刊等交往媒介都进行了深入的论述和详细的阐释，提出了很多具有科学预见性的观点。如他们曾预言了信息时代的到来对人类社会的影响，指出了现代化的交往手段既可以缩短人们认知的时间长度，也可以拉近人们交往的距离空间，但同样，现代化的交往手段如果掌握在专制政权和独裁者手中，就可能给专制主义提供更强有力的控制国家、社会、个人的极端手段。

在后现代主义者那里，人际间的精神交往行为突出地被描述为人与人之间的相互对话和行动的共识与差异，即主体间性，其主要关注的焦点是研究或规范一

---

1 屈彩霞：《自我精神交往的本质内涵及宪政意义——阿伦特的自我精神交往观》，载《山西师大学报》（社会科学版）2011年第6期。

2 中共中央马克思恩格斯列宁斯大林著作编译局：《马克思恩格斯全集：第42卷》，北京：人民出版社1979年版，第300页。

3 中共中央马克思恩格斯列宁斯大林著作编译局：《马克思恩格斯全集：第32卷》，北京：人民出版社1974年版，第53页。

个主体怎样与完整的作为主体运作的另一个主体互相作用。在胡塞尔那里，主体间性的提出只是为了解决认识论上的先验的"我们"如何可能的问题。他认为，主体性是指个体性存在，主体间性是指群体性关系，故此，主体间性应该取代主体性。自我存在的方式是以社会关系为前提的，即社会普遍性存在的个体独立性。主体间性应包含社会普遍性，也包含个体独立性。主体间性既否定以自我为中心的孤立原子式概念，也反对社会普遍性对个体独立性的取代与吞没。这种交互的主体性反映的是主体与主体间的共同依存关系。在这种唇齿互助的视阈下，主体既是以主体间的共享方式存在，又是个体之间相互区隔的本质体现，故而主体间性就具化为个性间的共在。[1]海德格尔则指出："由于这种共同性的在世之故，世界向来已经总是我和他人共同分有的世界。此在的世界是共同世界。'在之中'就是与他人共同存在。他人的在世界之内的自在存在就是共同此在。"[2]

主体间性这一概念的提出使得社会科学研究范式的创新在认识论上出现重大转向，即从皮亚杰基于建构主义理论框架提出的主客互动模式转向了主主双向模式，进而把人类所需要认知的对象世界，特别是把人类社会的思想图景和精神交往活动不再看作是客体、对象，而是看作积极作为的主体，并确认了自我主体与对象主体之间的共生性、平等性和互融交流关系。另一方面，主体间性的认识论哲学也改变了"存在"这一普遍范畴的基本内涵。它指出了"存在"既不是主体性的，也不是客体性的，而是主体间的广泛共在。主体间性作为本体论的规定完成了对主客对应的现实存在的超越。[3]

布尔迪厄认为，物质形态类的文化资本，例如文学、绘画、艺术、音乐等，在其物理属性方面是可以传承的，例如，可以把绘画作品一代代传承下去，这和经济资本的代际流转是一样的。但经济资本的世代相传往往受到律令审查和社会规约的各种限制，例如遗产税、印花税、收入税等，因此，物质具象化的文化资本传承可能比经济资本更容易和顺理成章，因为前者的流转过程更加秘密和隐形。但这种物质形态化的文化资本传承也有弱点和短板，即它能够传给下一代的

1　金元浦：《论文学的主体间性》，载《天津社会科学》1997年第5期。

2　海德格尔著，陈嘉映、王庆节译：《存在与时间》，北京：生活·读书·新知三联书店1987年版，第146页。

3　顾自安：《制度演化的逻辑——基于认知进化与主体间性的考察》，厦门：厦门大学2006年博士论文。

只是文化资本合法的财产所有权，而不是拥有者所需要具备的那种特殊的欣赏能力和兑现其财富价值的转化水平。换句话说，继承者真正得到的仅仅是一个实体化的物品，并不是文化资本的消费方式和占有能力。在这点上，物质形态的文化资本与实用型的经济资本一样，都是受同一个传承体系规制的。

在布尔迪厄看来，所谓文化产品正是物质形态的文化资本和价值抽象的经济资本的统一，即文化产品既可以表现出客观实在性的一面，也可以表现出意义指向性的一面。在客观性方面，文化产品预先设定了内含的经济资本价值，而在指向性方面，文化产品则提前确证了其隐晦的文化资本的性质。由此，文化产品与普通产品就有了明显的区别：普通产品的消费方式没有任何复杂的技术含量，而文化产品的消费则需要消费者具有一定甚至高深的欣赏品味水平和财富转化能力；文化产品的消费可以向各个阶层的人们开放，关键是这些消费人群必须具备使用、占有、转化这些文化产品的品位、能力和相应的社会关系、实践手段。关于文化产品的研究，目前已经成为一项显学，各种文化产业统计数据、发展规划、年鉴都提供了十分丰富的研究文献，但关于文化的经济化和经济的文化化的对立向度却始终没有脱离开布尔迪厄所抨击过的经济主义价值取向，即仅从供求关系和市场价格来看待文化产品的价值生成与社会转化。[1]

国际上一般把文化产品分为文化商品和文化服务两大类。文化商品指的是那些能够传达生活理念、指导生活价值、表现生活方式的消费品，它具有传递信息、宣传教化、娱乐休闲等社会使用效应，它能够集中建构大众的认同感，并对社会文化活动产生影响。在购买版权许可后，文化商品可以通过工业化生产线大量复制并在全球广泛化传播，它包括图书、杂志、多媒体产品、工艺品和各种创意设计。文化商品包括核心文化商品和附属文化商品两大类别。文化服务则指的是政府、私人、社会团体或公司取得文化利益和满足文化需求的活动，它体现的不是一种外在客观化的物质载体运行方式，而是特指艺术化的表演和其他文化展示形式，以及为提供和保存文化信息而进行的服务。文化服务包括核心文化服务和相关文化服务这两大类[2]。

1　薛晓源、曹荣湘：《文化资本、文化产品与文化制度——布尔迪厄之后的文化资本理论》，载《马克思主义与现实》（双月刊）2004年第1期。
2　杨京英、王金萍：《中国与世界主要国家文化产品进出口统计比较研究》，载《统计研究》2007年第1期。

据联合国统计，20世纪末以来，全球文化产业以年均7%的速度增长，文化产业逐渐成为各国主要的经济增长点。2000年全球文化产业产值达到了1.3万亿美元，占全球国民生产总值的7%。与此同时，全球文化产品进出口贸易也以较高的速度增长。进入21世纪以来，全球文化产品贸易的年平均增长速度为5.3%。最近几年，全球核心文化商品进出口总额每年都达到1200亿美元以上；其中，美国229.9亿美元，占第1位；英国164.2亿美元，占第2位；德国99.5亿美元，占第3位；中国63.8亿美元，占第4位，其后依次是法国、加拿大、瑞士、日本、意大利、西班牙等国家。[1]

文化资本的制度形态就是社会将个人掌握的知识与技能以某种评判标准或者技术平台正式进行合法化承认，并通过授予合格者教育文凭和资格认定证书等官方文件将其制度化。这无疑是将精神层面的个人附属性文化资本转换成社会承认的物质化私有文化资本的具体手段。从这一意义上讲，制度化的文化资本应该是介于个人精神层面的文化资本与官方形式的物质化文化资本之间的一个中间链接场域。教育文凭是制度化文化资本的典型模本。布尔迪厄认为，学历资本的累积只有通过经济层面的教育投资才能得以实现。学历资格的获得是经济能力转化为文化资本的典型方式。以父母对子女的教育培养为例，父母要想孩子读上好的学校，接受优质的教育，就必须投入大量的经济资本，而且通常情况下是从幼儿抓起，即中国父母最欣赏的那句话"不要让孩子输在起跑线上"。当然，仅凭大量经济资本的单向投入也是不够的，也需要被教育者的积极配合和各种资源、环境的互动与辅助，才可能在将来把这些教育要素转化为孩子们在社会中谋得一席之地和阶层上升的学历资本。[2]

从对以上三种形态的文化资本的分析中我们不难发现，文化资本的积累是一个艰苦的、漫长的过程，一个国家、一个民族，一个社群，甚至一个个人在公共场域中获取文化资本的机会是不均等的，富裕的国家、优越的家庭远离生存的压力，可以享有站在经济资本转化为文化资本的起跑线前列的机会，而落后的国家、贫困的家庭则必须直面经济的重负、生活的压力，无法获取以经济手段转化

---

1 陈悠悠：《文化产业行业分析与投资指导》，广州：广州出版社2012年版，第4–5页。

2 朱伟钰：《"资本"的一种非经济学解读——布尔迪厄"文化资本"概念》，载《社会科学》2005年第6期。

为文化资本的捷径。因此，在布尔迪厄的视阈下，文化资本在现代社会中属于稀缺性资源，它总是被少数有能力并且已经完成了财富原始积累的国家或个人所垄断，与此同时，这些利益集团和分肥者还以一种隐形的方式从中源源不断地获取巨额利润，并衍生出某些超越社会大众的特殊地位和权力，进而影响着世界与社会的现实格局和政治、经济、文化的发展。

那么，当代社会中文化资本以什么样的实践方式与路径发挥着权力的作用，从而影响着社会系统的运转呢？我们认为是话语。被称为"马克思逝世之后最卓越的思想巨人"的福柯以其话语分析理论体系"对于社会科学和人文科学产生了巨大的影响，'话语'概念的流行，话语分析作为一种学术研究方法的流行，可以部分地归功于这种影响"。"福柯的话语分析方法被社会科学家广泛地当作一种模式。"[1]福柯的话语理论有一个核心观点，即认为话语是理解社会文化的钥匙。福柯认为语言在实际社会中的应用比语言本身的结构分析更重要，语言的基本问题不是语言的形式结构，而是它在不同的语境下同社会文化因素（包括文化资本）的实际关联，是语言论述的建构及其操作技巧、使用策略的过程把握，也就是语言应用中的话语问题。他认为，正是话语使得现代资本主义社会中各种社会制度、法制、道德规范以及知识体系共同融合、交结成了一种特殊的空间能量，有效地维持与服务于西方社会秩序及其文化演进。正是在这里，集中体现了社会权力同知识、同道德之间的紧密而复杂的勾连，隐蔽着打开整个西方社会运行奥秘的钥匙。

因此，福柯把一切社会文化问题的症结全部归因于语言话语的产生以及各种话语的实践运用。他认为知识就是一种最重要的话语能量体系。当代社会文化生活中与人们生活密切相关的重大问题都与知识话语密切相关，要破解这些迷惑、机关，最重要的是要厘清现代社会中的知识话语的生产、传播及实践的过程与策略。例如，当代社会如何利用知识话语，将整个社会的人群进行地位区隔与文化分层的基本原因及环境条件；知识（包括文化资本）如何成为整个社会系统正常运转的关键力量，成为法律制度、权力体系以及道德实践的精神支柱；社会文化制度和组织中的权力分配与再分配的机制及其与知识、道德话语的关系是如何形

1　诺曼·费尔克拉夫著，殷晓蓉译：《话语与社会变迁》，北京：华夏出版社2003年版，第36页。

成的；现代社会究竟靠什么方法与策略使得整个社会变异为一个刚性的、目光冷峻的、全方位的监视者和一个无所不能、笼罩众生的规训系统，在什么条件下各种话语是如何转化为统治和控制的手段；现代社会的人从什么时候开始以及通过什么样的社会文化机制，一方面心甘情愿地进行自我约束和无条件服从，另一方面又无比痛苦地承受统治力量的强制性规训和凌越、管控；等等。[1]

福柯把知识归结为一种话语，从另一个角度揭示了文化资本作为知识的组成部分在特定社会文化环境中的生产机制及其中包含的复杂社会斗争，在这些斗争中多领域、多层次、多维度的文化力量彼此展开角逐和攻讦，表现出多样化的策略和运行手段。中国拥有五千年的灿烂文明，文化底蕴不可谓不厚，精神体系不可谓不完善，但却没有转化为现代社会的文化资本，这使得独特的东方思想与精神资源在过去能引领世界文明的发展方向，在今天却被排斥在国际主流话语体系之外。反倒是实用主义的西方文明在近现代以蒸汽机技术为核心完成了工业革命，引领了第二次生产力解放的高潮，磨利了其文化殖民的侵略之矛，建构了其文化资本的坚硬外壳，形塑了以西方文明为中心的世界话语体系，主导了全球化和现代化的进程，其对世界的工具理性设定已成为国际社会被动遵从的知识规制。中国虽有悠悠数千年内涵深厚、意蕴绵长、富有东方情怀的文化资源，但这些资源依然不能蝶化为引领现代社会走向的资本动力，中国话语已经陷入"贫困"和"失语"的危险境地。在国际关系错综复杂、权力因素盘根错节的世界场域中，盘点、解读中国话语的前世今生，发掘中国话语文明的强大因子，从而建构当代中国的话语体系，争取国际话语权，是中国文化走向世界，形成世界文明大合奏的必然路径。

第二节　解读中国话语生态——从历史的视角

从世界历史发展的进程来看，有学者根据地理位置、文明类型把全球话语体系划分为远东、中东、西方、拉美、非洲等五个基础部分，并进而区分出中华文明、日本文明、印度文明、伊斯兰文明、犹太文明、美国文明、欧洲文明、俄罗

1　石义彬、王勇：《福柯话语理论评析》，载《新闻与传播评论》2010年第0期。

斯文明、拉美文明、非洲文明等十种话语体系。[1]这是一种传统的和历史的分类视角。也有学者把人类话语体系直接划分为全球、西方、东方三个层面[2]，或更简单地划分为西方和非西方两个对立范畴[3]。但不管怎么说，从目前态势来看，中国话语在世界话语体系中开始占有越来越重要的地位，解析中国话语生态，对其渊源传承、内涵演化、结构嬗变、未来发展等诸多因素进行历史分析和当代反省，应是中国划时代崛起的内在诉求，也是对世界政治格局演变的宏观趋势考量。

恩格斯指出：每一个时代的哲学作为社会分工的一个特定的领域，都具有由它的先驱传给它而它便由此出发的特定的思想材料作为前提。任何文明话语的演进与发展，都无法斩断与过去的记忆和历史的联系。作为一个有着数千年文明史的大国，梳理自己文明话语的起源、接续、更替、演进的脉络，才能真正实现中国文化终极意义上的崛起和超越。有国外学者曾这样评论：中国很难实现文化上的真正崛起，经济的繁荣并没带来文化上的复兴，也没有给文化带来创新性的发展，相反，传统文化正在迅速消失，被追求物欲消费的商业文化、强调表征的快餐型文化所取代。工业化和城市化给中国带来了巨大的变化，但中国社会已经越来越难以见到传统的痕迹了。尽管对传统经典的学习和弘扬仍然受到政府的倡导，但这和整体社会的变迁又多么不协调，很难让人相信这类努力能够真正维持传统文化的当下存在，更不用说继承复兴了。在一定程度上，中国正在变成一个失去文化传统的国家。[4]这样的论调虽然是悲观性的，但也从一个方面警示我们继承和弘扬传统文化的迫切性和重要性，我们认为，探索中国文明话语的体系建构当从历史入手，当从中国文化典籍的挖掘入手。

从史学上考察中国话语文明的阶段走向有一定的难度，与西方史学把历史看成是一种知识体系，把再现其事实形态（政治、经济、制度），确立其逻辑框架

1　陈世锋、刘新庚：《全球话语体系：国际格局与中国方位》，载《湖湘论坛》2014年第4期。

2　D. D. Wu & P. Ng: "Becoming Global, Remaining Local: The Discourses of International News Reporting by CCTV-4 and Phoenix TV Hong Kong", *Critical Arts*, 2011, Vol. 25, No. 1.

3　X. Shi: "Asian Discourse Studies: Foundations and Directions", *Asian Journal of Communication*, 2009, Vol. 19, No. 4.

4　郑永年：《中国人应理性看待中国复兴》，载《联合早报》2006年7月11日。

（进化、发展、必然、偶然）作为其史学研究的基本路径不一样的是，中国史学民族志并不把历史作为一种系统性知识，也不试图去审视和确证历史的逻辑和进程。因此，一些西方学者就此认为中国历史典籍虽很丰富但没有史学这门学科，历史对中国人来说只是一面镜子，其中看到的是自己的投影而不是过去的存在，在他们的视阈中，中国历史只是对中国人自身道德伦理进行比较、鉴别和评价的参照体系。这种看法有一定道理，但也有失偏颇，因为他们对中国传统的"述而不著"的史家笔法并不了解。中国历史上的文献记载以春秋笔法著称，遵循的是微言大义这一思想原则，它的语言特征是叙事性、具体性、人物性、领悟性和反思性。其史学话语不是用来反映过去，而是用来领悟人生、议论事实、抒发感想。在西方学者看来，中国史学话语中没有一系列指向明确、界定清楚的概念去描述历史对象，如政治清明、经济繁荣、权力运行等，也没有清晰划分其演进的纵向时间段或根据时代特征的话语材料去分野其社会序列，它只是一种时空不分的、含混想象的语言游戏，好像只关注、钩稽、考证、列举过去的"经验和想象"，其实这是一种民族特色的写作手法，既因为文本而型构，又超越了文本本身的价值与意义，但始终徘徊并依存于文本之内。[1]

有鉴于此，中国传统话语极少使用表征描述和概念指称，而是把中国传统文化内涵及其诠释扩展通过语言展示出人们可以联系现实并自主领悟到的想象空间，以表象言说去引出不可言说的内容，以隐形言说或不言说去拓展文本的意义。这种超越表征的言说方式是中国话语文明与西方话语文明的重大区别。西方话语文明大量使用以话语再现现实的表征语言，通过语言的逻辑重组和镜像思维反映和构建现实，而中国话语文明则更注重文化传统的理解和内容诠释，通过文本缝隙给读者留下可以尽情发挥、主动参与、驰骋想象的空间，并十分关注读者进行的自觉思考和主动行为。这可以理解为中国话语的阐释传统的指涉注脚。

有学者以《礼记》《易经》《春秋》三部元典为例来说明中国话语与西方话语迥然相异的言说方式。在中国传统话语中很少见到政治、伦理、知识、教育等专门性概念，并不是说中国传统话语不关心这些人类社会的重要问题，相反，这些概念都反射出中国传统话语的核心内容，它们已经被分散消解在具体事件的

---

[1] 吴宗杰：《历史的解构与重构：泛化"封建"的话语分析》，载《武汉大学学报》（人文科学版）2008年第5期。

话语叙事中，尤其是有关"礼"的叙事，实际上是人们在"礼"的思维框架下体现、解读这些概念涉及的内容的言语行为方式。《礼记》中的话语表述体现出了一种诠释传统，表征语言、概念语言被最大限度地减少，有关社会意义、道德意义的问题则通过"礼"的细节描述来体现和解释。《易经》把一些神秘莫测、错综复杂、难以判断的自然现象和社会现象放在相互转换、交叉平衡的话语体系中，隐去人为的价值识别与理性认知，以片言只语指涉想象空间，建构出一个平衡价值判断的诠释场域，对整个中国话语产生了深刻影响。《春秋》以"微言大义"为基本标准，只作客观记录和据实转述，不做评论与批判，但作者的价值观已被巧妙地编织到语篇的遣词用句之中。这种春秋笔法的叙事风格建立了中国一种尊重经典、阅读经典、解释经典、传播经典的叙事言说方式、意义构建方式和语篇阐释方式，对中国数千年历史产生了决定性的和具有深远意义的影响，这实际上是古代知识分子借古喻今、以古说事、曲折批判现实的隐喻言说进路。[1]

中国话语的史学传统自《史记》以降就沿着"实录"的这条主线不断充实和发展，"实录"成为史家语料运用、事实评价和文字表述等各方面书写阐释最基本的标准，到后来也发展成为历史撰述的本质特征。[2]因此，对中国话语的历史考察离不开对中国文化元典中蕴含的学术话语的分析与考证，这类学术话语实际上反映了当时中国社会方方面面的问题和现象。虽然以"学术"冠名，实则涵盖政治、军事、经济、文化、教育、风土人情、世俗百态等各个场域。

中国学术话语自春秋战国时期开始形成，有学者认为："春秋战国五百多年，分崩离析，战乱不止，乱世之中，学术诞生，这是中国学术的创始时代，更是它的黄金时代。"[3]春秋战国在政治、军事上四分五裂、战火连绵，是中国历史上著名的乱世，但在学术上却创制了中国思想文化的基本框架，尤其是形塑了中国的学术体制和话语模式。这种话语模式的建构很大程度上是依靠对一大批学术经典的生产与传播来完成的。这些经典对后世的中国文化产生了深远的影响，成为中国人引以为傲的、民族特色鲜明的思想资源，是中国社会的精神符号和制度依据。最为根本的是它实际上确立了中国文化的基本类型，中国文化的思想框

1　吴宗杰、胡美馨：《超越表征：中国话语的诠释传统及其当下观照》，载《文史哲》2010年第4期。
2　张桂萍：《〈史记〉与中国史学的实录传统》，载《学习与探索》2004年第1期。
3　陆玉林：《中国学术通史：先秦卷》，北京：人民出版社2004版，第1页。

架从此固定下来，延绵两千多年，直至五四新文化运动才发生改变。[1]有学者这样评价这批文化经典："文化元典凝结着该民族在以往历史进程中形成的集体经验，并将该民族的族类记忆和原始意象第一次上升到自觉意识和理性高度，从而规定着该民族的价值取向及思维方式；又通过该民族特有的象征符号（民族语言、民族文学及民族修辞体系）将这种民族的集体经验和文化心态物化成文字作品，通过特定的典籍形式使该民族文化的类型固定下来，并对其未来走向产生至远至深的影响。"[2]

发展至秦汉之后，中国形成了大一统的政治格局，虽有秦皇"焚书坑儒"及汉武帝时"罢黜百家，独尊儒术"的话语导向，但仍然形成了统一、融合的学术话语模式，中国文明始终运行在自己固守的话语轨道之上。

魏晋以来佛教开始在中国得到长足的发展，经过不断的本土化和随形化，佛教最终成了中国文化思想的一个重要组成部分。佛教中蕴含的大量梵文术语丰富和提升了中国古代话语的表达内涵，宋明理学则在融合了佛教教义和表达方式之后形成了中国学术话语的另一个高峰，后人这样评价："宋明理学是儒、释、道三教长期冲突融合的结果，由于它吸收中外文化之长，发展为中国古代文明的高峰，也发展为世界文明高峰之一，而传播影响东亚、南亚各国。"[3]

当然，有的学者也并不对中国学术话语的形成与发展持完全赞成的态度，在批判的反思中，他认为中国话语文明体现出了一种围墙式的历史特点。

在中国经典文化的阐释中，也形成了一个圆圈、一种围墙，建构了一种'磨盘式'文化空间。如果说在现实或者说在物理空间中，中华文化始终是砌墙，那么，在文化空间上，同样延续着围墙式思维，延续着砌墙行为。朝代不同，'围墙'也不同。这种墙在汉代被砌成——独尊儒术，竖立了许多经典的墙体。后世不断对'围墙'加固，逐渐形成了以'经典阐释'为主的著作谱系图。这种围墙是意识和文化空间中

1　高玉：《中国古代学术话语的历史变迁及其品格》，载《湘潭大学学报》（哲学社会科学版）2010年第6期。
2　冯天瑜：《中华元典精神》，上海：上海人民出版社2014年版，第5页。
3　冯克诚：《两宋儒学教育思想与论著选读：上》，北京：人民武警出版社2010年版，第29页。

的，是隐形的。……实际上，循环、反复的阐释无疑是一种浪费，反映了文化上的惰性。不间断的历史阐释，一定程度上束缚了文化空间的拓展，使思维空间、社会空间、文明空间不断压缩，固化为一种僵硬的牢笼。[1]

这种观点虽道出了中国传统文化保守性、僵化性的特点，但尚不足以从整体上否定中国传统文化的先进性、丰富性和建设性，我们不妨视之为一个侧面的反思与疑问，作为长鸣之警钟、发聩之微光，提醒我们在中国文化走出去的历程中砥砺前行、不断创新。

明亡清继以后，西方话语文明强势崛起，凭借现代科技的利器迫使中国打开国门，也打开了中国自我言说、封闭已久的话语体系。清政府为了应对来自西方的威胁，以洋务运动践行"科技救国论"理念，开始了由传统阐释话语向现代表征话语的转型，逐步确立了"师夷长技以制夷"的"科技强国"的文化立场与现实国策。在这种实用主义意识形态的支配之下，一种与传统学术话语迥然相异的新型"科学话语系统"被建立起来，并以理性精神、科学方法、形式逻辑等术语不断重组着传统与现代、保守与革新、东方与西方、开化与落后等世界时空秩序。这个科学话语系统作为当时中国思想界的自我想象和现实国情折中互济的一个理论框架，在价值判断上将科学知识看作是世界秩序变革的基本要素，而可视性的、物化形态的、对世界发展具有立竿见影作用的现代化技术创新则被置于科学知识的前沿层面，成为社会改革的急先锋。有学者指出，这种中国现代主义思想话语体系的历史进程在于，先有崇尚西化、向西方看齐的自我假设，后有科学话语体系的建设与形塑。从这个层面上讲，以现代科学技术为中枢作为民族国家主权秩序重构、强化的力量或意志，应被看作中国近现代各种社会思潮产生的符号指引和核心路径。这种现代工业文明理念具体可划分为三个组成部分，即社会达尔文主义专注指导的资本争夺与转化，工业化大生产全面涵盖的技术普遍性操作，以自我为中心的工具理性一木独撑的科学主义意识形态。[2]

1　陈汝东：《论中国话语文明的历史走向》，载《现代传播》2016年第6期。
2　李三虎：《中国近代以来的"技术强国"话语变迁及其统摄》，载《长沙理工大学学报》（社会科学版）2013年第3期。

五四运动以来，中国话语体系不断受到西方语言体系的侵蚀影响，人们对人类社会重要交往媒介的语言的认知产生了质变，逐渐引发了中国语言的现代性嬗变，进而促成了其剧烈的话语转型。在这一转型过程中，中国话语的阐释传统逐渐失落，而表征语言大规模进入中国话语体系之中。[1]也有的学者认为封闭式的中国话语体系被打破，文化空间进行重构并不是一件坏事。在一个特定时期里，中国文化空间由外来话语所主导，这是一种破坏，也是一种超越。[2]不管怎么说，中国近现代话语体系受西方话语文明的实质性规制是不争的事实，但这些西方术语和概念在语言旅行的过程中由于翻译及中国民众理解的差异也已发生了衍变，既因脱离西方语境而产生内涵缺失，又因进入中国语境而造成意义新生，再加上语言差异和国情距离的误读、误解，西方的术语和概念在被引进之后就变得面目全非了。所以现代中国的话语体系是一种既不同于中国传统史学套路，又不同于西方现代话语模式的新体系，形成了一种新的民族性的杂交型话语和言说体系。中国通过对西方科学技术话语的创造性改编，建构了自己适应时代的人文社科话语体系，最终完成了现代知识谱系的形塑，促成了整个中国社会和精神文化的巨大转型。[3]

中华人民共和国成立以后，对旧中国话语框架进行了盘点与清算，建立了以马克思主义话语为核心的中国特色话语体系，国家、政党、民族、阶级、剥削、压迫、革命等经典马克思主义的话语表征融入了中国话语体系之中，并与现实的社会和国情相结合，演变成历时几个阶段的中国话语体系构建过程。有学者以三个30年来概括中华人民共和国成立后中国话语体系的发展轨迹。从中华人民共和国成立到改革开放初期，是第一个30年。这个历史阶段是以政治为中心进行社会主义建设的话语体系占主导地位，讲意识形态，重政治价值，举国上下讨论、探索中国的发展走向，确立了资本主义与社会主义相互对立的叙事框架和概念体系。从改革开放初期到改革的深入推进（1978—2009）是第二个30年，确立的是以经济为中心进行社会主义建设的话语体系。在分析框架上，以发达国家和发展

1　吴宗杰、胡美馨：《超越表征：中国话语的诠释传统及其当下观照》，载《文史哲》2010年第4期。

2　陈汝东：《论中国话语文明的历史走向》，载《现代传播》2016年第6期。

3　高玉：《中国现代学术话语的历史过程及其当下建构》，载《浙江大学学报》（人文社会科学版）2011年第2期。

中国家这两个概念代替了资本主义和社会主义这种政治色彩浓厚的范畴关联，其市场经济模式偏重于学习西方，话语体系倾向于新自由主义经济思想，政治框架相对隐形。从2009年开始步入第三个30年，以社会为中心进行社会主义建设成为核心话语，中国正式步入以人为本、构建和谐社会的"后改革"时代，已开始思考在人类命运共同体的视阈下，从文明和社会发展的制度逻辑角度来探索人类解放的新的思路和方案。在叙事框架、概念方式、话语形态和分析路径上，既超越了教条化马克思主义的刻板模式，又力图匡正新自由主义带来的权力分散和价值偏移，构建符合新时期中国社会健康发展的逻辑和解释体系。[1]

应该说，中国目前的话语体系充分体现了传统历史话语的传承演进和西方外来话语的浸入融汇的双重混杂，形成了一种多元化的复合形态，既创造性转化了中国传统文化的精髓，也引入了西方表征话语的核心内容，与此同时，中国化的改革与本土创新之后，作为主流的马克思主义话语体系成为当下社会的价值指导和理论基础。

第三节　国际话语生态现状与中国话语重构

国际话语生态是一个复杂的综合体系，它包含多种力量和关系的交织与互浸，是经济竞争力、军事战斗力、政治影响力、文化吸引力、制度约束力等诸多因素综合作用的一个虚拟场域。这个场域是世界图景的媒介化投影，是国际社会政治、经济、文化、科技、教育乃至军事、外交等以话语为形态进行展示的舞台，是全球化的媒介表达系统，同时也是人类文明的话语再现系统。世界各国、各民族、各种宗教、各种文化与文明是全球话语体系的构成要素，也是全球话语的行为主体。这种话语体系是有层次的、划地区的、分场域的，也是历史的存在和现实的映射。[2]

国际话语生态不应该被看作一个整齐划一的单质体，而应被看作一种互动性和开放型的共在。哪一个国家在国际话语体系中主导话语权，哪一个国家在国际

1　竹立家：《"中国话语"变迁与构建》，载《人民论坛》2012年第12期。
2　陈汝东：《论全球话语体系建构——文化冲突与融合中的全球修辞视角》，载《浙江大学学报》（人文社会科学版）2015年第3期。

话语体系中提出议题、主导议题、终结议题，取决于其在国际社会中的影响力、号召力、组织力。这固然是一种软实力，但归根结底是软实力背后的综合实力在起作用，如政治、经济、军事、科技、文化等所形成的强大结合力和覆盖力。这个话语体系具有混杂性、综合性的特点，是诸多关系的交汇空间，也是主体间性的表现场域，如何处理好国与国的关系，协调好各民族、各文明之间的利益纠葛与现实考虑，是维持话语系统均衡性和稳定性的关键变量。这个话语系统既承续了人类话语文明发展的历史轨迹，又兼具时代的特点与变化的逻辑，既有纵向的表述更迭，又有横向的关系梳理，是一个各种张力和矛盾充盈的国际场域。

按照布尔迪厄的定义，场域是由社会成员按照规制的逻辑要求共同建设的，是言语行为个体参与社会活动的主要场所，是相对比较集中的符号竞争和个人策略展示的人生剧场。这种竞争和策略展示的目的是生产有价值的符号商品，而符号的价值则取决于消费者集团对它进行归类的层面，层次越高的符号竞争的胜利则意味着一种符号商品被社会合法化认定为比其竞争对象拥有更多的价值，并可在社会中发挥强有力的审视和规制作用。布尔迪厄称之为"符号暴力"[1]。场域充斥着各种关系变量，每个个体都在场域中展开竞争，每一个场域都包含了主导者和追随者，而任何凌越和压制都隐含着矛盾与对抗。他认为："在场域中最为活跃的因素是那些可以用来定义为各种'资本'的东西。"[2]这些因素包括经济资本、政治资本、文化资本、教育资本、关系资本等。资本是场域活动竞争的目的，又是与他力量进行对抗的手段。在各种因素、关系、力量充斥的场域中决定竞争获胜的前提条件就是资本的内在逻辑。资本在场域中不是按规划和需求平均分配的，资本是长时期积累的结果，是一种排他性资源，又是各种社会竞争所依赖的核心手段。不同类型、不同数量的资本的型构与布局，体现着社会的资源和权力的结构重组与视点聚集，这种起点的不公平性决定了竞争活动的不平等。[3]按照布尔迪厄场域理论的现实释义，我们就能够比较透彻地解读国际话语体系中

1　布尔迪厄著，包亚明译：《文化资本与社会炼金术——布尔迪厄访谈录》，上海：上海人民出版社1997年版，第62页。

2　Pierre Bourdieu & Loïc J. D. Wacquant: *An Invitation to Reflexive Sociology*, Chicago: The University of Chicago Press, 1992, p. 98.

3　李全生：《布迪厄场域理论简析》，载《烟台大学学报》（哲学社会科学版）2002年第2期。

各种主体的博弈与竞争的无处不在，以及这种关系角逐与社会竞争背后的资本，尤其是文化资本的权力逻辑，以及这种权力逻辑形成的历史动因和存在的现实支撑是如何影响着国际话语权的建构与固化。

当今国际话语体系呈现出西强东弱、一家独大的格局和特点。西强东弱指的是整个西方社会控制着全球话语权，而东方以及其他地域的民族国家则处于集体失语或噤声状态；一家独大指的是苏联分裂瓦解之后，世界格局中只剩下美国一个超级大国，而其他国家都不具备与之抗衡的实力和基础。现实社会中，以美国为代表的西方国家拥有强势的国际话语权，在各种全球性利益的博弈中占有明显的优势。有学者参照荷兰符号学家托伊恩·A.梵·迪克和英国社会语言学家诺曼·法尔克劳对话语和权力的架构分析方法，将国际话语权分为国际制度话语权、媒介话语权、学术话语权、文化话语权与民间话语权五个范畴[1]。

约瑟夫·奈认为，如果一个国家可以通过建立和主导国际规范和国际制度，对世界政治的议事日程进行规设和铺排，那么它就可以影响到他人的立场偏好和对本国国家利益的认识，从而具有软权力，或者说制度权力。[2]更进一步，他在《软权力》一书中指出："如果一个国家可以基于自己的利益取向和价值观念框架来设计和塑造国际规则，其行为就更容易披上被他国认可的公益性合法化外衣。如果这些规则和制度可以四处传播并成为他国自觉遵守的铁律，那么它就没有必要使用代价高昂的物质引诱和军事威胁。"[3]显而易见，在诸多影响人类社会命运和现实存在的世界性议题的提出和主导方面，美国和西方社会在话语权方面占有比较优势。

除此之外，美国和西方社会还拥有世界上最有影响力、组织最严密、实力最强大的媒介网络，以美国有线电视新闻网、哥伦比亚广播公司、美国全国广播公司、英国广播公司、《纽约时报》、《华尔街日报》、《今日美国》、《泰晤士报》、《金融时报》、推特、Facebook等为代表的国际传媒体系具有强大的传播力和解释力，拥有对重要问题进行议程设置的权力，其塑造现实和规制未来的能

1　张焕萍：《论国际话语权的架构》，载《对外传播》2015年第5期。

2　Jeseph Nye: *Bound to Lead: The Changing Nature of American Power*, New York: Basic Books, 1991, pp. 33-34.

3　Joseph Nye: *Soft Power: The Means to Success in World Politics*, New York: Public Affairs, 2004, pp. 10-11.

力日益强大。媒介已成为国际事务斗争话语的延伸，发展成为一种混合了强大经济约束、政治压迫和意识形态规制能力的新型权力。

学术话语权则包括话语主体创造和更新学术体系的权力、思想与意义赋予权和价值自主权，在指引导向、鉴定评判、行动支配等方面对世界学术体系有着巨大的影响。[1]近现代以来，美国和西方社会的学术思维方法、研究路径、关于世界图景的评说定位等模式已经扩展到了整个世界，主导了众多学术领域的研究导向和评价标准。世界级、高水平的学术期刊、权威引文检索（SCI、SSCI、A&H等）基本为西方掌握，国际性的学术大奖（如诺贝尔奖）的评判权也大都被西方垄断，甚至连各国学术论文的电子格式也全面遵从西方规制，发端于美国的，与计算机、互联网配套的Word、PDF软件成了大家都乐于使用的通用型论文写作模板。

还有一个值得注意的现象，文化话语权在现代社会发挥了规制人们思想和行为的意识形态的功效，所谓"文化霸权"就等同于意识形态的控制权，是统治阶级的统治能否被被统治阶级心悦诚服地接受、认同的合法性问题。[2]西方社会自第一次启蒙以来，已经以现代性的视角为全世界创设了一个由西方国家主导的全球文明生态。自此以后，现代世界的一切无不在笛卡尔、牛顿、达尔文所拟制的言语行为框架之中，这种以二元对立为理论核心、民主与科学等概念为认知表征的现代性体系的世界扩展，使之成为当今人类难以祛除的思维模式以及解决问题的预设背景，成为一切学术研究的立场视野与设定前提，这才是西方国际话语权真正强大的价值指向。[3]因此，要打破西方文化凌越世界的霸权模式，改变其唯我独尊的叙事与言说方式，就要从根本上超越现代性的思维窠臼，迈向生态文明、田园文明、新世界主义等以全球命运共同体为考量基础的新的人类解放精神向度，并以包容差异、多元视角、有机联系为核心视点形成东西方文明的交织与合奏。

相对于国家话语而言，民间话语随着公共外交的全球拓展与效力发挥也拥有

1　郑杭生：《学术话语权与中国社会学发展》，载《中国社会科学》2011年第2期。
2　葛兰西著，曹雷雨等译：《狱中札记》，北京：中国社会科学出版社2000年版，第38页。
3　陈世锋、刘新庚：《全球话语体系：国际格局与中国方位》，载《湖湘论坛》2014年第4期。

了越来越多的独立言说空间。目前在国际舞台上发挥作用的民间团体主要是具有很强国际活动能力的跨国性非政府组织。据联合国报告统计，国际非政府组织数量在1951年只有832个，但现在全世界有将近3万个。[1]这些民间团体包括各种基金会、劳工组织、志愿组织、行业协会等，但国际上知名的非政府组织总部都坐落在西方发达国家，且其机构多为西方社会所实际操控。

国际话语权的获得不是与民族国家的独立性和合法化必然伴生的，而是随着国家的发展与话语场域争斗而不断经历的一个渐进积累的进程。从话语权的本质内涵及其基本特征来看，国际话语权的增强一般要经过以下三个阶段：（1）从无到有，即创设话题或争夺话题阶段，这可以是民族国家由一个旁观者变为参与者，或一个被动者转为主动者的过程；（2）由点带面、逐渐张扬，即话语主体把已有的涉及某个或某一方面话题的国际话语权在其范围或广度上进行扩展泛化的过程；（3）民族国家对已拥有的某些国际话语权的话题在多层次上或深度上加强其解释力、传播力并强势固化的阶段。显而易见，国际话语权的提升与增强主要依赖于实际行为主体有效和灵活的对策与行动，还要借助非官方组织的努力以及国民的整体配合形成。[2]以美国为代表的西方国家就是沿着这一设定的路径逐渐争得了国际社会的主导话语权，建构了以其为核心的现存世界文明秩序和国际政治经济体系。对这么一个西方国家精心打造、全力维持、不断固化的国际话语体系，中国要想改变其结构与份额，占有一席之地，必然会历经艰辛与曲折。

近年来，随着中国的和平崛起，国际话语体系中有关中国威胁论的霸权话语明显滋长，以美国为代表的西方社会以现实主义的国际关系理论为考量依据，认为大国的崛起通常会导致世界的动荡与全球政治与经济秩序的重构。因此，他们判定，崛起的中国同样会挑战由西方确立的当下国际秩序，威胁现有大国的既定利益。[3]"在现实主义传统中，A. F. K. 奥甘斯基的权力转换理论经常被中国威胁论的倡导者援引以证明他们的论断，即经济的超级繁荣与持续发展会助推中国这

1　祝鸣：《解读西方非政府组织的"非政府性"》，载《新民晚报》2012年3月9日。

2　梁凯音：《关于拓宽国际视野与构建国民意识问题的思考》，载《当代世界与社会主义》2013年第4期。

3　Louis Filler: *A Dictionary of American Conservatism*, New Jersey: Citadel Press, 1988, p. 365.

样的崛起大国的政治和军事强势。"[1]据此推论，以美国为代表的西方社会其自我想象的逻辑就是，两个敌对团体之政治、经济、军事等综合力量差距较大时，才能维持和平，一旦双方形成力量均势和强强对峙，战争的可能性就会大幅度增加。参照这一理论，中国是一个正处于成长崛起阶段的大国，因此中国对于西方最具威胁性。[2]一些西方学者对中国的和平崛起态势也不乏主观误读和历史偏见，如阿斯塔尔·约翰斯顿认为中国的战略文化性质是扩张主义的，具有强权政治的主要特征，他把中国的世界性策略考量等同于西方的实力政治传统，即都具有以强势崛起为特征的战略文化体系，都强调以对立、暴力为中心视点，这与冷战时期的美苏两国和19世纪的社会沙文主义者具有诸多共同之处。[3]哈佛大学教授格雷厄姆·艾利森在2012年则提出了"修昔底德陷阱"理论来描述中美之间的现实格局与未来关系。所谓"修昔底德陷阱"即新崛起的大国可能让既有大国产生警惕和不安，进而引起敌意和不信任，最终则有可能升级为战争。艾利森预测，中国和美国正在逐渐滑向这个陷阱。当然，艾利森本人也承认中美战争并非不可避免，中国人可能比西方人更聪明、更有智慧，因为中国有悠久的历史文明。中国会以历史为鉴，从中吸取经验和教训，避免别人犯过的错误。[4]

显而易见，目前国际上话语生态的复杂性与倾向性存在对现行的中国话语体系的认同度是不够高的，中国在国际话语权中占的比重也远低于西方国家，这对中国的和平崛起极为不利。要改变这种不利和敌意的对峙与隔阂状态，中国话语的重构与重述势在必行。

关于中国话语在目前国际话语体系中的地位改善和形象重构，以及中国该如何提高国际话语权，诸多的学者给出了多侧面、多角度的建议。

从国际传播的角度，以接受国的语言进行受众为中心的传播，增加亲近感，减少交流和沟通的障碍；注重运用国际社会容易理解接受的方式，以国际受众的

---

1 Robert Welch: "Structural Realism after the Cold War", in Robert O. Keohane: *Neorealism and Its Critics*, New York: Columbia University Press, 1986.

2 王子昌：《解构美国话语霸权——对"中国威胁论"的话语分析》，载《东南亚研究》2003年第4期。

3 Lee Edwards: *The Conservative Revolution: The Movement That Remade America*, New York: the Free Press, 1999, pp. 105-106.

4 方晋：《"修昔底德陷阱"是理解中美关系的最佳视角》，载《中国经济时报》2016年11月2日。

思维习惯、交往方式和信息需求来设计传播的形态；以第三视角来解读中国发展的内涵；以国际惯例和规则对中国问题进行解释和说明。[1]

在国际话语传播实践中，充分发挥我国多语种媒体的优势，以忠实直译和阐释解读并重的方式传播中国话语，把传统文化中优秀的价值观和独特的生活方式介绍给不同文化背景的世界各国。[2]

争取海外华人的话语力量支持。目前定居在世界各国的华人大约有6500万人，这是一个相当庞大的话语主体，中华文化是他们的历史血脉、精神之源和立身之本，他们是中华文化理念向外延伸和张扬中国价值的重要群体，也是对异域文明展示理性中国、责任中国形象的实践主体。[3]

中国应更加积极地参与国际事务，更加主动地承担国际责任，彰显积极、正面的大国形象；把握外交主动，参与制订和引导国际议题，促使国际话语体系朝着有利于自己的方向转型；要建立起符合自身国情的外交核心价值体系，对外宣示中国的精神坐标，促进他国对中国外交政策预期的形成，增强国际社会对中国的信赖与支持。[4]

从中国自身的话语建设动因与机制上讲，应更新语言、新闻、传播等信息类工具的教育理念，重视国家话语、国家修辞在国民教育体系中的地位；不断提升公共话语素质，特别是加强国家修辞能力的培养，注重对各级官员、各级媒体和国民修辞素养及运用技能的提升；加强国家话语秩序建设，将国民公共话语权利纳入国家话语体系。[5]

从增强中国话语的吸引力、感召力、影响力的角度看，应坚定马克思主义的理论自觉和理论自信，坚持思想创新和文化创新；把习近平新时代中国特色社会主义思想作为中国特色话语体系的核心和灵魂；在全体国民中树立起强烈的民族

1　佚名：《专家学者聚焦中国文化翻译与传播——"中国文化翻译与传播"暨国家语言与翻译能力建设高级研修班开幕式发言摘登》，载《中国文化报》2014年5月22日。
2　庄琴芳：《福柯后现代话语观与中国话语建构》，载《外语学刊》2007年第5期。
3　梁凯音：《中国拓展国际话语权的思考》，载《中共中央党校学报》2009年第3期。
4　邹应猛：《国际体系转型与中国国际话语权提升战略》，载《东南亚纵横》2010年第10期。
5　陈汝东：《论国家话语能力》，载《北京大学学报》（哲学社会科学版）2011年第5期。

自信心和自豪感，打破积弱心理和殖民主义的束缚，坚守中华文化传统自信。[1]

在如何讲好中国故事、建构国家话语层面，应该关注以下几个问题：一是要提升中国在国际话语体系中的议程设置能力，着力于创造具有普遍价值的核心概念，做到独立发声，以多种力量、多条渠道、多元模式引导全球话语；二是要重视非政府组织的作用，实现传播主体的多样化，构建一个立体型、分层化、多维度的话语体系的生产、流通、传播机制和平台；三是要构建方向性与平衡性统一的国家话语，尽量以客观公正的报道博得国际社会的理解与认同[2]；等等。

这些建议与对策从不同的视角对中国国际话语权的提升给出了思考的方向，传统的话语分析理论也从话语本体的内在结构改变等方面对中国话语如何在国际话语体系中拥有言语能力进行了系统分析和阐释，这些建议不无益处，但从话语重构的视角去分析中国国际话语权的提升与强化，批判的话语分析理论给我们提供了更深入的对文本的形而上解析。

批评话语分析（Critical Discourse Analysis，简称CDA）是现代语言学研究的一个新兴分支，它综合了语言学、社会学、心理学、人类学、传播学等多个学科的研究成果，聚焦话语的生产机制，话语与意识形态的关系，话语与社会环境，话语与权力、控制等。其中，对社会语境的关注是批评话语分析话语观的一个核心支点，因为话语使用总是体现在一定的语境中的，这种语境是指那种更大的基于社会、文化和政治差异的宏观生态复合体，而不仅仅指的是那种文本中直接的语篇关系、讲话者的背景知识等微观语境要素或言语事件、对话类型等中观语境要素。[3]

我们在批评话语分析的社会语境思想视角下来审视中国话语在国际话语体系中的重构，不单要考虑到中国话语本身的结构演进与嬗变、中国话语的语篇分析、中国话语与国际话语的关系互动，还要关注中国话语存在于国际话语体系之中的语境重构。"全球化"或者说"美国化""西方中心化"就是目前国际话语

1　杨鲜兰：《构建当代中国话语体系的难点与对策》，载《马克思主义研究》2015年第2期。

2　胡正荣：《中国如何把握机会在国际话语体系中争取一席之地》，载《理论导报》2015年第8期。

3　R. Fowler, et al.: *Language and Control*, London: Routledge and Kegan Paul, 1979, p. 165.

体系所依赖、所栖息的语境。作为一种预先设定的理论语境，"全球化"状态下产生的许多核心话语如现代主义、后现代主义、东方主义、后殖民主义等，皆是西方国家主导设置议程的结果。要改变全球化被规设为西方对中国的单向理论旅行的话语模式，就要对这一规训语境进行中国化或东方化的重构。

另外，重建和再造中国自己的知识思想体系也是一个重要的内容。知识思想体系与话语权是两个联系紧密但又不同的概念，知识思想体系是拥有话语权的基础，没有强大的知识思想体系就不可能有强大的话语权，因为强大的知识思想体系体现了一种权威的解释力，话语权的获得正是这种解释力获得国际社会认可并转变成强势传播力的现实表征。中国本身有五千年灿烂的文明，也有人文历史研究的传统与风气，但缺少对知识思想体系的完整形塑。历代文人学者沿袭"春秋笔法"，以"微言大义"为建构历史的标准，却忽略了用社会科学的研究方法来确立自己严谨、经典、权威的知识思想体系。这造成了中国文化的精髓散见于各代典籍和文献之中，而没有形成完整的思想和价值脉络与框架，这对建设我们的知识思想体系是相当不利的。中国文化要走出去，当务之急是要总结、归纳、抽象、形成中国自己的知识思想体系，把中国文化的经验性材料思想化、理论化、概念化，这样，讲好中国故事才有底气，才有方法，才有路径。这个实力就是理论的解释力和价值的传播力，有了这个坚实的基础，中国才可能融入世界话语体系，并发出自己的声音。

因为儒家精神的经世致用和符号指向意义，许多学者认为儒学可以在中国话语权的建构方面起到重要的作用。但是，如果儒学要扮演好这个角色，儒学本身就需要时代的转型和框架的更新。因为旧儒学没有足够的开放性和灵活性来包容和整合各种主要社会思潮，在新时代下复兴儒学，变通儒学，势在必行。[1]故此，有学者认为，中国应乘着全球化的东风实现自己打破边缘化和重返中心的理想，经过现代改造和重新阐释的新儒学应该能够承担起这样的责任。[2]

近年以来，新儒学的巨大影响与后现代主义思潮已形成了互补增益和理性对话，早已超越了中国乃至中华文化传统的疆界，成为一种全球性和具有广泛社

---

[1] 郑永年：《通往大国之路：中国的知识重建和文明复兴》，北京：东方出版社2012年版，第226页。

[2] 王宁：《"全球本土化"语境下的后现代、后殖民与新儒学重建》，载《南京大学学报》（哲学·人文科学·社会科学）2008年第1期。

会意义的话语体系和社会语境。因为新儒学"具备一种更为深沉宽广的人文主义视野,而非像人们所一般设想的那样,仅仅适应于对政治实践的参与和评价。儒学为其自身的递延传承和人类社群理想的实现而具有的象征性资源不仅体现在政治活动中,同时也体现于宗教伦理之中。实际上,新儒学的倡导者们对'政治'的感觉不仅体现在经济和社会层面上来管理世界,而且更重视在教育和文化意义上来改造世界,与此同时也促使从政者的政治领导地位扎根于普遍性的社会良知之中。儒学士子也许并不把参与政治、服务政治作为自己人生理想实现的唯一途径,但他们始终通过其诗学的敏感性、对社会的责任感、对大历史的审视视角以及其形而上的洞见在各个领域积极地介入对现实的变革"[1]。主张以新儒学话语作为变革方向的学者认为新儒学思想与后现代思维模式更为贴近,更容易产生融合、互补和对话,而且认为可以在新儒学语境下建构出社会民主的新范式。"对儒学而言,一个人一旦成为居庙堂之高的官员,也不应当因此而放弃自己的情操。倒是与其相反,官员的高尚品行常常会变成为公共利益服务的个体的基础和灵感的来源。我们有确定的理由可以期待,内圣外王的儒家哲学完全有可能成为以下两重维度的民主化进程的积极促进者,即既提升权力运行的道德品性水平,同时也成为具备美好品性的权力话语。"[2]新儒学的倡导者认为,对儒学传统的人文精神和伦理道德方面的强调与当前建立"和谐社会"、描摹"和谐世界"、型构"人类命运共同体"的中国价值理想相吻合,因而具有广阔的发展空间。它既保持了传统儒学的积极进取和入世精神,同时又摒弃了其狭隘专断的排他性和僵化保守立场,使之成为一个可供后来者不断阐释和建构的开放的话语体系。[3]

"新儒学"的提出对重构中国话语的国际语境具有重大意义,其最终目的就是重塑中国在国际话语体系中制订规则的能力,但以儒学指代中国传统宗教文化,以"新"突出其当代阐释,似觉意犹未尽、力所不逮,因为这就明显弱化甚至消解了诸子百家乃至其他优秀传统宗教文化的宣教传承以及当代社会主义价值

1　Tu Wuiming: *Way, Learning and Politics: Essays on the Confucian Intellectual*, Albany: State University of New York Press, 1993, "Preface", pp. ix-x.

2　Cheng Chung Ying: "Preface: The Inner and the Outer for Democracy and Confucian Tradition", *Journal of Chinese Philosophy*, 2007, Vol. 34, No. 2.

3　王宁:《"全球本土化"语境下的后现代、后殖民与新儒学重建》,载《南京大学学报》(哲学·人文科学·社会科学)2008年第1期。

体系的引领作用。我们认为，以新儒学指向中国话语的语境重构是相当切合多元文化并存的世界话语生态的，但若能以"新华夏文化"或"中国传统文化的当代阐释创新"取代"新儒学"的话语表达，当更能凸显东方语境或中国语境的包容性、丰富性和多样性，也便于与多元化的后现代主义人文大潮接轨与对话，从而重新规划和构筑中国文化从边缘到中心的再中国化路径。

第四节　跨文化交流中的话语"误读"
——以中国视角为方法

当今世界发展到信息社会，民族、国家、地域之间的政治、经济、文化、社会等诸多领域的隔离化状态被现代科技所提供的便利交通和全球通讯所打破，世界范围之内的全方位的沟通、联系、影响成为可能，在南美洲一只蝴蝶翅膀扇起的一丝微风可能因为连锁反应而在北美洲引起一场风暴，地球越来越像一个时空被压缩的地球村庄（或地球都市）。"全球化"成了一个描述世界当下状态和基本特征的热词，人们从经济学、社会学、政治学、文化学、历史学、国际关系、传播研究等不同专业领域的视野对全球化进行了各种各样的探索。文化全球化就是这些探讨中的一个重要分支，而文化全球化必然引起跨文化的交流。换句话说，跨文化交流是以文化全球化为重要表征的。

跨文化交流凸显的文化全球化包括以下四个方面的内涵：首先，文化全球化是经济、政治全球化的伴生物。全球化浪潮以经济为中心，逐渐向政治、文化、意识形态等领域扩展，从具体的商品到抽象的思想观点都是资本主义全球输出的信息化存在。其次，文化全球化依托信息革命丰富了自身的内涵，从根本上变革了通信工具和交流手段，描摹出一种时空重叠、共享型的文化景观。第三，文化全球化从某种程度上体现了西方中心主义的集体无意识和自大型思维方式，形成了文化霸权。第四，商业文化、大众文化以及消费主义的追捧式盛行和炫耀性蔓延更加剧了西方文化的同质化驱动与广泛性扩展。跨文化交流的这些共同现象对全球化与本土化的辩证关系提出了新的要求：既要清楚认识西方国家在跨文化交流中的主体地位和引导作用，又要对边缘国家的地位和处境有准确的把握；既要坚守自己的精神价值中枢，抵制文化霸权与西方中心主义，又要跳出狭隘民族主义的限制，积极吸收西方思想和话语文明中的先进养分。因此，这样的跨文化交流既是对本土文化的考验，也是对外来文化的整合，这种双向驱动、互为因果的辩证法将伴随着现时的跨文化交流的始终。[1]

跨文化交流的发生和全球化的大背景密不可分，也和文化自身的发展动因有着一定的联系。产生跨文化交流的一个基本前提是文化之间存在的差异，即文化差。由于种种原因，各民族、各国家、各地区之间的发展不可能处于同一水平线上，各文化主体之间总是存在着种种或显著或隐藏的差异，正是由于这些文化差异的存在，跨文化交流才得以实现，因为无差别的同质文化之间是不存在跨界和跨疆域交流的。例如，日本在明治维新之前和欧美国家之间存在着巨大的文化反差，形成了国民心态强烈的高低错位，也给日本带来了前所未有的社会压力，这种压力和反差促使日本反思固有的本土民族文化，转变思维立场和立国方略，与欧美国家为代表的西方文明进行了广泛而深刻的跨文化交流，更新和提升了自己的民族文化结构、水平和区位，并使日本很快就跻身于世界强国之列。[2]这是跨文化交流中弱势一方借外来文化补全自己民族文化短板，推动自己民族文化与国际文化融合，并创造出本土新文化的成功范例。

经典的文化学框架下，文化差是跨文化交流产生的基础性动因。对众多复杂的文化差现象进行归纳和梳理，我们发现，文化差大致可以分成两种类型：一种是表征性文化差，即文化表面形式的符号或外在差异，和文化实质本身的联系不大。如西方油画的色彩浓郁、层次分明，中国山水画的色彩淡雅、笔法疏朗；西方人情感交往的坦率直露，东方人感情表达的含蓄委婉等。另一种是内蕴式文化差，直接反映了文化内在本质的差异，如现代性思想中的个人主义、理性逻辑，后现代精神中的包容差异、诗性思维；资本主义社会的自我中心主义、社会达尔文主义，社会主义社会的和谐公平主张、组织纪律导向等。[3]文化差有能量强弱的分野，如中国古代，尤其是唐宋时期创造了光辉灿烂的文化，对周边的国家如日本、朝鲜、越南，甚至伊朗和中亚诸国形成了强大的吸引力和向心力，它们在与中国进行跨文化交流时就自觉引进了中国文化的精髓，形成了一个以中国为中

1 　隋岩：《全球化语境中的跨文化交流》，载《国际关系学院学报》2001年第3期。
2 　萧功秦：《儒家文化的困境》，成都：四川人民出版社1986年版，第145—152页。
3 　陈先元：《跨文化交流的动因、趋向和形态》，载《上海交通大学学报》（哲学社会科学版）2000年第3期。

心的华夏文化圈；而在西方工业革命完成之后，西方技术文明携带其宗教、人文思想又对农耕文明的中国形成了引导和改造，科学、民主的思潮极大地影响了中国的近现代文化。但弱小文化对强大文化的反哺与逆流也时不时地发生作用，如前述唐代时西域景教对大唐文化的渗透与影响、早期西方传教士用宗教思想对强大中华文明进行浸润与影响等。这说明，在跨文化交流中强大文化对弱小文化有天然的融合与引导优势，但弱小文化也不是毫无抵抗地全盘接受，其间不时充斥着弱小文化的逆流与反哺这样的插曲。归根结底，这与文化内在的生命力、外部环境因素及多样化主体互动的综合影响有着极大的关系。

在现代性格局的框架下，跨文化交流是文化传承演变的关键环节。基于跨文化交流的视角，两种性质相异、强弱有别、标准不一的文化的偶然遭遇与嬗变是文化自然的进化过程；强大文化有意识、有组织地在其他地区的流传与散播，是文化的播化过程；而多重异质文化经过激烈的碰撞和对抗，各主体互相角力、彼此融合，从而你中有我，我中有你，各方都在以往基础上产生出新的组织和状态，是文化的涵化过程。[1]在跨文化交流中，前两种文化流变要么集中强调文化自身的外溢性与扩展力，要么过于关注人为因素的拉动作用，更多的还伴随着军事、政治、经济的侵略与凌越，具有一定的强制性和偏向性。唯有文化涵化，既关注文化内在的进化需求和自然流变，又聚焦文化交流演进中的多主体互动关系，具有客观性与公平性，是跨文化交流中的核心变量。

文化涵化，英文是Acculturation，原义是"使文化移动"，"使文化适应"。影响文化涵化的因素是多种多样的，社会所处的历史时期、文化性质、族群诉求、时代背景、制度权威等都可以影响文化的涵化进程和结果。由于这些多种因素的作用，涵化的过程、结果都可能产生变异。如果某一强大的文化冲击弱小的文化，使后者成为前者的一种亚文化，或者后者全盘同化于前者，那么这种涵化是单向的、不平等的。一般来说，文化涵化是双向的，即在文化接触过程中双方都借助对方文化的特质，使双方之间的思想精神共性日渐增加，在全球化背景下的普遍性跨文化交流中这种可能性更大。一般的文化涵化过程要经过混乱、适应、平衡等三个阶段，在这三个阶段中，各种各样的文化通过增添、替换、

1　陈先元：《跨文化交流的动因、趋向和形态》，载《上海交通大学学报》（哲学社会科学版）2000年第3期。

混合、创新、抗拒等方式达到涵化的目的。[1]文化涵化是一个相当漫长的复杂过程，许多因素制约着其组合序列，也会出现多种不同的流变行为，如何适当控制、引导涵化的进程，采取中正平和的衍变方式，消除涵化过程中的杂音与霸权，是每一个民族国家在跨文化交流中都应当注意的问题。

在文化全球化时代，话语"误读"已成为跨文化交流中经常遇到的一个非常突出的现实问题和社会现象。一般来说，话语"误读"指的是按照自身母文化的传统记忆、思维路径、语言方式、实践体认等先验传承和后天培养的言语行为向度去解读另一种异质文化，从而形成与他文化立场不一致的理解与行为效果。从传播学视阈来看，跨文化交流也是一种跨话语体系的传播行为，因此话语"误读"可以从人类传播角度寻找原因。这体现在：一是人际交往中其他人的思维（态度、思想和情感）处于隐秘状态很难被我们真实探知；二是我们接收到的信息在传递过程中的缺损难以准确反映客观事实及其他人的态度和意见；三是我们经常使用的编码系统（如语言、姿势）的缺陷使得真实解读我们收到的信息难度加大；四是由于不在他人的立场考虑问题使得我们对他人行为的认知可能是有偏见的；五是我们对自己认知能力的自信与客观实际情况存在一定的差异性。在跨文化传播的背景下，上述这些情况在言语不通、心理隔阂、价值分歧等情况下只会进一步加剧而不会随之削弱。[2]

具体到中国与西方的跨文化交流活动，话语误读产生的原因可以总结为语言交流的差异、思维方式的差异、行为方式的差异和意识形态的差异。

说不同语言的人们在交流时明显会受到语言的束缚，受制于这种典型化的沟通障碍，人们很难通过语言这种交往介质去透彻了解对方的习惯、偏好和禁忌等问题。如果通过翻译，又会遇到话语转换的不确定和不充分性问题，这使得一些信息在翻译过程中丢失或被扭曲。语言还会对人的思维产生巨大的影响，较高层次的思维依赖于语言这一假设得到了大量的科学支持，语言可以被看作是外在化的思维。大多数人独自冥想时，头脑中常会出现一些日常生活中的视觉画面。一个人受教育越多，文化水平越高，他的内心思维和冥想型构就会变得越复杂越

---

1 李安民：《关于文化涵化的若干问题》，载《中山大学学报》（社会科学版）1988年第4期。

2 吴莉苇：《论文化交流中的误读与创造》，载《清华大学学报》（哲学社会科学版）2006年第2期。

精细。一般情况下，独自冥想时大多数人都会自言自语或自己说服自己。毫无疑问，无论是说出声来还是不说出声来，言语都等同于一种行为方式。[1]

在不同文化思维的指导下，中国与西方的行为方式也产生了较大的差异。"中国人在'关系'的意义上理解自我，而西方人是在个体的前提下认识自己。由于在个体的层面上认识自我，自我就是权利、义务、尊严、心理、生理等诸要素的实体；由于在关系的维度上把握自我，自我就是各种关系、各种角色的间性复合。"[2]

因此，现实中的中国人守纪律、重规则、修身养性、克己复礼，强调个人、他人、集体主义与国家利益的统一；西方人则以存在的个体为中心，强调个人的独立、自由和奋斗精神，主张通过个人的不懈追求来实现自我的价值。

在意识形态方面，由于社会主义体制与资本主义体制的本质差别，西方社会对中国抱有成见和不信任感，总企图用西方的价值观和意识形态来改造中国，把中国塑造成它们设定中的那个东方伙伴。在西方人的核心想象中，只有与他们一样归属于同一话语系统，遵循同样的价值，讲述相似的故事，践行其主导的规范，中国才是值得信任的和不需要提防的。

当然，在跨文化交流实践中，除了由于以上原因西方对中国产生话语误读，还有几个方面的影响也不容忽视。

一是长久以来形成的偏见。从启蒙运动后期以来，西方有关中国的描摹和叙事就充满了某种特殊指向的价值否定的文化意义，使一种固化的、物恋的、低劣的他者形象成为中国的象征。这个话语图式包括贬低中国论和"黄祸"威胁论，它经过不断演化和渐进积累，已经固化为西方社会的集体无意识和自我想象框架。

二是现实主义前提下的利益考量。对美国而言，维护其世界霸主地位是其最大的国家利益。中国的迅速崛起已威胁到美国的根本利益，因此，美国必然从多方面寻求对中国的"制衡"和"削弱"，对中国政治、经济、文化、社会的"误读"只是这种利益争斗的话语表征。

1　理查德·D.刘易斯著，关世杰主译：《文化的冲突与共融》，北京：新华出版社2002年版，第11-12页。
2　樊浩：《伦理精神的价值生态》，北京：中国社会科学出版社2001年1版，第44页。

三是媒介化描摹的推波助澜。在现代社会中，媒介不仅是意识形态的工具，媒介本身已经独立和异化为一种意识形态。一直以来，西方媒体按照其思想主导和模式规制的需要对中国进行议程设置，采取多种方式捏造和夸大中国的负面、非人道、不民主和威胁性形象，长期利用民主、人权、台湾、宗教和腐败等几个敏感性议题妖魔化中国。长期处于这种人为规设的舆论格局中，对中国话语的恶意误读就会不断地被强化。[1]

如何应对这种恶意的话语误读，我们认为，一是要培养自己的"故事员"，训练和加强我国各级官员的话语解释力和媒体公关能力，尤其是与国际媒体打交道的能力与策略；同时要目光向外，注重聘请外援，即在国际上建立由当地华人领袖组成的研究咨询机构，在制定国家公共外交政策和国际传播方略时听取他们的意见和建议，并请他们发出声音，向国际社会解读、传递中国的真实形象。二是要生产好的中国故事文本，形成传播者与接受者共同的情感交流语境，使得中国故事既能被国内受众接受，又符合对外传播规律和国外民众的审美期待，做到彼此分享、彼此欣赏。三是要在跨文化交流中注意用国际社会易理解、能接受的方式、习惯与话语进行阐释和叙事，处理好本土化与国际化的关系，使得中国故事的现代语境演绎与国际化表达成为中国文化走向世界的既定程序和规范路径。[2]

当然，对国家硬实力建设的加强，以对等的中国话语体系来审视和清理西方反向话语，亦是消除这种恶意误读的对策与路径规划。硬实力与软实力确乎互为表里，是二而一、一而二的关系，综合国力的强大可以为国家话语传播的效果增添砝码，使得国际社会在接受中国硬实力的发展影响之后，自然而然地接受中国话语权的合法与权威地位。面对外部语境对中国话语的误读，中国话语的传播者要努力增进国际社会对我国基本国情、价值理念、发展模式、宏观政策的了解和认知，坚持文化自觉和文化自信，确立跨文化交流的主体间性原则，重建和定位中国的文化价值，对中国的知识思想体系进行完整梳理和当代重构。唯有以多维度、多视角、多场域的宏观、中观、微观的理论回应与路径践行应对西方社会对

---

1 潘娜娜：《从多维视角解读西方对中国的误读》，载《江汉论坛》2012年第4期。
2 陈圣来：《现代语境与国际表达中的中国文化考问》，载《现代传播》2016年第
10期。

中国话语的恶意误读，才能逐步消解西方的霸权话语范式，凸现中国文化走出去的包容性与和平性立场。

除了这种恶意的话语"误读"，跨文化交流中也存在着不可避免的误读、善意的误读和创造性的误读。例如，布鲁姆诗学影响理论的一个关键术语就是"误读"。这种"误读"不是一般意义上的"曲解、叛逆、偏离"，而是阐释者的有意改编，是跨文化传播中常用的一种诗学手段。作为尼采的拥趸，布鲁姆强调："诗学影响，或者像我经常说的，诗学误读，当然要研究作为诗人的诗人的生命循环。"[1]这就是说，人们在接触异质文化时，往往很难摆脱自身文化传统和固有思维方式的影响，总是根据自己熟悉的一切进行选择性解释、切割式阅读和倾向性认知。[2]

在现代解释学看来，人们在进入理解活动之前就存在着某种思维的"前见"，而这种前见正是来源于理解者的历史记忆和普遍经验。它主要涉及两个方面的问题：第一，世界不是作为简单和实在的东西向我们呈现的，它是围绕着人类社会的一个待建构和阐释的存在，世界与人的互动对视使理解成为可能，这种对世界图景的建构与认知扩展开来就形成了解释。第二，人不是生活在真空里的，在人类开始思考之前，他已经生活于这个世界之中，也就是说对事物的解释并不是从空白开始的，人的世界观、价值趋向、思维模式、认知方式、审美情趣等就会成为他在理解某个事物之前就拥有的东西。于是人在对事物的尽心体验和认知加工之前就已经有了一个视界（看问题的立场和区域），而这视界会影响认知主体对事物解释的方式、角度和观点，人的前见和先验也由此产生。有前见和先验在，文化交流中话语误读的可能性就在所难免。[3]伽达默尔更明确地把这种前见称为"偏见"，他指出："偏见不一定是不正确的或错误的，并非不可避免地会歪曲真理。事实上，我们存在的历史性包含着从词义上所说的偏见，为我们

1　Harold Bloom: *The Anxiety of Influence: A Theory of Poetry*, New York: Oxford University Press, 1973, p. 7.

2　乐黛云、勒·比雄：《独角兽与龙——在寻找中西文化普遍性中的误读》，北京：北京大学出版社1995年版，第110页。

3　谢华：《跨文化交流中文化误读的合理性与不可避免性》，载《江西社会科学》2006年第1期。

整个经验的能力构造了最初的方向性。偏见就是我们对世界开放的倾向性。"[1]

另外，在跨文化交流中，传输文本中的空隙或者说裂缝天生存在，因为没有一个文本可以涵盖一切事实和真相。这些缝隙在解读者参与创作和进行批判性反思的过程中产生不同的效果，因为差异化的信息和多样化的阐释会从不同角度把它们填满。基于这个原因，一个文本可能有多种意义的延伸，而且没有一种阐释可以穷尽所有的可能性，因为每个单一个体的读者只是从自己的角度去填充这些缝隙，从而排斥其他立场和视角的可能性。而这些被放弃的每一种可能性都是一种合理的诠释，一种别样的解意，因此说，一个文本的意思因人而异。这些缝隙正是作者留给读者的认知空间，作者邀请读者积极参与解读，发挥想象力，构建新文本。[2]如唐朝诗人张继的名诗《枫桥夜泊》："月落乌啼霜满天，江枫渔火对愁眠。姑苏城外寒山寺，夜半钟声到客船。"在国内外竟有四十余种不同的译文，各国译者都在认真体验原作者表达在原诗中的各种意义指向，去填补这短短四句诗的文本中的各种缝隙。如把"乌啼"翻译成"乌鸦的啼叫""乌啼桥"，把"江枫"翻译成"江边的枫树""江村桥与枫桥"，把"渔火"翻译成"渔船上的灯光""打鱼的灯火""打鱼人的灯火"，对"船"与"山"或用拼音，或直译，把"霜满天"译成"下霜"或"地上的霜"，把"客船"译成"慢悠悠的船""旅行者之船""流浪的船"等。在兰盖克的认知识解理论里，这些差异化的解读都凸显了文本阐释的主观性，从定位不同的辖域、选择差异的视角、凸显兴趣的焦点、权衡具体而微的精细度来观察事态和解释场景，呈现了译者们不同的对张继描述的场景和境界体验力和解释力。[3]

从语言学发展的历史上看，人们对语言多义性的理解也使跨文化交流中善意的文本误读成为常态。在对语言的认知过程中，人们的思维发展经历了一个多层面的梳理过程。在现代性的理论框架下，人们将语言当成认识世界的重要工具，认为语言具有忠实可靠性，受到人类的绝对主宰，并认为人们通过语言能再现客观世界。19世纪的浪漫主义思潮则发现，语言再现人类情感时往往词不达意，使

---

1 加达默尔著，夏镇平、宋建平译：《哲学解释学》，上海：上海译文出版社1994年版，第9页。
2 张龙海：《哈罗德·布鲁姆论"误读"》，载《当代外国文学》2010年第2期。
3 王寅：《认知语言学的"体验性概念化"对翻译主客观性的解释力——一项基于古诗〈枫桥夜泊〉40篇英语译文的研究》，载《外国教学与研究》2008年第3期。

人们对语言再现客观世界的能力产生了怀疑。到了20世纪，海德格尔的存在主义指出，在虚无的世界中，语言具有先在性，人类无法摆脱语言系统对思维的束缚，人又从认识世界的主体变成了语言规制下的奴隶。[1]后结构主义从语义习得的角度进一步指出，由于能指和所指之间具有不确定性，所指总是"缺席"或不在场，使得意思在散播的过程中出现延伸、代替，这就使得意义无法确定。也就是说，一个词在语用的过程中不会仅仅只呈现给人们一个稳定的意思，有可能指鹿为马，也可能言此及彼。同理，交流的文本在指向的过程中也无法确定一个稳定而唯一的意义，完全可能被交流者读出多元而不同的价值内涵。因此，语言体系不再是被动地受人支配，从而摆脱了表征工具的束缚，语言也解除了忠实地充当人与世界的互动交流中介的枷锁，不再是一面自然透明之镜，而是意义多样化、指向不确定的哲学之镜。由此推论，文化交流中存在的许多缝隙和盲点，经过人们的善意误读和差异化思考、多样化理解，就有可能会变成真知灼见。[2]

　　总之，在中国与西方的跨文化交流中，有意识形态影响下恶意的话语误读，也有诗学理论上善意的文本误读。如果在异质文化的相互接触中建立了某种确证的、有机的联系，这种文化误读则可能有助于文化创新，尤其是在作为传播媒介的个人或群体有意利用产生文化误读的心理机制和传播体系而达成某种社会效果的前提下。[3]这种变异性误读可以理解为跨文化交流中的背离、叛逆与重塑，是解读者为达到某种主观愿望而对异质文化进行的创造性接受与归化改编。例如，17、18世纪中华传统文化渗入西方时掀起了近代史上的东学西渐的高潮，但西方社会对其的接受与反响则不乏应时发挥甚至曲解之处。这是因为在启蒙运动初期，西方社会的思想和观念体系面临更新和提升，西方学者便把目光投向古老的中国，希冀获得某种重要的思想资源。于是，中国传统文化的人文道德关怀和有序社会建构被借用来作为催化和推动欧洲启蒙运动的一种外来精神力量。在这个借鸡生蛋的价值取向影响下，莱布尼茨、歌德等文化巨匠都提出过中西文化应该互补并共同构建世界文化生态的主张。到了19世纪，中华传统文化中的另一些内

　　1　冯寿农：《文本·语言·主题——寻找批评的途径》，厦门：厦门大学出版社2001年版，第3-4页。
　　2　张龙海：《哈多德·布鲁姆论"误读"》，载《当代外国文学》2010年第2期。
　　3　吴莉苇：《论文化交流中的误读与创造》，载《清华大学学报》（哲学社会科学版）2006年第2期。

容，如道家思想又被特别挑选出来，进入当时西方人的视野之中，并受到西方社会的高度重视与广泛传播。而同样，19世纪末、20世纪初西方文化中已成普遍意识存在的"德先生"与"赛先生"等则被中国知识分子奉为可以点石成金的精神至宝，这是当时中国社会经历了现代工业文明的巨大冲击而看向西方，选择性地寻找国家强盛、独立、富足的实践路径的现实体现。而"法制"由于当时的社会语境下中国文化对其的排挤与剔除，并没进入当时中国的社会改革之中。这说明，跨文化交流中的这些叛逆性创新都是基于自身视界而去发现和梳理他者的，这样，对每一种事物而言，都具有多样化的侧面和潜在的意义价值指向[1]。

美国拍摄的两部中国题材大片《花木兰》和《功夫熊猫》都很突出地体现了中西之间跨文化交流中的这种创造性误读。如《花木兰》中突出了木兰强烈的自主意识和实现其人生价值的渴望，中国的忠孝观念和集体意识则被淡化与省略了。有别于中国历史上的民族价值认知，美国人将木兰设定为一心建功立业、为国家奋战的巾帼英雄形象，这符合全球文化体系中追求光荣与梦想的价值取向。在编剧的妙笔圈定下，木兰不仅仅是为了孝顺父亲而女扮男装从军的中国传统妇女，更是一个从有着远大志向、努力报效国家的女英雄。这样，由于中美文化差异，好莱坞的创作者们对中国传统文化的叛逆性误读与选择性改编，达到了多元文化融合增益的效果，实现了文本误读的创新性追求。同样，在《功夫熊猫》中，主角阿宝则是一个披着中国文化外衣，但却有着西方思维模式与价值观念的平民英雄。在阿宝的自我意识中人人都是平等的，每个人都有机会通过自身的努力实现自己的梦想。他的形象虽包含了浓浓的中国传统元素，但其周身却发散出一个充满幽默、满怀梦想的美国青年的韵味，清楚呈现了西方中心主义视阈下的个人英雄主义图景。阿宝的成长是对美国文化、美国精神的一种投影，它描摹了美国人崇尚自由、追求个性解放与个人英雄主义的人生理想与思维路径[2]。

综上论述，话语误读是跨文化交流中不可避免的一种社会现象，也是异质文化之间相互理解、相互接触的一种方式。话语误读中的恶意、善意、创造性叛逆等因素与效用不必过分夸大，我们应该从文化全球化和多元化共生的视角去看待

1　谢华：《跨文化交流中文化误读的合理性与不可避免性》，载《江西社会科学》2006年第1期。

2　华静：《文化差异、文化误读与误读的创造性价值——兼析动画片〈花木兰〉与〈功夫熊猫〉的中美文化差异与误读现象》，载《兰州学刊》2010年第1期。

这种貌似悖谬现象的存在与合理性。诚如有的学者所言："文化相对主义并不回避具有建设意义的文化'误读'，但是这种误读的文化变异形式又要与文化的误解区分开来。"[1]我们应该在平衡这两种文化现象关系的过程中，试着去找出跨文化交流中平和、公正、中道、自然的途径与向度。

1　彭修银、刘悦笛：《文化相对主义与东方美学建构》，载《天津社会科学》1999年第5期。

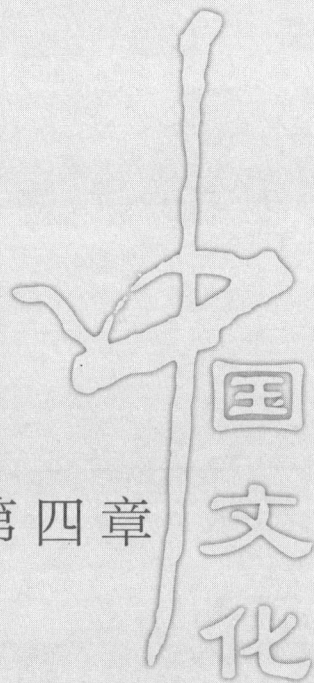

第四章

中国文化
走出去与国家形象重塑

第一节　从他者形象到自我形象认知

在全球化背景下，由于文化的符号指向和外溢性质，其代表的国家形象一直是学术研究的热点与焦点。特别是在跨文化交流的行为实践中，文化的冲突与融汇滋生出自我与他者的辩证转换与深层考量，成为各种关系、力量、资源的角逐与争夺中不可回避的理论场域和主题空间。

形象学作为比较文学的一个学科分支，以一国文学文本中所塑造和描述的"异国形象"作为研究对象，借鉴美学、符号学、哲学的相关理论，形成了独具特色的体系领域，取得了丰富的学术成果。基于形象学的视角，巴柔提出，当代形象学研究的基本原则和探索核心就是对他者形象的认知与把握。他认为，一切形象都来自人们对自我与他者、本土与异域关系的主体认知与想象编织，形象就是对两类文化的现实存在之间的差距所做的文学或非文学的，且能说明符指关系的表述与题解。[1]而所谓的"他者"形象在国际关系层面上，则是"在文化全球化的过程中从各种跨区域媒介那里得到的对本我之外的一国认识的总和"[2]。在中国文化走出去的大背景下，如何审视与厘清西方几百年来形成框架定势并强加于中国的"中国形象"，弄清楚他者目光注视下"中国形象"被西方偏执和扭曲的过程，实现自我的主体认知，是中国文化融入世界文化生态的一个重要前提。

萨义德指出，西方将东方"东方化"的过程，本质上是西方用以控制、重建和凌越东方的一种方式。[3]这种凌驾于东方区位之上的姿态决定了西方看东方的

1　孟华：《比较文学形象学》，北京：北京大学出版社2001年版，第65页。

2　P. Brunel, Cl. Pichois, A.-M. Rousseau: *Qu'est-ce que la litérature Comparée?*, Paris: Armand Colins, 1983, p. 23.

3　萨义德著，王宇根译：《东方学》，北京：生活·读书·新知三联书店2007年版，第4页。

视角，即自上而下采取俯视和覆盖的角度。于是，在这样的识解观指引下，东西方的遥远距离成了解读西方注视东方的这种特殊视角为何形成的关键要素。萨义德通过大量阅读、分析、借鉴西方人描写东方的文学文本，得出了这样的结论：西方总是置身于东方之外，所谓近东、中东、远东都是根据遥测东方区域与西方中心的距离而划分的，西方人根据"东方在西方经验和认知中的位置而处理、协调东方"[1]。由此，西方人超然于东方的地理环境之外，将东方包裹在其自我想象和经验认知之内，从而西方可以于文明的天空之中，居高临下地打量和审视化外的东方、野蛮的东方、奇特的东方。这一视角的形成充分揭示了西方对包括中国在内的东方国家的地理殖民本质和文化优越心态。

西方看向中国的目光，是由一种排斥、矮化、疑问的现代工具理性，即萨特所强调的那一种异域的道德架构指向，在发酵、推动。这种蔑视他者的目光，就是一种讶异和偏见的目光，充满了陌生感和好奇心。[2]福柯则在这种目光中发现了知识与权力紧密结合的话语幽径，那就是，规训权力是通过自己的隐形和躲在暗处来实施控制的，同时，它却把一种被迫曝光原则强加给了它注视的对象。他者被强加的可见性和被审视性确保了权力对他者的俯视与控制。在权力无处不在的社会中，这一监视手段被具化为一种幽暗、变异、冷漠和无特征的目光。这一目光的核心聚焦是法律和规制，或者说法律和规制是目光背后的权力运行的主要手段。这一规范和制度的目光注视、检查着每一个人，对社会公众造成一种取向的压迫，即向规范靠近、向制度看齐的压力。[3]西方看向中国的目光正是这种以西方世界的权力与规范为注脚的审视性打量与主观式赋形，在一切以西方为评价标准、一切唯西方马首是瞻的妄自尊大心理的预期下，中国便被异化为西方社会视野中的那个"他者"。

在西方对中国的注视目光中，这种规训的权力可以具象为基督教道德框架和资本主义的繁荣存在，前者是形塑了西方文明的主要精神力量，后者是现代社会物质运行的核心方式。

1　萨义德著，王宇根译：《东方学》，北京：生活·读书·新知三联书店2007年版，第2页。

2　尚杰：《法国当代哲学论纲》，上海：同济大学出版社2008年版，第21页。

3　福柯著，刘北成、杨远婴译：《规训与惩罚：监狱的诞生》，北京：生活·读书·新知三联书店2007年版，第211，240，206页。

基督教道德框架下的目光本身具有强大的侵略性和压迫感，这体现在它的三层属性上：普世价值、理性逻辑和权威指向。普世价值体现了西方文明掌控世界的优越感、使命感，同时掺杂着宗教的狂热与意识形态的偏执；理性逻辑是一种自以为是的、普遍解构的内在精神原则，是基督教神学体系的合法化准则；权威指向即欧洲中心论，以欧洲为人类社会的中心，把自己设定为上帝之约的唯一继承者，扮演着家长和统治者的角色，表现出区位强势，也呈现出一种权力的规范和压迫。资本主义所表现出来的欲望的目光首先聚焦在资本的扩张本质上，即西方对东方包括中国的经济入侵和殖民渗透；其次，具化在对现实规则的制订上，如政治体制上的宪政民主、普世法治的推行、强调保护私有财产、剩余价值与资本的存在等，都是资本主义财富的外在保障和内在诉求。当然，历史上西方之所以向中国投射这样的目光，还有多重因素在背后驱动并产生效应。但是，无论这些影响因子如何变化，其本质都是强迫规范化的，是凌越压迫性的，反映了西方思想同质化复制扩张的思路。这一目光在投映客体的向度中寻找共同点并将之纳入权力体系之中，贬斥差异性，拒之于文明栅栏之外。西方注视中的中国形象就是通过这一目光被塑造的，中国人也在这一目光中被他者化。[1]

　　从历史的立场看，西方社会视阈中的中国形象并不是一开始就被矮化和扭曲的，而是经历了一个被逐渐边缘化和意识形态想象化的过程。自1250年前后，西方历史上曾经建构了一系列文明、理想、牧歌式的中国形象。其典型是西方人书写的"大汗的大陆""大中华帝国""孔夫子的中国"这三种话语，其文本对话在不同结构层面上，从存在形态、体制规设到思想文化，不断赞美和推崇中国，把中国描绘成为西方现代社会期望的文明国度。这种对中国一边倒式的积极性描绘在1750年前后达到顶峰，其后则发生嬗变与转折。自此，中国对西方社会的超越、批判、改造的正面形象开始破灭，以丑化、排斥、贬低等态度和立场构筑中国负面形象的思潮在西方社会中泛起。从英国、法国、德国到俄罗斯、美国，从传教士、哲学家到一般大众，逐渐建构起对中国的恶劣印象，西方丑化中国形象的书写模式从此进入发展进程，而且累积为一种意识形态偏见，一直到21世纪

1　林岩：《全球化中的他者——后冷战时期西方媒体中的中国人研究》，上海：上海外国语大学2012年博士论文，第40-43页。

初，这一发展趋势或主流观点都没有彻底改变。[1]

第一次启蒙运动虽弘扬了人类的理性和科技文明，以进步指称、文明框架、自由核心为言说方式和表达途径确立了现代性的叙事空间，但也在意识形态之镜投射的扭曲波光中织就了中国的他者形象体系。这个体系包含的停滞衰败的中国、东方专制的中国、不开化或半原始的中国形象充塞了西方社会聚焦中国的整体光圈，西方社会正是用这种落后、黑暗、野蛮的定性基模反衬西方的自由进步与民主开放，从而充分展示、全面肯定了西方现代文明。这是西方社会不断进行主体确认和自我巩固的集体无意识。《停滞的帝国》是法兰西学院院士、法国部长佩蕾菲特写的一部书，在西方十分畅销，之后，"停滞的帝国"便成为西方描述中国的典型述语之一。

"中华帝国"的停滞与衰退，作为对立的他者形象为西方现代性的当下完形提供了观照想象，并助力西方社会在两个多世纪间完成了现实型构和自我确证。启蒙思想又为西方现代文明奉献了一个完整的观念世界，在这个精神世界中，西方是进步的化身，中国是落后的代表，在美化与丑化的双向拉锯中西方文明的专制霸权最终合法化并高踞于世界之巅。西方人认为，东方专制主义思想源起于古希腊，主要包含政治体制、经济形式、文化精神三个方面：东方特有的君主暴政，"普天之下莫非王土，率土之滨莫非王臣"的家天下制度得到全面推行；在皇帝的横征暴敛和单中心控制下，整个社会处于贫困与停滞状态；文化精神在东方社会中缺乏生存的土壤，愚昧迷信、幼稚野蛮、奴性顺从弥漫在整个社会生活之中。

文艺复兴之前，西方构建的东方专制主义话语尚未包含中国，而启蒙运动之后，东方专制主义概念在特征上不断明确丰富，在地域上不断扩大蔓延，最终把中国也纳入其批判体系中，使其成为西方进步与自由的差异他者和对立镜像。中国的不开化形象生成于启蒙运动后期，由各种具体的反文明东方性特征构成，与非人道、残暴、兽性、堕落、麻木等词汇联系在一起，形容中国的制度习俗与民族天性。诸如吸食鸦片、人口众多、安于现状、女人缠足、环境肮脏等描述，反复出现在西方社会不同类型的叙事文本中，构成文明与野蛮的二元对立。在这种

---

[1] 周宁：《跨文化形象学的观念与方法——以西方的中国形象研究为例》，载《东南学术》2011年第5期。

二元对立中，文明话语与政治权力合谋，形成思想霸权或殖民模式，为西方现代性自我认同提供了意义指向，尤其是为西方现代殖民与帝国主义扩张提供了权力的合法性路径和其话语的想象核心。[1]

众多传教士、商人、学者等传播主体从不同的角度著书立说，共同完成对中国人低劣形象的编织与建构，并固化了西方关于中国的他者形象。英国小说家笛福借其小说主人公鲁滨孙之口大肆诋毁中国人："他们似乎是一个低劣的群体，或者说一群无知而肮脏的底层苦力，从属于一个同样麻木和停滞的政府。"[2]曾来过中国的毛姆在其依据想象创作的大量文学作品中刻画了充满他者意味的中国人形象：处事圆滑、性格残忍、好说谎、不可信任。[3]英国现代作家康拉德的小说主题多与殖民主义相关，他在《台风》中塑造了带有歧视东方思想的中国普通民众被物化的附属品形象。[4]在西方作家中值得关注的是赛珍珠，她在其小说或非小说中尽管一直都在追求异质文化之间的和平共处、互相交流、思想沟通以及文化融合，提倡文明的共荣与发展，但她的作品仍然堕入了她所反对的西方文化精英论的怪圈。她笔下的理想主义边缘人形象都有这样的生活愿景，即希望有一天能脱胎换骨完全放弃中国文化，从而变成现代文明匡护下的美国人。[5]赛珍珠小说中的《大地》最有影响力，美国政治家哈罗德·伊罗生认为她为整个西方社会勾画了原本面目不清的中国民众的清晰影像。[6]在西方社会有巨大影响的中国人文学形象还有傅满洲，这个由英国通俗小说家萨克斯·罗默虚构出来的狡诈残忍、虚伪堕落的东方犯罪集团首领使西方人单向设定中的中国人形象达到邪恶的"巅峰"。[7]总体来说，这些作者们的目光是相似的，具有一种由先验构成的、被西方文明赋予的集体无意识。在这种视角下，中国人的负面性格被拼凑起来，

1　周宁：《西方启蒙大叙事中的"中国"》，载《天津社会科学》2008年第6期。

2　雷蒙·道森著，常绍民、明毅译：《中国变色龙》，北京：时事出版社1999年版，第44页。

3　吴超平：《毛姆笔下的中国人》，载《世界文化》2009年第11期。

4　王世文、于立华：《从康拉德笔下的中国人形象看他的种族歧视观》，载《船山学刊》2005年第2期。

5　姚君伟：《近年中国赛珍珠研究回眸》，载《中国比较文学》2001年第4期。

6　伊萨克斯著，于殿利、陆日宇译：《美国的中国形象》，北京：时事出版社1999年版，第153-154页。

7　刘艳：《傅满洲——西方社会妖魔化中国的形象巅峰》，载《淮海工学院学报》（社会科学版）2004年第2期；李贵苍：《揭露"傅满洲医生"》，载《文艺与争鸣》2009年第1期。

组合成为具有腐化堕落倾向的邪恶与品质败坏的异教徒幻影，这是西方以基督教道德框架为话语之镜照射并想象中国的必然结果。[1]

"自我"一直是心理学研究的重要对象，其涉及的主题范围广泛，包括人格心理、成长过程、记忆表征、社会交往、文化机制等方面。"自我"并不局限于有意识的自我，也不同于自我感觉和人格的自我。在具身认知的理论视角下，美国心理学家威廉·詹姆斯描述了自我知觉的二元性：关于自身的信念、看法和活跃的信息处理主体，分别构成了"宾我"和"主我"两个维度，这两个层面的统一就是自我知觉。从行动中的自我来看，自我与外界是交互作用的，即与自我相关的觉知与情感会规制人们对环境的判断、解释与感悟，社会交往引起的外界反馈也会反过来促进自我型构与定格。基于生命特征的自我哲学思考和实证性的自我认知研究，都在这一点上达成共识，即自我与世界之间存在独特的相互影响和渗透作用。[2]

在"自我"的内视研究进路中，马库斯的理论可谓独树一帜，其贡献不容小觑。与其他社会心理学家不同的是，马库斯强调了"自我"应首先被看作一种认知结构或图式。她提出了自我图式的概念，即个体对其历史记忆和过去体验的自我认知类化，这种类化能够组织和引导个体在社会实践中与自我有关的信息加工过程。也就是说，当个体试图组织、概括或解释他在特定领域的行为时，就产生了个体关于自我的认知思维结构，这种认知思维结构就是自我图式。自我图式既包括个体和周围他人对个体行为反复分类和随后评价而形成的一般表征，也包括对与本我有关的特定事件和社会情境的认知表征。自我图式一旦建立，就会发挥选择机制的作用，影响到与自我有关的信息输入与输出，这包括自我是否关注和如何建构信息（编码）、信息的重要性程度（凸显）以及随后对信息的处理（释码、解码）。当作为本我的个体积累了某种类型的反复经验之后，他们的自我图式就会逐渐阻止与自己认知不一致的内容或情感不相容的信息。可以认为，自我图式很大程度上决定了人们的社会行为趋同性，二者的一致性代表了本我反复遵循的行为模式，有利于人们在接收到的信息不足时做出合理推论或者快速简化并

1　林岩：《全球化中的他者——后冷战时期西方媒体中的中国人研究》，上海：上海外国语大学2012年博士论文，第57-58页。

2　谭千保、汪群、丁道群：《具身框架下的自我研究》，载《心理学探新》2014年第2期。

解释复杂的事件序列。[1]

在跨文化研究中，具身认知的自我知觉理论和马库斯的自我图式说可以用来解读西方把中国当成他者建构的进程和中国"自觉接受"这一他者形象的伪命题。一方面，强大的西方世界与现代文明塑造了一个不断贬损、压制和矮化中国的环境与场域，在这种场域和环境的持续作用下中国被纳入西方所规训的文明与道德框架之内，并服从于这种思想规训和行为秩序；另一方面，西方通过所谓民主与自由、科学与理性等思想的设置与输出，主导了中国有关本我的信息加工过程。其后，中国在西方掌控的信息加工流水线上生产出了自己的自我图式，"自觉"地被归类到他者或异文明的范畴。西方社会建构的东方主义模板则通过反复对中国社会施加影响、改变主体思维方式等手段，使东方化的自我图式不断强化并固定下来，成为中国人甘心顺服与自觉遵从的价值标杆和行为模式。西方建构的中国形象也深深影响到印度、日本等亚洲邻国，在东方主义的规训下这些国家对中国的形塑都是在他者化的视角下进行的，实际上，它们也与作为其他者的中国共同成为西方的他者。这些国家对中国他者形象进行自我确证的参照体系，也都是模仿西方社会设立的。因此，沿着这条逻辑进路，西方构筑了一个足以包围和隔绝中国，并使中国耽乐于其中的话语体系与舆论环境，这就是自我东方化的思想框架及其理论表述对中国他者形象的形塑与固化。

在全球性语境下，西方人规划的世界版图和秩序在政治、经济、文化等各个领域同时向非西方国家推进和蔓延，深陷现代性神话诱惑之中的亚洲国家，在被迫接受西方殖民主义话语以及帝国主义政治、经济秩序之后，在文化上也相继主动接受了西方文明的现代世界观念与制度设计，完成了自我归顺与甘心依附的最后定格。东方主义成为西方现代性认同和非西方世界他者自我标签化共同认可和践行的方式。[2]正如德里克指出的那样，在东方主义话语和规训生产出来并长期保持恒定与不断强化的过程中，东方人"并不是作为一个欧洲话语的保持缄默的

1　郭本禹、修巧艳：《马库斯的自我社会认知论》，载《西南大学学报》（人文社会科学版）2007年第1期。

2　周宁：《跨文化形象学的"东方化"问题》，载《福建论坛》（人文社会科学版）2009年第4期。

旁观者或被引导者，而是作为相当活跃的、主动积极的参与者和配合者"[1]。而正是这种文明悖论的里应外合、驱动者与被驱动者的默契互动，造成了中国及其他东方国家陷入以西方人文科学为镜判定自身合法化和立足东方自我确证合法化的精神漩涡与思想迷局。

在这样的向度下，西方现代世界理念成为中国走向近代以至走上现代化道路的合法化依据，也就是说，中国社会必须首先认同西方现代世界理念才能认同身处这一时代的自我。这样，在现代化历程中，中国不仅进入了一个以西方为中心的政治、经济的世界性格局，也进入了一个在文化观念上向西方看齐的全球体系，同时也确证了自身在这一制度中的他者化地位。东方的停滞落后、专制愚昧、野蛮残酷是自我东方化的初始逻辑，这个自残而后归顺的判定底线，使得中国等亚洲国家注定要在自我消解和主体否决的前提下加入"文明社会"的队列。亚洲国家的现代化愿景越迫切，这个东方化的自我批判路径就越合法，等待"文明化"的自我压力和外部危机就越凸显。日本的"脱亚入欧"是一种自我认知的去东方化道路，它既背离了自己源于东方的身份立场，也拒绝了西方的观念同质化与文化归属感，摇摆中的第三条道路便走向一种不中不西、不土不洋的杂交文化模式。中国不可能走这样的道路，而只能做出另外一种选择，那就是与西方文明平等对视，重新发掘和再造东方文明的传统价值与精神内涵，在整合走出去和引进来的中西文明共同诉求的基础上，与两难尴尬、去意彷徨中的现代西方文明联手谱写人类文明共同命运的交响乐章，以此来彻底摆脱中国文化主体在自我东方化过程中被迫认同的低劣的他者地位。[2]

因此，中国文化的重建问题，即中国传统的基本价值与核心观念在西方现代性的语境中如何调整与转化，并寻求与西方文化平等对话，共同谋划世界格局，才是当今中国文化自我认知的中心问题。

余英时认为："今天中国所谓文化重建决不仅仅是旧传统的'复兴'问题。近代中国虽屡经战乱，但并没有遭到中古欧洲被'蛮人'征服的命运，在文化上更没有进入任何'黑暗'时代。'文艺复兴'（Renaissance）在中国的出现是既

无必要也不可能的。许多人所深为慨叹的中国传统文化的衰落其实乃是在西方文化冲击下的蜕变历程。用我们今天的眼光来回顾，这个历程中诚不免充满着非理性的盲动。……如果我们所期待的文化重建无可避免地要包含着新的内容，那么西方的价值与观念势将在其中扮演重要的角色。事实上，由于近百余年来各种西方的价值与观念一直不断地在侵蚀着中国，中国文化早已不能保持它的本来面目了。现在的问题只是我们怎样能通过自觉的努力以导使文化变迁朝着最合理的方向发展而已。"[1]余英时的观点实际上指出了自我认知视角下中国文化走出他者怪圈、寻求与西方平等对话的两个维度：一是吸收西方各种学说，参与全球文化秩序重建；二是要梳理、发掘中华传统文化精髓并将之推向世界。

张旭东则对此做出了更为具体明确的阐述。他认为，考问中国文化如何在当代西方各种强势文化的影响下进行自我定位和自我形塑，参与世界文化和历史的建构，应坚持"穿越西方，回到传统"这条主线。"穿越西方"即对现有的西方既成学术框架进行批判性反思，认清西学研究在中国当代文化意识体系中的重要地位，参与到西方文化的讨论当中去，参与到当代重大问题和现象的分析厘清和积极发声当中去，包容对手、包容他者，在与"异质"和"流变"的纠缠中不断地把"大同"和"恒定"生产出来；"回到传统"即是要思考如何在当今世界里为"中国身份"找到理论和哲学上的意义，认识到当今世界上发生的事件和存在的问题、现象是我们自己曾经演绎、已经经历和正在型构的历史文明、当代文明和现代性经验的组成部分，要正确把握自己的过去和现在，设计自己的未来。也就是说，自我认知视角下的文化重建的第一步就是忠实、客观地研究西方文化及其思想体系，并在此基础上进行批判性反思。唯有经历了这样的过程才能继承民族的精神传统与恒久遗产，才有可能进一步与中国文化记忆嫁接和融合，才会"重建自身历史的连续性，同时重建讨论自身历史的知识和价值框架的连续性"，只有这样，中国现代性历史经验的正面的、积极的、建设性的和创造性的价值才可能被当代学者发掘出来并广泛应用于世界范围内的人类知识实践。[2]

1　何俊：《余英时学术思想文选》，上海：上海古籍出版社2010年版，第261页。
2　张旭东：《文化政治与中国道路》，上海：上海人民出版社2015年版，第217页。

第二节　全球化语境下的文化身份认同

身份与认同是中国被西方塑造为他者，并受到贬损、压制和排异的核心术语与关键概念。东方文化作为西方社会精心设计、单方树立的他者镜像，一直以来是处于低劣、野蛮、半开化或未开化、停滞、僵化的对立叙事之中，这既固化、强调了东方文化的被殖民、被开化的地位，又在无形之中反证了基督教文化的合法性、权威性和正义性。追根溯源，对中国文化身份的不认同是这种霸权思维和救世话语能够成为东方的规训并使中国"自愿"接受的根本原因。

文化研究中的"身份"与"认同"这两个概念在英文里是同一个词语，都是identity，在哲学体系里还有"原初共体"的意思。虽然这几层意思在不同的学科领域和语境下广泛使用，但在文化研究中，identity这个词具有两层基本含义：一方面，是指某个个体或群体据以确认自己在特定的社会里的阶层，并与他人或他群体进行区隔的，某些明确的、具有显著特征的依据或尺度，如性别、地位、种族等。在这个维度上，用"身份"来进行表述可能更贴切，即雷蒙·威廉斯所表述的"情感结构"、爱德华·萨义德所指称的"感觉与参照的体系"。另一方面，当某个个体或群体试图在更大的共同体中追寻、确认自己在文化上的"独特品质"时，identity可以叫作"认同"。从词性上看，"身份"应当是名词，是依据某种标准和观照对象来确定个体或群体的某些共同特征与划分标志。"认同"具有动词性质，在多数情况下指一种寻求他文化"批准""首肯""认可"的行为。当然，这两种含义又是密切相关的，有时候很难截然分开，也可以说它们的基本内涵都与"原初共体"有关，即都指向某种事物原本固有的特质、本质等，但是，如果用动态的眼光来看，"身份"与"认同"又与寻求并确认共同特征、同一本质的途径、方法、过程密切相关。[1]从哲学层面上讲，恒定与流变这对反映了学术理念基本辩证关系的概念，就能够很好地诠释"身份"与"认同"的区别与联系。恒定就是继承，就是保留，就是对历史的传承与对传统的记忆；流变就是发展，就是超越，就是不断地融合和变化。

随着全球化进程的不断深入，世界经济格局与资本市场逐渐扩展蔓延，各种

1　阎嘉：《文学研究中的文化身份与文化认同问题》，载《江西社会科学》2006年第9期。

政治、文化的交流也十分频繁，加剧了人口在广大时空范围内的流动与迁徙。全球化是资本主义生产体系在新的历史条件和技术条件下所做出的更深层面的资本、市场、资源、技术调配，这个进程必然带有很强的倾向性和选择性，势必引起连锁性的区域差异和发展不平衡等问题。当然，其世界性效果也包括在民族国家内部，按照国际分工的需要生产出不同于以往任何一个时代的社会秩序和观念形态。[1]简言之，这种全球化的语境是当代文化身份与认同研究必须要根植和依托的基础背景，在通晓性和解释力方面，全球化已取代了后现代性成为大家更乐于使用的学术术语。[2]在这种理论预设和实践前提下，所有这些跨越疆域、国家、民族、地区的流动、移居、放逐和迁徙，形成了20世纪以来独特的、全球性的"散居杂处"现象，并由此带来了空前突出的文化身份和族群认同危机，从而也使跨文化研究成为聚集了众多矛盾、纷争和复杂关系的前沿学术领域。这个领域中的一个普遍现象是，分布在世界各地的外来聚居者们从自己的祖国出发流散到国外各异质文明地区后，如何在孤寂和隔膜的生活环境中依然保持对祖国的记忆、情感或想象，如何在陌生、区隔的文化语境中保持自己的民族意识和宗教传统，如何与所在地区的文化交融并产生出新的生活习惯，这些都是今天的跨文化身份焦虑与认同危机研究必须回答的重要问题。[3]

这种文化迁移和流变的发展格局与态势导致了不同民族、国家的认知主体如何理解文化的问题。文化本质上是一种自内而外的价值体系建构和思想空间共享，在其范畴概念的逻辑意义上，文化是内倾的。因此，文化在本质层面上包含了一个国家或民族原初层面的构成元素，从而文化概念的起源本身就包含了种族主义的因子。这就是为什么具有优秀人文传统、位于欧洲地理中心的德国社会会出现纳粹主义这样的极端思潮的原因；而在南非上演的种族歧视、阶层对立大戏的背后是文化的区隔在起作用。文化是"先验""当下""后在"之间的精神纽带，然而，文化的内倾性特征却很容易带给人"先验"的理论假设。因而，文化

1 张旭东：《全球化时代的文化认同：西方普遍主义话语的历史批判》，北京：北京大学出版社2006年版，第1页。
2 Simon During: *Cultural Studies: A Critical Introduction*, London and New York: Routledge, 2005, p. 81.
3 阎嘉：《文学研究中的文化身份与文化认同问题》，载《江西社会科学》2006年第9期。

的内聚焦意象可以使文化成为传统价值的资源，故此文化最容易成为种族主义者、民族分裂主义者、国际恐怖主义者、独裁政权、法西斯主义、威权体制等形形色色的利益集团，为推行自身的言语行为方式和抵御一些精神理念寻求合法性的借口；它也可以被各种各样的激进或保守主义人士多样化诠释而用来支持自身的内在性诉求。[1]人类学家施耐德就批判了文化的这种随器赋形的特质，他指出，文化就像一项帽子，谁都可以拿来戴在头上。[2]施耐德对文化本质的理解虽然过于偏激和悲观，但文化的本质主义内涵确乎有可能被利益集团利用，并以此作为霸权话语和殖民理论大行其道的制度依凭与合法化进路。

当然，文化也具有相对主义的意义指向，它同时也是一种后天教化养成的素质，这就超越了种族主义生物差异性的话语框架，提供了一种理解不同人类群体的文化多元化的向度。文化相对主义主张，人们不能坚持用自己的价值观念来评判不同的文化，任何文化都有其自身独立的存在意义。这样的思想对消除异质文化之间的敌视与区隔具有积极意义，但绝对的文化相对主义立场也是非理性的和简单想象的，它会导致一种极端虚无的追求，即认为不同本质的文化各有其存在价值和发展空间，真正的文化他者是不存在的，也是不需要理解和关注的。此外，对不同文化的解释实际上是研究者立足于自身视角对所审视对象的解读，其意义如同在进行翻译的转换。人类学者和其他文化研究者存在的意义就在于把自己对他文化的理解和诠释传达给自己所属文化群体的人听。[3]这就赋予了跨文化传播主体一种重要的角色担当，从某种意义上说，也是翻译的一种关键职责，即这种转换、题解、诠释不仅仅是语言的翻译，还是不同文化之间的会意与沟通，它要求传播主体尽力避免恶意的误读和进行创造性误读。

文化本质主义的极端阐释塑造了对立的文化他者并对之进行贬损、压制甚至妖魔化，这就极其容易引起一种过激的民族主义反馈与回应。西方文化骨子里传承的基督教道德传统的优越感成了西方人二分世界的思想根源，其保守不变的意

---

1 范可：《全球化语境中的文化认同与文化自觉》，载何成洲：《跨学科视野下的文化身份认同：批评与探索》，北京：北京大学出版社2011年版，第232页。

2 R. Handler: *Schneider on Schneider: The Conversion of the Jews and Other Anthropological Stories by David Schneider, as Told to Richard Handler*, Durham, N.C.: Duke University Press, 1995, p. 82.

3 范可：《全球化语境下的文化认同与文化自觉》，载何成洲：《跨学科视野下的文化身份认同：批评与探索》，北京：北京大学出版社2011年版，第231页。

识形态则具化为他们判定事物的标准。只要是被他们看作他者和异端的国家，这个国家的一切，无论是政治、经济、军事还是文化都被当成邪恶的对立者而被其大肆抨击和彻底丑化。一位美国宗教家说的话就具有这方面的代表性："这个国家是由逃脱宗教迫害的人建立的，这些人相信美国肩负着特殊的使命——在正义和公平方面成为指引世界其他地区的灯塔。"[1]在这种贡高我慢的本体价值指导下，西方社会把中国历史文化作为低等的参照物进行比较，并进而发展为对中国当代文化和现行政体的攻击。有学者把西方对中国的这种偏见根源称为"民主原罪"，即由于中国不是西方式民主选举体制下的国家，在这样的"原罪"套路框架中，中国的一举一动都处在西方道德之镜的监视之下并被具化为丑恶和粗劣的低位文明形象。美国政治家在贬损中国、赞美自己的基本价值时说得尤其露骨：

> 我们崇尚宗教自由，不能因中国缺乏言论、宗教、集会和新闻的基本人权而保持沉默，假如我们不发出声音，我们就背叛了我们自己的传统……美国这种基于不言自明的真理和上帝赋予的权利的体制，追根溯源，最终始于有历史记载的圣经中描述的上帝授予摩西的法律。[2]

亨廷顿为美国这种以上帝子民自居的傲慢文化心态和以意识形态为评判标准的简单化臆想逻辑作了理论上的注脚和内容的扩展，他依然强调文化差异是文明冲突的根源，但他更进一步认为当前美国应当学会根据不同的利益来区分朋友与对手，即与美国利益完全一致者、战略合作伙伴、相互竞争者、激烈对抗者以及有你无我的死敌。他把美国同这五类国家的交往方式定为：生死相依、伺机结盟、混合关系、寻求磋商、你死我活。在具体实践上，他认为美国应利用这一契机促使西方国家更加紧密地团结、依存在一起，并设法了解非西方社会的世界观和价值观。[3]

1　路透社1997年5月6日电。转引自新华社新闻研究所：《新华社新闻论文选萃》，北京：新华出版社2000年版，第222页。

2　金里奇：1997年4月9日在北京外交学院的讲话，载美国驻华大使馆新闻文化处：《外交政策背景材料》1997年第18期。

3　Robert Kaplan: "Looking the World in the Eye", *The Atlantic Monthly*, 2001, Vol. 12, No. 5, pp. 68-82.

以上这些言论无疑是文化本质主义视角下种族情结的发酵与叙事表达,自然
会引起一部分中国知识分子的民族主义回应。有学者尝试以新闻传播的表现方式
为研究方法,对美国新闻界妖魔化中国的历史渊源、现行做法、设计标的等作了
细致的列举与梳理,总结了美国新闻界妖魔化中国的16种手法,即以思想和道德
警察自居、以美国式的人权为世界标准、把中国当成对立面来塑造、以好莱坞模
式把中国简单化、栽赃陷害、强化印象制造思维定式、突出情绪化色彩、编造谎
言、大量使用诱导性和暗示性语言、严格控制不同观点文章发表、有意忽视或根
本不去报道有利于建构中国的正面形象的相关新闻、推行政治有偿新闻、模糊新
闻来源、讽刺挖苦、以背景误导舆论、双重标准评判。[1]这实际上是对以美国为
首的西方社会以救世主自居去干涉和指责非西方文化和政权的霸权思维和文化逻
辑的过激反应和刚性回击。说其过激是因为这种反应是民族主义情感式的,是从
一个极端走向了另一个极端,而不是国际视野下的理性叙事,也不是系统而持中
的学术立场和逻辑推论。它只是在表征上回击了美国和西方社会俯视天下、以基
督教文化为普世精神的自我想象和政治野心,而没有在一种全面、深刻、客观、
包容的价值框架下去审视文化他者产生的原因、机制及其改变方法,缺乏普遍性
和决定性的思维指向和解决人类共同问题的精神智慧主导。我们认为,要打破这
种妖魔化中国的藩篱,仅靠民族情感和国家意志的刚性反击是不够的,还要在文
化全球化的语境中进行理论辨析、观念磨合、价值激荡、扬沙存金,去伪留真,
以取得各民族文化之间的相互包容、相互理解、相互依存,实现多元文化的平等
互视、和平交流与涵化创新。

文化相对主义的视野重聚是与文明冲突论完全不同的解决方案,它强调的不
是任何形式的单边主义,不是哪一种文明优越的偏执,而是对差异的包容和一种
平和的多元主义的思维立场。这种美国人类学家独创的文化理念在一些中国学者
身上也得到了体现。中国传统文化在处理人与人之间的关系时强调的求同存异就
是建立在对他者的理解和容忍的基础之上的,"君子和而不同"的古训概括了儒
家包容天下、教化敦睦的非本质主义文化观念,在思想上也与文化相对主义善意
直面纷繁复杂的世界精神现象的基本出发点相吻合。在儒家的理念里,人的本质
都是一样的,尽管每个人的出身、家庭、教育背景各不相同,观念、文化差异必

1 李希光:《再论"妖魔化中国"》,载《国际新闻界》1997年第5期。

然存在，但只要将心比心、设身处地、命运与共，也是可以达到友好相处、相互理解、彼此增益的。因此，消除相互间的猜忌是理性交往的第一步，有了理解便可以做到宽容和欣赏他人，便可以做到互相支持、共同发展，这才是人作为"关系中的自我"与他人相互依存、实现世界大同所应当秉持的基本态度和坚守的人生坐标。[1]

后殖民主义学者也关注文化全球化背景下的身份建构问题，"旅行"与"杂糅"代表了其有关身份建构的两个重要概念。理论旅行是萨义德的首创观点，他将理论旅行描述成"相似的人和批评流派、观念和理论从这个人到那个人、从一种情境向另一种情境、从此时向彼时旅行"[2]。与此相联系，从解构主义的角度出发，霍米·巴巴完善了文化杂糅的思想，他认为不同民族的文化无论优劣、高低总是呈现出一种杂糅形态，特别是在信息化、网络化的时代，文化交流如此迅捷和频繁，各种文化之间的混合、渗透及由此引起的广泛而深刻的形变，使得民族文化要维持一种封闭状态，并保持其鲜明独特的本质已不可能。由此，文化旅行导致文化杂糅，二者共同导致身份建构的复合性、杂交性和搅拌性。[3]

文化杂糅理论真实地反映了文化全球化背景下不同国家人们的离散、混杂、融合、创新的状态，它起到了打乱各种文化身份，缩小异质文化差距，挑战族群、民族和阶层区隔，消除文化中心主义和强权话语的作用。它强调了一种世界主义的平等性，具化了不同立场的、更严肃的和广泛包容的学术逻辑，这些理由不仅打破了政治和文化实体的界限，还消解了社会阶层和族群区隔的对立，激发了新的想象场域和价值嬗变。如有的学者认为，杂糅可能是一种第三空间，这个空间定位在不同社会之间，乃至现实与想象之间，在这个中间地带虚拟的、非物化的资源可能拥有与真实的具象存在一样的基础性和合法性。[4]文化杂糅理论摆脱了身份建构中自我与他者的互怼关系，提出了消解这种二元矛盾的另一种进

1　费孝通：《反思·对话·文化自觉》，载《北京大学学报》（哲学社会科学版）1997年第3期。

2　萨义德著，谢波、韩刚等译：《萨义德自选集》，北京：中国社会科学出版社1999年版，第138页。

3　王富：《理论旅行、文化杂糅与西方文论中国化》，载《社会科学家》2005年第6期。

4　Edward W. Soja: *Thirdspace: Journeys to Los Angles and Other Real-and-Imagined Places*, Cambridge, MA: Blackwell Publishers, 1996, p. 8.

路，即一种你中有我、我中有你的混杂。这有助于文化自我至上论走下神坛，从此，文化的共同参与者可以用一种多元主义的思维方式平视彼此，从而有效地反对文化本质主义和西方霸权话语的蔓延。

但是，文化杂糅理论也有其先天的不足与预设的泛化，它以混合交融的名义模糊了不同差异之间的显著区别，而且所谓混杂只是源于后殖民学者的一个理论假设和自我想象，它从学术进路上搁置了争议，但并没有从根本上解决文化之间不平等的问题。艾贾兹·阿赫默德认为："文化杂糅这一概念如此空洞，以至用一个偶然性假设替代了所有的历史存在，完全丧失了个体的特征意识，它凸显了某种永恒的、普世的、当下的超现实性，强调了虚无的变化和空间的扩展，否认一切持久的结构性稳定，其结果是把事态变得更为复杂和模糊，而且堕入完全的自我指涉和想象建构之中。"[1]确乎，文化杂糅理论植根于一种完全平等性的理想化假设，又没有设定一个清晰而明定的学术内涵，它的严谨性和重要性缺乏一种现实主义的合法化逻辑基础。文化杂糅理论在去西方中心、去霸权思维的同时，也忽略了各民族文化发展的不均衡导致的文化主体的不对等性和环境的互动反馈差异，这种漠视区别的混杂有可能不仅不能消除文化本质主义，还会继续让弱势文化陷入失语甚至消亡的无效书写与苍白叙事。

由于文化他者的存在，认同成为他者永恒追求的目标。其实，从语义逻辑上讲，寻求认同本身就是一种悖谬，因为认同尽管是他者追求归属感和家园意识的重要支点，但建构认同其实就是意味着区隔或排斥他者。[2]这是一个硬币的两个表面，露出一面实际上就遮蔽了另一面，二者是不可能同时出现在同一时空的。故而，这种以认同、共享为核心的文化诠释就意味着构筑一个利益群体，就意味着在与其他民族的相处中划下一道文化的禁忌和思想的界线，也就是设定了把自己和盟友视为主体和自我、把对手和异端视为他者的前提立场。有学者已提出这样的问题，在全球化愈演愈烈和社会日趋多元化的今天，认同的积极意义何在？认同的张扬是否有助于世界的和谐？既然认同的目标是划分敌人和盟友，是区隔

1　艾贾兹·阿赫默德：《文学后殖民性的政治》，载罗钢、刘象愚：《后殖民主义文化理论》，北京：中国社会科学出版社，1999年版，第272页。
2　Steve Sangren: "Anthropology of Anthropology? Further Reflections on Reflexivity", *Anthropology Today*, 2010, Vol. 23, No. 4.

自我与他者，认同难道不是分裂？[1]行文至此，不排除这样的可能，身份认同这种诉求或许已成为形而上的一种非理性悖论：本意是形成共享、寻求和谐相处的积极进路，其结果却造成了更多、更严重的分裂与对立。阿萨德就曾指出，建构中的欧洲一体化认同就是通过对穆斯林的拒斥与隔离来体现的。[2]故此，在一些学者眼中，文化认同是一个值得怀疑的概念。马克斯·韦伯的著述就只突出了文化身份这个概念，而没有使用文化认同这个术语。他认为身份可以通过人们有意识地以各种外在的组织形式与文化符号来显示，以此形成社区和集团。[3]西方学者关于身份与认同的多样化阐释为中国文化走出去的实践进路和理论研究提供了学理体系的互动参考和复杂层面的深刻观想。

　　面对西方社会价值观全球化扩张的现状，非西方国家产生了一种现实的文化焦虑情绪。这种焦虑缘起于西方强势文化全球输出的文化差，也来源于本民族文化与西方强势文化碰撞产生的危机感。中国学者对文化全球化与本土化、文化的民族性与时代性、文化的共性与个性、文化的多元化与一元化等问题也进行了反复的争论与拉锯，从"民族文化至上理念"到"全盘西化论"到"折中调和主义"，大家最为认同的实际上是在逻辑关系上相对合理的"折中调和主义"，它实现了对差异的包容和对糟粕的扬弃，是理论上未来文化发展的最可行之路，实际上它内含的也是我们前述的"穿越西方、回到传统"的文化逻辑与思维架构。在这个视角的指导下，文化的融合与对话已成为未来跨文化交流的理想向度，这种平等的互视已经在全球范围内产生了诸多共识。诚如学者郭宏安所说："一个民族要认识自己，就要走出自己的墙，从外面看。一个民族要认识别个民族，就要走进别人的墙，从里面看。其实认识自己和认识别人是同时的。"[4]中国文化要单方面寻求他文化的认同，这本身就是一个自相矛盾的吊诡，也是不现实和自我假定的。只有具备了自己鲜明的文化特质，有了对自我背景的清醒认识，才能

1　范可：《全球化语境中的文化认同与文化自觉》，载何成洲：《跨学科视野下的文化身份认同：批评与探索》，北京：北京大学出版社2011年版，第236页。

2　Tatal Asad: "Muslims and European Identity: Can Europe Represent Islam?", in H. Elizabeth, B. Street ed.: *Cultural Encounters: Representing "Otherness"*, London and New York: Routledge, pp.11-28.

3　Max Weber: *From Max Weber: Essays in Sociology*, New York: Oxford University Press, 1973, pp.186-188.

4　郭宏安：《雪落在莱蒙湖上》，北京：作家出版社1998年版，第220页。

构成文化多元化的基础，也才拥有和他义化进行交流和对话的资本与条件。

综前所述，我们应该得出这样的结论：对任何一种文化发展演进模式的刻意描述都是对他种模式的遮蔽和否定，任何一种模式都有特定的立场、文本的缝隙、叙事的视角和解释的盲点。文化本质主义成立的前提即是对文化的先进与落后、文明与野蛮的划分与框定，它能解释现在强势文化的渗透、输出与弱势文化的被输入现象，却又为种族主义理论和文化帝国主义话语提供了理论养分；文化相对主义肯定了民族文化平等存在的合理性，但又无法清楚地解析现实中的文化偏差和不均衡现象。也许文化演进本身带来的矛盾悖论决定了我们不能仅执一端、不及其余，而是要既承认文化发展中的竞争、淘汰、强者生存的现实，也要赋予文化多元差异共存的合法性。在包容性崛起的过程中，中国必须要摆脱西方强势文化扩展和自身民族文化身份不被认同的文化焦虑状态，保持"穿越西方、回到传统"的良好文化心态，为人类文化的交流融合构筑一个宽容、理性的对话空间，从而实现世界文明的平等互视与共同发展。[1]

第三节　文化自觉观照下的大国形象重塑：
文化分层传播的事实与价值建构

中国文化的域外传播是全球化时代文化涵化的发展趋势和人类历史进程的必然要求。全球化构建了一个世界信息和文化相互碰撞与交流的平台，文化的内在本质对多元与互补的诉求则提供了中国文化走出去参与世界文化大潮的合理动因，故而这种文化的越界、传播、融汇并非仅是国家和民族主体意志的驱动，而是一种在外部环境、内在因素等多种机制共同作用下文化流动的必然导向。

全球化语境下的这种对外传播活动强调文化自身的发展规律对其流向选择的影响，而不是人为主导因素的强行规制，但文化主体的自我觉醒依然是一个重要的考量指标。从源头进行考察，"文化自觉"这一概念主要肇始于费孝通的归纳与总结。他曾在一个讲话中这样阐释"文化自觉"的内涵：文化自觉的视角是小中见大，即从一个民族的文化内视延展到其他民族，甚至全人类共同的文化问

1　任洁：《关于全球化视野下人类文化生存转向的几点反思》，载《理论学刊》
2004年第10期。

题。其基本含义是属于一定文化群体的人对本民族文化有一个清醒的认识，有自知、自觉、自悟，了解本民族文化的源头、形塑、规制、固化的进程，明确其鲜明的特色及未来的发展方向，拥有对本位文化进行转型和改向的自主能力，也能够在新场域、新时空下自我调整、自主创新。[1]

自费孝通提出并解读"文化自觉"这个命题之后，国内很多学者对此进行了深入研讨，使得"文化自觉"成为一个备受关注、广为响应的热点学术话题。这些探讨都与当今全球化的场域和背景密切相关，一方面，任何形态、任何种类的民族文化都有自身生存和传承的内在需求，这导致了文化本质主义旗帜下的霸权话语和中心本位开始受到学者们的怀疑、反思和批判；另一方面，多元文化碰撞、交流、融汇也是世界文明发展进程的必然趋向，对本民族文化的自信、对异质文化的尊重、对多元文化的包容，已成为当下文化自觉的重要内容。简要来讲，这种文化自觉包含以下内容：第一，在全球化的演变进程中，要充分发掘本民族传统文化对现代社会有重要精神价值的组成部分，自觉呈现民族文化中有普遍意义的内容，并让其在新的场域中不断演进、扩散、共享；第二，注重理解和诠释异质文化中的先进内容和核心精髓，并能够针对社会实践需要，相互借鉴，自觉吸收异质文化中的优秀部分，运用到本民族的文化传承与发展中来，在多元并存的文化生态中自觉观照、相互融汇和整合转型，增强自身文化力量，形成全人类和谐共生的文化理念；第三，在本民族传统文化与外来文化的相互交流、对话、共享、互利、鉴别的过程中，自觉进行文化创新。文化创新是文化不断发展和演进的前提，要自觉发现文化系统中新涌现的有价值的文化要素，积极推进文化建设与发展：一方面着眼于民族文化的综合创新，以实现本民族的繁荣、进步为价值中枢；另一方面关注全人类的共同理想、共同追求、共同命运，以实现世界的进步发展为更高的理性诉求，才能在终极层面上丰富与完善文化自觉的意义指向。[2]

中国历史上虽经战乱迷迭、朝代断续，但文化自觉的意识与行为依然薪火相传。从战国时代的百家争鸣到五四新文化运动，再到中国共产党提出的"复兴伟

---

[1] 费孝通：《关于"文化自觉"的一些自白》，载《学术研究》2003年第7期。
[2] 李艳：《文化自觉的三重释义》，《东北师大学报》（哲学社会科学版）2012年第4期。

大的中华文明"的价值实践和"将传统文化当作独特战略资源"的具体举措，都是文化自觉的具体呈现和典型表征。另外，国内学界对中国现代化转型进程中出现的复杂问题的批判性反思，对如何正确处理传统与当代、东方与西方的关系，对提升全民族文化素质的强调，对中国文化与世界文明如何接轨，既让世界文化走进中国，又让中国文化走向世界的探索与追问，这些都反映了当代中国文化自觉意识的觉醒，是中国文化自觉在新形势下的符号具化。[1]

反观全球文化生态的演进与形塑过程，西方文化借文化全球化的浪潮已经形成了一种视异质文化为他者的狭隘的主体思维模式，并在其自我想象与战略设计中逐步固化了全球化就是西方化的定论，这在很大程度上对文化的误读和文明的冲突不可避免的言论起到了推波助澜的作用。以亨廷顿的文明冲突论为代表，西方学者原先建立在冷战思维之上的意识形态对立冲突模式被所谓文化差异导致的文化冲突模式取代。于此，西方学者形成了一种根深蒂固的刻板成见，即认为以民主、自由、法制、人权等框架性概念为核心的西方社会制度和政治思想信仰，必将与其他国家和地区价值观迥异的文明产生对抗与冲突；而世界文明的多元化和多极化生态构成则加剧了西方的这种担忧，故而，西方社会一直以来迫切想把他们的价值认同体系推广到全世界。[2]在一次采访中，亨廷顿对媒体记者表达了自己的观点，他认为，世界充满了不稳定性和危险性，有许多人口众多的国家觊觎西方文明的国家强盛、经济富有和文化发达。为了防范异质文明的入侵，西方世界必须形成一个联合体，长期保持强大的军事力量以维持均势，同时对抗来自异域文明的威胁。[3]

在这种文明冲突论的指导下，西方文化以唯我独尊的态势向全球扩展，把异质文化想象和塑造成对立的他者，造成了世界文化秩序的混乱和动荡。对待西方文化的扩张，中国应保持理性的批判精神和冷静的距离意识，即既正确认识西方文化中的优秀特质和文化多元化的大趋势，又坚持本国文化建设的民族特色，不

1　李宗桂：《文化自觉与文化发展》，《中山大学学报》（社会科学版）2004年第6期。

2　Samuel P. Huntington: *The Clash of Civilizations and the Remaking of World Order*, New York: Simon and Schuster, 1996, p. 185.

3　Robert Kaplan: "Looking the World in the Eye", *The Atlantic Monthly*, 2001, Vol.12, No.5, pp. 68-82.

断延续和努力创建新的民族精神；既不闭关锁国，修筑文化围墙，以民族意识拒异质文化于国门之外，又旗帜鲜明地让中国文化走向世界，传播我们的先进民族文化和独特精神价值，展示中国的大国形象，为全球文化的多元共生、互补共荣贡献力量，实现人类文化共同体的平等对话与交流。因此，全球化语境下中国文化的域外传播，重构大国形象是其目的之一，也是新形势下中华民族文化自觉的主体担当和重要表现。

所谓国家形象，从传播学的角度看，指的是在世界各国的媒介宣传报道中，媒介所反映和建构出来的一个国家的形象。[1]这说明国家形象主要是通过国家的传播媒介（包括本国和国外的主流传播媒介）展现出来的。国家形象是国家对外交往中呈现的身份标签，也是他国在国际社会中对本国的镜像认定和客观评价。中国目前在国际交往中展示的是一个历史久远、生机勃发、负责任、有担当的东方大国形象，这意味着中国在国际上要承担更多的主体责任，在国际社会中要有更好的表现，其中一个主要的标志就是中国国际话语权的提升。比如，中国拥有了更强的提出议题、设置议程的能力，中国对国际问题的解释力和传播力日渐增强，中国公民在海外越来越受到国际社会的尊重与保护等，这些都是中国国际话语权提升和大国形象逐渐建立的具体表现。但是，西方社会刻意塑造的他者形象和妖魔化中国的意识框架仍然对中国国家形象造成了不小的负面影响。

有学者选取了1996年至2010年15部美国电影中建构的中国人物形象（包括华人黑帮、军人、政府官员三类）进行了分析研究，在全部50个中国人物形象的描述中，中性偏正面的人物形象占总体的52%；中性偏负面的人物形象占38%；偏负面和偏正面的人物形象都很少，仅占10%。相较于以往西方媒体对中国他者形象和妖魔化形象的塑造，这已经算是有了一定的进步，其主要是基于以下三个原因：一是中国综合国力的增强提升了中国的国际地位，使得中国的大国身份得到了国际社会的充分认同；二是中美关系由僵化对抗走向理性对话，客观上改变了美国对中国的态度；三是由于好莱坞宣传策略由政治化向商业化转变，全球化背景下的共同市场成为其生存与发展的目标诉求。然而，虽然说中国逐渐摆脱了早期的被他者化和冷战时期被妖魔化的国家形象，但美国电影中的中国人物形象

1　徐小鸽：《国际新闻传播中的国家形象问题》，载《新闻与传播研究》1996年第2期。

仍然处于西方观众关注的边缘地带，美国电影对中国人物形象的塑造也多多少少存在一定的主观想象和有意的扭曲。[1]这种对中国社会典型人物形象的描述与塑造实际上也反映了美国媒体对中国国家形象的一种集体认知。要改变这种不利的地位，仅靠各种传媒工具组合起来宣传国家形象，或者像有的学者建议的那样采取境内+境外、多媒介传播等种种方法抵御式地来进行中国国际形象的多方位展示，仍然是不够的。只有采取主动姿态让中国文化传播出去，让国际社会了解中国文化，欣赏中国文化，认同中国文化，使得中国文化的世界化与西方文化的全球化形成良性互动，才能有效避免亨廷顿所指称的文明冲突和文化战争，重塑中国的大国形象。

故此，中国文化的域外传播就是对中国国家形象的一种具象输出和媒体呈现，因为国家形象塑造的过程离不开以文化为内容的媒介信息传播。[2]从提升软实力的角度说，传播文化可以增加一国的影响力。在学术思想为国家战略提供养分的思路指导下，约瑟夫·奈强调，一个国家的文化能够在全球流行传播，并且在国际社会中已经建立了有利于自己的言语行为准则，具有了主导制定、修改这些准则的能力，说明该国具有不容忽视的、重要的国家力量。[3]日本学者日下公人认为，应该倾全国之力去制造流行文化和输出民族文化，并以此来占领全球的市场和迎合广大的消费者，这种输出既能确保大量的经济利益，又能在非物质领域防卫国家安全。[4]中国要在国际上重塑正面、积极、负责任、有担当的大国形象，就必然要传播优秀民族文化，丰富世界文化生态，进而增加中国对国际社会的吸引力和感召力。

中国文化走出去如何获得好的传播效果，是传播者最为关心的问题。中国文化博大精深、层次丰富的内部结构与国外文化消费者的阶层化和诉求多样化都使得我们需要重新关注文化分层建构与存在的这一经典理论主线对现实的观照作

1　周勇、张雅佼、吴迪、吴储歧：《电影框架与大国形象建构——基于1996—2010年间15部美国电影中中国人物形象的分析》，载《现代传播》2012年第3期。

2　乔虹：《国家形象：一个和平崛起大国的新课题》，载《中国妇女报》2008年3月15日。

3　约瑟夫·奈著，何小东等译：《美国定能领导世界吗》，北京：军事译文出版社1992年版，第52页。

4　约瑟夫·奈著，门洪华译：《硬权力与软权力》，北京：北京大学出版社2005年版，第153页。

用。因此，在传播中国文化、重塑中国大国形象的过程中文化的分层化存在是一个需要重新归因和深入分析的问题，换言之，中国文化在域外的分层传播可能是有效提升中国国家形象的一个重要抓手。

文化的分层实际上是文化全球化背景下文化与其他社会场域，如政治、军事、科技、信息传播等日渐交叉发展的一个时代表征。这种分层也体现了一种文化流变，即基辛所诠释的，一个既成的文化体系也不是一成不变的，它的内部可能经常会出现文化发展方向性的转变及各种形态的流变，这会冲击到文化本身的稳定和恒常，包括人们已经形成并固化的价值观念、宗教信仰、生活准则等。[1]民族文化体系内的这种流变受到各种社会思潮（如后现代哲学、后殖民理论、文化本质主义等）的影响，又在消费社会的全球化演进中迷失方向和发生嬗变。多因素共振下的这种文化的时代裂变打破了文化固有的传承与延续的稳定性，造成了传统文化的悬搁，全球化与现代化格局又进一步压迫了本土文化传承递延的空间。[2]这说明，文化分层既是现实存在的，又受到全球化生态的影响而加剧。这种分层造成的区隔会割裂民族文化的整体性与系统性，形塑不同的言语行为主体和交往语境。而全球化促进下的文化的迁移、文化的涵化和文化的融汇则使文化超越、模糊和混杂各种民族文化的界限，形构起新的消费文化类型。

布尔迪厄对文化分层的论述依然是设定在其文化资本的话语框架之内的。他将不同阶层的生活方式、文化鉴赏能力、思想观念等文化资本所表现出来的阶级性和差异性阐释得十分充分，甚至达到了过于追求深刻而片面的程度。在只论一点、忽略分支的研究视角下，他强调的这些相关的文化意蕴概念都可以简化为一个词，即品位。在他的理论视野里，品位是文化分层中的核心概念和主要区分指标，与文化资本具有高关联性，又可以归结为一种系统化的惯习。布尔迪厄指称品位表现为阶级的一种偏好或能力，它是构成其生活方式的有效法则，也是一种把自我本体与其他人或其他群体区别开来的偏好。[3]基于不同群体品位的差异，布尔迪厄将社会划分为三个不同的阶级：上层阶级（支配阶级或资产阶级）、中

1　刘宓庆：《文化翻译论纲》，武汉：湖北教育出版社2005年版，第20页。

2　欧阳宏生、梁英：《混合与重构：媒介文化的"球土化"》，载《现代传播》2005年第2期。

3　李强：《社会分层十讲》，北京：社会科学文献出版社2008年版，第288页。

间阶级（中产阶级）、下层阶级（劳动阶级）。他认为，三个阶级固有着各自不同的品位，且在日常的生活中各个阶级内部不断强化这种品位的差异而将彼此区隔开来。他的这种文化分层理论强调了自我的基模性和群体的排异性。由此，归属于不同阶级的群体为了维护自己阶层的稳定性和排他性，不断创造着本阶层特有的文化，而这种创造的过程本质上就形成了一种文化再生产的模式，这种生产模式彰显了群体自身独特的品位标志，从而与其他群体划清了疆域。在布尔迪厄的论述中，品位不仅是现实阶级存在与划分的标志和象征，而且这种固化的阶级品位也会递延到阶级的后代，即在同一阶级的代与代之间品位一以贯之，保持基本的连续性和完整性。总之，社会中的文化分层表现为不同群体对资本，尤其是对文化资本的占有、积累、传承情况的不同，而这也是文化再生产的必然结果。[1]

马克斯·韦伯则是从另外的立场和视角来阐释文化分层的现实意义的。韦伯有意抹去了政治群体和经济群体在社会中存在的痕迹，但明确指出了文化等级的多样性和系统性伴生于社会群体的合理性和合法性路径。对他来说，文化分层才是人类社会的本质。首先，文化分层决定了经济分层和政治分层的形成。人们可以根据一个人或某些人在社会精神交往活动中的声望来评判其身份地位。其次，经济分层和政治分层只是社会分层的表象，随着社会的进步，经济与政治的分层会逐渐向文化的分层靠近。那些拥有大量财富和掌握核心权力的人总是为自己披上文化的高雅外衣，在公众面前宣示自己的文化品位，以掩饰自己徒有财富和权力却欠缺文化涵养的人格短板。[2]因此，韦伯认为，在经济、政治和文化这三组分级制度中文化才是根本和目的，围绕着文化分层人类不仅构建了日常生活的言语行为框架，也推动了历史社会的不断发展。

透过比较研究的模式与视野，我们发现，在19世纪西学东渐的过程中，西方文化对古老华夏文化的传播就是沿着这种文化分层的脉络而互助互长、逐渐推进的，在针对性明确的浸染、渗透之后，西方文化以其现代科学和教育话语取代了中国传统学术话语，完成了西学对国学场域的最后覆盖和占领。

1　王寓凡：《布迪厄文化分层的理论逻辑和现实意义》，载《华中师范大学研究生学报》2016年第2期。

2　刘群、孟永：《马克斯·韦伯的社会分层与文化》，载《巢湖学院学报》2005年第1期。

一般认为，宋明以后，中国社会阶层以文化为分野形成了三层清晰架构：一是以官员、士大夫为代表的文化精英层，二是以城镇市民为主体的市井文化层，三是以广大农村为表征符号的民间文化层。这三层文化圈在面对外来文化的渗透时表现出在抗拒与接受方面的明显差异。面对殖民主义的武力攻势和异质文明的巨大冲击，以魏源、林则徐为代表的经世派官员不再受制于闭关锁国的障碍，承袭明清之际了解西学先驱的精神主旨，积极应对外来挑战，提出师夷长技以制夷，并试图通过学习西方文明中先进部分，寻找富民强国的理论源头。在这种既立足于本位文化思想，又钦羡于西方文明之丰富内涵和强势扩张的两难取舍中，官绅士子在亡国灭种的生存压力下开启了对西学东传的曲折的接受进程。与官绅士人思想激荡、步履拖沓的艰难转变相比，广大农民接受西方文明的心理负担要轻得多。在农村，洋货与宗教是西方文明进入中国社会的敲门砖，奇技淫巧的洋货和教会提供的免费教育很快就使中国农村跨越了中西文化的界限。而教会学校在各口岸城市的陆续开设、西式教育的大范围普及，则为市民子弟打开了知识之窗。随着越来越多市民对西方文明的积极反应，本地官商士绅感受到了一种无形的压力与威胁，不得不加快接受西学的步伐。分析、审视现代西方文明在中国社会的浸染与被接受的历史剖面，我们发现，西学东渐运动不是当时少数思想先驱、统治集团或者外来扩张势力的主观意志所能左右或规制的，统治文化虽有导向支配作用，但并不能强迫广大农村、城镇百姓立即转变其实际行为取向。在学习、接受西方文化的各个历史阶段，中国社会具有不同观念、规范、诉求、功能的各阶层文化群体，表现出了不同的反应，呈现出了不同的传播效果。西学东渐作为外来文化传播与本位文化接受的统一过程，就是在这些犹豫彷徨、交相潜移默化的多主体互动关系影响下曲折发展的。[1]

　　我们认为，通过对19世纪西方文化传播至中国社会的历史分析，可以一窥西方文化分层输出的套路和范式，其不同的传播路径选择则为中国大国形象重构的文化传播策略提供了经验参考，结合文化分层的理论观照和中国目前文化自觉的建设现状，则可以为中国文化在域外的分层传播预设思考框架和描摹理论图式。

　　换一个角度，在欧洲汉学研究视角之下对近代东学西渐的历史镜像进行考察

1　桑兵：《文化分层与西学东渐的开端进程——以新式教育为中心》，载《中山大学学报》（社会科学版）1991年第1期。

也有助于现今当下中国重塑其大国形象的路径设计与策略反思。从元代开始的五百多年间，不少西方传教士、旅行家、外交使节、贸易商队远涉重洋、跨越千山来到中国撰写了大量有关中国的游记并广泛传播，其中以马可·波罗为典型代表。随后，在马可·波罗对中国文明表达仰慕与赞颂的话语框架下形成了一支文化散播队伍，或称之为一个域外的中国话语阶层，这包括门多萨、康德、尼采这样的历史学家与哲学家，也包括了歌德、伏尔泰这样的文学家与思想家。总的来看，传教士对中国文化在欧洲的传播起了重要的作用，他们不仅是宗教的布道者，也是中国文化的认知者与研究者。但是，传教士不是受过严格训练的专业学者，他们对东方文化的研究是出于好奇或传教需要，不够系统和严谨，很多著述都带有个人的想象和感情的色彩。18至19世纪真正对中国文化感兴趣的汉学家，如马礼逊、理雅各、卫三畏、威廉·绍特等是研究并推动中国文化在西方传播的主要力量。他们的研究与译介使西方社会对中国文化有了崭新的认识，并使很多西方人对中国传统宗教文化产生了浓厚兴趣，还带动了当时的其他学者翻译了很多道教、儒教、佛教文献等中华传统典籍。

总的来讲，那时的西方社会对中国文化的关注和接受具有以下几个特点：一是从文化分层来看，西方学术知识界是认知中国文化的拓荒者和主力军，其他社会群体则相对滞后；二是此前完整而全面的汉学研究为这种认知和传播打下了基础；三是西方社会对中国文化并不是不分轩轾地全盘接受，而是汲取其精华，从异质文化中寻找弥补自身不足，以求进一步发展的养分。[1]可见，从历史经验来看，西方的文化知识界对中国传统文化是比较关注的，而普通民众和政治官僚阶层则另有其感兴趣的异质文化需求。

从文化分层理论和传播的时空脉络来看，新形势下中国文化的域外传播应从三个向度展开。

首先，西方的文化知识界最感兴趣的是中国的传统文化，它是中国文化域外传播的第一个指涉对象。中国传统文化的核心价值观不仅吸引着国外汉学家孜孜以求、直情径行，而且还能为世界进入后现代社会的走向及全人类的福祉提供思想源泉。

1　任媛：《中国儒佛道思想在20世纪美国文坛的传播与接受——一个历史与文化的巡礼》，天津：南开大学2009年博士学位论文，第2-11页。

有学者认为，中国传统文化中具有时代魅力的价值观体现在三个方面：一是强调万物有机联系的和谐思想。和谐思想是中国传统宗教文化对大自然、人类社会各种现象和问题的相互关系和核心本质进行深入思考的心得结晶。它尊重个体的差异，但同时又把相互区隔的事物有机地结合在一起，如阴阳协调、天人合一；它承认和正视矛盾和冲突的存在，但又主张和凸显事物共生共荣的环境和基础是包容矛盾和冲突的前提条件。和谐思想是轴心时代的哲人梳理成型的精神体系，又在长期的历史实践中得到印证和形成规范。它强调个人是诸多关系中的自我，对他物、他人的依存是人生存下去的唯一前提，突出一种和谐共存的整体视角，体现为一种相依共生、互济多赢的观念系统与行为方式。[1]二是恪守规范的中庸之道，即遵守既定的标准，既反对高调冒进，又轻鄙躲避退缩。政治文化阶层对中庸之道的解读，就是要求执政者加强自我反省、自我约束、自我监督，妥善处理各方面矛盾，实现至诚至善的价值目标；中庸之道体现在人们的生活中，就是折中调和、不走极端，中正适度、不偏不倚。[2]三是作为礼乐文明重要标准的仁爱思想。孔子梳理了"仁者爱人"的伦理体系，把"仁"作为全人类价值观念的是非标准和最高的道德原则，将其表述为怀仁德之心，尊重他人，关爱他人，视仁爱为维系人类社会延绵不绝的情感基础。孟子则发挥经世致用的精神，把"仁"运用到具象的政治操守之中，呼吁以仁德治天下，反对以霸道治天下，从而实现政治清明，人民安居乐业。仁爱思想也比较接近后现代主义的建设性立场，西方工业化社会的后现代转向明显受到了东方文化的影响和观照。

其次，中国文化的域外分层传播在指向国外精英受众的同时，还要借助于国外大众的认同度和解释力。前述西学东渐中最早接触西方商品和教会教育的就是市井百姓和乡村子弟，而非官绅士子。正是由于中国普通民众对西方文明的认知与接受给清政府造成了不小的压力，官员士绅才开始慢慢接触和接受西方文化。这是一个值得我们吸取、借鉴的历史经验。因此，大众文化相较传统经典文化而言也是中国文化对外传播的重要内容。

从国际经验来看，经济发达国家都把迎合大众需求、市场承认度高的文化产

1　李佩英：《中国传统文化的和合精神及现实价值》，载《湖湘论坛》2009年第3期。

2　曲慧敏：《中华文化走出去战略研究》，济南：山东师范大学2012年博士学位论文，第102-103页。

品作为核心价值传播的最重要平台。那些畅销、流行的影视、音乐节目，富于民族文化特色的故事、小说、服装、民俗，乃至饮食文化等都是文化渗透的强有力媒介。[1]确乎，大众文化的影响力就像空气一样无孔不入，只要生活在现代社会之中，就不可能不受到它的浸染。[2]中国大众文化的发展虽然迟于西方，但它一经形成就显示出了增长迅速、势不可当的特点，尤其自20世纪90年代以来，大众文化的发展更为快速和独立，已经形成了自己的系统风格和固定市场，与主流文化、高雅文化三足鼎立，且有后来居上之势。[3]另外，中国大众文化的域外传播，也是对西方通俗文化输出与渗透的回应与交流，应该成为中国文化分层传播的重要内容。如作为中国大众文化重要组成部分的饮食文化就在国际上具有极大的影响力，成为塑造中国美食大国正面形象的重要推手。中国的饮食文化博大精深、源远流长，虽然中西饮食文化有着明显的差异，但中国给现代国外社会留下的第一印象和深度记忆多半都来自遍布全球的中餐馆。人们的生活离不开食物，但如今人们对美食的追求已经超越了单纯的食可果腹的物质意义，而上升到一种对饮食文化的欣赏和审美享受。域外民众可能由于文化差异对中国文化体系的认识不够，可能因为一些国外媒体的有意误读和对中国形象的负面宣传形成认知负起点，但中国饮食炫丽的外形、丰富的内容、给食客带来的愉悦的身心享受对他们具有莫大的吸引力。可以说，美食跨越了国家、民族的疆域，消弭了意识形态的界限，成为人们本能的向往和追求。正是由于饮食和它所对应的饮食文化具有的大众性和普遍性，符合民众的消费心理和现实诉求，因而很容易走进人们的生活。因此，中国饮食文化作为一种易于接受、确凿有效的传播方式，它所蕴含的文化价值观对在国际社会中树立全面而真实的中国形象，增强中国文化的世界影响力发挥了独特、持久、难以替代的作用。[4]

最后，中国文化的对外分层传播中还应重视与西方政界进行政治文化交流。总体上讲，政治文化是社会总体文化下属的一种亚文化，这种亚文化受其衍生

1　陈少峰：《国际化时代的中国文化表达》，载《人民论坛》2008年第5期。
2　许文郁、朱忠云、许苗苗：《大众文化批评》，北京：首都师范大学出版社2001年版，第41页。
3　张文生：《论当代中国大众文化的建设》，载《理论月刊》2011年第5期。
4　胡梦楠：《论中国饮食文化的传播与认同——以纪录片〈舌尖上的中国〉为例》，郑州：郑州大学2014年硕士学位论文，第39页。

母体的影响，其概念边界具有一种模糊性和混杂性，极难给出一个精准的定义。加布里埃尔·阿尔蒙德认为，政治文化主要指一个国家在一定时期形成规范的由政治规则、民族信仰和社会情感等多种因素构成的总合。另外，本民族的历史记忆和当下社会、经济、政治活动的进程也促进了这一亚文化的形成。[1]白鲁恂则指出，政治文化由意识形态、民族气质、国民性格、集体心理以及社会基本价值观和舆论信息系统等要素构成，它是一个复杂序列的政治主观聚合物，映射了一个社会的道德传统和公共机构的服务精神、公民的爱憎喜恶、大众的政治情感取向、领导的言语行为方式及其规范。[2]丹纳斯·卡纳瓦夫则强调，政治文化是达成各项政治目标的路径和方法。这些范式是实现政治行为的前提，它们是由诸如民族传统、历史记忆、行为动机、道德规范、公众感情和符号表达等各种因素所决定的。[3]不管这些定义对政治文化的归纳指称是出于何种立场、从哪个角度，意识形态都是他们描述的一种共性，因为意识形态本身是一种由政治思想家总结的存在于人类社会各个场域的主观意识的集合，它是政治文化体系中的一个核心范畴。文化作为人类精神活动的产物，必然蕴含着意识形态，文化与意识形态是一种相互交融的伴生关系。尤其是当意识形态问题涉及国家主权和国家安全等重大问题时，超意识形态的理论谬误则会引发实践中的严重危机和本民族国家的极大损失。[4]

中国文明和西方文明本身差异较大，进入现代世界以后二者发展的道路完全不同，这造就了中国与西方在社会制度和政治思想上的鸿沟。特别是由于西方历史上长期把中国视为他者，冷战时期又妖魔化中国，因此，在过去的中西文化交流中，政治文化方面的交流几乎是一片空白。但随着西方现代模式的全球扩张，世界上也出现了许多西方社会制度和政治思想无法解决的复杂问题，如能源危机、环境污染、核生态灾难、人口膨胀、贫富差距日益扩大、恐怖主义泛滥等。

1　加布里埃尔·阿尔蒙德、宾厄姆·鲍威尔著，曹沛霖等译：《比较政治学：体系过程与政策》，北京：东方出版社2007年版，第29页。
2　转引自高毅：《法兰西风格：大革命的政治文化》，杭州：浙江人民出版社1991年版，第7页。
3　转引自高毅：《法兰西风格：大革命的政治文化》，杭州：浙江人民出版社1991年版，第7页。
4　黄旭东：《美国文化安全战略及其对我国的启示》，载《贵州师范大学学报》（社会科学版）2009年第3期。

这些问题已经超越了社会制度的差异和意识形态的区隔，关系到全人类的根本利益和共同命运，需要全世界各民族站在命运共同体的立场上去考虑。这就提供了一个中国与西方国家可以在共同关注的人类问题上，在共同利益搭建的平台上，平等、平和、平衡地进行政治文化交流，取长补短，互帮互助，协商解决可能面临的问题和危机。与此同时，中西意识形态的差距并没有消失，反而有日渐扩大的态势。尤其是以美国为代表的西方国家借文化全球化的扩张不断地对中国及其他发展中国家输出西方意识形态，中国特别需要通过挖掘、深化、加固、增强有中国特色的政治文化内涵，对内强化中国社会核心价值体系的吸引力和感召力，对外积极正确应对西方这种单向度的政治文化浸染与渗透，加强建构和不断提升中国的国际话语权，努力增进世界上其他国家对我国政策国情、价值体系、发展模式、历史文化的了解和认识，展示中国文明、民主、富强、开放、包容、进步的东方大国形象。[1]

那么我们要传播出去的中国政治文化具有什么样的表征和内涵呢？概括地说，它是以习近平新时代社会主义思想为核心，以中国特色社会主义价值体系和马克思主义中国化最新理论成果为方向指引，并具有如下基本特征：一是这种政治文化是有中国特色的社会主义事业的有机组成部分，它的内容和目的从根本上讲要服从和服务于国家的总体战略和改革开放、和谐社会建设的大局，服从和服务于全面建成小康社会和实现中华民族伟大复兴的宏伟蓝图。二是这种政治文化从总体上要顺应世界和平、发展的时代潮流，积极参与国际事务，促进共同繁荣，为全人类的福祉做出贡献。三是这种政治文化要向全世界展示中国人民团结统一、爱好和平、勤劳勇敢、自强不息的伟大民族精神，解读我国包容性崛起过程中的和平愿望、大同理想、善意举措，宣传我国一直奉行的独立自主的和平外交政策，与所有国家友好交往互利合作、主动推进和谐世界建设的愿景。[2]

1　曲慧敏：《中华文化走出去战略研究》，济南：山东师范大学2012年博士学位论文，第95页。
2　严昭柱：《关于文化"走出去"的意识形态问题——并贺〈文艺理论与批评〉创刊二十周年》，载《文艺理论与批评》2006年第5期。

第五章

大国文化

输出与抵御的策略借鉴

第一节　美国文化输出战略探析

美国人认为上帝赋予了他们以美国为模式改造人类世界的责任，这种使命感浸透了北美大陆民众的身体和灵魂。他们相信"天赋使命"要他们给这个世界带来自由和民主，缔造上帝之国或重建繁荣社会。约翰·肯尼迪曾说过，在全球的民族国家中，其他国家都把目光投注在自己的利益上面，只有美国天生具有国际性的义务和全球的视野，这种责任和视界伸展到世界的每一个地区，囊括每一个角落。美国的人口仅占世界人口的6%，但其天赋职能遍布全球。[1]

纵观美国建国的历史，西方传统宗教思想和不同国家的移民聚居融合构成了其国家文化的两大来源。作为世界唯一超级大国，美国十分强调并积极推行文化输出，甚至将这种本应是文化变迁与传承内在规律支配与外部环境诉求的演进与交流上升到了国家战略的层面，这有其深远的历史由来，其政治背后的学界推手生产的一系列理论体系也发挥了重要影响。

首先，美国民族文化产生的根源与固有特性是其文化输出战略形成的原始动因。美国是一个完全由移民组成的国家，最早到达北美的是以"上帝选民"自居的英国清教徒，他们认为自己肩负着改造传统宗教、复兴文明社会的使命，这种宗教信仰与创建新世界的梦想结合，便形成了美国肩负着拯救人类天赋使命的民族文化价值观。美国人确信自己的文化和制度是所有国家中最好的，从美利坚合众国成立之初就自我设定了向全世界进行文化输出和价值推广的战略框架和内在使命，这种根深蒂固的、已深植于美国人灵魂深处的观念也毫无疑问地影响到其历届政府的对外政策及其文化战略，塑造了美国按照其自我假设的逻辑成为所谓

1　詹姆士·罗伯逊著，贾秀东译：《美国神话　美国现实》，北京：中国社会科学出版社1990年版，第351页。

全世界和平与自由捍卫者的形象。其次，美国文化输出战略建立在其不断膨胀而增强的国家综合实力的基础之上。一直以来，美国凭借其强大的政治、经济、军事、科技实力，把美国式的文化价值观和思想体系不断传播甚至强加给不发达或发展中的国家和地区，使它们形成对美国神话的依附和从属，降格为其文化输出的对象国和倾销国，"心甘情愿地"放弃自己的民族文化和价值体系，成为美国所认同的"圈内人"。第三，在冷战思维与政治对立模式的作用下，以美国为首的西方国家精心设计和输出其人权、民主思想和自由价值体系，引发了国际社会主义阵营的解体。这使美国人看到了"和平演变"的威力和影响，增强了其运用文化手段改造、瓦解、重塑非西方国家的信念。最后，美国的政治学者以其服务于美国全球霸权的一系列学说为文化输出作为其国家战略提供了理论支撑和顶层设计，他们从不同的角度和立场强调文明、文化在世界历史发展和当代国际体系中的作用，加速了美国推行文化输出这个国家大政方针的进程。这些理论包括福山的"历史终结论"、亨廷顿的"文明冲突论"、奥甘斯基的"霸权稳定论"、约瑟夫·奈的"软权力论"等，延续了西方学者一贯固守的"片面而深刻"的学术取向，为美国文化输出披上了一件学理严谨、逻辑正义、形象光鲜的外衣。[1]

这种单向的文化流动被一些学者视为文化帝国主义的世界实践的一部分，也就是说，美国的文化输出在全球层面上被归因为帝国主义进行政治、经济扩张之后的文化跟进，是帝国主义权力形态对外扩张和殖民侵略的必然步骤。

文化帝国主义理论是文化霸权话语体系的代表性符号之一，它是由英国诺丁汉大学的汤林森提出来的。在汤林森看来，自20世纪70年代以来，世界进入了一个现代性主宰的全球化时代，旧式的帝国主义意义指向已被全球资本主义体系所代替，这不仅体现在世界金融体系一体化和巨型跨国公司的诞生与蔓延，还表现为文化体验与思维方式的扩展与重塑。他认为，当下主要存在四种"文化帝国主义"话语，或者说不同学者主要在以下四种语境中谈论和使用"文化帝国主义"这一概念：一是指媒介帝国主义，即西方媒体霸权，西方社会通过媒介话语设置议程、解读事件和评判问题，同时大量输出其标志性的大众文化产品，把西方的生活方式和价值观念强加给不发达国家；二是把文化帝国主义作为一种本质主义规训，以一种凌越和管制的视角推行西方文化同质化，进而消解不发达国家或地

---

1 王荣英：《美国文化输出与我国文化外交战略》，载《求索》2008年第3期。

区独特的精神思想传统，破坏其对本土文化的认同感；三是消费主义作为意识形态的全球推广及其影响传播，从而引导并设计了世界文化生态的同质化趋向；四是对现代性的反思和批判，认为西方把以技术、科学和理性为核心的意识形态、消费文化、城市化运动和民族国家等现代性要素当作全球文明的终极方向和唯一模式强加给世界，而这种以现代性为符号表征的强力扩张就是文化帝国主义。[1]

汤林森的文化帝国主义理论基本揭示了全球化时代文化变迁的一些政治、历史、经济、社会特点，对文化全球化进行了深刻的批判和反向的审视，力图消解西方中心主义话语。他强调了对福柯话语分析方法的倚重，但实际上却舍弃了福柯理论的精髓——对话语与权力辩证关系进行深刻剖析的根本立场，反而对美国文化的全球输出与广泛渗透起到了理论指引和现实示范的作用，正如相关学者所指出的那样："文化帝国主义……是最微妙的，……也是最成功的帝国主义政策。它的目的不在于攻占他国的领土，或控制其经济生活，而在于征服和控制人的头脑，作为改变两国权力关系的工具。"[2]现实中的美国文化传播与输出正是沿着这一形而上的规划路径逐步展开的。

文化帝国主义话语是一种比较激进地看待美国文化输出的学术观点，有的学者则认为文化帝国主义只是文化输出的极端表象，而文化民族主义才是实质内涵，这是看待西方强势文化输出的一种比较温和的观点。文化民族主义思潮发端于德国，曾经随着西方势力的增强不断向全球其他地区扩展。"民族主义因工业革命而得到进一步促进，因为工业革命凭借其新的大众交流工具，使对公众进行有效的、无所不包的教导成为可能。因而，民族主义成为19世纪欧洲历史中的一个主要因素，以后又成为20世纪世界历史中的一个主要因素。"[3]可见，文化民族主义发端于社会经济发展和资产阶级制度变革共同交织作用下的现代性格局。

文化民族主义有其复杂的存在载体和具化路径。以美国为首的西方国家对其他国家和地区的文化输出具有"文化殖民"的内涵意义和符号指向，亨廷顿认

1　汤林森著，冯建三译：《文化帝国主义》，上海：上海人民出版社1999年版，第473-477页。

2　汉斯·摩根索著，杨岐鸣等译：《国家间的政治——为权力与和平而斗争》，北京：商务印书馆1993年版，第90页。

3　斯塔夫里阿诺斯著，吴象婴、梁赤民译：《全球通史：1500年以后的世界》，上海：上海社会科学院出版社1999年版，第356页。

为："文化在世界上的分布反映了权力的分布。贸易可能会也可能不会跟着国旗走，但文化几乎总是追随着权力。历史上，一个文明权力的扩张通常是同时伴随着其文化的繁荣，而且这一文明几乎总是运用它的这种权力向他者社会推行其价值观、实践和体制。"[1]全球化背景下的"文化殖民"具有两个方面的特点。一是文化民族主义的操作主体既有西方的国家政府，也有民间组织和大企业，尤其是巨型跨国公司，如微软、谷歌、麦当劳、迪斯尼等，对其母国强势文化的传播施加了重要的影响。这种官方与非官方的文化殖民共同织就了美国化或者西方化的一张无形大网，试图覆盖并占领非西方国家和地区人民的精神疆域。二是通过经济手段诱导式地进行文化渗透。美国一直利用其强大的经济实力挟文化产品实施柔性攻略，在国际教育、新媒体、新闻传播、饮食服装、旅游娱乐等方面表现得尤为典型。[2]例如，美式风格的迪斯尼乐园、好莱坞风格的环球影城主题公园近年来在亚洲各国跑马圈地、不断落成，数量规模甚至超过了在欧美的同类娱乐公园，引起了很多学者的警觉和担忧，在社会上也引发了不少争议，赞成者有之，反对者有之，但都形成了亚洲同类型的文化产品与之相比乏善可陈、竞争力薄弱的共识。[3]实际上，文化民族主义是对文化帝国主义的观照、补充与修正，它们共同构成解释美国文化对外输出的历史背景与理论渊薮。

在这些相关理论体系的深刻诠释和国家战略统一策划的双重促进之下，美国的文化输出战略和实施进程形成了一个层次分明、组织严密、多方协同、背景强大的统一体。它已经具化为在美国政府的直接指导下，以其政治、经济、军事实力为刚性支撑的一种对外政策行为。具体来说，其当下的输出途径和形态大致可归纳为政治文化的输出、倡导消费的商品文化的输出、流行性大众文化的输出、教育文化的输出四个方面。

（1）政治文化的输出。

美国在政治文化输出方面带有非常明显的社会制度优越感。其文化输出主要由美国政府主导，工作重点在于影响其他国家的政策，以期把这些国家都改造

---

1 亨廷顿著，周琪等译：《文明的冲突与世界秩序的重建》，北京：新华出版社1998年版，第88页。

2 任其怿、王维佳、刘倩等：《浅论民族主义在全球化背景下的新变化》，载《内蒙古大学学报》（哲学社会科学版）2010年第4期。

3 陶杰等：《美式游乐园密集落户亚洲》，载《环球时报》2010年3月23日。

为其盟友或伙伴，或发展成唯美国马首是瞻的附属国以及啦啦队员，企图达到以美国制度同化天下的目的。美国政治文化的输出强调通过各种手段提高其思想价值、政治制度的全球吸引力，以输出其意识形态体系为主要内容。

①强调美国政治制度的先进性、优越性，特别是对外鼓吹与宣示其民主、自由、人权、法制等核心价值观，以期引起他国的学习和效仿。在国际社会中，美国一向宣称其多党制、三权分立才是真正的民主政治，并自诩为"人类文明的灯塔"，处心积虑地按照自己规设的政治模式来建构世界、改造世界。在全球化的助力下，美国与其西方同盟者策划了在东欧、北非等国家和地区的颜色革命，向这些国家和地区的人民不遗余力地灌输所谓的民主和自由的思想，建立亲美国的民选政府，希冀形成同质化的美国盟友圈。

②把人权思想作为其政治文化输出的突出所指和主要表征，强制推行其人权思想体系，实际上是企图以此为借口干涉或颠覆他国政府。美国在人权这个关键问题上一向奉行双重标准，一方面推行其人权基本范式，一方面指责与其社会制度不同的国家违背人权、侵犯人权，特别是制造喧嚣的"人权高于主权"的杂音，宣称人权可以凌驾于国权之上，奉行单方面的人权外交，粗暴干涉他国内政，企图以此来影响他国政府和人民。形象地说，人权就是美国企图削弱他国政府、人民的主权意识，为其传播、贩卖意识形态，实现战略意图的一柄利器。

③在全球寻找并培植亲美的代理人，使其成为美国价值观和意识形态渗透他国的桥梁、中介。美国长期用各种手段吸引和培植受其价值观影响、传播其意识形态或持不同政见的他国反对派或政治避难者，通过他们去输送、宣教美国政治思想，借以在他国形成异见阶层，改造或颠覆他国政权。美国尤其重视通过教育文化交流选拔他国学生、学者到美留学、访问，并以国籍许诺、优厚的福利待遇等诱惑条件吸引其中的骨干作为其代理人，使其回到祖国后发挥传递、传播美国价值观念的作用。[1]

④以非政府组织作为意识形态全球扩张的前沿平台。据统计，在美国和其他西方国家推动下，从20世纪90年代至今，东欧、中亚地区的非政府组织数量借"社团革命"的风潮增加了四五倍，其中，美国帮助中亚国家建立非政府组织的

1　黄红发、陈王琼：《全球化背景下西方意识形态渗透的主要手段和特征》，载《学术论坛》2011年第4期。

企图迅速实现、成效明显，日前中亚地区美国支持的非政府组织已经超过了1万个。截至目前，全球总共有近3000家非政府组织在中亚注册，其中哈萨克斯坦有699家，吉尔吉斯斯坦有1010家，塔吉克斯坦有595家，土库曼斯坦有138家，乌兹别克斯坦有472家。[1]这些组织大都由美国政府直接或间接操控，或受到美国相关机构的资助和影响，以参与所在国政治管理为目的开展活动。这些组织中比较有影响的有"索罗斯基金会""国际因特信息""欧亚基金会""自由之屋"等，它们在格鲁吉亚、乌克兰和吉尔吉斯斯坦的政权更迭中都起到推波助澜的作用。[2]

（2）倡导消费的商品文化的输出。

一直以来，美国在其经济实力的支持下不断向他国输出各种商品，而这些商品都包含和映射了其价值观念和生活方式，也是其文化和意识形态的外在表征符号。在他国民众的眼中，美国商品被认为是"文化全球化性质的新奇事物，即资本主义卖的不再仅仅是商品和货物。它还卖标识、声音、图像、软件和联系。这不仅仅将房间塞满，而且还统治着想象领域，占据着交流空间"[3]。在这种物质与思想的双重渗透与诱惑之下，美国向全世界强行施加了一种观念，即所谓国家的先进与落后、文明与野蛮是以经济和财富的价值符号来衡量的，因而，它正在凭借其金钱优势和科技实力不断输出搭配了其生活理念、意识形态的商品来凌驾于现实世界之上，同时诱导或者迫使他国公众认同美国作为世界文明中心和先进国家样板的国际地位与全球标签。[4]

与此相联系，美国还着力把消费主义观念和文化推广到全世界，试图在生活方式上以美国模式规训全球社会。在这个体系中，炫耀性消费是美国式消费主义的一个突出表征。在金钱拜物教的指引下，炫耀性消费遍布现代社会生活的每一个角落，其表现形式也多种多样。正如凡勃仑所言："一个人要使他日常生活中遇到的那些漠不关心的观察者，对他的金钱能力留下印象，唯一可行的办法是不

1　《美国重金渗透中亚》，载《环球时报》2006年3月4日。
2　张丹：《独联体国家的"颜色革命"和美国的文化侵略》，载尹韵公、明安香：《传播学研究：和谐与发展——中国传播学会成立大会暨第九次全国传播学研讨会论文集》，北京：新华出版社2006年版，第250-254页。
3　王列、杨雪冬：《全球化与世界》，北京：中央编译出版社1998年版，第10页。
4　河清：《全球化与国家意识的衰微》，北京：中国人民大学出版社2003年版，第3页。

断地显示他的支付能力。……为了使这些临时聚合的观察者得到一个生动印象，为了使自己在他们的观察之下能够保持一种自我满足的心情，必须把自己的金钱力量显露得明明白白，使人在顷刻之间就能一览无余。"[1] 布尔迪厄更进一步强调了消费实践在形成和固化统治与被统治的社会关系中的核心本质。他认为，消费是消费者调动各种资源（包括经济资本、社会资本、文化资本、符号资本）以显示自我与他者的差异并达到将自己与其他消费者区隔开来的行为。同时，消费者的购买与支出行为又受制于消费者长久以来所形成的生活与情感偏好（即惯习）的影响。可以这么说，公众日常生活中体现的消费活动都是符号与标签的争夺与拉锯，其目的是把自我与他者进行区隔与归类。通过种种表征符号的选择与确立，消费者可以型构并固化其与众不同的地位和族群认同。[2]

正是在这些理论指导和现实示范的两面夹击之下，美国价值导向的消费模式正式以其对世界资源的肆无忌惮的浪费和居高临下的炫耀姿态，借经济全球化浪潮向其他国家和地区扩张，引起了不少国家和人民的推崇与仿效，这些追随者在接受这种炫富式消费主义观念的同时，也把美国思想价值和文化观念作为"先进与文明"的标杆加以复制和传播，这已经对这些国家和地区的文化安全及价值体系造成了很大的负面影响。在非西方国家的领导人眼中，"全球化通过大众媒体、娱乐业、旅游和贸易向世界展示并推广各种不同的文化消费品位与行为，但它也导致西方文化中的糟粕变态与颓废堕落言行影响到非西方社会民众，尤其是对青少年流毒更深，并使本土文化遭到冲击与破坏。不少第三世界学者认为，长此下去，一些国家的民族文化很可能消亡，或者被西方文化同质化所代替"[3]。

（3）流行性大众文化的输出。

大众文化一般是指能够满足人们物质和精神需求的流行性文化产品和具仿效性的行为，如电影电视、图书杂志、流行音乐、快餐食品、服装化妆品等。大众文化具有两个最基本的特征：经济属性和娱乐价值。也就是说，大众文化本身是

1　凡勃伦著，蔡受百译：《有闲阶级论——关于制度的经济研究》，北京：商务印书馆1964年版，第66页。

2　Pierre Bourdieu: *Distinction: A Social Critique of the Judgement of Taste*, Cambridge, MA: Harvard University Press, 1984, pp. 57-59.

3　巴达维：《全球化：风险与背景——在吉隆坡第14届亚太圆桌会议上的演说》，载《新海峡时报》2000年6月7日。

通过市场购买的方式传递到消费者层面的商品和行为，在这种物质形态和休闲服务的消费活动中大众文化为消费者提供了各种各样的娱乐和消遣。[1]

一些学者把可口可乐、麦当劳、迪斯尼主题公园等视为美国大众文化的象征，但多数学者更为强调影视商品在美国流行文化体系中的重要地位，如美国布朗大学教授保罗·布勒。他认为，电影和电视才是美国大众文化的核心和代表符号，也就是说，具有视、听、读等特征的文化产品是美国大众文化的主流形态指向。[2]电影作为一种民众喜闻乐见的日常生活中的重要文化产品，承载着一个国家的时代形象、文化精神和意识形态图式，这些表征和内涵以娱乐的方式传播到国际空间，他国的观众就可以通过电影、电视所传输和表达的文化内容及其意义读取来直观地了解和认识这个国家、民族或文化的历史和现实框架。因此，人们通常称作"电影"的可视性信息存在，实际上是一种包罗万象、纷繁复杂而消费者乐于消费、易于接受的社会文化镜像。[3]

从20世纪初开始，美国借第一次世界大战的契机，凭借国家政策的支持、国际市场的开拓、制片策略的调整、全球电影人才的引进、电影技术的改造等措施登上国际舞台，陆续垄断了欧洲、北美洲、南美洲、亚洲的大多数地区的电影票房，取代了欧洲电影的霸主地位。好莱坞电影产业成为国际文化市场的主要支柱。据统计，2003年美国的电影产业国内票房收入为94.4亿美元，海外票房收入为108亿美元，占据了60%的全球市场份额。而据2010年3月12日美国电影协会（MPAA）发布的《2009年电影市场统计报告》，2009年美国电影全球票房收入达到299亿美元，相比2008年的278亿美元又增加了7.6%。其中，海外票房进账193亿美元，占全球票房的64%，仍是美国电影收入构成的重头。美国电影海外票房与本土票房约2∶1的比例已经延续7年保持不变，其中亚太地区涨幅最大，票房收入从2008年的68亿美元增至77亿美元，增加了9亿美元，增长率为2.3%，仅日本和中国就贡献了增长部分的81%。[4]这说明好莱坞已在发动一场在全球攻

1　王晓德：《美国大众文化的全球扩张及其实质》，载《世界经济与政治》2004年第4期。

2　See Paul Bunle and David Wagner: "The Left and Popular Culture: Film and Television", *Monthly Review*, 2002, Vol. 54, No. 3.

3　陈同艺：《电影艺术鉴赏》，成都：四川人民出版社1985年版。

4　高宏存、牟晓春：《文化输出：文化大国崛起的主要姿态和应变策略》，载《长春市委党校学报》2011年第2期。

城略地、播种布局的电影战争，而其中，亚太地区是其近年来的重点对象。

美国虽然号称生产的是不涉及政治的商业娱乐片，但纯娱乐只是其掩盖真实意图的幌子，好莱坞产品本质上具有极强的意识形态内核。其一方面宣扬暴力与色情，进行消费主义、享乐主义、拜金主义、西方中心主义等单边取向的价值引导，试图用美国价值观和西方思想观念去影响、改造各国的青少年；另一方面表现美国文化中的天赋使命感及其作为上帝选民的自尊、自大、傲慢的特质，吹捧其文明先进、生活富裕、制度优越，张扬种族区隔，表现对共产主义的敌视和贬低，有的时候尤其体现了一种对中国的极端异化和恶意误读。[1]故而，对于世界而言，好莱坞不仅仅是一个商业代码，而且也是一场晚期资本主义的文化侵略与思想扩散。美国文化被推上神坛，成为人们顶礼膜拜的对象……在西方政客眼中，只要他国民众喜欢好莱坞的电影，他们就有可能最终喜欢美国的生活方式，其前提是这些影片要折射和反映丰富多彩的美国人的生活层面。[2]

借助全球化的浪潮，美国影视文化体现出的生活方式及价值观念以娱乐化表征的典型模态渗透全球多数国家和地区，对这些国家和地区的民族文化产生了严重的影响，冲击了发展中国家的文化产业，引发了这些国家政府与民众的心理防备和自我保护意识的觉醒。在这场喧嚣的纷争中，"整合与瓜分、全球化与地方化，是两大相辅相成的过程。更确切地说，它们是同一过程——即世界性的主权、权力和活动自由的重新分配——的两个方面。这一过程是由速度技术上的突飞猛进所引发的（但绝不是由它决定的）。合成与耗散、整合与分解的共存和交织，绝不是偶然的，更不是可纠正的"[3]。

（4）教育文化的输出。

第二次世界大战结束以后，美国正式取代英国成为世界超级大国，受益于其国际地位的影响，圆滑现代的美式英语及其内生的美国文化也在频繁的国际交往中传播到世界各个国家和地区。美式英语主要通过以下途径和方式进行传播。一

1　陈长生：《全球化与美国权利的世界化——对美国文化输出的质疑》，载《文艺理论与批评》1999年第5期。

2　王逢振：《詹姆逊文集：第4卷　现代性、后现代性和全球化》，北京：中国人民大学出版社2004年版。

3　齐格蒙特·鲍曼著，郭国良、徐建华译：《全球化：人类的后果》，北京：商务印书馆2001年版，第66页。

是通过美国之音、美国有线新闻网络等世界性媒体开辟专门的学习时段进行空中教学和思想诱导；二是在海外布局各种美式英语培训班，并把中国等发展中国家作为主要生源国；三是向海外派出大量的语言教师传授美式英语；四是面向海外出版种类齐全的美式英语原版教材，以引导和统一其教学模式和课程规制；五是通过吸引海外优秀人才去美国留学或访学，培养潜在的美式英语与美国文化的传播者。[1]一位美国学者认为，美式英语已经超越了英式英语的古板内敛成为最受欢迎的强势外语并形成了一个庞大而固定的消费群体。另外，美国的先进科技和发达经济也为其罩上了一个炫目的光环，吸引了来自不同国家的人们学习美式英语。美国的繁荣与强大使得美式英语在所有语言中的霸主地位日益稳定、难以撼动，如今世界上超过2/3的科学家把英语作为学术语言，全球3/4的电子邮件用英语书写，全球电子恢复制度中的信息80%是用英语存储的。[2]

除了美式英语的大规模输出，还有种类繁多的交换学者项目，到目前为止，美国政府推出的最成功的教育文化交流项目是富布赖特（Fulbright）计划。富布赖特计划起源于第二次世界大战结束后，当时美国有400万件价值6000万美元到1.05亿美元、以租赁方式提供给盟国的军用物品和装备依然留在盟国。1995年9月，参议员富布赖特向参议院提出议案，要求各租赁国以本国的货币购买这些物品和装备，并授权国务院支配这一资金，用以资助非美学者赴美国的讲课、学习、研究及其他教育活动，外国学生也可以得到赴美学习的部分费用资助。这就是富布赖特计划。后来，美国国会陆续通过一系列议案完善该计划，并扩大交流的范围和增加人员的规模。最初富布赖特计划由美国国务院负责实施，后来由美国国际交流署管理。迄今为止，富布赖特计划已扩展到近200个国家和地区，70多年以来已经资助了40多万各学科领域的学者，其资金来源已由原先他国的租赁费用变为美国国会拨款。

富布赖特计划是美国政府管理的教育援助项目，对美国文化输出和外交利益的考量是其实施计划的根本出发点。有学者对富布赖特计划做出了三个方面的评析。

---

1 朱凤云：《美国人的使命观与文化输出行为管窥》，载《淮阴师范学院学报》（哲学社会科学版）2002年第6期。
2 黄鸣奋：《海外教育五十年》，厦门：厦门大学出版社2006年版，第28页。

第一，富布赖特计划是美国的外交战略设计，也是世界上迄今比较著名的国际教育文化交流平台之一。教育本身已经上升为美国对外霸权的一个重要维度，美国教育国际化的政策一直是为其对外战略服务的。一直以来，雄厚的教育资源以其资本转化都是美国强权话语的一个支点，它不仅能凸显美国强大的软实力，满足美国充当世界领导者的自我愿望，也被作为培养他国未来领袖和中产阶级亲美情结的重要手段。

第二，富布赖特计划是美国文化全球扩张的布局者和加速器。富布赖特计划以社会科学为主、自然科学为辅。针对中国的富布赖特项目在学科选择上尤其苛刻和具有倾向性，通过该项目赴美学习或研究的学生或学者主要集中在政府和政治、美国历史、美国文学、美国研究、语言学与应用语言学、新闻传播学、社会学与文化、英语教学、外交与国际关系等领域。

第三，富布赖特计划助推了美国对非美国家的意识形态渗透。美国政府官员多次盛赞富布赖特计划在全世界各国，尤其是在共产主义国家和全球不发达地区的影响："富布赖特计划的学者常常被培养成为美国思想价值体系的他国载体，在他们自己的祖国发挥着渗透西方价值观与传播其意识形态的作用。"[1]

富布赖特计划实际上是美国高等教育国际化政策的一个缩影。美国强大的教育实力是其对外文化交流的主要基础和重要手段，美国打着理解、沟通、交往、友谊、促进教育发展、无私援助各国教育的旗号，通过教育交流助力其文化扩张，服务于其政治与经济利益，服务于固化其全球霸权的国家战略。

美国的文化输出行为是其全球战略计划的重要组成部分，它为美国经济的发展提供了有利的条件，也为美国作为科技人才的吸引高地增加了分量，同时也用美国秩序和价值观型构了一个霸权话语环境，为美国量身定做了领袖化的国际角色，保障了其对全球事务的话语权和控制权。从实质上讲，美国的文化输出是单向性的、凌越性的、渗透性的、征服性的，它阻碍了国际文化的平等交流和共同发展，使得各国政治框架和法理制度方面的主权不断受到冲击和挑战，其政治上控制、思想上灌输、经济上施压、生活上腐蚀的战略战术已经严重威胁到许多民族和国家的道德准则和价值观念的稳固，其处心积虑的政策设计和路径安排已

1　孙大廷、孙伟忠：《美国高等教育国际化政策的文化输出取向——以"富布赖特计划"为例》，载《黑龙江高教研究》2009年第5期。

完全背离了文化交流的包容性、平等性和共存性本质。应该说，美国的文化输出是在美国政府的直接指导下，以美国的政治、经济、军事优势为基础的一种系统性、预设性、长远性的战略行为，其最终目的是为美国的整体国家利益服务。[1]用一位学者的话来说，在这种文化输出的愿景下，美国的梦想将成为全球的共同梦想，美国的理想和制度将成为普遍的精神指向和现实规章，美国文化的外溢与传播将使同质化的世界变形为一个"伟大的美国"。[2]

第二节　日韩文化输出的政策和战略思考

在世界近代史上，日本一直或被动或主动地扮演着外来文化的"接受者"和"吸收者"角色。隋、唐、宋以来的中国文化深深影响了日本的政治、经济和社会制度，日本也一度被纳入华夏文明圈，成为中华文化的继承者和发扬者。明治维新以后日本又把西方文明作为学习样本，以脱亚入欧作为其近代发展的基本目标，为日本最终成为当时亚洲唯一的资本主义国家奠定了基础。可以说，现今的日本文化是一种杂糅文化，它既有中国传统文化的影响因子，又有西方现代文化的架构养分，还掺杂着日本古代神道意识的传承延伸与积淀固化。它是一种混合型文化，而这种混合型文化并非仅以吸收、接受、融合外来文化为唯一目的，适当的时候，它也会根据国家的需要、环境的变化进行对外输出，实现文化交流中的反哺和逆袭，这也是文化自身的演进规律之一。

日本文化对外输出有其固有的精神根源。一是神道思想体系。神道思想和神国信仰作为融入政界权力格局的宗教律令和社会遵从的思想框架，最早出现于日本平安时代，在日本民众的心目中，"大日本乃神之国。因大神保护，国家始得安全；因国家尊崇，大神得以增威"[3]，日本为世界之根本，其他民族都是依附于日本而存在的，所以"神之一致、祭政同体是神道思想体系的标识性概

1　龚滟：《论美国文化输出战略》，载《燕山大学学报》（哲学社会科学版）2003年第3期。

2　Akira Iriye: *Cultural Internationalism and World Order*, Baltimore: Johns Hopkins University Press, 1997.

3　转引自刘建飞、林晓光：《政治文化与21世纪中美日关系》，北京：解放军出版社2006年版，第158页。

念"[1]。这种神道思想和神国信仰扎根于日本民族集体记忆的深处，对其思维方式、公众心理、政治体制、社会结构乃至文化输出都产生了显著的影响。二是民族优越论。由于神道思想和神国信仰的影响，大和民族是世界上最优秀人种的说法也在日本社会生成与广泛传播，并吸引了一批学者摇旗呐喊、制造相关论据，以证明这种民族优越论断的科学性。以"京都学派"为代表的日本学者用连篇累牍的论述坚称，大和民族是世界上最优秀的民族。东京医科齿科大学一位学者出版了《日本人的大脑：特殊性与普遍性》一书，在书中他通过相关实验数据分析得出结论，声称日本民族优于世界其他民族，是"由于日本人的大脑结构与众不同，这造就了日本人闻名世界的含而不露的语言风格和其严谨细致的实干精神，使日本文化比其他民族文化更能达到高层次的统一与和谐"[2]。三是发端于军国主义想象的大东亚一体化策略。大东亚体系设计是日本对外发动侵略战争的思想基础，日本打着"从西方殖民者手下解放亚洲"的旗号试图建立以日本为中心的大东亚共荣圈，这是军国主义主导的一种政治地理追求。[3]虽然日本战败后其自我想象梦碎，但日本从来都把自己视为亚洲的领袖和解放者，建立以其为中心的大东亚日本政治、经济文化圈一直是日本的国家导向和民族梦想。

日本文化的对外输出除了有其深远的历史背景以外，还有其现实的国家战略考量。在近代史上，日本制订并实施的国家战略大致经历了三个历史阶段的嬗变与发展：第一阶段是从明治维新到第二次世界大战结束，这个阶段日本采取了贸易开放、军事立国的发展战略；第二个阶段是从第二次世界大战结束到20世纪70至80年代，这个阶段日本以恢复国家经济、实现赶英超美的现代化大工业生产为国家导向；第三个阶段是从20世纪七八十年代开始，日本逐渐向"大力发展文化产业"的国策转变，最终在20世纪末固化了"以文化立国"的战略构想，一方面深度开发民族文化资源和促进国内文化产业发展，另一方面精心设计，将其特色文化产品和内容产业对外输出，以重塑日本国家形象，提升日本在国际上的话语权和影响力。

1　王守华：《神道哲学刍议》，载《日本学刊》1988年第6期。
2　潘俊峰、杨民军：《是总结，还是翻案——兼评〈大东亚战争的总结〉》，北京：军事科学出版社1998年版，第360页。
3　王屏：《日本"大东亚共荣圈"的欺骗性——九评日本政要否认战争罪责言行》，载《人民日报》2005年6月27日。

日本文化兴邦战略的提出与20世纪70年代以来日本迈向国际化的进程相关。第二次世界大战结束以后，日本经过短短七年的创伤恢复，其经济迎来了近二十年的高速增长时期，国民生产总值超过法国、英国、德国等发达国家，成为仅次于美国的世界第二大经济体。在现实成就和未来梦想的共同激励和助推下，日本的一些政治家、经济家、文化学者对本民族的文化产生了极大的自信心和依赖感，他们在臆想中断定，日本之所以获得飞速的发展、取得骄人的进步是其传统文化起到了决定性的作用。因此，他们力主挖掘日本民族固有的、深层的和特色的文化，并向世界推广。他们认为，日本文化应该成为规制未来世界进程的一个强大的精神辐射源。与此同时，随着日本在国际上话语权的提升，世界对日本民族文化的认知与探究也会随之成为一种迫切需要，这样一种内外互动的契合，就使得日本全面国际化最主要的内容——与世界各国主动的、广泛的和深层次的文化交流——迅速启动并形成趋势。[1]

日本官方的文件在谈到其文化战略的开展时写道："从1970年初开始，人们对文化、学术交流的必要性的认识骤然高涨。据此，旨在资助国际交流的政府基金和大型民间财团纷纷设立，民间企业对跨文化交流的资助也远比以往活跃。"[2]据统计，在日本政府主导的"国际文化交流行动计划"实施的1989年—1994年，仅地方公共团体与国际交流有关的经费支出即达1204亿日元。[3]由此可见，日本的国际文化交流计划是在以往吸收、引进、融合异质文化的基础上，从单纯的模仿、追随转变为培育自己独特的民族文化、传播自己国家的文化，这些设计与举措都成为日本制订文化立国战略的现实推手。

日本在新阶段下立国战略的转变引起了国际媒体的关注，《时代》周刊亚洲版曾专门开辟了一个关于日本大众文化的大型特辑，揭示了日本正在呈现出一种从"产品国家形象"向"文化国家形象"转型的发展趋势。在日本生产的文化产品中，具有东方价值观念和亚洲审美标准的主人公往往生活在西方的国度里，

1　骆莉：《日本文化立国战略推动下的文化产业发展》，载《东南亚研究》2006年第2期。
2　转引自胡令远：《文明的共振与发展——中日文化关系研究》，北京：时事出版社2003年版，第248页。
3　胡令远：《文明的共振与发展——中日文化关系研究》，北京：时事出版社2003年版，第248页。

而且已经摆脱了以往矮小、刻板、不苟言笑的传统日本人形象，呈现出一种杂糅性。日本国内有不少人认为，这种把东西文化差异模糊化、抽象化的处理使日本表现出一种很酷的国家魅力，从而把日本的国家形象从产品制造大国衍化为"酷文化"输出大国。[1]约瑟夫·奈（Josephs Nye Jr.）全面评价了日本软实力提升的战略进程，指出："日本虽然经历了长达十年的经济萧条，但社会文化前进的步伐一点也没放慢，其战略目的是不断地以文化为基础增强软实力。"他认为，日本的软实力除了体现在禅和空手道等传统文化符号意指以外，还体现在漫画书和动画片等流行文化上。他对日本的文化崛起持一种显而易见的偏袒态度，认为日本在亚洲可以成为传统与现代融为一体的文化代表，引领亚洲的文化潮流，但由于软实力的外在扩散体现的是一种国家魅力和民族品格的综合传播力和解释力，日本面临的一个重大课题就是"其文化如何克服其内倾性和封闭性，向世界扩散本民族的信息和价值"[2]。

　　这些议论和意见受到了日本国内各界的高度关注，并引发了日本国策的重大改变，即文化内容的生产取代商品制造的生产成为21世纪振兴日本的重要战略。2001年日本政府制订出台了"知识产权立国"的相关法规制度，并于2003年组建了内阁"知识财产战略本部"，其下设的一个重要机构就是"内容专业调查委员会"，探讨内容产业的发展方针。日本最重要的经济组织"日本经济团体联合会"也成立了"文艺、内容产业部会"，开始研究文化产业问题。2004年4月，知识产权战略本部内容专门调查会正式颁布了全球化时代日本内容产业未来发展的五个理念：（1）全民一体推进文化产业发展，即全社会携手合作，努力解决各种文化产业问题；（2）把创造和提升日本的国际化品牌作为推广其海外形象的重要手段，重视国际市场的开发策略；（3）以"酷日本"为全球宣教的标识，以打造日本"酷"的国际形象为主要目标；（4）建设数码日本，把日本建设成为数码智慧大国；（5）凸显日本的电子技术优势，以第四次工业革命的研

1　Anon: "Japan Rules OK! A Special Report on Asia's Pop Culture Superpower: What's Right with Japan", *Time*, 2005, Vol. 165, No. 5.

2　Joseph S. Nye Jr.:「日本のソフトパワー：その限界と可能性」，『外交フォーラム』2004年6月。

究开发和应用作为日本未来发展的重要方向。[1]在国家战略的指导下，日本出现了举国一致共创"内容产业"的热潮，各学术机构、各财团、各智囊机构都设立了以内容产业为主题的各级科研项目，广泛开展对数码内容、动漫产业的学术研究，全社会积极行动起来创建日本国家品牌、打造"酷日本"的国际形象，同时也通过动漫、影视、电玩和美食等消费文化平台向外输出日本的国家价值观，一步步实现其由文化大国向政治大国迈进的战略目标。

日本文化输出的主要途径是以文化贸易和信息网络传媒为渠道，以文化产品为载体把日本的思想价值体系向全世界传播。这些文化产品包括图书、影视、动漫、游戏等，其中，动画、漫画、游戏这三大产业是其支柱。据统计，近年来全世界媒体内容市场（包括电影、电视、音乐、网络、图书杂志、报纸、广播、户外广告、主题公园、游戏）规模达到了7.5万亿人民币，其中仅动画、漫画、游戏三个领域就达到了2.55万亿人民币，占市场总额的1/3强。而日本的动画、漫画和游戏所贡献的利润，据来自日本经济产业省的统计，在日本全国9000亿元人民币的媒体内容市场中，占比高达2250亿元至3750亿元，占据了国际市场1/3的份额。[2]可见，在日本众多的文化内容产品中，动画、漫画、游戏具有相当强的国际竞争力，而且产生了可观的经济效益。

日本动漫作为一个现代产业发端于20世纪20年代左右，是"动画"与"漫画"的知识生产融合，以书刊漫画被改编为影音产品为标志。1917年日本第一部动画片《芋川掠三玄关》诞生，1933年第一部有声动画片《力与世间女子》出炉，这两部作品宣示了日本动漫正式登上历史舞台。其后，日本动漫逐渐走上繁荣发展之路，其社会影响也越来越大，日本动漫产业开始初步形成。进入20世纪70年代后半期，日本动漫产业发生了一个质变飞跃。在发展初期，日本动漫由于受传统民族思想与国民心态影响，以武士传说、战争故事等内容为主要题材，这一时期的作品奠定了日本动漫的独特民族风格。后来这种风格逐渐延伸和扩大范围，到了80年代呈现出多层面、多样化的发展趋势，形成了针对不同受众群体的产品体系，生产了许多以儿童、少年、青年、中年、老年各年龄层次的细分观众为对象的热销作品，题材上也涌现出学生动漫、儿童动漫、搞笑动漫、奇幻动漫等多种类型。20世纪90年代，日本动漫进入了鼎盛时期，其作品不仅在本土大受欢迎，形成了广泛而固定的消费群体，而且也打开了国际市场。

进入21世纪，日本政府将动漫产业纳入国家文化体系，高度重视动漫产业发展，出台了一系列政策措施促进动漫产业大力开拓国际空间。据统计，目前日本每年向世界各国出口的动画原创产品时长逾1000小时，出口国家和地区逾120个。[1]当今的日本同法国、美国一起，被列为世界三大动画片生产国。与美国动画片注重动作的流畅、剪辑的精致、语言的幽默不一样，日本动画片把故事剧情设计和人物形象塑造放在首位，注重题材的多元化，创作了一大批深受各国观众喜爱的系列主题产品，如《铁臂阿童木》《机器猫》《樱桃小丸子》等。这些动画片叙事简洁明快，在设计上沿用了浮世绘的绘画技巧，还穿插了商业广告的一些表现手法，深受日本国内观众喜爱，也因其柔美、精致、团结、温情、时尚的民族特色在海外影响巨大，创下了难以超越的高收视率。在当下的日本社会，动画片的票房收入已经占到日本电影业票房总收入的1/3，日本向其他国家和地区出口的影片中，动画片的数量已经超过了一般故事片、纪录片。目前全世界电视台播放的动画节目中，60%是日本原产动画，"日本制造"的动画在欧洲的市场占有率超过了80%。[2]与动画片相比，漫画的成本更低、消费更方便。日本漫画不仅在其国内颇有市场，而且占据了美国、欧洲及亚洲的许多国家和地区的文化消费空间。近年来，日本漫画类杂志已占到全国杂志总发行量（32.869亿本）的31%，漫画单行本占全国书刊出版总量（7.487亿本）的69%以上，漫画杂志达277种之多，一些超有人气的周刊版杂志每周发行量都在350万本以上，而日本出口的漫画产品也占到世界市场半数以上的份额。[3]

日本动漫具有四年特点。

一是以杂糅文化特色吸引全球观众。日本的当代文化既延续了中国传统文化

1　刘瑶：《日本动漫产业的发展历程、驱动因素及现实困境》，载《现代日本经济》2016年第1期。

2　中宣部文化体制改革和发展办公室文化部对外文化联络局：《国际文化发展报告》，北京：商务印书馆2005年版，第234页。

3　中宣部文化体制改革和发展办公室文化部对外文化联络局：《国际文化发展报告》，北京：商务印书馆2005年版，第234页。

的血脉，又渗入了西方现代性文化的因素，同时夹杂着其大和民族的神道思想和神国学说。在形式与内容上日本动画都包含了这三方面的审美价值取向，并产生了一种新的混合文化。这种混合文化塑造了在西方世界生活的虚拟东方人形象，其"非本土化"和"世界公民"式的形象设计以及对人物、地域的"文化身份模糊处理"，使日本动漫能够迅速地被世界各地的受众理解和接受。[1]

二是注重现实与传统的结合。日本动漫善于把握受众的心理，巧妙地把历史与当下结合在一起，加入了许多凌越于现实之上，但在人们的想象中又似乎可行的设计元素，既为青少年展现了一个美学存在空间，又极大地增强了影片的观赏性。[2]

三是展现对人生、时代和社会的深刻反思。日本动漫注重追求深入人心的影响力，重视对人性的深刻剖析，使受众在得到知识营养和视觉刺激的同时，还能展开联想和思考，并由此获得启迪。比如，对于人与人之间的关系、人生的价值和意义的探寻，对青春、梦想、奋斗、忠诚、迷茫与爱恨的表达与追问，都切合了当今社会人们的心理诉求，引起观众极大的共鸣。[3]

四是借动漫产品输出其价值观和思想体系，这也是其文化外交的重要组成部分。天皇至高无上的规训是这种价值观的传统核心，等级制度、武士道精神都是围绕着对天皇的尊崇与臣服而展开的。日本动漫中经常体现的集团意识是日本阶层的结构基础，群体利益优先是日本社会的运行前提，团体成员在紧密相连的利益和共同命运下相互依存并黏合在一起。而自由、民主则是日本脱亚入欧后的精神支柱和外交口号，实际上，日本宣扬的民主、自由、人权、法治等价值不过是对美国霸权话语的迎合以及对外开展价值观外交的需要。

日本正在型构出一个庞大的世界动漫体系，以此来不断吸引不同国家和地区的年轻人认同其价值观念。日本为此设立了长远的计划，并且在推行中获得了相当的自信，还实现了巨大的经济效益。日本倾全国之力打造的动漫帝国涌现出了不少艺术风格鲜明的世界级大师，比如宫崎骏、手冢治虫等，他们把东西方文化

1 张啸涛：《"动漫帝国"倾销中国》，载《凤凰周刊》2006年第16期。
2 李娟、李月敏：《日本动漫文化输出战略》，载《河北大学学报》（哲学社会科学版）2007年第4期。
3 李娟、李月敏：《日本动漫文化输出战略》，载《河北大学学报》（哲学社会科学版）2007年第4期。

和谐地融合在一起，这突出体现在对人物身份、地域文化的脱日化模糊处理上，这种混合型文化在保护自身民族传统的同时又吸收了异域文化的因子。这为日本成为文化超级大国和实现全球化的国家梦想提供了可能的设想和路径。

日本的文化输出在进入21世纪以后有了一个明显的特征转变，即围绕着如何促进包括中国在内的曾遭受日本侵略战争创伤的亚洲各国对日本的积极理解，提升日本的国家形象，培养更多的对日本感兴趣的年轻群体，避免近邻纷争，形成区域普遍认同的"东亚共同体意识"而开展。一些日本学者认为，日本流行文化在亚洲地区的输出，与其说是瞄准了市场商机，不如说是基于国家政治的考量，是为了清除日本侵略战争的历史后遗症，向没有战争记忆的亚洲年轻一代推广现代日本"人性化"形象的国家策略。由此，日本希冀借助动漫、影视、电子游戏、流行音乐等认同度高、距离感弱、包容力强的流行文化来增进人们对日本的亲近感，建构日本爱好和平、强调道德、重视文化的有魅力国家的国际形象。[1]

因此，现今的日本文化输出一直遵循着日本文化外交的核心理念：一是以普及日语培训、传播流行文化和现代艺术等为主要手段，在世界上培养爱好日本风格的一代，使他们从内心深处产生对精深广博、风韵独具的日本文化的好感和兴趣；二是积极吸引和培养能够引领跨文化交流活动的国际性人才，通过对多元文化的选择性、创造性吸收，使日本成为传承与创新并具的"全球文化资本转化的源头"；三是向世界传达日本"尊重和平、共生共荣"这一自我评价的"普世"价值观，致力于成为"连接多元文化和不同价值观的桥梁和纽带"。日本的文化外交政策还把存在尖锐对立的历史认识问题、曾被日本入侵的东亚和需要加强文明间对话的中东及伊斯兰地区作为重点关注对象，希望通过文化交流、平等对话以及相互间的经济合作增进这些地区对日本的理解，加深彼此间的信任感，并为未来"东亚共同体"的框架设计织就共同的利益观和价值观。[2]

韩国在历史上也曾是华夏文化圈的一员，这个昔日的中华文化接受国在朝鲜战争以后逐步走出了百废待兴的困境，尤其是在20世纪80年代，其经济实现了高速增长，韩国成为亚洲四小龙之一。随着国力的增强，韩国文化也逐步走向世

---

1 吴咏梅：《浅谈日本的文化外交》，载《日本学刊》2008年第5期。
2 文化外交の推進に関する懇談会「「文化交流の平和国家」日本の創造を、文化外交の推進に関する懇談会報告書」，2005年7月。

界，拥有了一批"韩流"追随者，实现了文化交流中的弱小文化对强势文化的反哺。

按照百度百科的定义，狭义的"韩流"通常指韩国电视剧、电影、音乐等娱乐产品登陆他地后产生的地区性影响，广义的"韩流"也包括韩国服饰、饮食风尚等。"韩流"一词最早由中国媒体提出，后被韩国媒体及学术界广泛使用，用以指代其文化产业的世界性输出。"韩流"现象在亚洲许多国家普遍存在，在亚洲以外的地区亦影响日增。[1]

"韩流"不仅仅是一道亮丽的文化风景，更给韩国创造了巨大的经济价值。在韩国的国际收支项目中，文化、娱乐服务收支在2012年首次实现了8550万美元的顺差。韩国银行公布的资料显示，2013年1月至5月，韩国文化、娱乐服务产业收支实现5200万美元顺差，顺差规模比2012年同期的4350万美元增加了19.5%，这主要得益于音像制品方面的出口业绩大增。[2]如今韩国文化产品在国际文化市场上的份额，从20世纪90年代中期的不到1%上升到近年来的5%；韩国文化产品占国内生产总值的比重超过6.5%，规模逾650亿美元。[3]

现今的"韩流"早已超越了以影视剧为主的域外传播模式，成为一个相互影响、彼此带动、层次分明的庞大文化产品循环体系。在这个体系中最有竞争力的是韩国自主开发的各种游戏，其次是流行性很强的电视剧、电影、动画片、卡通形象和大众音乐等。"韩流"还扩散至日常服饰、生活饮食、美容整形、电子产品乃至汽车消费等领域，渗透和辐射到了国际社会人们生活的方方面面。

"韩流"文化的另一重大影响，就是在全球特别是在部分亚洲国家和地区制造了韩语学习热，"韩国学"研究也逐步得到亚洲学界的重视。据调查，中国已有一百多所四年制大学设立韩语（朝鲜语）专业，设立韩国研究中心等学术机构的大学和科研院所也增加到170多个。另外，中国的许多专科院校、高职院校，甚至一些民办院校也相继开设了韩语专业。同时，中国有越来越多的青年学生赴

1　https://baike.baidu.com/item/%E9%9F%A9%E6%B5%81/29167?fr=aladdin，2013-11-23。

2　《韩流带动文化产业收支实现顺差》，http:// world kbs.co. kr/chinese /news/ news-hotissue-detail htm，2013-07-14。

3　王泠一：《2012：韩国执政党拿什么"争票"》，载《文汇报》2012年1月30日。

韩国留学，数量已达六七万名，占在韩外国留学生总数的七成以上，中国已成为韩国高校最大的留学生来源国。中国在校的韩国语专业大学生中，不少人从小学就开始接触"韩流"，大部分学生很喜欢韩国电影和电视剧，并经常观看；而由于语言障碍，只有1/3的学生比较欣赏韩国的流行歌曲。调查表明，"韩流"给中国高校的韩国语教育带来了广泛而深刻的影响。[1]

近十几年来"韩流"文化席卷亚洲，尤以韩国电视剧掀起的收视热潮为标志。由韩国文化放送（MBC）、韩国电视台（KBS）、首尔电视台（SBS）三大电视公司制造的韩剧在中国、日本、新加坡等亚洲市场上长盛不衰。在2002年到2004年，几乎所有的中国省级电视台都播放过韩剧，韩剧的热播为各级电视台吸引了众多观众，尤其是女性观众。值得一提的是，韩剧取得了深夜11点以后非黄金时段10%的收视份额，超过很多本国电视剧在黄金时段的收视率。[2]2002年一年里，中国内地播放的韩国电视剧就达到67部。[3]在中国香港和台湾，韩剧依然迭创佳绩。2005年，《大长今》在香港无线电视台的收视率曾达到42点，最高收视达到50点，打破了香港无线电视台的最高收视纪录[4]，在台湾也创下了5.46%的本岛最高收视纪录[5]。在日本，韩剧从模仿日剧发展到自主创新，加入了适合东方观众的审美元素，并进行创造性发挥，实现了与日剧的分庭抗礼，甚至有青出于蓝而胜于蓝的趋势。

韩剧的文化输出最大限度地囊括了韩国的饮食、服饰、消费习惯、道德观、家庭伦理等民族元素，使韩国国民的生活方式、价值观念乃至韩国的国家形象都借这一传输平台进入观众的脑海之中。韩剧中的文化输出主要包括三个主要方面的内容。一是韩国现代生活方式的输出。剧中的韩式服装、韩国饮食、语言习惯等影响了大量的女性和青少年消费者，走红各个国家，对"韩流"文化的全球传播起到了很大的推动作用。二是民族价值观念的输出。韩剧中经常宣扬的爱国忠诚、节俭务实、礼仪风尚、民族气节、血缘亲情、伦理纲常、婚姻爱情等价值元

1　金秉运：《韩流热潮与中国大学的韩国语教育》，载《黑龙江民族丛刊》2008年第4期。
2　王丹娜：《从韩剧热播说"韩流"》，载《文化交流》2007年第4期。
3　佚名：《"韩流"与韩流经济》，载《中国高新技术企业》2008年第6期。
4　侯越：《从韩流看"影视表象"与"旅游地形象"的构筑》，载《旅游学刊》2006年第2期。
5　张国涛：《韩剧："咸鱼翻身"的奇迹》，载《中国经贸》2006年第4期。

素随着韩剧的热播而不断发挥着移情、渗透、感染的作用。三是健康、积极的国家形象的输出。韩剧中的青春偶像剧对韩国本土品牌的电子产品、汽车以及韩国的风景名胜、旅游环境等进行了大肆的渲染与精致的刻画，在很大程度上成功塑造了韩国的正面形象。[1]

在"韩流"成功的背后，韩国政府的引导与扶持发挥了重要作用。韩国为了继承、弘扬传统儒家文化纲常，制订了"文化立国"的战略国策，大力发展以儒学为主体内容的文化产业，不仅使混合了儒家和韩国民族特色的文化产业在亚洲乃至世界产生明显的影响，而且还极大地拉动了国民经济的增长。[2]

自金泳三政府始，历届韩国政府无不将发展文化产业作为国家最高战略并加以大力推动。1997年亚洲金融风暴以后，韩国政府对文化产业建设与发展的认识进一步深化，开始将其作为21世纪带动国家经济的战略性支柱产业，1998年正式颁布实施"文化立国"的基本国策。1999年，韩国政府首次制定了有关文化产业的综合性法规《文化产业振兴基本法》，1999年至2001年又先后制定了《文化产业发展5年计划》《文化产业前景21》《文化产业发展推进计划》等重要文件，明确了文化产业的宏观战略和中长期发展规划。在此期间，韩国有关部门陆续对《影像振兴基本法》《著作权法》《电影振兴法》等具体执行条例做了部分或全面修订，通过立法变革来推动韩国文化产业的脱胎换骨；同时，政府机构积极理顺管理机制，设立专门的文化产业促进机构，如"文化产业振兴院""文化产业振兴局"等，以落实各项政策措施；政府还划拨巨额资金，对文化产业进行扶持，组建以文化产业园区为中心的轻产业集群，实现文化产业的规模化、集约化快速增长；此外还采取了减免关税等手段，大力推动影视、音乐、网络游戏等文化产品走向世界；等等。[3]

此后，政府始终在韩国文化产业占领国际市场、融入全球化浪潮的进程中扮演了强大推手的角色。如果没有韩国政府有效的文化振兴战略和具体推进过程中的巨大支持，这个东亚小国的文化外溢与传播难以想象，更无法完成，官方力量

1　徐小立：《从文化输出的角度看韩剧的成功》，载《沈阳师范大学学报》（社会科学版）2011年第6期。
2　蒲星光：《儒家文化道德对韩国的深远影响》，载《东北亚论坛》2005年第6期。
3　张国涛：《本土生产与国际传播：试析韩剧的生产机制与传播策略》，载《南方电视学刊》2005年第5期。

的引入才是"韩流"成功的关键因素。当然,在此过程中,韩国广播公司等国家媒体也扮演了至关重要的角色。韩国广播公司在完成国内广播任务的同时,还通过节目输出、对外交流、共同制作等积极开拓海外市场,对外展示和传播韩国民族文化。韩国广播公司输出的韩剧在中国、日本和东南亚国家播出后获得巨大反响,在"韩流"的形成和蔓延过程中起到了不可低估的作用。[1]

"韩流"不仅是韩国文化输出的标志性符号,更是韩国建设国家文化软实力的折射与体现。有学者对此评价说,韩国政府"认为不应该把韩流现象看作是简单的文化传播,而是要使之成为亚洲甚至世界的代表性大众生活潮流,其最终目的是通过韩流文化来与中国争夺儒家思想主体精神价值的解释权。韩国影视作品就是韩国崛起于东亚、走向世界的政治宣言书和民族身份证"[2]。"韩流"确实已经超越了简单逻辑和概念表征层面上的文化输出之意,代表着韩国国家文化软实力的传播,并用具体的实例传播与体现着这种日趋强大的思想引导力和重要的价值内涵。"韩流"通过各种大众渠道将文化软实力理论具化并移植到了国际资本、力量与关系角逐的舞台,而文化软实力理论又为"韩流"的进一步壮大和扩展提供了方向指引和思想路径。[3]

有学者认为,"韩流"的魅力或竞争力是在强调其传统民族特色的同时,也在内涵中植入了一种"亚洲共性",因此对中国的观众很有吸引力。[4]"韩流"中的"亚洲"符号指向是一种主观建构的地缘文化想象,其功用是处理不同文明交汇时的碰撞、迷思与冲突,它也是"韩流"引起相邻空间共鸣并实现跨文化流行的重要包容性元素。[5]"韩流"中国受到追捧不仅仅是因为韩国输出了优秀的大众文化,也不仅仅是因为两国在文化层面上的相似与亲近,更因为它顺应了发展、变化、包容、交汇的时代要求,体现的不仅是单一的韩国文化,还臆想成为

1　范红、贾萌、廖正军:《韩国放送公社"三个面向"的战略导向》,载《现代传播》2006年第3期。
2　唐小洪:《〈大长今〉折射韩国文化战略》,载《新民周刊》2005年4月28日。
3　朱芹:《"韩流"与文化软实力——以〈大长今〉等韩剧为中心》,载《韩国研究论丛》2006年第0期。
4　金京勋:《中国韩流的变化状况研究——以电视剧为中心》,北京:中国社会科学出版社2009年版,第81页。
5　刘小丹、朱玮:《韩流与"亚洲"想象》,载《浙江传媒学院学报》2013年第3期。

地缘政治关系格局中的普及文化。"韩流是一种创新文化，它以东亚传统文化为起源和框架，融合西方现代文化的相关内容与要素而形成，即它的基因是来自于东亚传统文化，而形式则借用了西方现代文明的实践体态。"[1]而今，"韩流"已经超越了国界，以多变的模态去迎合各国民众所认可的价值追求，不断激发他们的共情与回应，期望形成更大的传播力和感召力。

韩国文化的成长并非偶然，在全球化的大趋势下，经济实力是文化传播的基础。韩国依托于自己飞速发展的经济，一方面大量吸收外来文化的积极因素，努力将西方的现代思想和本民族的传统文化结合起来，挖掘传统文化的当代价值，型构新的国家意识和民族精神；另一方面又积极与世界对接，实现本民族文化的对外扩张。"韩流"并没有浅显直白地宣示和强调自己的文化身份和意识形态特征，而是将其内蕴于电视剧、动漫、游戏、服饰的各种细节表达与生动描述之中，并在每一个角色的日常琐碎生活层面中具体呈现出来，在意识空间无形地进行传递和浸淫。依靠文化输出的成功，韩国逐渐摆脱了低位文化和弱势话语的枷锁，成功重塑了自己的国家形象，重构了民族精神。[2]

第三节　苏联（俄罗斯）及东欧
应对西方文化输出的策略与手法

冷战时期，理想主义立场的美国外交传统认为，对外传播本国文化有利于国外民众对美国思想价值的认同，从而有助于本国外交政策的实施和功利主义目标的达成。因此，这一时期的美国文化输出都是有着强烈的实用价值诉求和政治意识形态目的的。其中，1953年艾森豪威尔建立的美国新闻署（USIA）成为冷战时期帝国主义文化输出的重要机构。艾森豪威尔为美国新闻署规定的主要任务如下：第一，对外解释、宣传美国的国家政策，赢得国际社会的理解与认同；第二，向全世界介绍美国社会文化，吸引其他国家民众的关注和仿效。美国新闻署的成立，为美国对外宣传和文化输出活动在政府和国际社会中发挥影响起到了关

1　朴光海：《韩流的文化启示：兼论韩流对现代社会生活方式的影响及其文化根源》，载《国外社会科学》2011年第4期。
2　徐小立：《从文化输出的角度看韩剧的成功》，载《沈阳师范大学学报》（社会科学版）2011年第6期。

键作用，形成了权威话语，并成为美国政府国际宣传工作趋于常态化的重要标志。[1]美国新闻署的活动在历届政府时期都得到了不同程度的加强，尤其是里根执政时启动的"民主工程"及其建立的全国民主基金会，这两个项目得到全面实施，在冷战时期美国与苏联的均势对抗中发挥了重要作用，对冷战的结束起到了催化和加速的作用。

为抵消美国针对所谓非民主国家的文化输出和意识形态攻势，苏联开始加强对外宣传和扩大教育文化交流活动，以此削弱对方，传播自身影响。针对美国对苏联短波广播范围和力度的不断扩展和增强，苏联加大了对美国之音和自由欧洲广播电台进行无线电干扰的力度，并通过莫斯科广播电台在中东欧地区进行反宣传，不断拓展和加固自己的意识形态体系。另外苏联也大力开展与美国的教育文化交流，并通过这种交流活动凸显社会主义的国家价值、宣布自己的战略意图。这种交流有几个目的：一是通过与美国的文化交流学习西方先进的科学技术，弥补苏联科技发展的不足；二是通过文化交流这样的柔性对话方式消解冷战阴云，实现苏联与西方国家和平共处的诉求，并表达社会主义国家与资本主义国家进行合作的愿望；三是通过交流掀开西方强加给苏联的铁幕，让国际社会了解社会主义制度给苏联带来的翻天覆地的变化，展示繁荣进步的社会主义国家在艺术、文化、科技方面取得的成就，形塑苏联积极健康的国家形象。[2]因此，从1958年开始直到冷战结束，尽管美苏关系矛盾重重、摩擦不断，但两国之间的教育文化交流活动数量一直呈上升趋势。1958年共有516名苏联学者和技术人员根据交流协定前往美国，到60年代中期逾1000人，到1972年，参加交流的苏方人员数量已经是1958年的3倍。1977年，苏联通过各种交流、合作途径赴美的人数已达到4615人，是60年代的4倍。[3]

通过这些实际举措，苏联向国际社会介绍了一个社会主义大国非西方模式的建设成就，提升了苏联的国际形象，促进了世界对苏联的了解，各国与苏联的互

1　李智：《文化外交：一种传播学的解读》，北京：北京大学出版社2005年版，第31页。

2　韩召颖：《输出美国：美国新闻署与美国公众外交》，天津：天津人民出版社2000年版，第234-235页。

3　韩召颖：《输出美国：美国新闻署与美国公众外交》，天津：天津人民出版社2000年版，第236-238页。

信。但是，苏联应对西方文化输出的策略僵化，手段过于单一，主要是采用封、堵、禁的传统防御方式，对西方文化输出的隐蔽手法、曲折路径、多样化形式认识不足，缺乏有效的应对措施，这直接导致了后来苏联、东欧社会主义国家阵营的解体。

苏联应对西方的文化输出，采取以下三种基本策略：一是单向的灌输式政治规训，把体系化的社会主义思想教育等同于简单的说教和粗暴的训斥；二是想当然的、呆板的防堵式措施，把抵御西方敌对势力的宣传战等同于一般性防守反击，对西方国家精心打造、周密设计的文化输出战略及其文化产品，基本采取刻板僵化的封锁、拒斥、围堵方式；三是消极被动的应对心态和立场，既不注重社会主义思想理论的创新发展与广泛社会宣教，也不具体分析研究西方文化输出战略的新变化、新策略、新措施，缺乏总体性、前瞻性的应对思路和顶层设计，基本上处于一种被动防御和拒守待援的状态。可以说，从20世纪50年代后期到80年代末期的近30年时间，苏联与东欧基本在思想文化领域处于自缚手脚、僵化落后、封闭保守和疲于应付的境地；与此同时，西方思想文化输出却形成了体态多样、投入加大、国策支持、遥相呼应的良性循环，产生出极强的传播力、解释力和影响力。

另外，苏联及东欧国家在没有解决好其社会内患之前，就急功近利地加快改革进程，其指导思想上的错误和发展方向上的迷失使得苏联及东欧国家自觉不自觉地被纳入西方社会和平演变社会主义阵营的议程之中。由忙于应对西方文化输出战略和疲于解决国内民众思想文化领域的诸多问题，发展到被迫采取随意反复的否定防堵式策略和灌输性教育模式，最终毫无立场地接受西方价值观念、自由主义社会思潮渗透，加之在发生社会思想动荡和政局混乱的情况后，又不知所措地放弃作为国家最高意识形态的马克思主义指导思想，自我否定社会主义核心价值，最终导致了对西方文化的战略防范体系全面崩盘。[1]

从这样的意义上说，西方文化输出战略的强势推进和苏联及东欧国家思想文化战线的自我消解，以及由此在苏联东欧国家造成的严重社会混乱和价值迷失，是苏东社会主义阵营解体的关键缘由。

1　李青：《前苏联东欧应对西方文化输出战略的经验教训》，载《理论探索》2008年第3期。

东欧剧变以后，美国依然没有放松对独联体国家的文化渗透和精神殖民。2003年11月以来，一些独联体国家如格鲁吉亚、乌克兰、吉尔吉斯斯坦、乌兹别克斯坦相继发生政治危机和社会动荡，反对派走上街头发动社团组织化的颜色革命。这种颜色革命完全由西方政治势力操纵，以西方话语框架指导实施，意即反对派的行为是在某种颜色所指称的符号规制下进行的。他们在和当局进行意识形态拉锯的时候，把某种颜色赋予了人权、民主、自由等所谓普世框架下的含义，借机引起国内外舆论的关注，这是反对派在西方指示下特意设计的一种政治斗争话语方式。在所谓的"玫瑰革命""橙色革命""黄柠檬革命"的隐喻指向下，这些符号表征都被嵌入了一种"柔性改革"和"非暴力抗争"的"正义"内涵与"合理性"诉求。格鲁吉亚、乌克兰和吉尔吉斯斯坦先后推翻了当时的政权，建立了亲西方尤其是亲美的政治体制。美国国会公开宣称自己在这些政权转换中发挥了主要作用，而文化价值观念则是其输出美式民主的先导。

针对发生在独联体国家的"颜色革命"，俄罗斯采取了一些刚性措施来应对：一是取缔了一些亲西方的非政府组织，并对社会团体赞助人实施严密监控。二是成立了一些亲政府的青年社团，利用这些有生力量阻挡西方策划的类似"颜色革命"入侵。三是增设了政府新机构——对外地区及文化合作局，加强与周边地区的文化教育合作，不断加强教育文化等软实力建设，以对与独联体其他国家的人文交流合作产生实质性影响，保卫俄罗斯的非物质领土。[1]

现今的俄罗斯依然面临着诸多文化安全问题，主要体现为全球化语境的复杂多变、俄罗斯主流文化失范、精英价值危机严重、多元化社会思潮蔓延、文化民族主义泛滥等。为此，普京政府制定了一系列文化战略措施，以维护国家文化主权、输出俄罗斯思想价值为核心进行了深入的调整和改革，以期重构和提升俄罗斯的大国形象。

俄罗斯的文化战略有其悠久的历史渊源，这与其传统宗教文化背景有着密不可分的联系。东正教的救世主思想使俄罗斯人天生就有一种自诩的普世情结，即认为俄罗斯的使命不仅是拯救自己的人民，还包括全世界的生灵。俄罗斯知识

1　张丹：《独联体国家的"颜色革命"和美国的文化侵略》，载尹韵公、明安香：《传播学研究：和谐与发展　中国传播学会成立大会暨第九次全国传播学研讨会论文集》，北京：新华出版社2006年版，第250-254页。

分子的论断代表了深植于其内心深处的民族情感："大家都感到，俄罗斯面临着伟大的世界性任务……俄罗斯注定负有某种伟大的使命，俄罗斯是一个特殊的国家，它不同于世界上任何别的国家。俄罗斯民族的思想界感到，俄罗斯是神选的，是赋有神性的。"[1]俄罗斯人在这种自我想象的蛊惑下，从来不屑于在世界政治舞台上充当配角，这是隐藏于其民族记忆深处的思想内核。因此，俄罗斯政府在制订国家战略时深受这种历史文化情结和理论价值中枢的影响，在宣传口径上统一了俄罗斯是一个大国，而且是一个强国的意义指向，其目的是要恢复民族对国家的信念，增强国民的凝聚力，提升俄罗斯的国际形象和巩固其强势地位。

在历史战略思想、传统文化渊源和现实环境裂变的多重影响下，现今的俄罗斯文化战略具有三个方面的特点。

一是在地缘安全层面上建构自己的战略文化体系，保障俄罗斯非物质领土安全。"颜色革命"的发生使俄罗斯更为重视在周边和独联体国家建立起拱卫俄罗斯安全的地域防线。俄罗斯一方面拉拢、示好各独联体成员国，给独联体各成员国许多实在的优惠，让这些国家成为其国家安全屏障，进一步强化俄罗斯在独联体的中心地位和不断扩展其势力范围。另一方面以强硬手段主动出击，强势回应那些已倒向西方阵营的国家，如乌克兰、格鲁吉亚、吉尔吉斯斯坦等，与美国、北约展开或明或暗的博弈与对抗，迫使北约减缓东扩的步伐，同时督促这些亲西方国家采取务实的选择，与俄罗斯保持友善的关系。俄罗斯还十分强调教育与国家安全的紧密关系。在官方颁布的一系列重要文件中多次把国家的教育目标设定为："为俄罗斯社会经济和精神发展建立基础，保证人们高质量的生活与国家的安全。"2002年颁布的《独联体教育统一空间构想》则是俄罗斯与独联体共同建构集体安全的教育合作平台。该构想是在坚持一体化原则的前提下形成独联体统一共享的教育文化空间，其具体内容是：保持独联体历史形成的精神统一性；促进独联体的民族文化价值在公民中的广泛传播；独联体各民族平等交往，共享文化传承和文明成果；为独联体人民的多种合作提供条件支持；形成独联体共同的科学技术、经济和信息交流平台；拓宽经济、科学、文化、教育和社会范围内各

1　尼古拉·别尔嘉耶夫著，汪剑钊译：《自我认知》，上海：上海人民出版社2007年版，第273页。

专业人才的培养途径和评定渠道；等等。[1]

二是打造强大的俄罗斯，重构其历史上的大国形象。普京执政后，把重塑俄罗斯民族精神作为当务之急，将其内涵具化为"爱国""强国""团结"三个关键词，使俄罗斯精神成为团结全俄、振兴民族的价值中枢。俄罗斯是一个具有强烈民族自尊心的国家，普京为凝聚民心、唤起民众的荣誉感，以法律形式确定彼得大帝时期的白蓝红三色旗为俄罗斯国旗、伊凡雷帝时期的双头鹰标志为俄罗斯国徽、苏联国歌旋律为俄罗斯新国歌的曲调。这些提炼俄罗斯强盛时期精神的符号以及引导当下社会舆论的举措都向世人宣示，俄罗斯拥有光荣、强盛的历史，也会努力赢得一个美好的未来。与此同时，普京顺应俄罗斯国民崇尚强权和实力的心态，明确提出建设一个拥有国际优势、社会繁荣、经济发达的国家的目标。普京先后批准了《俄罗斯国家安全构想》《俄罗斯联邦军事学说》《俄罗斯联邦外交政策构想》三个纲领性文件，确定了全面均衡的大国外交方针，彰显了大国和强国的立场与姿态。普京还非常重视社会团结与阶层和解，把集体主义和团结精神作为振兴俄罗斯的思想财富，并以此来凝聚人心，缓和民族矛盾，营造和谐稳定、努力奋进的社会氛围。[2]

三是作东西方文明交流的桥梁，走亚欧兼顾模式的发展道路。历史上俄罗斯是欧洲文明的重要组成部分，其民族渊源、种族特征和宗教文化均与西方文明紧密相关，但俄罗斯的绝大多数国土又位于东方地域，受东方文化与传统的影响甚巨。在官方的授意下，俄罗斯国徽双头鹰的含义被解读为，一头望着西方，一头望着东方，显示了俄罗斯在这块土地上的东西视野合一。普京曾经说："俄罗斯既是欧洲国家，又是亚洲国家。我们既对欧洲的务实主义，也对东方的智慧给予应有的评价。所以，俄罗斯的外交是平衡的。"[3]别尔嘉耶夫对这一立场进一步做出了深刻的阐述："俄罗斯民族不是纯粹的欧洲民族，也不是纯粹的亚洲民族。俄罗斯是世界的完整部分，巨大的东方-西方，它将两个世界结合在一

1　包仕国：《全球化进程中中国文化安全的衍进与重构》，上海：华东师范大学2007年博士论文，第81页。

2　钟伴仁：《重塑"俄罗斯民族精神"——普京执政的一大亮点》，载《中国党政干部论坛》2004年第12期。

3　转引自冯绍雷、相蓝欣：《转型中的俄罗斯对外战略》，上海：上海人民出版社2005年版，第67页。

起。"[1]这个论断不仅揭示了俄罗斯文化的包容性，更重要的是凸显了俄罗斯是一个独立的世界视野覆盖下的文化空间，它是联系东西方的桥梁，也是融合东西方文化的继承者以及新的亚文化的创造者。

近年来，国际形势跌宕起伏、波诡云谲，俄罗斯的文化战略在全球化和新安全观的背景下有了一些新的变化。俄罗斯加快了在国家层面上的文化安全战略规划制定与深入实施的步伐，并于2014年12月24日由总统普京正式签署了《俄罗斯国家文化基础》这一纲领性文件，从政治文化安全、语言文学安全和国民教育安全三个层面昭示了当今俄罗斯文化战略的重点思路和实践举措。这些思路和举措依然是立足于防范和抵御外来文化的出发点，从国家安全的角度应对以美国为首的西方国家"文化帝国主义"的全面渗透。实际上这只是一种刺激-反应的被动回馈，还没有提升到主动输出俄罗斯文化和价值观念的战略层面。尽管如此，这些顶层设计和宏观政策仍反映出俄罗斯对文化战略的重视和深入推进的决心，这个纲领性文件从三个方面阐述了俄罗斯新文化战略的思路。

一是将政治文化安全上升到增强民族认同和国家软实力建设的战略高度，提出从国民、族群、国家、国际社会四个维度上强化俄罗斯意识形态和文化身份建构，全方位论述了构建一个统一、强大的政治文化共同体的基本目标和理论框架。其基本内容是：将体系化的俄罗斯精神、文化，民族的自我认同作为团结全体民众和引领社会发展的主要动力，在发掘民族文化潜力的基础上培养具有强烈道德观、高度责任感、巨大创造力的公民群体，加快形成覆盖所有公民的高质量、普及性、现代化的国家免费文化服务网络；在维护各民族文化独特风格的前提下，构建俄罗斯文化统一空间，以此保障和巩固多民族国家的政治完整性；努力将全人类共同的价值观与俄罗斯传统价值观有机结合起来，持续强化由爱国主义、强国意识、民族团结等核心元素组成的"新俄罗斯思想"作为公民道德行为规范的基础性地位，在精神文化领域型构一个富强、团结并遵循自身历史发展模式的俄罗斯国家形象；凸显俄罗斯文化在世界文化体系中的宝贵地位和重要价值，确保俄罗斯文化大国地位，与世界各国文明平等对话，引领不同文明之间的互动交流，增强大国复兴的文化美誉度和话语影响力。

1　转引自张骥等：《国际政治文化学导论》，北京：世界知识出版社2005年版，第421页。

二是彰显俄罗斯语言和文学经典的价值，强调俄语和俄罗斯文学作为俄罗斯文明存在形式的基础思想地位和促进多民族国家文化统一的聚合作用。这个纲领指出，俄语是国家各民族共同使用的社会交往媒介，俄罗斯的历史文化记忆和其体现出来的道德精神价值及对世界文明的深刻理解把俄罗斯民众团结在一起。在语言文学的保护和推广策略上，该纲领体现了明确的文化保守主义的态度和立场。如提出大力支持出版俄罗斯经典文学作品和对本国文学史的研究成果，保障对俄语标准语的当代形式研究的科学性和专业性，建立俄语科学院词典和电子语料库，对俄罗斯经典文学作品进行数字化保护和传承，设立俄罗斯文学年等，其深层目的是要全面拓展和强力固化全球俄语的使用领域和使用人群，重塑并提升俄语及俄罗斯文学的国际地位，防御外来语言和文化的侵蚀渗透，保障俄罗斯语言文化安全。

三是进一步促进国民教育体系的更新与改革，确定了国民教育在文化艺术领域的总体地位和发展原则。在义务性国民教育方面，该纲领性文件主张从小学开始培养儿童对俄罗斯艺术文化的兴趣，注重培养青少年其民族特质的道德和审美价值观，巩固学校、博物馆、图书馆、艺术馆、音乐厅、文化宫等公共文化平台在国民教育和文化启蒙中的核心地位，保障公民个体接受教育并获得全面发展。在专业艺术教育方面，该纲领性文件提出建立不断培育具有创作潜力的天才艺术家的系统和机制，确保国家文化创作潜能在下一代国民中的传承和延续。[1]这一纲领性文件的出台，标志着俄罗斯未来一段时间内国家文化安全战略框架的基本形成，可能会带来俄罗斯文化安全和外交政策的整体调整和深度改革，并对周边国家的文化交流传播和以美国为首的西方社会文化输出战略带来实质性影响。

1　田刚健：《俄罗斯国家安全战略的三个维度》，载《中国社会科学报》2015年5月15日。

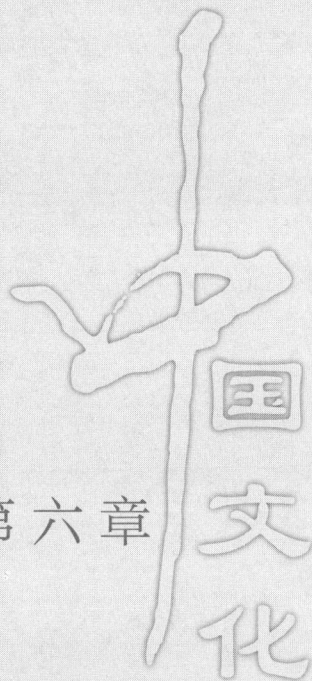

第六章

从大陆文明到海洋文明，
再到空间文明：
文化遗产的具象化传播

第一节　从自发到自觉的辩证统一
——对中国文明史的挖掘、提炼、再造

　　文化的自发与自觉是讨论文化的传承、发展、融合、创新等层面上必然要遇到的关键问题。有学者认为，人类的文化史体现了三个阶段的递进含义。第一阶段是自发的文化演进。在洪荒时代，人们为了传递信息和记录事件，在岩壁上刻下各式符号，这实际上已经形成了一种表意文字，是人类文化的萌芽阶段，一般认为是文化的自发起点。第二阶段是自觉的文化创造。即人们认识到文化对于人类有重要的意义，开始自觉地创造和应用文化，比如诗词歌赋的创作、传统戏曲的传承与保护等。第三阶段是对自发与自觉的辩证统一，即一种文化的自觉。这主要是国家社会真正认识到文化的根本价值，进行自觉的维护、传承、发展，包括国家层面的文化战略设计、受教育群体的自我觉醒，自上而下逐渐扩展到全社会与全民的认知与践行，从而真正达到本民族文化不断演进的终极高度和实现其在人类文明中的地位与价值。[1]

　　按照哲学上的解释，自发行为首先是指不受外力影响自然产生、自行抒写、自我想象的行为，是人们未认识、未掌握客观规律时的一种似本能反应。在这种潜意识状态下，人们为客观规律所支配，往往不能预见自己行为的效果。而自觉则属于一种自我警醒、驱动创新和解放自己的精神活动，是人类在文明发展过程中受到内外各种关系影响而产生的基本属性，反映了人类社会实践活动的必然诉求与演变趋势，体现为对人类文明存在与传承的维持与提升。这包含了人的内在意识本体与外在物质本体的矛盾张力及其发展变化，其基本属性就是有意识地

　　1　向云驹：《冯骥才文化自觉思想的构成和意义》，载http://www.chinawriter.com.cn/bk/2013-05-08/69461.html，2016-07-04。

保障和延伸本体范畴，创造自我的思想核心和精神框架。当然，文化的自发演进
与自觉创新并非如形而上的概念解析那样简单，这二者既有所区别与分隔，又表
现出一种继承与发扬的辩证统一。这包含两个方面的意思：一方面，任何民族的
文化都会经历一个自发的延续和发展的客观过程，类似于自然界的物种进化与繁
衍，因此文化的多样性和多元化是不以人的意志为转移的客观存在；另一方面，
文化的自然演进也离不开人类自觉意识的影响与纠偏，人类会不时地反思、调整
和再造自己的文化，形成某种思想框架的文化自觉。

哈耶克从自由主义的立场对人类文化的演进与发展进行了深刻的阐释，对我
们正确认识文化的自发传承与文化的冲突、危机、创新、融合的互动关系等，具
有一定的参考价值。哈耶克的文化演进论是建立在他的自生自发秩序观的基础之
上的，其反对理性建构主义的观点在学界很有影响。

哈耶克认为："文化既不是自然的也不是人为的，既不是通过遗传承继下来
的，也不是经由理性设计出来的。文化乃是一种由习得的行为规则构成的传统，
因此这些规则决不是'发明出来的'（learnt rules of conduct），而且它们的作用
也往往是那些作为行动者的个人所不理解的。"[1]换句话说，文化是人类不断进
行社会实践、互动交往、谬误纠偏和思想积淀的必然结果，而不是人自文明初始
就进行理性考量、整体设计和精心建构的产物。他认为，文化的自发性是其突出
的表征，人的理性相当有限。文化是指人的生活形式，而文化理论是人类解释生
活形式的一种元话语。文化即生活，文化理论的终极使命是理解和解释生活，为
人们的生存和生产模式选择提供决策参考，而不是去设置和干预人们的生活。因
此，文化体系并不是人们设计、建构出来的，而是人类文明史自然发展所形成的
历史与现实的思想框架与精神坐标。

哈耶克强烈反对文化建构主义的理论进路，他认为文化建构主义必然导致精
英主义和权力意识的泛滥，即将少数人的欲求和理念作为普遍规制，使其凌驾于
全社会之上，并以这部分人的个性和意志兼并和覆盖多数民众的行为和意愿，形
成社会的同质化和单一化。如此发展下去，文化建构主义必然导致对人的思想个
性和精神多样存在的压制，使社会停滞、僵化和缺乏活力，长此以往，文化会因

1　哈耶克著，邓正来等译：《法律、立法与自由：第二、三卷》，北京：中国大百
科全书出版社2000年版，第500页。

人及社会的单向型构和权力桎梏而践行性衰退，亦会因人的自发性、创造性被束缚而走向衰弱和枯竭。他坚持这样一种自生自发的秩序观，即认为文化的演变与发展在于社会成员之间的自发性互动而非少数人的框架性预设，拒斥理性建构主义，为文化的发展呼吁自由、开放的空间。

由此思路延展下去，这种文化自生自发的秩序观主要体现为两个方面：一是文化的融汇，二是文化的竞争。这二者的兼济亦是文化演进最合乎逻辑的合法化轨迹。

从人类文明史的视角看，多姿多彩的文化形态展现了人类精神思想的不同维度与价值取向，这种差异与多样可以弥补各文化自身的不足和缺陷，即形成多层面、广泛性的文化融汇。在文化融汇的视阈下，任何一种民族文化都是人类拥有的精神财富，从这个意义上讲，戴着有色眼镜的排外主义立场是荒谬的，其扬己抑彼的努力无异于建立一个自我想象的空中楼阁。斯塔夫里阿诺斯说："任何地方所取得的任何创造性成就都可能成为大家共同的知识财富，人们进行讨论、学习、采用或予以抛弃。最终结果将是全球范围的相互作用和相互交融。生物学领域中杂交优势的法则在文化领域中也会起作用。"[1]

除了合作与交融，哈耶克还十分强调文化竞争在文化递延繁衍中的作用，他认为文化竞争是促进文化发展的主要动力，"复杂的文化结构的形成恰恰是这样一种优胜劣汰的进化过程的结果"[2]；行为规则是文化型构的核心内容，"人生成于其间的文化传统，乃是由一系列惯例或行为规则之复合体构成的"[3]。因此，这种文化竞争建立在规则的基础之上，凡有助于一个群体取得优势的规则会在竞争中胜出，并最终形成一个群体的文化传统。但哈耶克所认可的规则并非被达尔文主义奉为指针的优胜劣汰、适者生存的丛林法则，他强调的是一般正当行为规则在建构秩序中的作用。他指出，遵从一定的规则体系或受约于共同的价值取向，可以确保某种具有某些抽象特性的行为模式或实践秩序得到型构。法律制

---

1 斯塔夫里阿诺斯著，吴象婴、梁赤民译：《全球通史：1500年以后的世界》，上海：上海科学院出版社1999年版，第908页。
2 哈耶克著，邓正来等译：《法律、立法与自由：第二、三卷》，北京：中国大百科全书出版社2000年版，第498页。
3 哈耶克著，邓正来等译：《法律、立法与自由：第一卷》，北京：中国大百科全书出版社2000年版，第15—18页。

度或正当行为规则并不服务于具体的或特定的目的，而是服务于抽象的和一般的价值，亦即对某种类型的秩序加以维护和保障。[1]

进而，要确立一种人类社会可以普遍遵循的基本秩序，其前提是人们拥有共同的价值和公认的规则，否则人类社会将会陷入文明的冲突、思想的混乱与利益的纠葛之中。全球化促使人类社会从相对分散和封闭的小场域向更为开放和包容的大空间过渡，要保障这种过渡的顺利，就必须形成人们可以认同和共享的普遍性价值和广泛性规则，即一种新的全球性秩序。在这种全球性秩序的型构与强化进程中，采取唯我主义和霸权主义的立场与视角都是行不通的。因为在文化竞争之中，历史悠久的文化一般都具有强大的生命力，很难被彻底击败或淘汰出局，因此，文化竞争应被视为文化演进的动力。另外，文化是依附于人类而产生并存在的，而不是人类受制并服从于文化的变迁。因而，对文化存在价值的考问就是：这种文化是否有利于人类社会的健康发展，是否能够满足个人或群体普遍性社会生活的需要。[2]

哈耶克的文化自发论并非人们一般意义上所理解的文化的自生自灭，而是其宣称的基于一般正当规则和民族传统的文化演进与递延，然而他的这种执其一端不顾其余、追求片面而深刻的思想进路在学理上和逻辑上还是有所欠缺的，即有意无意地忽略了文化自觉的作用。这就遮蔽了文化传承与创新的双向驱动，导致了一种主体无为的客观主义与虚无主义倾向。

从文化自觉的角度来理性审视中国文化生态的型构与发展，传统文化的现代融合或创造性转化是一个重要问题，这也是近代中国思想文化界一直以来不断思考和争论的话题。我们认为，要增强当下中国模式的理论自信、道路自信、制度自信、文化自信，就必须高度重视和弘扬中国传统文化，使其继续成为中华民族生生不息、发展壮大的思想宝库，并在不同的历史时期和时代境遇中以不同的精神形式形成某种统一的文化自觉，促进人们不断积极地反思自己的民族文化，并以此引导对民族文化的调整、再造、创新。

从世界文明的发展历程来看，有学者认为，中国文化自我觉醒的过程就是发

1　哈耶克著，邓正来等译：《法律、立法与自由：第二、三卷》，北京：中国大百科全书出版社2000年版，第490-500页。

2　James Johnson: "Why Respect Culture?", *American Journal of Political Science*, 2000, Vol. 44, No. 3.

现东方和传播东方的过程。所谓发现东方，就是重新阐释以中国为代表的远东国家（印度、日本、中亚国家等）的历史与文化思想，题解当代东方文化的复杂形态和立足于本土文化立场书写东方文化的重要性，通过多元世界和多极空间发现、唤醒被矮化、臆想和忽略的东方文化，重塑东方文化身份。简言之，即在全球化时代言说东方，再造东方。这种东方文化的对外传播也是实践主体反思后的结果，是在东西方两大文明体之间形成互为主体性（主体间性）的渐进历程，其表征则是要在全球化背景下形成东方主体性与西方主体性平等互视、彼此回望的知识话语体系，既包容异质文化的差异，又恰当地解读自己、重塑自己。在这个框架下，发现和传播是一个问题的两个方面，互为依存，交相接续。发现首先是重新题解自我的过程，一个民族和一个人在发展的关键阶段都需要理性拷问和批判精神使我们得以回到本体论层面之上。发现本质上是指中国社会应有一种思想的警醒和知识体系的重构。因为现在这个时代已经超越了历史的局限，突破了二元对立的文化藩篱，是一个认真思考和重新展现中国意义、亚洲价值的新阶段。我们永远需要在发现中认识自己的历史局限性，我们也需要在外溢传播中寻求东西方文化的公平对话、互补共荣，在文化的碰撞和交汇中实现不同主体的互相尊重和理解宽容，为世界文化生态的繁荣、演进、创新做出自己的贡献。[1]正如威廉·麦克高希所言："人类文化史在不断造魅又不断祛魅中前进。任何思想都不可能成为永远正确的思想，也没有任何文化体系可以永恒成为他人拿来抄袭的模式，没有任何话语权力的消长可以不逃脱历史的意味深长的一笑。只有飘逝的才是永恒的，一切都在变化之中重新发现、重新阐释、重新确立，一切都在互相交流中使可能性成为现实性。"[2]

五千年的中国文明史具象书写了文化自发和自觉统一的演进过程。中国传统文化的传承、弘扬和复兴，需要面对马克思所论述的商品拜物教的负面影响，对抗市场经济原则强加给社会的"生活世界殖民化"倾向，并拒斥商业文化在利益驱动下低俗化和过度娱乐化的诱导。这其中的一个重要抓手就是要利用文化基因的多样性所产生的文化自发增长的强大力量来倡导优秀文化的自我进化，涤浊扬

1　王岳川：《发现东方》，北京：北京大学出版社2011年版，第2—18页。

2　威廉·麦克高希著，董建中、王大庆译：《世界文明史——观察世界的新视角》，北京：新华出版社2003年版，第477—515页。转引自王岳川：《中国后现代话语》，广州：中山大学出版社2004年版，第31页。

清、战胜低劣而生存下来，展示文化固有的生命力。同时，也需要主流意识形态和政府各机构部门的主动作为、积极引导，尽力营造一个多元文化共存并繁衍的良好生态，并对某些弱小的民间文化加以必要的扶持与保护。

我们认为，在自觉反思和理性重塑传统文化的过程中，要尤其注重哲学的精神引领作用。罗蒂的后哲学文化观把哲学视为一种广义的话语批评，即它可以在不同的文化形式之间建立沟通和联系。而实际上，哲学的任务并不仅仅限于这种表征意义上的文化联络，它作为一种特殊的理论思维方法可以用来解读、反思和批判各层面和多维度的文化形式，而文化批判则是其最为重大的历史使命。近代以来中国文化体系与格局的巨变，其经验教训、功过是非都不可避免地与哲学思潮紧密相关，如五四运动以来马克思主义哲学和其他西方哲学理论对中国文化发展演进所起的催化作用。哲学对中国传统文化的反思和剖析是一种广义的文化批评和思想体系对话，其目的不是规训与施压、监督与教导，而是对不同文化关系之间了解互信、彼此影响、共同增益的进一步拓展与深化。相互了解是包容性相处的前提，在林林总总的文化冲突中，产生理解的可能性是不同文化和文明对话的预设前提和基本条件。在可理解性的视域下展开的文明对话，可以对社会的进步与发展产生极大的几何倍增效应，并丰富和完善人类的精神思想体系，这将在后验的人类文化发展中不断付诸实践和得到确证。不同文明、不同文化传统之间的交流虽然难免有冲突和碰撞，但从实际效果来看，人类社会依然在不断提升作为一种高度文明的包容性意识，它是康德设想的永久和平、世界大同的最珍贵的精神符号和思想资源。[1]

中国文化与中国文明是两个不同的概念。小韦伯认为，文化是指人类存在的精神和物质状况，也指存在于社会环境中的特有的民族气质，这种表现在审美标准、价值取向、艺术风格上的内蕴和精神的不断变化贯穿了人类社会发展的整个过程。埃利亚斯则发展了小韦伯的观点，认为文化是各民族相互区隔、保持差异的关键，是各民族的精神特色所在，指的是一个民族历史上形成体系并代代相传的知识、思想、习惯，而文明则是人类在物质和生活形态上脱离野蛮环境、改变提升自己的存在和发展方式、形成开化和律令国家、不断积累进步的自然行为

1　孙利天、高苑：《自发自觉的辩证法：论中国传统文化的现代转化》，载《吉林大学社会科学学报》2015年第4期。

和社会行为的总和。文明是渐次进化的，并且是朝着越来越有利于人类生存与发展的方向改变。文明所涉及的是家族观念、工具、语言、文字、信仰、宗教、法律、科学技术、风俗习惯、城邦和国家等要素。文化以差异为表征，文明以趋同为标志，这一内涵的厘清非常重要，有助于对研究文化史和文明史进行明确区分。按照这一分类，文明史研究的对象，就是人类社会上层建筑的精神追求（包括素质养成、知识生产、道德伦理、规则律令）如何建构和形成规制的过程。[1]因此，文明是产生文化的摇篮和发展文化的基础，它拥有更宽广高远的视角，我们倾向于从文明史的视阈来看待中国文化如何走向自发与自觉的统一演进的过程。

在中国文明史的挖掘、提炼、再造过程中，对文化遗产的开发与保护是首先要特别关注的问题。文化遗产作为一个通过社会实践并经学术提炼的专有名词，最初出现在联合国教科文组织于1972年10月17日公布的《保护世界文化和自然遗产公约》中，物质形态的文化遗产包括文物、建筑群、遗址三个方面。2003年10月17日联合国教科文组织在正式通过的《保护非物质文化遗产公约》（以下简称《公约》）中确立了"非物质文化遗产"的定义。我国近年来通过对国际上文化遗产理念的吸纳并结合中国的实际情况，也以政府文件的形式给"文化遗产"做了如下解释与界定："文化遗产"包括物质文化遗产和非物质文化遗产两部分。[2]这一清晰的内涵指向对我们挖掘与保护中国文化遗产具有重要的引导作用，也获得了普遍性的社会认同。目前我国已形成了物质文化遗产和非物质文化遗产齐头并进的保护与开发的双重运行机制，并在文化遗产概念、性质、特点的研究，文化遗产保护与开发的现状以及存在问题的解决方案，文化遗产保护与开发原则、对策及制度的制定，文化遗产保护与开发中的主体驱动，文化遗产保护与开发的外部环境以及相关因素的强调，文化遗产保护与文化产业开发的模式探索等方面取得了长足的进展，对中华文明史的挖掘已初见成效。

当下，我国对物质文化遗产的挖掘与保护已积累了很多经验，形成了较为成熟的模式。具体可分为以下五个大的方面：一是以博物馆为主体的保护与开发

1　葛兆光：《文明史的研究思路——以宋代中国的历史为例》，载《学术界》2003年第4期。
2　国务院：《关于加强文化遗产保护的通知（国发[2005]42号）》，2005年12月22日。

路径，包括以公共博物馆、民间博物馆、数字博物馆等为主体的旅游、展览、休闲、文物复制与销售等。二是对大型古文化遗址，如人类遗址周口店、安阳殷墟、秦始皇陵等的保护与整体开发利用。三是文化遗产的旅游开发综合体系设计，如故宫、十三陵、都江堰、泰山、武当山等形成的多种文化符号公众展示的统一复合体。四是对文化内涵丰富的历史街区进行开发与保护，采取政府投入、企业支持、商业运作等模式。五是对历史文化村落的开发与保护。或者政府与企业作为现代运营主体，或者居民、村委会自主运营、自主开发，两种模式互相补充、互为支撑，共同构成古村落文化传承与当代形塑的体系。[1]

非物质文化遗产是中华文明的重要组成部分，它作为民族的文化记忆和精神基因，体现了中华民族的思想智慧和价值取向，其内涵和体系比物质文化遗产更为深厚和博大。2006年，由文化部等九部委联合主办、中国艺术研究院和中国国家博物馆承办的"中国非物质文化遗产保护成果展"在中国国家博物馆展出，社会反响强烈，吸引了大批观众。2006年6月，中国又举办了第一个"文化遗产日"，引起了全社会的广泛关注。目前，非物质文化遗产保护意识已经深入人心，对非物质文化遗产的挖掘与保护也已上升到国家战略层面，成为培育国民精神家园的一项具有世界主义立场的系统性文化传承工程。

保护与挖掘非物质文化遗产，要总体把握非物质文化遗产的传承规律，特别关注和重视其复杂性和特殊性。

一是对非物质文化遗产进行准确的内涵界定和概念表述，这是挖掘和保护非物质文化遗产的前提和难点。非物质文化遗产概念的形成是一个复杂的过程，目前对非物质文化遗产的界定主要以联合国教科文组织有关保护非物质文化遗产的正式文件为依据。这些文件中对"非物质文化遗产"的定义是，被公认为本民族传统精神遗产组成部分的各种社会实践、观念表述、生活形式、传统知识、手工技能以及相关的工具、实物、文化产品和文化场所。非物质文化遗产世代相传，在各社区和群体适应周围环境以及与自然和历史的互动中，被不断地再创造，为这些社区和群体提供身份认同和历史脉络，从而增强对文化多样性和人类创造力的尊重。按照这个界定，"非物质文化遗产"包括以下五个方面：（1）民

1　傅才武、陈庚：《当代中国文化遗产的保护与开发模式》，载《湖北大学学报》（哲学社会科学版）2010年第4期。

族的口述传统及其表现形式，具体型构为作为社会交往遗产的媒介、语言等；（2）表演艺术；（3）社会实践、民族仪式、传统节庆活动；（4）有关天文地理的知识和实践；（5）传统手工艺。[1]我国依据联合国公约将非物质文化遗产分为13个类别，这种划分既以《公约》的定义为基础考量，又充分纳入中国社会的结构特点和文化基因，基本包含了我国各民族、群体、地域现在的非物质文化遗产中的一切传统知识、文化现象和表现形式。

二是对非物质文化遗产项目的认定要以科学的标准为依据。根据国际公约和我国出台的相关规定，非物质文化遗产大致可分为以下几类：（1）拥有历史价值的民间传统表现形式或文化空间；（2）包含见证和促进现有文化生态的独特品质；（3）具有鲜明的民族、群体或地方文化特征；（4）能发挥提升民族文化认同感或社区文化传承的作用；（5）工艺高超或面临失传，现代无法复制；（6）符合人类精神体系的总体标准，具有影响人们思想情感的艺术因素；（7）其当下存在呈现某种程度的濒危性。当然，这样的评判标准也不是绝对和一成不变的，要动态地看待这个问题并避免平均主义的利益均沾和简单、僵化地评定非物质文化遗产项目的误区。[2]

三是以正确的方式和路径科学、全面、系统地抢救、保护现有的非物质文化遗产。这主要体现在以下五个方面：（1）梳理非物质文化遗产代表作名录体系；（2）以文字、录音、录像、数字化媒体等手段将非物质文化遗产转变为具象载体，对保护对象进行全面、真实、系统的记录；（3）恢复或再现非物质文化遗产形成的原初氛围，如对一些礼仪、仪典的传承与复制；（4）把非物质文化遗产转化为某种可供使用的资源，使其发挥经济效益，以扩大再生产方式对其进行保护、递延和弘扬；（5）注重对非物质文化遗产继承人的社会尊重、传播宣传、传承培训。[3]

对中国文明史上创造的中华经典的梳理、提炼与总结是自发与自觉统一视角

1　文化部对外文化联络局：《联合国教科文组织〈保护非物质文化遗产公约〉基础文件汇编》，北京：外文出版社2012年版。

2　王文章、陈飞龙：《非物质文化遗产保护与国家文化发展战略》，载《华中师范大学学报》（人文社会科学版）2008年第2期。

3　王文章、陈飞龙：《非物质文化遗产保护与国家文化发展战略》，载《华中师范大学学报》（人文社会科学版）2008年第2期。

下中国文化的演进、外溢、传播的另一个重要内容。

无论是何种语言文字对"经典"一词的理解，都离不开如下表述内容，即"经典"都包含规范、典范、法则、范例、准则等意思。它不但指历史上传承下来的、经过时间检验、以文字或其他符号形式存在的制度性文本，更包括此类文本所蕴含的约束与主导人的思维、情感与行为的权威文化话语。[1]这样，经典就必然处于各种力量与极端手段纵横交织和发生冲突的场域，与不同形式的文化权力和其他结构性牵制手段关系密切。经典是传统文化思想精华的物象凝聚，通过对经典的解读、提炼，可以展现文化传统的历史轨迹，也可以洞见中国文化精神的话语指向与价值中枢。

经典文本及其延伸阐释的交相辉映、互为观照是中西文明都共同呈现并以此为表征的历史文化景观，也就是说经典是历史精神的浓缩与代表。经典之所以被称之为经典，是因为其在知识体系、思想框架、核心观点、价值设计等方面表现出来的文化高度与文化独创，它集中体现了一个民族、一个社会的文明立场和精神标签，对人类未来的演进历程、社会实践、知识生产具有一定的指导意义和路径观照作用。实际上，轴心时代形成的价值体系和道德标准一直在影响着当代的人类社会，没有了经典思想的光耀，现代社会可能会陷入某种无序和困惑之中。经典的生命力和创造力也在于历代学者和阐释者的直接创造、参与和广泛传播，对经典的诠释解读，对其思想内容和价值意义的变通转型，都是为了适应不断变化和发展的社会需要。经典的阐释者必须具备更加开阔的学术视野和更加多样的实践探索经验，才可能拂去僵化迂腐的历史尘埃，层层剥开经典丰富深刻的意义内核，为当今社会提供思想坐标和文化滋养。

经典阐释的路径和方法是多样的和复杂的。西方学界运用多种学科范式，从语义、语境、心理、文化、社会、历史、宗教、哲学等不同学术层面和学科立场去释读经典。在西方学者的视阈里，经典文本的意义是无限的，个人的目光与他人的洞见，现在的描摹感悟与过去的勾勒书写混杂融合、相互影响，可以形成多样化的理解。正如尼采所言，世上本无事实，只有解释的解释的解释……个人可

1　"经典"一词，《现代汉语词典》释为"传统的权威作品"，《辞海》释为"一定时代、一定的阶级认为最重要的、有指导作用的著作"，《辞源》释为"旧作为典范的经书"，《尔雅》释之为可作为规范法则的书籍。

以通过对经典文本的细描深读，通过与古人的时空对话和视界融合，达到认识世界、理解世界的目的。[1]中国的经典阐释也不是单一模式、固定套路的一般性题解，如汤一介就将中国早期经典诠释分为历史事件的解释、整体性的哲学解释、社会政治运作型的解释三种范式。[2]

正是由于历代思想家们倾毕生之心力，皓首穷经，心无旁骛，志向高远，致力于经典的创造性诠释和代际传承，和时代同进退，与天下共兴亡，为我们留下了宝贵的精神财富，也为历史上具体时间和空间节点的社会文化生活做出了丰富多样的涂描与再现。

每当社会发生关键转折与剧烈变革之时，也正是经典诠释引领风气、发挥影响之时。有学者认为，当代文化发展的关键首先就是发现经典、走近经典。在中国文化经历了一个世纪的西方现代转型之后，应该重新发现和深入探讨中国文化精神价值取向的层次维度和广袤空间。要从娱乐性行为艺术和全盘西化的思想盲区中走出来，重新走近经典、走近历史，重新认识中国文化和民族价值观的精神高度。在这个过程中要秉持"重构东方与文化走出去"的立场，既向经典靠近，又诠释和创新经典，把继承与改造辩证统一起来。这种社会实践具体可以概括为三个维度，即以当代形式创新经典、激发思想原创力和文化走出去。"创新"是人类生命价值的终极意义所在，"原创力"是民族独特观念和精神生产力，可以表征大国的软实力和国际形象，文化走出去则是全球化语境下文化多样性得以保持的基本前提，也是崛起的大国应该担负的国际责任，更是文化交流的内在规律制约下人类文明发展的必然趋势。[3]

需要注意的是，我们目前虽已形成走近经典、诠释经典、传播经典的初步诉求，但当代社会也出现了对经典的过分商业化和自我臆想化改造现象，这是值得我们反思和检讨的。这种现象以讲坛类电视节目为代表，形成了由大众传播媒介与宣讲普及类学者共同打造的经典代读风潮。随着国民对文化精神的追求日益迫切，回归传统、崇尚经典成为社会的共识，然而由于认知能力、知识结构、教育

1　柳宏：《儒家经典的价值挖掘与诠释转型——论〈论语〉在当代和谐社会建设中的参照意义》，载《理论学刊》2010年第1期。

2　景海峰：《中国诠释学的几种思路》，载《光明日报》2002年9月26日。

3　王岳川：《从"去中国化"到"再中国化"的文化战略——大国文化安全与新世纪中国文化的世界化》，载《贵州社会科学》2008年第10期。

素养、场域覆盖、社会风气等条件的制约，不少人无法自主阅读经典，而不得不依赖于由二级传播模式的舆论领袖进行"代读"，从这样的次级诠释渠道间接获得对经典内涵与意义的把握和体会。

经典"代读"满足了公众对文化符号的跟风式需求，一定程度上促进了传统文化的复兴，但这种"代读"也导致了如下结果：一是人为地切断了大众文化消费群体与精神本源的联系，阻隔了公众真正吸收经典养分的传统纽带；二是使公众对这种普及知识型"代读"形成了心理依赖，产生了学习惰性；三是误导了公众的事实和价值判断，对肤浅式、表征性"代读"失去鉴别力与欣赏力，从而造成对经典文本的认知错位和历史本相的迷失与混淆。因此，由经典"代读"走向全民"自读"，提高公众文化素质，重建公众学习空间势在必行。这些举措包括，重点加强公共图书馆建设，大幅提升图书馆的通识性知识传播功能；充分发挥大学、文化机构的主导作用，通过资源分享、思想引导、理论宣讲促使经典"代读"向"自读"的顺利转换；等等。[1]

总之，走近经典、阐释经典、创新经典是当代中国文化走出去的关键性战略举措，也是与世界文明对话、产生双向"理论旅行"的重要前提，它可以为全球化语境下中国文化模式建构、理论体系的自我创新与国际传播奠定坚实的观念基础，形成价值坐标。

在对中国文明史进行深度的挖掘、提炼、总结之后，中国文化融入世界文化大潮的另一个关键指向则是对民族思想体系的再造和重构。这既指对文化传统的继承与保护，又指对传统文化的重要因素的时代再造与当下重构。

文明遗产是对历史演进历程的一种概括和象征，除了作为映射域的物质与非物质载体以外，它还可以被看作一种话语表述与精神实践，是"人们之间有关过去的谈论，是关于他们遗忘、记忆、真实经历或者是经验想像（想象）的言说"[2]。这些言语行为方式常常在历史学、人类学、社会学和文化学等学术视野中被建构成文明的知识对象，随着时代和社会的发展而发生变化。"在每一个历

---

1 梅新林、葛永海：《经典"代读"的文化缺失与公共知识空间的重建》，载《中国社会科学》2008年第2期。

2 David C. Harvey: "Heritage Pasts and Heritage Presents: Temporality, Meaning and the Scope of Heritage Studies", *International Journal of Heritage Studies*, 2001, No. 7, p. 320.

史阶段，话语都生产了知识形式、知识客体、知识主体以及知识实践，不同阶段滋生出完全不同的知识驱动方式，而它们之间并没有必然的联系。"[1]把文明遗产看作一种话语、一种社会实践，重构了文明遗产的价值基模和意义指向，有助于深层次地理解和再现历史文明的轨迹。也就是说，文明遗产可以被看作"一个实践的进程，一种交流的行为，一种在当下并为当下制造意义的过程和符号建构指向。它是一种身份形成的文化与社会渐进的序列，包含了为理解与改变现在而产生的记忆与叙述活动"[2]。把文明遗产看作一种话语实践就可以不仅仅把其作为具象形式的表征符号，而是真正收集社会历史的言语行为碎片以拼凑出一种重要的文本，从而探讨文明的建构及其意义的产生。

儒家叙述范式正是中国历史话语的一种经典表述。孔子撰著了第一部编年体史书《春秋》，继而又以三部重要的史书对其进行注释延展与深层解读，探讨其语言风格及内涵意义，它们都被列入十三经之列。《春秋》《左氏春秋传》《春秋公羊传》《春秋穀梁传》《史记》都被认为是儒家的经典，也是中国古代文明史的一种话语实践，这种模式从中国史学以言指义的视角来看就是"微言大义"和"春秋笔法"。孔子用"深刻显明"即清晰显露世界的深度来呈现意义的指向，在他的视阈下语言不是用来概括世界的，而是用来叙述具体的日常行为、生活事件，进而达到对经验与价值的澄明、揭示、开放与显露。从孔子的历史语言观来看，构成文明遗产意义的是当时人们与某个地点相关的活动及对这些活动的叙述与描摹。换句话说，这种意义是对一定历史时期人类社会活动的思想厘清与精神判断，它不是通过知识、概念、逻辑、事实、分类等范式来体现的，而是通过对具体事件的描述显露出来的，是一种"道，不可道，不可名"的心灵感悟与瞬时意象。[3]

重现与再造这种"述而不作"的史家话语模式，不仅仅是对中国文明遗产的抽象化重构与进一步阐释，从而追求史料考据和人类学历史口口相传的"话语原真性"，也是探索一种把民族志与批评话语分析（CDA）结合起来的跨学科研

1　S. Hall: "Foucault: Power, Knowledge and Discourse", in M. Wetherell, et al.: *Discourse Theory and Practice: A Reader*, London: Sage, 2001, pp. 72-81.

2　L. Smith: *Uses of Heritage*, London & New York: Routledge, 2006, pp.1-2.

3　吴宗杰：《话语与文化遗产的本土意义建构》，载《浙江大学学报》（人文社会科学版）2012年第5期。

究范式。以孔子"兴灭继绝"的历史观看待先人留下的遗迹，那些看似静止的文本、平面的语篇、口述的历史，以及被学者们不屑一顾归入"垃圾堆"的东西，都可以在言说再构的批判叙事当中恢复鲜活的形态，并赋予了那个时代的社会生活以深邃的意义，成为批判话语改变世界的资料库。批评话语分析的大多数观点都具备西方学术思想那种"片面而深刻"的属性，近年来也面临着话语困境和书写危机，儒家叙述范式正好可以弥补批评话语分析的框架性缺陷，以文化民族志的形式超越西方现有的分析性学术话语模式。这也是中国文明对当下国际社会思想和文化体系的又一贡献。[1]

自近代西方技术文明入侵中国以来，古老华夏遭遇千年未有之巨变，被动置身于现代以西方为中心的全球化格局之中。中国传统文明赖以生存的制度条件和政治生态逐渐被现代性剥去，面对西方文明的强势压力，中华文明的主体性逐渐消退，这造就了对自身民族思想体系的质疑和对西方文明的屈就与迁随。因此，寻找并再造中国文明的主体性便成为当代中国社会一个形而上的大课题。

在黑格尔精神哲学的视野中，政治国家制度是一种客观精神，而在国家制度之外尚有伦理习俗的客观精神，有社会心理、民族思想之类的主观精神，还有在哲学、宗教、艺术等文化形式中的绝对精神。所以我们可以在当下社会的伦理生活中，在个人和群体精神状态中，在哲学、文学、艺术等经典文本中，寻找和重构中国文明传统的当下存在。这种几千年文明传统形成的集体无意识已成为中华民族的价值基因和精神标识。在一定意义上，我们仍言说和生活在雅斯贝尔斯所描述的轴心时代思想体系之中，无论是思维模式、道德标准还是行为实践都蕴含着中国传统文明灵性智慧的本体。比如中国人的家庭观念和言语行为，父母子女、亲戚朋友之间的亲情友情等，是中国人高度重视的道德伦理构成，也可以说是具有民族文化标识意义的中国价值。从基于血缘关系的生理学视阈下的亲情，到常见面、多走动的邻里间的深情厚谊，再到国际交往中的和睦相处、与邻为善，这已经超越了西方政治哲学中片面抽象的普遍理性主义视角，成为中国文明理解人群、社会和世界关系的特有思维方式和行为实践。这些都是我们特别需要

1　吴宗杰、侯松：《批评话语研究的超学科与跨文化转向——以文化遗产的中国话语重构为例》，载《广东外语外贸大学学报》2012年第6期。

珍惜和传承的活态传统。[1]

在西方文明强烈的冲击下，当代中国是继续保持原有的文明认同，还是为西方文明所主导，成为其依附并入全球化格局？这是一个幼稚的非此即彼的选择，也是一种简单、僵化的二分范式。费孝通认为，在"中体西用"或"西体中用"之间做断然的取舍是对人类文明的生硬割裂，中国文明和文化的未来命运完全取决于其是否能够审计度势地自我调整，随着社会环境的变化和时代的变迁不断进行反思和创新，唯其如此才能维持自身的主体性。当然，文化的主体性先于文明的主体性，文化主体性的实现还取决于民族文化在全球化条件下对人类共同命运的贡献，即"在这个正在型固的多元文化世界里找到并确立自己的位置，经过自主的协调与适应，和其他文化一起，兼容互补，建立一个彼此认可的基本秩序和各种文化平等互视、各抒所长、共同发展的合法化存在生态"[2]。

把费孝通关于文明和文化主体性的思考置于其关于现代性的反思这一背景之中就会发现，一方面他切身体会到西方"平等性格局"中的个人主义取向相较于中国"差序式格局"中自我与他者的关系构建在身份尊严、道德体系、国家认同、民族现代化等方面的优越性，另一方面他又担心科技文明、工具理性不断膨胀会带来人与社会共同异化的灾难性后果。在这种中西文明的博弈之中，费孝通认为中国文化要维系民族本体的自觉性和自主性，不仅应实现从"差序式格局"向"平等性格局"的融合转型以及创造性、选择性地接受现代性的思维框架和技术逻辑，而且应该挖掘中国传统技艺的优势与长处，在社会实践的层面上克服现代大工业生产之局限。当然，这种兼顾两方的路径思考是一个浪漫主义的想象和乌托邦式的设计，但如果放弃这种追问和探索，中国文化的主体性就会因缺乏关注而逐渐迷失。唯有不断探寻并最终解开这个难以厘清的迷局，尽可能走出这个多重困境，中国文化乃至中国文明的主体性才可能得到延续。[3]

1　孙利天、高苑：《自发自觉的辩证法：论中国传统文化的现代转化》，载《吉林大学社会科学学报》2015年第4期。

2　费孝通：《对文化的历史性和社会性的思考》，载《思想战线》2004年第2期。

3　李友梅：《文化主体性及其困境——费孝通文化观的社会学分析》，载《中国社会科学文摘》2010年第12期。

第二节　文化遗产的象征意义——从古老华夏到美丽中国

索绪尔把符号定义为可代表其他事物的某种东西。他认为，符号的实质是其指称性。符号由能指和所指两部分构成，能指即符号的表达面，是符号的物质构成；所指即符号的意义面，是符号所表示的概念与内涵。能指与所指结合起来形成一个完整的概念，在事物的构成上能指与所指就像一张纸的两面一样不可分割。[1]

文化遗产就是历史文明留存的指称符号，是文化信息的载体，也是一个特定时期的思想文化代表系统。当人们接触到某个文化遗产时，首先会通过触觉、视觉、听觉或其他感官接收到一个直观、形似、具体、实在的影像，这就是文化遗产的"能指"。文化遗产的象征意义则是文化遗产的"所指"，即文化遗产所蕴含的当时的政治、经济、文化、军事、科技、意识形态、社会制度等诸方面的内容和信息。文化遗产的"能指"和"所指"合起来完成了传递符号信息和诉诸价值意义的一般过程。在这个序列中，符号的能指与所指并非一一对应的关系，因为文化遗产的意义往往是立体的、多重的、动态的、渐显的，而不是直观型构和表象呈现的。对文化遗产的学术关注，就是要既分析、认识其能指，又研究、破译其所指，从而再现历史、解析历史；就是要在众多文化遗产之间建立起有机的联系，使之形成一个复杂的综合系统，交相印证、互为观照，在整体性视野下对文化遗产体系进行详尽的解读与诠释，从而揭示其作为思想价值符号的象征意义和深层内涵。文化遗产能最忠实地记载历史事件、反映历史原貌，是社会行为和民族精神的浓缩和积淀，它向当代人们传递着前在的信息与经验，并表达出多样化的意义构成，是沟通不同时代、不同空间人类文化与情感最具象的桥梁，对于重现历史轮廓和进行科学研究有着其他史料所无法比拟的作用。[2]

长城是举世闻名的文化遗产，世界七大奇迹之一，它也是中华民族坚强不屈、生生不息的指代符号，更是中华民族的精神象征。故宫是中国封建传统文化的一个重要形象符号，它意指历史上曾经至高无上的皇权，也具有中国传统建筑

1　索绪尔著，高名凯译：《普通语言学教程》，北京：商务印书馆1996年版，第8页。

2　刘爱河：《试论文化遗产的符号价值》，载《辽宁行政学院学报》2008年第8期。

的民族风韵和美学价值，其文化内涵十分丰富。圆明园则是记载近代以来中华民族灾难与不幸的文化悲歌，是西方文明武力入侵中国、强势摧残古老文明的铁证，是我们民族记忆中不可抹灭的隐痛。它时时唤醒中华民族的意识知觉：民族自强是立身之本，中华民族要想屹立于世界民族之林，就必须以历史为镜，大力弘扬民族精神，跟上时代前进的步伐，努力建设自己强盛的国家。大运河则书写了一段中外文化平和自然的交流历史。明清时期的中国，经济发达，社会稳定，络绎不绝前往北京的外国使节、传教士、旅行者多取道于此，他们的作品中有关大运河沿线的水利工程、城镇乡村和风土民情的观察和描述，促进了西方对中国的认知和了解。透过朝鲜人崔溥、日本僧人策彦周良、意大利传教士利玛窦、英国传教士理雅各等的著作文集和对中国文化的译介传播展现出来的历史记忆与话语想象，我们仿佛可以感受到大运河波涛与中国文脉的共振激荡。现代西方文化进入中国，所谓"西学东渐"的历史进程，也是沿着大运河这条线路而四处植树成荫的。法国传教士金尼阁几度来华，长时期住在西子湖畔，并以杭州为中心沿大运河进行文化传播活动，把数千部西方学术著作介绍给中国知识界。鸦片战争以后，大量外国传教士又沿大运河进入中国内陆腹地开展传教活动，并向中国各界介绍现代科技文化。不少教会学校在大运河沿岸城市设点布局、生根发芽。教会学校对中国社会最直接的贡献就是把现代教育模式移植到了中国，并使之开花结果。经过多年经营，在整个20世纪上半叶，教会创设的13所大学和几十所中学普及的西式教育为中国融入现代文明，以及教育和社会的现代化做出了贡献，而这些学校中相当一部分就位于大运河沿线的城市或者与运河密切相关的城市。从形而上的视角来看，大运河不仅仅是一条普通、有形的河流，它更是一条文化之河、精神之河，它使得整个江南地区经济繁荣并且积聚起深厚的思想文化底蕴，从而促进了中外文化交流在当时社会的各个层面广泛深入地开展。可以说，在中国历史上，大运河这一符号所指代表了多元文化的交流、融合和传统价值的再生及创新，蕴含了深厚的民族记忆和高远的文化精神。[1]

　　文化遗产的思想蕴涵和象征意义与其本身具备的内在价值密切相关，要理解并阐释其符号指代的精神坐标，剖析、厘清文化遗产的价值体系至关重要。回顾和总结我国文化遗产保护工作的实践，文化遗产的价值不仅体现为对历史景观的

　　1　魏大锅：《中国大运河：中外文化交流走廊》，载《文化交流》2013年第8期。

保护，也体现为对传统文化的继承与发扬。[1]文明的真谛是人文精神[2]，在发现、保护、传承、弘扬文化遗产和文化精神的时代背景下，构建文化遗产价值认知的整体框架，特别是从人本、民族的角度分析文化遗产对当代社会思想场域的影响，通过文物符号及其象征意义、内涵范畴等研究探讨中国文明产生的动因、机制和规律，发挥文化遗产对当代社会发展应有的启示和促进作用，具有重大的理论意义和现实价值。

随着文化遗产概念的不断扩展和类别的日渐增多，其蕴含多重价值的特点日益展现出来。一般认为，文化遗产具有历史价值、艺术价值、科学价值、社会价值和文化价值，其中人文景观、旅游线路、古代遗址等还可能具有连接与辐射相关自然要素和环境因子的价值。[3]

关于文化遗产的范畴，前文已有明确阐述，但学术界迄今为止仍没有形成一个统一的标准，一般仍以联合国教科文组织的相关表达和本国的法律、制度规定为评判依据。文化遗产从外延上讲，可分为有形文化遗产和无形文化遗产，亦即物质文化遗产和非物质文化遗产；从具体目类与存在方式上讲，可分为各地区固定的史迹实物遗存和与人们生活密切相关的非物质文化遗产。随着大量新类型的保护对象陆续出现，有关文化遗产概念范畴的表述也在不断拓展与延伸。[4]从文物保护到文化遗产保护的内涵延伸，标示着文化遗产研究从关注单体文物到关注整体的文化再到各国立体化、复合型、多样性文化保护、传承和弘扬的转变，因此，目前文化遗产保护的对象几乎涵盖了体现历史文明物质和精神价值的各个领域，并发展为对相关文化传统、民族习俗的延伸保护，基本覆盖了物质和非物质文化遗产的所有内容。[5]文化遗产的整体性意义越来越突出。

首先，文化遗产是人类在历史活动中的留置物，它的基本属性就是其历时性与传承性，其首要价值就是它内含的史料价值。这包括以下几个方面的内容：一

1　吕舟：《面对挑战的中国文化遗产保护》，载《世界建筑》2014年第12期。

2　彭树智：《我的文明观》，西安：西北大学出版社2013年版，第8页。

3　单霁翔：《文化遗产·思行文丛：报告卷1》，天津：天津大学出版社2012年版，第5页。

4　刘艳、段清波：《文化遗产价值体系研究》，载《西北大学学报》（哲学社会科学版）2016年第1期。

5　吕舟：《〈中国文物古迹保护准则〉的修订与中国文化遗产保护的发展》，载《中国文化遗产》2015年第2期。

是文化遗产可以反映过往的时空下国家或民族的生活风貌及其发展状况，是对当时社会生活的镜像反映和历史演变的原始记录；二是文化遗产可以确证文明演进的历史印迹，在史学研究中可以开风气之先、发翔实之论；三是文化遗产能以其真实、具体的存在和客观、形象的书写补全历史记述的缺失和纠正人们认知的误区；四是文化遗产能以其具象的展示和记忆的发掘向后人言说历史的兴衰更替。其次，文化遗产还有其审美（艺术）价值。文化遗产在接受人们观赏时会因其形态、色彩、声音、质地等内在和外在的各种展示引起人们美的感受和知觉；文化遗产也让人们在雅趣赏玩的美学行为中进一步结合自己的前在经验而做出情感心理体悟和实践验证，这是感知的深化、具身的体验；文化遗产还让人们在接触、感悟其外在形象构成和内在本质意义的综合性认知和理想化追求基础上，形成一种关于人生的审美趣味，提升人们的人文素质，这是文化遗产带给社会的一种独特的精神享受。最后，文化遗产还具有一定的科学技术价值，它可以反映前人的知识结构、层次、水平和在社会实践中生产出来的科学成果，也可以投射出前人创造的具有科学技术含量的工艺性追求及其物化形态。[1]

这些历史、艺术和科学等组成要素构成了文化遗产的主要具身性内涵，但它的价值体系还兼有一定的层次性分布。比如，文化遗产还包含一种社会价值，这些社会价值由于在知识的记录和传播、民族精神的传承、集体记忆和思想凝聚力的产生等方面能够产生不容忽视的社会效益，其重要性也越来越受到人们的关注。文化遗产毋庸置疑还具有文化价值，这是一种具有抽象意义的美学体悟，具备其内在结构中最核心的要素特质及应用功能。[2]文化遗产的社会文化价值反映了一定的历史发展时期精神思想层面的观念体系和行为模式的制度框架等内容，体现了该历史阶段的主流价值观，兼具政治性、社会性、哲学性和情感性等因素。发现、阐释、重构、传播历史遗产的社会文化价值，是塑造民族精神、对外宣示本国文化的重要基础。

价值是文化的精华，也是其象征意义所在。文化价值不仅是文化遗产已知价值的一种综合，还关乎其更多未知价值的长期探索。任何社会历史时期都有属于

1　蔡靖泉：《文化遗产价值论》，载《三峡大学学报》（人文社会科学版）2010年第1期。

2　王欣、邹统钎、杨文华：《遗产文化价值的创意构建与体验》，载《资源科学》2013年第12期。

这个阶段的核心文化价值观，在全球化背景下，它已经成为一些国家或地区绝大多数人表达认同并代代传承的思想标尺及道德律令。[1]这种核心文化价值观既体现于物质文明的形态，又蕴含于精神生活的内核，是经过较长时期逐渐形成的一整套思想、道德或者规则体系；它统领和反映一定历史阶段的主流阶层诉求，对社会成员具有普遍的约束力；它引导着身份象征和群体认同，帮助引领族群实现共同的愿景，是族群文化的指导性纲领和言语行为基础。[2]

构成文化遗产的历代建筑实物、典章制度以及各种内含其中的哲学、宗教、文学、艺术等思想要素，首先强调了其作为文明载体客观存在的属性，同时，文化遗产还与人类精神交往密不可分，是一定观念、思想、技术、知识的反映和固化，是一种宝贵的、活态的文化资源。只有从价值观的角度对文化遗产进行分析和研究，才能读懂其象征意义，才能准确解析古老华夏政治、经济、社会与文化发展变化的互动关系和演进结果。[3]

文化遗产是中国社会代际相传的历史符号，内含着中华民族的精神价值、思维方式、集体想象力和主体意识，隐藏着华夏文化独特而珍贵的遗传基因，是确立我们文化身份和文化主权的基本依据，是中华民族世代递延的文化生态的组成部分，也是我们题解中华文明几千年来发端、演进、创新、传播历程的表征指引。

文化遗产是中国文明史的具象浓缩，几千年的中国文明究竟走过了一条什么样的道路，很多情况下我们是通过文化遗产（包括物质文化遗产和非物质文化遗产）的话语推断、意义研究和价值审定来进行考据、钩稽、论述、想象的。从审视文化遗产到推定文明演进，循具象而抽象，由微观而宏观，是梳理中国文明史发展轨迹并判别其表征、内涵、意指等要素转换更迭的现实逻辑。

中国古代文明究竟归类于何种形式的文明，不同的学者对此也有表述各异的研究论定。有不少学者认为，中国是一个典型的大陆文明国家，秦统一六国实际上就是以秦为代表的板块式内陆中原文明对以齐、楚等国为代表的分裂型海洋、

1　张利华：《论文化价值观的两重性》，载《当代世界与社会主义》2015年第1期。
2　段清波：《考古学要发掘遗产的文化价值》，载《光明日报》2015年7月22日。
3　刘艳、段清波：《文化遗产价值体系研究》，载《西北大学学报》（哲学社会科学版）2016年第1期。

江河、湖泊文明的征服。[1]确乎，中国是被普遍认可的大陆文明的代表，其突出的大陆地理特征使得西方城邦制的分权文明模式无法生存。中国很早就形成了中央集权体制，到了秦汉时期这种政治模式更是登峰造极，通过文官行政体系的建立，地域辽阔的中国完全受制于一个单政治中心的操控之下。这种大陆文明的政治表征是以实行大一统的皇帝——官僚专政体制的王朝更迭为基本存在形态的，即一个王国被推翻后，经过短期的分裂与割据，被一个新的中央集权的专政王国所取代。秦亡汉继，依然是中央集权的大国，接着是魏晋南北朝的各自称雄，此后又是隋统一天下，紧随其后的是唐、宋、元、明、清历代承继的封建式重构序列周期。这是中国古代文明历史演进的基本框架脉络。

这种混元一统文明的特点与西方城邦文明的小体量、多极化、分散型、自主性、流动快和尚竞争的表征有很大区别，其同质化和紧密的结构十分清晰：一是小农经济和生活的单一性形成了人们劳动方式、生活习性、价值观念以及社会组织架构诸多方面的同质性；二是四面开阔的大陆地理因素决定了华夏文明圈的各部族、各诸侯国交往相对自由，各种小族群通过不断地相互兼并、融入中原文化，逐渐在精神思想上形成关系紧密的文明板块；三是华夏文明与世界上其他文明交往非常困难，远离四通八达的地中海城邦文明那样的紧密交流圈，僻处于遥远的东方，极少与其他异质文明进行信息与资源的互动交流、借鉴吸收，由此导致了中华民族文化的统一融合和板块型中央集权文明模式的型构。故而，秦汉这样的统一国家是同质共同体相互影响和融合的必然结果，另一方面，"普天之下，莫非王土；率土之滨，莫非王臣"的专制王国反过来又运用高度集中的权威进一步采取扁平化管理，通过书同文、车同轨的敕训，采取罢黜百家、独尊儒术的思想钳制手段，实施统一的官吏选拔制度，践行保守的重农抑商政策，进一步加快华夏共同体内部的组织同质化和关系胶结式的演变与发展。[2]

这种同质化和板块化的大陆文明主要建立在结构单一、数量众多的小农经济体组织之上。皇权一统天下的主要开支基本上都依赖于这种小规模农业经济体提供的人力、物力、财力。中国历代统治者都把农业放在社会发展的首位，认为无

1　胡键：《中国为什么需要海洋大战略？》，载《社会观察》2010年第12期。
2　萧功秦：《从千年史看百年史——从中西文明路径比较看当代中国转型的意义》，载《社会科学论坛》2007年第1期。

农不稳、有粮不慌，实施重农抑商的国策。商人被列在士农工商的末位，其社会地位低下，经营活动又受到官府的严格管控。虽然到清朝出现了近代化的商业巨擘，积累了大量社会财富，但国家的收入来源仍然几乎全部依靠农业生产。近代商业虽在民间繁衍，但根本得不到政府的有力支持，官府、下层市场、管理机构之间相互掣肘、互不买账，商品市场只能在区域面上横向延伸，不能形成向深度演进的发展态势。因此，现代资本主义经济无法在这种大陆文明的扁平化格局中产生，这也直接导致了以海洋文明为代表的西方国家的强势入侵与近代中国文明的衰落。[1]

也有学者认为，中国古代文明并非完全是单一的大陆文明，而是大陆文明与海洋文明相互结合的复杂构成体。其依据是：就地理条件而言，中国是一个海陆复合体的国家，既面向浩瀚的海洋又拥有广袤的内陆，中华民族的象征——"龙的传人"这个符号中"龙"的形象明显也产生于浩瀚的海洋；海洋文明书写了唐宋时代的辉煌，日本遣唐使、遣宋使的频繁往来，《清明上河图》描述的发达的城市工商业经济就是最好的例证；郑和下西洋则创造了历史，保障了中国周边的安定，维护了东南亚、南亚地区的稳定，提高了明朝的国际声望。[2]一位法国汉学家更是明确指出："郑和开创了地理发现时代，使得中国的海洋实力、海上贸易、航海技术、船队规模和海军军事力都达到了前所未有的高峰。这就说明中华文明是面向海洋的、有探索精神的、开放的文明。"[3]

我们认为，古代中国的这种海洋文明可能具有西方近现代海洋文明的萌芽阶段的某种特征，但还是与成熟的西方海洋文明模式有着较大的区别。文明固无高低优劣之分，但文明的互补和借鉴、交流与融合仍然十分重要。从精神维度上看，中华文明属于道德伦理型、内向保守型和家族本位型的文明，而西方文明属于逻辑法理型、外向进攻型和个人价值型的文明。两种文明性质和种属不同，差异性十分明显，互补性很强。[4]

1　梁正：《大陆文明、市场经济与资本主义》，载《社会科学战线》2000年第2期。
2　袁南生：《关于中国文明转型的战略思考》，载《外交评论》2016年第2期。
3　刘芳：《郑和更像一位和平的使者——专访法国〈回声报〉记者阿德里安·孔博》，载《参考消息》2005年7月5日。
4　何星亮：《文化多样性与文明互补》，载《中山大学学报》（社会科学版）2007年第3期。

海洋文明最早是西方学者在总结大航海时代以来海洋在世界发展中的历史作用时形成的概念，汤因比曾说："西方划时代的发明是把文明进化的焦点放在了海洋上，重新界定了作为全人类物质交往的主要媒介。西方不是使用马匹，而是依靠航海的船只征服了整个西方文明曾经鞭长莫及的世界，其中包括南北美洲。"[1]与欧洲人文主义运动、宗教改革、经济社会转型等变化相呼应，广阔的海洋与开放的国际市场在自由这个观念中汇合了……随着机器的发明，大工业生产的推广……巨大的海权同时成为改变人类社会的根本性机械力量……工业革命把那些横跨大海、远渡重洋的上帝子民变成了机器制造者并进而异化为机器的奴仆[2]。在这样的背景下，黑格尔把人类文明繁衍的地理条件分为三种：高地、平原和海岸地区。他认为，在第一、第二类地区"把人类束缚在土壤上，把他卷入无穷的依赖性里边"，而在第三类区域，"大海却挟着人类超越了那些思想和行动的有限的圈子"，产生出一种以船为交通工具，从脚踏实地的大陆摆渡到波涛汹涌的海面上的海洋文明。"大海邀请人类从事征服，从事掠夺，但是同时也鼓励人类追求利润，从事商业。""从事贸易必须要有勇气，智慧必须和勇敢结合在一起。因为勇敢的人们到了海上，就不得不应付那奸诈的、最不可靠的、最诡谲的元素，所以他们同时必须具有权谋——机警。"[3]黑格尔眼中的海洋文明是现代社会兴起的动力，也是资本主义文明的同义词。在"片面而深刻"的西方哲学立场的审视下，他描述的世界历史把海洋文明看成人类文明的最高阶段，而中国和东方则被矮化为人类文明的童年。由此，他构建的海洋文明是高于农业文明、游牧文明的人类先进文明形态的意义框架成了现代性视阈中西方中心主义话语体系的基石。

中国对海洋文明的理解更多地立足于地理位置、人文传统和文明复合体的视角，这和西方海洋文明的内涵、指向、特征区别很大。比如有的学者认为："在人类把目光投向大海的那一刻，人类与海洋的对话就开始了，蓝色的海洋文明在

1 斯塔夫里阿诺斯著，吴象婴等译：《全球通史：从史前史到21世纪》，北京：北京大学出版社2006年版，第335页。
2 施米特著，林国基、周敏译：《陆地与海洋——古今之"法"变》，上海：华东师范大学出版社2006年版，第57-59页。
3 黑格尔著，王造时译：《历史哲学》，上海：上海书店出版社1999年版，第96页。

彼此注视中诞生了。"[1] "只要海洋对这个文明体、文化区十分重要，都可以称其为由诸多'海洋文化'现象和人类互动行为构成的'海洋文明'。"[2]这些理解未免流于宽泛和自我想象，并非近代史语境中的海洋文明的特定内涵和范畴指向。还有的学者以西方海洋文明作为衡量标准和观照对象，从文明的高低优劣、发达与不发达的立场出发认为中国有海洋文化而没有海洋文明。"一种海洋文明之所以能称为海洋文明，一是它要领先于人类社会的发展，二是这种领先主要得益于海洋文化，两者缺一不可。……中国古代文明的发展，得益于海洋的不多，尽管中国有漫长的海岸线，也创造了丰富的海洋文化，也算不上海洋文明。"[3]这种论断又走向了另一个极端，即忽略了中西文明的差异化互补和文化创新的格局与现实，自觉或不自觉地堕入了文明优劣论的意识形态陷阱。我们认为，全球视野下，应该正确处理和公平看待中西文明的关系，中西双方都应该发挥自己的优势，借鉴对方的长处，实现多元文明的并行发展、交流共融。

综上，我们应该承认海洋文明是与资本主义文明、西方工业文明等范畴相称、表述一致的一种文明形态，是全球海洋时代的一种文明类型，但不等同于世界文明的全部内涵和唯一指向。海洋文明作为按交往方式和以经济手段划分的文明类型，体现了人类历史行为的演变，它经历了从低到高、从初始形态到现代型构的演化历程，跨越了从区域海洋到全球海洋、多极海洋的不同发展阶段；作为国家或区域的海洋文明，体现出各自的属性，又在特定的历史时期扮演着差异化的角色，既有崛起后衰落，又有困顿中复兴或再生，在世界历史上演出了一幕幕生动的活剧。我们认为，海洋文明存在于海陆复合体结构之中，与陆地文明并非高低优劣的二元对立，而是一种互动、借鉴、融合的关系。海洋文明离不开陆地文明的滋养与扶持，陆地文明也受到海洋文明的影响与牵制。海洋文明的流动、开放、多元、包容的特质，是吸收了陆地文明、异质文明的优良元素，经过长期的互动、交流、变异、渐进形成的，在与陆地文明的相互观照中，海洋文明从区域走向全球，其影响力日渐提升，深刻地影响了人类社会的历史进程，形成海陆

---

1 苏文菁、兰芳：《世界的海洋文明：起源、发展与融合》，北京：中华书局出版社2010年版，第6-7页。

2 曲金良：《西方海洋文明千年兴衰历史考察》，载《人民论坛》2012年第6期。

3 邓红风：《海洋文化与海洋文明》，载曲金良：《中国海洋文化研究》，北京：文化艺术出版社1999年版，第22页。

兼具、相济共生的现代世界大格局。[1]

即便把中国古代文明视为大陆文明和海洋文明的共融体，大陆文明也是其中坚和核心，海洋文明只是其配角和附属，中国近代百年史上这种海洋文明的细胞和组织更是逐渐萎缩，甚至趋于消亡。广义上看，其实任何一种文明都是一种混合形态的文明，只是看哪一种地位更为突显和主导发展。文明本身没有先进与落后、优质与劣等的划分，只要能适应历史阶段发展、推动社会进步就是优秀的文明、强大的文明、进步的文明。因此，顺应时代发展、推动社会进步是优秀文明的内生因子和衍化动力。

中国文明有着悠久的历史和辉煌的过去，但是进入近代以来，拥有丰富文化遗产和优秀精神内核的中国文明遭受西方工商业文明的冲击，陷入断裂和停滞的危机之中。在全球化的语境中，中国文明已不再是世界文明的中心，而持续地处于被边缘化、去中心化的拒斥与削弱之中：一方面，几千年文化精神的延续与传承，使得中国文明依然是世界上几大古代文明衰亡之后的唯一幸存者；另一方面，在西方中心主义话语体系的规制下，中国文明仍被孤立和挤压，并被不断地恶意误读。这种尴尬的处境，使得一个多世纪以来中国文明和文化一直在寻求自身的创造性嬗变之路。[2]

说到底，大陆文明和海洋文明都是平面的描述与概括，并没有反映出世界文明的高度和立体的空间。全球化本身就是一个扁平化的过程，所以"世界是平的"这个概念才如此深入现代社会自我规设的生活世界内核。中国文化自古以来就强调对精神高度的探索，重视对想象空间的追求，并由此形成了中国文化包容天下的品格风貌和声播宇内的思想境界，这也预示了中国文化未来转型发展的另一条道路，即"指向高点"，这个"高点"指的是全人类的文化高度和精神海拔。在中国古代，"指向高点"的文化定位便是"胸怀天下"。"天下"是一个超越了国家、民族疆域的概念，中国文人说"不忧国而忧天下"，但"天下"并不是一个人们脑海中无限扩大了的国家，"天下"也不聚焦于某个具体的疆域，而是对应着芸芸众生。"天下"也许可以成为一种制度，但它更多地代表了一种人生立场、一种思想的维度和一种价值的指向。"天下"理念贯穿于整个中国历

1　杨国桢：《中华海洋文明论发凡》，载《中国高校社会科学》2013年第4期。
2　王岳川：《后霸权氛围与太空文明时代》，载《文艺争鸣》2006年第5期。

史的兴衰更替之中，中国古代典籍中对"天下"的意象指涉比比皆是，而以《老子》著述中归纳的"天下"内涵最为丰富和完整。在老子的解读中，"天下"是自然与社会的聚合体，在思维广度上与人类、世界等同，是一个包罗万象的体系；在对待"天下"的态度上则以"道、无为、无事"为指针，即让每一个人都具备"天下"意识，让孺子可教成为接近天道的红尘路径。老子的"天下"思想为人类文明的发展提供了一个可资借鉴的模式，即通盘考虑现世人治与天道统率的关系，使世上一切的物质存在和相互关系合于天、证于道，以天下观指导言语行为方式，以有道"奉天下"。[1]

虽然说"天下"概念有其广泛的包容性，但中国历史上的"天下"思想也有其集权制度、中心理念、自我想象、文化优越感等方面的时代缺陷，所以以之为核心的大陆文明到了近代便逐渐衰落，但它也给人类未来文明的发展和走向提供了启示，即要以大文化视野和全球性立场来促成人类文明的嬗变与转型，由平面走向立体，把二维变为三维，从地上走入空间。有学者把这一文明称之为太空文明，并不无忧虑地指出："今天，如果我们错失了'太空文明'时代，就会像500年前错失大航海时代一样失去相应的技术、社会发展机遇。"[2]另一些学者认为，太空文明包含两个层面：一是空间探索技术的发展给人类社会带来的实质性影响，即对外太空和其他星球的拓殖与发掘；二是多样化信息虚拟手段对世界观的改变，它超越工业时代对于物品、产品等实体存在的重视，转而关注符号、信息、符码、编码等虚拟存在。在这种宏大高远的思想考问和脚踏实地的技术进步下，人类文明完成了祛魅与复魅的转换，以拜物开始的西方现代文明，最终将导致实体思维的消亡，取而代之的是一种形而上的信息化复合熵态。对空间意识的研究可能会开启人文学科前沿思潮的又一转向，更重要的是，可能引领某种价值本体焦点的迁移，即从叙述性问题研究转向存在性的"物"的关键本质研究。由此，关于空间、物质的人文与科学探索将会得到加强，生命哲学同物态哲学、政治哲学以及自然科学有可能完成跨越现有思想体系和学科范式的超维度的融

1　时胜勋：《从天下文明到太空文明——中国文化未来发展的可能性》，载《贵州社会科学》2008年第1期。

2　黄国柱、贾永、曹智：《中国迈向"太空文明"新时代》，载《新华每日电讯》2003年10月17日。

合。[1]

对于这个说法我们基本上是认同的，不过我们认为把"太空文明"替换为"空间文明"可能会更好。"太空"一词本来就是现代科学的概念，它是具象的、实在的范畴，而非哲学层面上的意义解读。抽象的、泛物意义的"空间"概念包含的维度更为复杂，想象场域与天下视角更为深远与辽阔。因此，"空间文明"的提法更能超越大陆文明与海洋文明的平面影廊，进一步凸显东西方文明的互体互用、共生共融。

空间文明时代为中国文明的价值重构与涅槃再生提供了新视角和新立场。现代性和全球化的快速蔓延和过度张扬对人类文明的转型提出了新的要求。大陆文明是世界历史上人类最初的辉煌，海洋文明是近代史上西方领衔的狂飙突进，这两种文明都有可取长处，亦有不适应目前时代的缺陷。大陆文明所滋生的封建王朝因其制度、组织的内部断裂和致命漏洞，在近代被西方海洋文明所颠覆，东方中心被瓦解并纳入西方中心的议程设置之中。西方人打破了东方的时空合一观，以现代性抹去了空间维度，将其还原成了时间维度，现代性的线性时间观统领了一切，全盘否定古代文明的灿烂辉煌，但也没有为人类文明的未来发展找到方向。而空间文明时代的提出，则从深层意义上超越了一般的线性时间观，将时间与空间本体论紧密连接起来，侧重其文化意义和精神价值，展现了一条立体、交叉、互融、创新的路径。在这个意义上，中国古老的智慧文明可以弥补西方海洋文明的缺陷，填补其缝隙，正如"天下"观为"空间"观提供内涵滋养和外部观照一样。著名哲学家罗素看到了中西文明具有的这种很强的互补性，"我们的文明的显著长处在于科学的方法；中国文明的长处则在于对人生归宿的合理理解。人们一定希望看到两者逐渐结合在一起"。他甚至认为中国智慧可以拯救西方文明和未来世界："从人类整体的利益来看，欧美人颐指气使的狂妄自信比起中国人的慢性子会产生更大的负面效果。……中国人摸索出的生活方式已沿袭数千年，若能够被全世界采纳，地球上肯定会比现在有更多的欢乐祥和。然而，欧洲人的人生观却推崇竞争、开发、永无平静、永不知足以及破坏。导向破坏的效率最终只能带来毁灭，而我们的文明正在走向这一结局。若不借鉴一向被我们轻视

1　王岳川：《发现东方》，北京：北京大学出版社2011年版，第160页。

的东方智慧，我们的文明就没有指望了。"[1]

中国政府目前提出的"一带一路"倡议就是在新世界主义视角下建构空间文明体系的一项实验性举措，它不仅立意于中华文明的伟大复兴，更在慎重思考如何促进其伟大转型。它修订了内陆文明从属于海洋文明、东方依附于西方的西方中心主义观点，顺应世界重心东移的趋势，重塑均衡、包容的全球化文明，推动欧亚大陆重回人类文明中心地带。"一带一路"倡议肩负了引导人类文明创新发展的现实担当，一方面是重构全球化的包容性，实现世界的均衡发展、共同繁荣，另一方面则是创新人类文明生态，实现全球力量再平衡，建设和平之路、合作之路、和谐之路。从中国文明史的视野看，"一带一路"倡议可以推动传统中华文明的三大转型：一是从单方面融入全球化、被动纳入西方话语格局向塑造全球化、参与全球话语体系构建转变，从中国走向世界向世界靠近中国的态势转变；二是以历史上的文明共同体理念为指导，打造华夏文明圈周边的利益共同体、责任共同体、安全共同体，最终形成命运共同体；三是强调共商、共建、共享原则，秉持开放、包容理念，重塑"中国制造"在全球市场的比较优势，重新发掘中国价值的世界应用，全面提升中国的国际竞争力。[2]作为硕果仅存的文明古国，中国已经经历了从内陆文明向海洋文明、从农耕文明向工业-信息文明的转变，目前正在经历从区域性文明向全球性文明、从平面文明向立体文明、从海陆复合体向空间文明的质的飞跃。这是人类古老文明复兴与转型并举的关键时期，"一带一路"倡议的提出与实施顺应了时代的要求，充分展示了全球化时代中国的文明自信与文化自觉。

第三节　中国文化遗产的传播路径

文化遗产是指被联合国教科文组织和世界遗产委员会确认的、具有稀缺性和不可取代性的、世代相传的、为国际社会所公认的具有突出意义和普遍价值的历史文化和自然环境遗留物，具有丰富的价值内涵。正如环境保护主义者所说，世

1　罗素著，秦悦译：《中国问题》，上海：学林出版社1996年版，第7-8页。
2　王义桅：《"一带一路"的文明解析》，载《新疆师范大学学报》（哲学社会科学版）2016年第1期。

界遗产是"全球最珍贵的宝藏"，是"最好中的最好"[1]。随着文化遗产的逐渐发掘、科学技术的不断创新以及文化遗产影响力的迅速扩大，它的扩散力、解释力、传播力都得到了相当的提升。文化遗产的研究与发展正在经历一场革命性的质变，新的内涵、价值、框架、理念等也正在酝酿之中。

文化遗产作为中国文化走出去的重要内容，在国内外价值理念的互通之中，其内涵解析和利用模式正在经历五个转变，而这些转变会影响其对外传播的途径和方法。一是从理想化的学术殿堂走入社会现实生活的转变，这种转变使世界大多数地区都能体验到文化传承的厚重感及其所带来的愉悦感；二是从专业研究、区域限制到大众共享的转变，即从少数文化精英研究和使用，或某个地区、某个国家所占有，到全人类的共有和分享；三是从传统内涵到辐射性价值的转变，即逐渐重视文化遗产除历史、经济内涵之外的其他外延性价值，如艺术、科学、建筑、美学、民俗等，注重对这些延伸价值的教育传承和传播扩散；四是从区域固定的物化存在向网络、虚拟技术、人工智能等信息手段的动态影像展示转变；五是从单向度的保护向多元化传承转变，强调如何发挥历史文化的当代功用，体现文化传承与文化创新的结合。[2]这五个转变的提出促进了文化遗产全球传播理念的产生与发展。这种传播本身就是各民族历史文化跨地区、跨国家、跨空间的交流与扩散，它比遗产展示和人员解说具有更宽泛的内容和意义指向，因为世界范围内任何一处文化遗产都是全人类的宝贵财富，都是历史的记忆和文明的符号，它不仅需要妥善的保护、保存、整合和恢复，也更需要持久的继承和广泛的传播。

故而，文化遗产的传播一定程度上就是指文化遗产及其相关知识、信息通过各种媒介渠道在全球空间范围内的推广、宣传及阐释，以达到公众参与文化遗产认知、保护、传承、宣教的目的。这个信息文化扩散体系包括内容、渠道和效果三个方面。传播内容除了遗产本身具有的多层面价值以外，还包括遗产保护的社会共识和遗产共享机制的生产等；传播渠道包括自然信道、大众传播媒介、人际传播媒介和社交媒体等；传播效果包括形成传承的解释力、知识的扩散力、参与

1　单之蔷：《世界遗产，是"最好中的最好"么？》，载《百姓》2004年第8期。
2　薛岚、吴必虎、齐莉娜：《中国世界遗产的价值转变和传播理念的引出》，载《经济地理》2010年第5期。

的广泛性、保护的自觉性和价值的影响力等。文化遗产的传播就是文化遗产在不同历史阶段、不同的地域空间进行传承和扩散的过程。在这个过程中，存在着被动传播和主动传播、自发传播和自觉传播的转换与互置。被动传播指的是在传播者的效果预期与设计下，遗产自身的价值被扩大、丰富、迁移、置换，形成文化符号的增值和重构；主动传播指的是以获取社会认同为目的对遗产本体价值的扩散与宣教。文化遗产的自发传播是一个客观的演变过程，自觉传播则是一个顶层设计的规划路径。在文化遗产史上，自发传播和自觉传播的相互转换与促进，反映了文化遗产与人类社会的互动关系与联络机制。

从2006年开始，中国文化遗产传播经历了由被动传播到主动传播的一个明显变化。这首先是由于国家保护主体的确立，在公益性保护的立场上明确了文化遗产的传播性质，这体现了一个国家、一个民族的文化自觉立场和精神自尊的高度。一方面是以法律法规形式对文化遗产日进行立法保障，确立了普通公民对文化遗产资源的共享权、保护行为的广泛参与权；另一方面国家财政大幅度增加财政经费以确保文化资产保护的投入。首先，确立了文化遗产保护的国家主体角色以后，文化传播领域政府的形象逐渐清晰并固化；其次，政策法规为文化遗产保护保驾护航。在政府的主导下，2006年中国文化遗产主管部门文化部、国家文物局出台了《国家文物局关于贯彻落实〈国务院关于加强文化遗产保护的通知〉的意见》等15部法律法规，对文化遗产保护实践产生了巨大的影响，进一步规范了边界判断，为文化遗产的刚性保护和合法地位的保障提供了法律准绳和制度标杆；最后，学界和业界研究力量联合，努力对文化遗产保护与传播形成价值先导，与政府的制度性介入产生共振，构建了多极运行模式，推动文化遗产的保护与传播工作向大众化、专业化、战略化的维度展开。大众传播媒介在这一过程中也发挥了设置议程、集中言说、组织讨论、讲解宣教、规模报道的作用，极大地提升了遗产本体保护的科学性和社会利用的合理性。[1]

在信息媒介日益发达的今天，我们应充分利用各种技术手段和流通方式来传播文化遗产，使人们对文化遗产包含的信息、价值等的认识不断提高，从而使这一概念所蕴含的丰富意义更加昭明和凸显，并进一步密切文化遗产与当今社会发

1　刘琼：《中国文化遗产传播曲线变化：由被动传播到主动传播》，载《艺术评论》2012年第8期。

展的关联程度。文化遗产目前已被视为国家可持续发展的宝贵战略资源，也被明确为中国文化走出去的核心价值平台和主流宣传符号，因此，文化遗产的传播途径及其渠道选择十分重要。

目前我国文化遗产的传播路径和展示平台大致有三种。

第一，建立并完善以博物馆为中心的文化遗产地方展示体系。

文化遗产的展示是指一切旨在提高公众文化素养、加深对文化遗产一般性认知的行为。文化遗产展示的方式包括信息提示、博物馆展出、步行参观、专题培训讲座、导览材料介绍及多媒体传播和网站宣传等。[1]文化遗产的展示首先是要对遗产进行一种大众化的、通俗的、普及性的解读，并通过多种方式方法达到宣教的目的：“博物馆展出的相关信息资料应被看作是对中国文明历史的通俗解读，因此，必须经常予以修改和更新，及时补充、完善了解民族记忆的多维路径。”[2]其次，必须通过各种有效的、民众容易接受的方式对遗产进行深刻剖析和延伸阐释，“应该将文化遗产的重要性以一种权威及可接受的方式，通过适当的、启发性的当代宣传教育手段，依托于大众、个人和新技术对历史、环境和文化信息的多样化介绍，向公众进行普遍性诠释”[3]。除此之外，遗产展示应该竭尽所能清晰明白、真实完整地展现古代文化风貌，传递其信息存在的内涵和价值，使公众能够从中获得高质量的信息和有深度的精神游历，以确保公众比较充分地了解遗产的重要特征和保护价值，使他们能够以休闲惬意的方式完成其历史文化之旅。[4]最后，观众的参与度也是非常重要的衡量标尺。一方面，观众可以通过参与遗产的观览、解说、表演和传播等工作，将自身体验与文化遗产及其展示活动融为一体，更深层次地尝试和了解、认知与习得文化遗产的各种内涵和价值，从中建构真实、完整、全面、深刻的遗产形象。另一方面，这种参与活动还

1　卜琳：《中国文化遗产展示体系研究》，西安：西北大学2012年博士论文，第50−51页。

2　ICOMOS: "Charter for the Protection and Management of the Archaeological Heritage", http://www.international.icomos.org/charters/arch-e.pdf, 1990.

3　ICOMOS: "International Culture Tourism Charter: Managing Tourism at Places of Heritage Significance", http://www.international.icomos.org/charters/tourism_e.pdf, 1999.

4　ICOMOS: "International Culture Tourism Charter: Managing Tourism at Places of Heritage Significance", http://www.international.icomos.org/charters/tourism_e.pdf, 1999.

包括当地社区和各细分群体对文化遗产各构成部分的娱乐表演性解读与社会广泛性传播。

文化遗产展示的对象包括其实体形态（文物、建筑、遗迹等）、非物质存在、相关联的周边生态三个方面。实体形态自不待言，而非物质存在是指"被各群体、团体、有时为个人视为其文化遗产的各种实践、表演、表现形式、知识和技能及其有关的工具、实物、工艺品和文化场所。各个群体和团体随着其所处环境、与自然界的相互关系和历史条件的变化不断使这种代代相传的非物质文化遗产得到创新，同时使他们自己具有一种认同感和历史感，从而促进了文化多样性和人类的创造力"[1]。这些非物质文化遗产包括："（a）口头传说和表述，包括作为非物质文化遗产媒介的语言；（b）表演艺术；（c）社会风俗、礼仪、节庆；（d）有关自然界和宇宙的知识和实践；（e）传统的手工艺技能。"[2]周边生态一般是指相邻文化遗产实体形态及其历史区域的周边地理环境等具象的物质实在，文化遗产与地理环境之间的相互关系，与之相联系的人类社会的精神产品、民族习俗、传统的认知或行为，创造并形成了周边环境空间的其他形式的非物质文化因素，以及当前不断变化与创新的文化、社会、经济氛围等。[3]

在文化遗产的展示传播活动中，博物馆的陈列展览是一项传统的常规性、基础性内容。博物馆的固定陈列展示以馆藏历史文物为主体，以相关研究成果为背景支持，博物馆应根据观众的知识需求和文化趣味，以切合时代形势的多模态手段来开展工作。同时，还要注重运用巡回展览和临时展览作为常规展示的补充。如广东省文化厅于2004年创办了整合全省资源的广东省流动博物馆，将其作为提供基本公共服务的文化事业平台，在全省各地的博物馆、展览馆、学校、部队、社区、乡镇以及贫困山区巡回展出，使基层及偏远地区民众都能享受到高水平的

1　联合国教科文组织世界遗产中心、国际古迹遗址理事会、国际文物保护与修复研究中心、中国国家文物局：《国际文化遗产保护文件选编》，北京：文物出版社2007年版，第229页。

2　联合国教科文组织世界遗产中心、国际古迹遗址理事会、国际文物保护与修复研究中心、中国国家文物局：《国际文化遗产保护文件选编》，北京：文物出版社2007年版，第229页。

3　ICOMOS: "Xi'an Declaration on the Conservation of the Setting of Heritage Structures, Sites and Areas", http://www.international.icomos.org/charters/xian-declaration.pdf, 2005.

文化大餐。据统计，至2012年年底，流动博物馆已举办了63个巡回展览，在全省举办展览347场次，参观人数高达933万人次；2013年新增不同类型的展览9个，展出76场，截至当年10月初参观人数约86.3万人次。广东省还向港澳文博机构推介广东省流动博物馆，并倡议建立"粤港澳流动博物馆"，得到港澳同行的热烈回应和积极支持。[1]

在文化遗产展示体系中，博物馆的讲解工作具有不可替代的作用。专业人员的主题式讲解可以让观众更加清楚明白、直接透彻地感知和理解文化遗产的重要性和价值内涵。这种解读虽是遗产展示的一种传统方式，但可以取得事半功倍的传播效果。讲解的方式可以灵活多变。人工讲解的最大优势在于讲解员和观众之间可以产生互动，进行情感交流，这是其他传播方式所不及的。讲解员可以根据博物馆的特点因地制宜采取不同的讲解方式，发挥观众的主动性、参与性、创造性，展开主客之间的交流与互动，达到诠释历史、传播文化的目的。另外，博物馆可以发挥其学术文化优势，利用文化遗产的资料与信息属性开展科学研究，发行高质量的学术刊物，有效地把有关文化遗产的最新科研成果传播出去。博物馆还可以举办专题学术讲座，组织各种研讨会，使文化遗产的思想价值在较高层次的公众中广为传播，这些活动反过来也会促进博物馆作为学术研究主体性角色的进一步深化。例如，陕西秦始皇兵马俑博物馆就是全国秦俑学的学术研究基地，该博物馆自1984年至今已召开了六届秦俑学学术研讨会，使博物馆成为秦文化研究的重要组成部分和秦俑学研究成果的核心主体及传播中心。该博物馆还以十三朝古都丰富的文化遗产资源为依托，结合历史文献和考古资料，对秦代文化进行深入研究，出版专著、学术期刊文章等近200种，多项成果获国家及省部级奖励。[2]

第二，通过大众媒体广泛深入地报道文化遗产，形成对内提高人们对遗产保护和传承的意识，对外树立中国形象的常规化宣教路径。

大众媒体，包括报纸、广播、电视、纪录片、电影等是传播文化遗产的主渠道，它们对文化遗产的报道与传播要遵循真实性和完整性的原则。有学者认为：

---

1 曹桂梅：《论如何做好巡回展览工作——以广东省流动博物馆为例》，载《客家文博》2014年第2期。
2 何宏：《文化遗产的传播》，载《第三届遗产论坛暨全球化背景下的中国遗产事业学术研讨会论文集》2008年。

"文化遗产专题传播的特点决定了媒体在文化遗产报道上对本质真实和完整真实的注重。'真实性'和'完整性'既是文化遗产学的范畴，与新闻传播学有着研究领域的区隔，又与新闻的本质属性有天生的联系，但媒体报道的内容一定要坚持以文化遗产为核心话语。"[1]大众媒体报道并传播文化遗产的目的是更加有效地保护和传承文化遗产。在追求真实和完整的前提下，文化遗产以其原初面貌呈现在公众面前，更有利于全社会更加广泛而深刻地认识文化遗产，从而建构民族自觉，达成对文化遗产的积极保护与主动传承的社会共识，由此彻底实现保护和传播文化遗产的目的。大众传媒的这种专项传播具有如下几个特征：（1）这种传播经过自我觉醒和精心设计，立足于整体真实和体系完整，以保护和传承文化遗产为终极目的。（2）大众传媒对文化遗产的专项传播并不是仅仅依赖于媒体自身的力量自说自话、重复说教，也动员和号召全社会公众的积极参与、主动担当。（3）这种传播并非一蹴而就、一朝见效，而要经历一个持续时间和发展进程较长的发展阶段。（4）这种专业性传播不仅要求有历史、考古、科学、艺术、建筑等领域的专门知识，还要求对传播规律、传播手段、传播艺术有新闻专业的视角和运用。（5）大众传媒的这种遗产传播一定程度上要与文化遗产保护工作同步，相互促进、相互增益，而不应是滞后的、延迟的、空洞无物的说教。[2]

以文化遗产为宣讲主题的大众媒介传播与报道的成功例子集中体现于中国国家形象系列宣传片的制作与播出中。从公共关系学的角度出发，就其基本属性、表现形态和传播功能而言，纪录片、宣传片和音乐录影带（MTV）都可称之为广义的国家形象宣传片，这些媒介产品既遵循新闻的真实性原则，又发挥了一定的艺术想象，体现出宣传和公关的双重效果。而狭义的国家形象宣传片则特指一种介于电视广告和电视专题片之间的作品体裁，播放时间一般在10分钟以内。这些精神产品就媒介属性来看，可分为电视、电影或移动媒体形象宣传片；从传播意图设计与目的功效看，可分为国家形象宣传片、城市形象宣传片以及行业性宣

1　武艳珍：《一个媒体人的"文化遗产传播工程"——齐欣访谈录》，载《新闻战线》2013年第6期。
2　李梦瑜：《文化遗产传播现状及有效性研究——以群体为例》，厦门：厦门大学2014年硕士论文，第11-12页。

传片等类型[1]；从表现内容上看，国家形象宣传片分为三种："一种是主题导向型，主要是针对某一问题，如产品质量、历史问题、领土争端等，属于固定时间有针对性地投放；一种是旅游推介型，主要针对旅游大国进行有针对性的投放，这些年来东南亚不少国家，都对中国市场进行过投放；第三种是全景综述型，集中描述一个国家的风土人情文化历史，甚至是政治经济模式，往往在大型国际活动、国际会议或者论坛中投放。"[2]

2015年10月，大型纪录片《长城：中国的故事》在多个中央和地方电视频道同时对全球首播。这是一部以长城为历史背景讲述中国故事的纪录片，属于全景式国家形象宣传片的范畴，其意图是立足于国际视野，向世界展示灿烂辉煌的中华文明，同时阐述长城精神的当代价值和实际运用。长城作为古老中国的象征，是中华民族集体的历史记忆。纪录片《长城：中国的故事》从多个角度深刻展示了长城对于中国这样一个多元文化的多民族国家的形成和发展，对于中华文明的传承与弘扬的重要意义。总结起来，这部国家形象宣传片的成功之处在于：一是以世界性文化遗产"长城"为具象化宣传主题，用优秀制作理念与高超声光技术重现历史场域，力图带给观众真实的时空体验，从而成功地向世界推介中国；二是这种影像所塑造的"长城"，不仅仅是一个单纯的地理或历史属性的物质存在，而是一个提升到人类文明层面的指称符号。在这部专题片中，长城就是这种集体意识和民族记忆的具象载体，是对中华民族精神的隐喻表达，在当下具有极强的现实意义。这种民族精神既是中华民族坚守自己文化传统、维护领土完整、共同抵御外侮的记忆传承，又是"多元共生"的文化融合和价值凝聚。以长城为传播媒介而形成的五方融汇、共处一体的中国文化，是中华民族团结、友爱、和平的象征，也是华夏子孙集体的精神家园，同时这种民族精神也促进了"一带一路"新世界主义体系的建设与发展。长城是中华文明与世界各国交往的纽带，是包容与和平的指向。在新世界主义视野下解读长城符号，有利于国际社会对"一带一路"倡议的理解与参与，也可以大力促进全球化时代各民族文化的互动交

<hr>

1　侯洪：《国家形象宣传片的界说、发展策略及国际传播》，载《四川大学学报》（哲学社会科学版）2014年第1期。

2　周庆安：《国家形象宣传片的历史规律与现实挑战》，载《对外传播》2011年第3期。

流、融合创新。[1]

国家公关与国家传播时代的到来，为大众媒介传播与宣传文化遗产提供了强大的背景支持。这为从以往个人式、粗放型、散播化、断裂型的文化遗产自发推广提升到国家战略的体系设计拓展了广阔空间，再加上如果有成熟的理论框架支撑，有专业人士的加入与指导，以大众传媒传播文化遗产为重要渠道的文化保护与传承便会成为社会的大趋势，也会逐渐构成中国文化走向世界的重要桥梁。

第三，通过空间共享、社交媒体、虚拟技术、人工智能等新信息进路建构多模态传播平台。

随着互联网技术的普及与完善，大众传媒与人际互动媒介不断进行整合，促使当代社会快速步入传播学意义上的一个新时代，有人称之为后信息社会，有人称之为后大众传播时代，也有人称之为智能媒体时代。智能媒体的出现标志着人类社会发展阶段的一个巨大转折，在这个自在传播充溢每个角落的新时代，媒体组织结构和栖息生态都发生了重大的嬗变。智能媒体与传统媒体构成了既相互竞争又相互依存的关系，同时，传统媒体又与智能媒体中日益强势的互动式、直播式、自主式、量子式信息传递与意义沟通构成了竞合。[2]随着数字技术、人工智能、虚拟现实的横空出世与创新发展，许多发达国家已在积极利用这些新发明、新技术的优势发展有别于传统模式的新型新闻与传播事业，并依托多样化的信息平台进行智能式宣教与推广。这印证和说明了一个趋势：当代社会的交往方式和信息结构已发生了重大转型，我们已经进入了一个新旧媒体相互推动、交叉促进、深度融合的新型智能化传播时代。[3]

伴随着科技的进一步发展，基于信息技术的空间共享式智慧传播手段已经呈现出其在自然科学、人文科学等领域的极大优势。无论对传统民族文化的代际传承还是对当代文化的全新书写，甚至对中国文化走出去、汇入世界文化大潮，都具有积极的现实意义。20世纪90年代以来，新的信息构建与共享方式给创新文化

1 蔡骐、翁丽玲：《集体记忆的影像史诗——透视纪录片〈长城：中国的故事〉》，载《中国电视》2016年第9期。

2 夏德元：《数字时代的媒介互动与传统媒体的象征意义》，载《学术月刊》2011年第3期。

3 黄健、蓝玉：《新媒体传播业的现状分析与发展趋势》，载《改革与战略》2007年第11期。

遗产保护与传播开辟了新的渠道，拓展了更大的空间，以场景仿真、虚拟再现、人工智能为代表的第四次工业革命技术越来越广泛地应用于文化遗产的保护和传播当中。同时，量子浪潮带来的文化遗产保护与传播的创新实践也已经成为各国政府和众多学者普遍重视的问题。[1]

随着后信息时代的来临、数字科技的普及、空间共享的盛行以及虚拟现实的成熟，在抢救与保护文化遗产，尤其是非物质文化遗产的社会行动中革命性技术发挥了重要的作用。比如，可以通过建设非物质文化遗产数据库系统来丰富和加强文化遗产资源积聚体系。但是，由于数据库本身是一个开放性的系统，因此，电子版权问题也给文化类数据库的建设带来了诸多障碍；另外，文化类信息收集难度大，数字化工作具有一定延伸性，业务拓展所带来的自身结构变化等问题也成为需要解决的关键性技术瓶颈。因而，我们可以考虑用虚拟现实技术对多媒体仿真场景进行基础建模，并通过三维动画的形式进行演示，进一步完善数据库模块的构建。核心数据库方案建设的共同传播意义在于通过媒介对文化类数据库的实践方式进行真实有效的传播，减少传播中的信息损耗和扭曲误读，进一步促进空间信息资源的共享；同时，这也能使更多的人增进对文化遗产的了解，激发文化繁衍与演进的活力，不断推动民族文化与民间文化的社会认知、代际传承和广泛宣教。[2]

在对非物质文化遗产进行传播的过程中，尤其要重视利用空间共享、博客、微博、智能手机、移动电视等新媒介手段构建交互立体的扩散渠道，对这些媒体的使用者进行非物质文化遗产方面的知识与养分的输送，从而带动更多的媒介使用者（公众）积极主动地保护和传承非物质文化遗产。这体现在以下几个方面：一是构建新的主体传播渠道，通过空间影像集成、交互性电子杂志、大众社交平台等，运用文字、图片、图表、音频、视频等信息表现形式为消费者提供参与式文化体验，吸引公众的广泛关注。二是利用舆论领袖和多级传播模式，主动设置与非物质文化遗产有关的议程，把公众的言语行为转移、集中到相关舆论话题之上，引导大众更加充分地了解和关注非物质文化遗产的内容，从而获得实际有效

1　罗彦、蒋淑君：《数字时代的文化基因重组——我国文化遗产数字化现状与未来发展》，载《科技进步与对策》2004年第9期。

2　王犹建：《网络时代数字化语境下的非物质文化遗产传播》，载《新闻爱好者》2012年第10期（上半月）。

的传播效果。三是新旧媒体融合发展，实现差异互补、合作共赢。在非物质文化遗产的传播和宣传中，新媒体与传统媒体应该各展所长，避其所短。一方面，新媒体要借助传统媒体的内容制作能力和累积的社会优势以及知名媒体人的品牌效应，凸显自身的强大竞争力。另一方面，传统媒体也要融入新媒体的多样化传播渠道，超越传统思维模式和运作理念，不断扩大非物质文化遗产的传播范围和影响力，又进一步推动自身的改革和发展。[1]

在文化遗产的保护与传播引入数字手段方面，国外发达国家走到了前列。1992年，为了便于永久性保存和最大限度地让公众公平享有文化遗产，联合国教科文组织开始推动"世界的记忆"项目，在世界范围内推行世界文化遗产的数字化保护。1999年，在芬兰倡导下，欧盟国家开始启动一项多国框架性合作项目"内容创作启动计划"，在该计划中，文化遗产数字化被确定为基础性重点研究课题。我国自1996年开始启动国家数字图书馆工程，开启了文化资源的数字化保护进程。[2]后来随着技术的进步和传承、展示的需要，文化遗产的数字化保护从单纯的资料保存向视觉化传播转变，尤其是三维扫描成像技术的发展与推广运用成了数字化文化遗产保护的重要手段。如美国斯坦福大学利用最新的信息技术对文艺复兴时期的著名人物雕塑作品进行数字化处理，其扫描精度达到了0.25毫米，仿真效果较好。[3]这为文化遗产的保护与传播的可视化转型提供了技术支持。目前，基于可视化保护与空间传播的虚拟博物馆、数字博物馆在西方国家已是数量庞大，它们为文化遗产的保护与传播提供了新的工作思路和方法路径。

近年来，国内基于三维图形图像技术的考古发掘、文化遗产保护传播等项目也有长足的发展。如敦煌石窟保护工程就是我国最著名的应用三维技术进行数字化与虚拟化处理的文物仿真化工程。2004年开始，敦煌研究院与中科院计算技术研究所展开技术合作，先后开展对莫高窟敦煌石窟洞窟的三维数字化的保护工

---

1 李微、余建荣：《试论非物质文化遗产的新媒体传播策略》，载《新闻知识》2014年第2期。

2 彭冬梅、潘鲁生、孙守迁：《数字化保护——非物质文化遗产保护的新手段》，载《美术研究》2006年第1期。

3 "The Digital Michelangelo Project: 3D Scanning of Large Statues", http://graphics.stanford.edu/projects/mich/, 2013-02-10.

作。至今，敦煌研究院已经完成了40个洞窟的三维动画实景漫游制作。[1]

从以上国内外的运行实践与经验来看，文化遗产的数字化保护与传播已经历了从单纯的数字化资料收集到动态的精确影像展示，从二维平面的图景制作到三维虚拟空间的立体实景生产的过程。数字化多媒体技术让博物馆中收纳的人类文明与历史影像可以真实鲜活地呈现在人们眼前。这种文物信息的横向、纵向多维连接以及从静态到动态的转变，散发出一种强大的场景力，使得文物和历史不再是沉闷枯燥的静止图像，而转变成一本能够在人们面前"说话"、展示以及能够与人发生交往式互动的动态教科书，可以满足差异性公众的不同观赏模式、不同理解层次、不同认知目的的多元化需求。目前在国内不少博物馆中应用的三维全景交互系统就是以现代交互式设计和虚拟三维漫游技术为支撑，考古实证、历史研究、文化导引、美学建构等众多学科领域综合融通的立体展示系统。利用Unity3D虚拟现实图形化开发技术平台，可以实现跨空间融通、真实3D交互、完整呈现文物外观，进而整合文字、声音、图像等多模态表征的虚拟仿真效果，在轻松娱乐的游戏氛围中使观众获得历史的体验和美的享受。随着现代社会对文化遗产保护与传播的内在诉求不断增长，数字博物馆、虚拟现实技术的发展，三维全景交互系统将越来越广泛地运用于博物馆、地方文化遗产保护、文物保护等领域，成为数字文化遗产保护与传播的重要手段。[2]

1　刘刚、张俊、刁常宇：《敦煌莫高窟石窟三维数字化技术研究》，载《敦煌研究》2005年第4期。

2　王赛兰：《基于三维全景交互系统的文化遗产传播研究》，载《武汉理工大学学报》（社会科学版）2014年第2期。

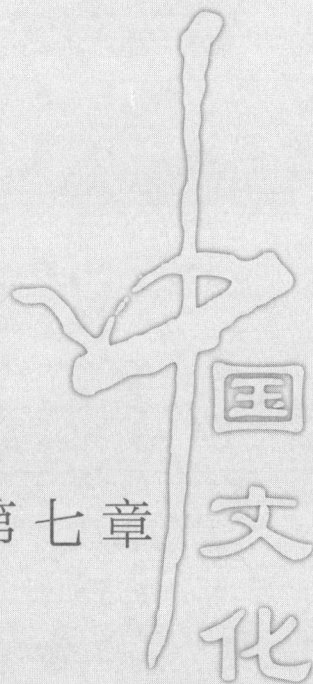

第七章

重建巴比塔：
翻译作为媒介的对外交流与传播

第一节　从中国文学史上的翻译活动看文化迁移与融合

在中国文化与外域异质文化的跨界互动过程之中，文学交流是一种主要的动力和关键的途径。随着中国改革进入社会主义新时代，全球化带来巨大的压力与旷世的机遇，中国文化走出去的重要性和迫切性从来没有像今天这样受到政府与国人的高度认同。在中国政府对文化安全、软实力、国际话语权等重大话题的关注思考与积极谋划下，中国文化走出去成了国家战略的顶层设计，中国文学界也在不断思考"如何走出去""怎样走出去""走出去怎么办""走出去如何立得住"等相关问题。在这个序列中，文学的翻译与对外交流成了一个不可回避的问题，中国文学的译介外传被认为是中国文化走出去的必经阶段。因此，有必要从中国文学史的视角梳理、厘清、辨析东学西渐的历史线索与其折射的译介交流中文化迁移与文化融合的诸多现象。

文学史是作为人类文明重要成果的文学的历史，它在广阔的文化背景上描述文学本身发展嬗变的历程。主流的文学史研究立场一般坚持文学本位、考据思维和宏观指向的观察视角，这包括以下几方面的内容：（1）对文学本体特性的注重，尤其是聚焦其艺术感染力和核心审美价值，坚持本位思想。（2）以文学创作为主线来阐述文学的演进历史。这包括三个维度，即文学发生并延绵的社会政治、经济背景，作家的生平、思想、心理历程，文学作品代际传承的框架脉络。（3）文学理论、文学批评的互衬与融合。文学理论是来自客观生活，又抽象于实践并规制文学创作的形而上框架，文学批评是对文学作品发表后的反馈、评价与回应，文学的发展史就是这多种因素共同推动的历史。（4）对符合其风格要求和价值审定的文学作品进行刊载和评价的相关媒介群体。综上看来，文学作品是文学史研究的主体对象，文学理论、文学批评是文学史研究的派生领域，文学传媒是文学史的言语行为载体。这三条主线共同构成文学本位学术进路的主要内容。[1]

这个论断得到了文学界与理论界大多数专家的认同，也非常全面、系统、完整地勾勒了中国文学史的研究体系，但囿于单一学科立场和学术视野，该观点没有明确界定翻译在中国文学史上扮演的重要角色，尤其是忽略了翻译在近代文学史上助推东学西渐、使世界了解中国的关键作用。我们认为，翻译是中国文学史上，尤其是近代文学史上对外的重要交流平台与互通媒介，考察其历史演进线索及相关影响可以更进一步地帮助我们厘清中国文学的渐变周期。因此，把以会通、译介、阐释为特征的这种跨文化传播活动排斥在文学史的合法化框架外，是不全面的，也是背离学术逻辑的，尤其是在这个多元文化交流融合的时代语境之下。

回眸中国文学史两千多年的传承衍变，以翻译为主线的文学活动经历了三次高潮。这三次高潮中，文学和翻译界更多地强调其"外译中"（西学东渐）的实践，对"中译外"（东学西渐）的异域传播则因其数量与质量都明显落后于"外译中"，很大程度上社会对"中译外"的关注、研究和反思都有待加强。据考证，我国历史上首次出现的、影响较大的翻译运动当属东汉至唐宋以来的佛经翻译，这引发了中国翻译史上的第一次继发性高潮。此后，又发生了明末清初的西方科技文献翻译和五四运动前后的现代学术著作翻译这两次翻译高潮。这三次标志性的大规模翻译交流活动虽产生了不少名篇佳作，但是，在辉煌的背后也留下了很大的遗憾，统计下来，从外文转译为中文的文学活动充斥整个中国翻译史，而从中文转译为外文的规模与成就相对而言还比较贫弱和苍白。[2]

据文献记载，第一次翻译高潮中的汉籍外传大约始于南北朝时期的北魏。当时北天竺僧人菩提流支曾将中国僧人昙无最所著的《大乘章义》译成梵文，传播至西域各国。[3]由此估计，中国典籍外译历史大约有1000年。最早的中译外活动首先主要发生于西域地区以及中亚、西亚的国家，随后从西向东扩散至朝鲜、日

1　袁行霈：《关于文学史几个理论问题的思考——新编〈中国文学史〉总绪论》，载《北京大学学报》（哲学社会科学版）1997年第5期。

2　谢柯：《中译外在当代语境下的使命》，载《重庆职业技术学院学报》2006年第1期。

3　马祖毅、任荣珍：《汉籍外译史》，武汉：湖北教育出版社2003年版，第16页。

本等华夏文明圈的国家，后又远渡重洋蔓延至英、法等西方国家。尤其是16世纪以后，由于文艺复兴、启蒙运动的需要，随着以传教士为主的西方群体带回东方信息的不断增多，西方社会开始大量吸收东方思想作为其文明发展的养分。传教士来到中国后震惊于中国文化的博大精深、灿烂辉煌，自觉不自觉地担任了东学西渐的桥梁和转运站。其历史贡献大致分为三个部分：第一部分是全面介绍中国的情况，如利玛窦的《基督教远征中国史》及被称为"三大名著"的《耶稣会士书简集》《中华帝国全志》《中国回忆录》等。第二部分是译介中国文化元典与经典作者，包括"四书""五经"及大量中华文化典籍。第三部分是对中国语言文字学的专项研究。[1]千余年来的汉籍外译，不仅促进了世界对中国悠久文化历史的了解，而且许多国家还通过吸收中华文明的智慧和经验推动了本国的社会发展，进而在客观上加速了世界文明的进程。有鉴于此，有学者甚至做出了"欧洲文明的来源是东方"的论断[2]。实事求是地说，在这个历史时期，中国文化在一定程度上为世界文明，尤其是欧洲文明提供了精神逻辑和思想资源。

这些中译外的相关活动与成就固然能说明东方思想与智慧给西方文明带来的启示与促进，但细读与深究中国翻译史就会发现，中译外的比例只占中国两千多年翻译实践的一小部分，比较起来，外文典籍译成中文的数量远远多于中译外的数量。尤其是到了近代，当中国遭遇"三千年未有之巨变"时，西方文明用现代枪炮打开了中国闭关自守的大门，中国文明的优雅光环在西方文明的暴力聚焦之下变得暗淡了。有数据表明，1894年甲午海战以前日本每年要翻译70种中国著作，但在中国战败之后的16年间，日本翻译中国的书一共只有3种。整个20世纪的100年中，中国全盘翻译的西方文史哲、政经法、数理化等书将近10万种，但是西方完整翻译中国的书籍还不到500种。[3]中华人民共和国成立以来，我国对西方图书的引进兴趣并没有减退，很多学者都关注或论述过中国对外文化交流和传播存在严重的"入超"问题，多年来图书进出口贸易大约是10：1的逆差，"文

1　冯国荣、侯德彤：《中学西渐的历史线索及相关研究课题》，载《东方论坛》2004年第5期。
2　王岳川：《发现东方与中国文化输出》，载《解放军艺术学院学报》2002年第3期。
3　王岳川：《发现东方与中国文化输出》，载《解放军艺术学院学报》2002年第3期。

化赤字"现象非常突出。[1]应该承认，在中国历史上的翻译活动中，外译中的数量远远多于中译外的数量，这固然是中国文明从强盛到衰落所引发的必然连锁效应，也反映了现代文明转换与演变的内在发展规律与外部流向趋势。

值得注意的是，这些数量庞大的历史上的翻译活动要解决的是各种文明、不同文化、相异语言之间如何消除隔膜、相互沟通的问题。语言是异质文化的会通媒介和诠释平台。因此，从语言本身出发去探析这些翻译活动的价值和意义是破解历史上西强我弱文明吊诡形成与固化的基础。如我国清末启蒙思想家严复在讲到翻译的问题时指出："译事三难信达雅。求其信已大难矣，顾信矣不达，虽译犹不译也。则达尚焉。"[2]"信"指的是意义不违背原文要旨，即译文要准确，不歪曲，不遗漏，也不要随意增添意思；"达"指不受制于原文窠臼，译文通顺明白；"雅"则指译文时选用的词语要得体，追求篇章文气的古雅、简明、妙丽。这是翻译的标准和原则，也是翻译的基本方法。它既符合翻译转换实践过程的体认特点，为译者提出了具体明确的要求，又强调了直译和意译的关系协调问题。

更进一步，有学者以"会通"称呼这种译学范式，认为其聚焦的是译者如何将译文和原作及其文化背景融会贯通以实现跨文化交流的顺畅和完美，是传统经学会通、儒释道会通的拓展和延伸。首先，会通是"会"，表现为文化主体对待异域文明的一种民族心态和认知方式。对有自觉反省和文化转型意识的士大夫来说，中西文化之"会"是一种友好的、互动的、对话式的相遇、沟通和融合。其次，会通是译者选取与原语相似的译语语篇以映射原文、观照自我的一种加工和诠释策略，侧重于两种文化"相会"之后互通互喻、顺畅表达与彼此理解。第三，会通的目的是吸取异域文化壮己筋骨、以石攻玉，促进本土文化的创新发展。这一主观性目的对翻译的对象选材以及具体的翻译策略、方式产生了重大影响。会通的内涵十分丰富，既指态度、过程，又指结果；既指理解、诠释，又指翻译加工策略；既是目的设计，又是方法路径。[3]以上论述说明，这个时候的翻

1　蔡武：《在"中译外——中国走向世界之路"高层论坛开幕式上的讲话》，http://www.tac- online.org.cn/zxzx/txt/2007-04/09/content-1546315.htm，2007。

2　赫胥黎著，严复译：《天演论》，北京：科学出版社1971年版，第9页。

3　张德让：《翻译会通研究——从徐光启到严复》，上海：华东师范大学2010年博士论文，第203-204页。

译观最强调的是翻译的技巧与方法，关注的是翻译本身的策略与原则，而对文化背景、语境分析、文明冲突与融合等问题并不涉及，当然也就谈不上拥有跨文化交际的批判立场与全景视角。

全球化时代的到来消解了单一的语言转换作为文明之间沟通、交流的平台和渠道的属性，也使得翻译告别了其自身不断探究真实传达、文雅得体的标准规制，而进入了一个跨文化阐释和解决文化间冲突的历史新阶段，由此，翻译生产的语境发生了根本性改变。有学者以"跨文化历史语境"来命名这种新时代下的翻译在场的文化空间，即这种新的语境是以两个或多个异文化"他者"的主体而不是客位的身份同时在场为构成条件的。因此，它对任何卷入其中的文化体进行的是跨民族背景的解读、内容加工配置和可能性意义空间拓展。在这个历史语境中，两种或两种以上的文化不期而遇、产生影响、相互渗透，形成了普遍存在的、具有结构性意义的不同文化之间的"交互参照和语篇对话的关系"。一般来说，世界上的文化都处于这种遭遇交融、对话审视的关系格局之中。一方面，这个体系以历史现实和体认原则编织了不同文化之间的"相关性"和相互"交集"；另一方面，这个体系又明确宣示了不同文化之间的"差异性"的合理存在。因此，这种"跨文化历史语境"中的翻译是更宏大的、视野更开阔的意义阐释和思想价值交流的现代性言语行为方式。

巴赫金在描述16世纪欧洲复杂的语言交流格局时曾这样说，不同语言之间频繁的参照定位、相互影响和彼此区隔，便发生在这个时期。当两种语言不期而遇时，希冀在平等互视中获得对方对自我的身份认同，每一种语言都在另一种语言提供的镜像中看到自身的投影，从而意识到本体的可能性和结构局限。鸦片战争以后，中国文化就卷入了这个与异文化"他者"之间通过互视定位、影响渗透、区隔厘清而获得身份建构，并从反观对方中发现自己的短板缺陷和价值意义的跨文化历史语境之中。[1]中国当代的翻译行为在这个"跨文化历史语境"之中上升到了国家的文化政策层面并扮演着"双面人"的角色，一方面继续吸收外来文化之精华以求创新发展，另一方面自觉主动地传播和外溢优秀民族文化，参与世界文化大潮。为了使民族文化在与外来文化的交流融合中获得发展空间，同时增强

---

1 牛宏宝：《"跨文化历史语境"与当今中国文化言说者的基本立场》，载《人文杂志》2005年第4期。

民族文化走出去的动力和抵御外来糟粕的能力，翻译发挥着举足轻重的作用。[1]

在这种跨文化历史语境中，翻译作为人类社会的近现代精神交往行为呈现出鲜明的创造性与颠覆性特征。译者在不同文化间的信息转换过程中，自觉不自觉地会受到他所掌握的语言文化先有知识（经验和前见）的影响。[2]也就是说，译者出于认知加工或实际需要的考虑，总会利用一种文化的先有知识（如本民族文化传统知识或其代代相传的历史记忆）对所译文本做出一些有选择性或倾向性的主观处理，使之转换成异质文化背景下的信息内容；同样，译者在对外来文化进行翻译的过程中也会自觉不自觉地对本民族文化中的相关因素施加影响，使之改变。因此，在跨文化背景下出现的这么一种现象是翻译活动形成的一种文化对另外一种文化的赋形和浸淫，我们称之为文化迁移。

文化对翻译的影响是显而易见的。近些年来，我国翻译界已经认定了一个新的学派——文化学派在新的历史语境下的形成。该学派认为，语言作为文化的组成部分，既是文化的一种外在表征，又是一种社会交往工具。当人们在进行语言交流时，实质上是在进行不同民族的文化互视。在国家之间的交际过程中，两个不同国家或民族的人能否相互沟通，不仅取决于他们对对方语言的理解，而且受制于他们对对方文化背景的知晓程度。因此，涉及这种语言符码转换的翻译活动不可避免地会受到双方民族文化传统和习俗的影响。源文化中的某些语言规则和行为模式经常会"迁移"到其他语言的言语行为方式中去，这种文化迁移对于翻译过程的规制是多角度、多层次、多方面的。[3]导致文化迁移的原因主要体现在两个方面。一是不同文化背景的区隔。文化本身具有民族差异性，每种文化都有其独特的风格和内涵，不同的文化准则、行为规范和其内含的价值体系、社会习俗、道德观念、心理取向等，共同决定着语言的使用习惯和践行方式。二是民族思维模式的不同。思维模式是民族文化的重要组成部分，是人类精神的抽象凝聚，体现了文化问题和现象的深层本质。例如东西方文化的思维方式就有较大区别，英语的话语结构呈直线形分布，汉语的修辞形态呈螺旋形延展。英语表达重

1　唐述宗、何琼：《文化全球化背景下的"东学西渐"——寻求与西方文明的平等对话》，载《中国科技翻译》2008年第2期。

2　Margaret Matlin: *Cognition*, Hoboken, NJ: John Wiley & Sons, Inc., 2009, p. 232.

3　崔艳菊：《文化迁移与翻译》，载《河南教育学院学报》（哲学社会科学版）2002年第1期。

视表征、概念、术语，开门见山，直入主题；汉语表达突出阐释、比兴，沿用春秋笔法、微言大义等。[1]

翻译对文化具有迁移作用，这种作用贯穿翻译实践活动过程的始终，并与翻译的各个环节与要素密切相关。这种迁移行为并非受制于一种僵化的、固有的机械制式，而是在特定条件下由某些因素共振引发的人类行为和文化模式。根据心理学家罗伯特·塞钦斯·武德沃斯（Robert Sessions Woodworth）等人的研究，当两种学习情境存在相同要素或交互成分时，这二者的习得模式就会相互影响，形成迁移机制。[2]翻译活动也是如此，在语言交流的模态转换中，在语言背后的文化因素多维渗透和指引下，迁移就在这种相互观照和彼此交融中产生。翻译作为一种文化活动表现出来的迁移现象一般可以分成以下几种类型：

一是顺向迁移和逆向迁移。在翻译活动中本体语义和语用迁移的方向通常是从母语文本转换为译入文化的文本，而译入文本及其内蕴的文化对母语文化也会产生反作用和逆向回溯。前者就是顺向迁移，后者就是逆向迁移。二是表面迁移与深度迁移。翻译作为一种思维加工的过程，明显受到各种因素多主体互动的影响，并因不同的译者主体表现出认知和行为的差异。这种受单一主体因素控制的、直观的、情绪化的迁移是一种表面化的迁移，而受多种关系催化、经历较长时间融合形成的、不易受个人行为影响而改变的现象就是深度的文化迁移。三是横向型迁移和纵深型迁移。横向型迁移是指不同文化文本之间的迁移在同一维度和层面上进行，即待翻译的某一层面的文本内容被对等直译、平行移植到另一种文本的同向层次之中。但是文化的迁移与影响并非总是在相同平面内进行，也可能是贯穿各横向层次立体交叉进行的，即不同维度的文化错位传递，这就是一种纵深型迁移。四是正迁移、负迁移和零迁移。正迁移实际上也是一种效果明显的顺向迁移，是指通过翻译的传递作用，母语文本中的信息和内容很自然地被译入文化所吸收和融合，译入文化因增加了新的异民族文化内容而变得丰富，母语文本中的民族文化信息也通过翻译的桥梁作用实现了在译入文化域中的增值和扩散。负迁移是指由于各种原因翻译未能有效传递母语文本内容的情况，即交流过

1　熊美华、余妹容：《跨文化交际中的文化迁移》，载《江西社会科学》2005年第7期。

2　邵瑞珍：《教育心理学：修订本》，上海：上海教育出版社1997年版，第225页。

程中信息减损或扭曲超过了一定的比例，造成异域读者不能正确理解译者母语文本内容，对其产生误读。负迁移是畸形的逆向迁移，它会阻碍翻译的正常完成，是一种信息减损型的文化现象。零迁移是指待译入文化的语篇中的某些信息通过翻译转换成目标语文本时仅仅转为一个简单的能指表达符号的过程。这种转换不会引起信息的增值或新信息的出现，也不会造成信息的损耗、扭曲或变异，更没有意义的产生与演变。这实际上是一种理论上的假设，社会生活中绝对的零迁移是不存在的，只能说迁移量极少或趋近于无的现象时有出现。[1]

在这些类型的文化迁移现象中，最受学者关注的是负迁移，因为文化负迁移往往会导致跨文化交际障碍。文化负迁移分为两类，即表征文化负迁移和深度文化负迁移。物质形态和制度规则的负迁移属于具象性的表征文化负迁移，涵盖语言符号、社会行为、生活习惯等。观念层面、精神意识等的负迁移属于深度文化负迁移，包括人的价值观念、思维方式、审美取向、道德情操、宗教信仰和民族心理等核心层。[2]而这两种负迁移模式都会通过翻译这一信息传播和价值沟通平台表现出来，并在跨文化交际中发挥显著功用。

跨文化交际中的负迁移具有以下特点：第一，在跨文化交际中文化负迁移往往是由行为主导者不熟悉译入语及其文化背景而产生的，并且总是沿着这个翻译的来路重复持续运动。第二，文化负迁移属于本民族文化对异质文化的一种逆袭，表现为对译入语文化背景的差异性理解。第三，文化负迁移一般来说在整个跨文化交际过程中无法避免，它是一种经常出现的和相对发挥持续效应的现象。文化负迁移的产生具有复杂的原因，例如不同民族之间的文明区隔、知识习得过程中的先验立场和惯习影响等。要完全克服文化负迁移是很难做到的，应该重视文化负迁移所带来的交际困难和理解障碍并积极地去应对这种不利于文化融合的情况。[3]

文化移情就是弱化负迁移效应、冲破本体规制、接受并适应异质文化的一种手段。移情最早是一个美学领域的概念，由德国学者罗勃特·费肖尔提出，这

1　曹合建：《翻译与文化迁移》，载《湖南大学学报》（社会科学版）2005年第6期。

2　胡文仲：《跨文化交际学选读》，长沙：湖南教育出版社1990年版，第2—3页。

3　法小鹰、辛敏嘉：《跨文化交际中的文化负迁移与适度文化移情》，载《学术论坛》2011年第5期。

个概念经学者们反复阐释后引入了跨文化交际学等相关领域。所谓文化移情，就是指在跨文化交际中有意识地超越母体固有的思想框架，摆脱自身原有的传统影响和前见约束，将自己置于异质文化情景之中，在主动的对话和平等的互视中达到尽可能如实感受、客观领悟和忠实理解另一种文化的目的。[1]在跨文化交际过程中，人们越来越意识到，即使有了翻译的顺畅沟通、自由交流，文化的隔阂依然存在，尤其是深层的思想、价值、观念总是在自我图示的规制下阻碍着母文化与他文化的共存融合。目前来看，文化移情能力已成为跨文化交流能否成功实现的决定性因素之一，扮演着直接影响跨文化交际的质量、效果和进程的关键角色。[2]当然，文化移情也不仅仅是一方对另一方无条件的认同和顺从，而是在平等对待母语文化与异质文化的前提下，包容彼此的差异，形成不同文化之间的对话、交流、融合、发展。在主体自觉的情况下进行适度文化移情，可以有效减少交往中的负迁移现象，提升跨文化交际的效果。

尽管翻译活动在跨文化交际的语境下面临种种文化迁移与文化冲突，但只强调文化的分歧而忽略文化的融合也是片面的。因此，坚持跨文化交际中的文化迁移与创新融合的辩证统一立场，才是客观全面和严谨公允的，而在多数学者眼中，文化融合也是评价跨文化翻译传播效果的一个主要标尺。

"融合"的概念应是两种以上不同的事物统一于一个范畴之中，蕴含着整合、贯通、协调、交融、平衡、包容的意义。在关于文化问题的讨论中，有学者就坚持文化融合论的价值取向。如汤一介以中国文化对印度佛教文化的引进、吸收为例，论证了不同文化遭遇之后是以融合为主导发展趋势的。他指出："在人类以往的历史上并不缺乏由于文化（例如宗教）的原因引起国家与国家、民族与民族、地域与地域之间的冲突。但是，我们从历史发展的总体上看，在不同国家、民族和地域之间的文化发展则是以相互吸收与融合为主导。"[3]当然，文化融合并不是一种同质化导向，全世界也不可能只允许一种文明模式的存在。例

1　高永晨：《跨文化交际中文化移情的适度原则》，载《外语与外语教学》2003年第8期。

2　高永晨：《跨文化交际中文化移情能力的价值与培养》，载《外语与外语教学》2005年第12期。

3　方克立：《走向二十一世纪的中国文化》，太原：山西教育出版社1999年版，第542页。

如，从人类文明史上看，不同国家的宗教文化互相之间都有吸收与融合，但并不是普遍意义上的同一化强行规制，也不是单方面的顺从和并入，而是双向的渗透和重新组合，并借以生产出一种新的、不同于以往的文化形式。随着全球化交流的日益频繁和传播手段的不断改进，不同文化之间的融合创新正以前所未有的规模和速度在发展。[1]

文化融合是一个过程，是由符号表征到精神内核的贯穿式渗透与结构性共在。文化的内涵非常丰富，总体包括人类精神表层的语言符号、风俗习惯、生活方式，深层的审美取向、价值观念、情感定式、思维方法等。这些内涵层次的差异，形成了丰富多彩的不同文化类型或社会模式。在翻译担当主角媒介的跨文化传播中，多元文化在交流互融的过程中首先改变的是文化表层的东西，例如语言、服装、习俗等表征式符号；不容易改变的，也就是难以化入融合的是文化中的核心部分，例如价值观念、情感模式、思维方法等。它们已经胶着于人们的意识深处，经过长期的、渐进式的浸染和积淀，牢固地镕铸到文化主体的血脉之中，成为一种"似本能"、潜意识或无意识。在文化的交流与对话之中，这种深层的、坚硬的内核对外来文化或异质文化的抵抗性是最强的，有学者把文化的这种特性称之为"维模性"，即一种守成主义的惰性立场。另外，文化融合还需要有一个彼此互相适应的阶段，而这个过程不是短时间就能达到或依模式复制就可以完成的，它是一个广义的纵向延伸和横向渲染范式，是一个由表征体系和深层内核组成的缓慢的演进序列。[2]

从人类文明史来看，各个国家、各个民族、各个地区的文化在形成和发展过程中，彼此冲突、碰撞，同时也相互汲取、整合，产生出新的文化形式。比如，现在的西方文化就是亚洲、非洲、欧洲等几种原初文化融通、交汇和嬗变后的产物。作为东亚文化重要影响因子的儒家学说，在形成和固化过程中也综合吸收、创新接受了释、道等各家学说的精髓，成为一种复合性的、动态构建的思想体系；日本文化则摄取了儒家文化、佛教文化和西方文化的一些内容，结合自己本土的神道学说，形成了自己独特的"杂糅"价值场域；等等。文化间的融合一般

1　王缉思：《文明与国际政治：中国学者评亨廷顿的文明冲突论》，上海：上海人民出版社1995年版，第319页。

2　王金会：《跨文化传播下的文化融合与文化自觉》，载《黑龙江社会科学》2007年第2期。

会持续一个漫长的过程，有的需要几个世纪的互浸渗透才能初见端倪。例如儒家文化与佛教文化的遭遇与融合，便是经历了六七个朝代的更替，一直延续到北宋和南宋时期才基本完成，历时竟达千年之久。当然，在全球化进程不断加快的今天，文化融合的节奏和频率都是以往所无法比拟的，因为现代科学技术为这一演进提供了更为先进和有利的条件，人类的思想文化智慧也更加丰富和成熟。故此，文化的这种融合曲线有同向加速和质化提升的趋势。[1]

总之，多数学者认为，文化的融合创新才是文化演进发展的主流。因为文化的融合体现了差异文化之间的吸引力和趋同性，这种靠近和趋同可以使异质文化之间逐步形成和谐统一、相互依存的关系，它还隐含着一种整合和积聚的力量，使区隔、碎裂、散居的文化可以互相利用、双向吸收有利于自身的因素而发生革命性质变，借此形成新的丰富多样的文化生态。所以，多元文化的冲突与融合对世界文化格局的积极作用在于，它尝试着填补文化差异的思想缝隙，使事物处于相对稳定状态，提供矛盾双方得以合理存在、携手并进的条件，从而孕育着扬弃旧的组织和创造新的结构的机会。[2]

文化融合创新的发生从宏观视角看主要有以下三个步骤：第一个阶段是文化的交汇、碰撞、传播，也有人把这种方式理解为一种文化对话。文化的遭遇、传播或者对话，要遵循两个原则，即平等和互动。由此，交流的双方在相互施加影响的过程中，不仅展示了自身的民族特质和思想价值，还可以通过彼此的互动和交流，去追求自身的型固和完善。第二个阶段是多元文化的平衡与适应和外来文化的归化。文化适应即本土文化与外来文化相遇后认识到二者之间的差异、分歧与区隔，随后引发并维持了对外来文化刺激的某种均势——这一系列的调整动作就是文化适应。外来文化的归化也是文化适应的一种，是外来文化与本土文化互动协商与能量平衡的结果。当然，外来文化也会有强势影响本土文化的时候，如采取武力征服、贸易挤压、民间渗透、强权外交等手段，以期达到一种刚性的凌越和霸权的覆盖。第三个阶段是文化的重构转型，也是一种文化的嬗变与创新。它不是外来文化和本土文化之间的简单取代，而是通过外来文化与母体文化之间

1　张友谊：《全球化视野下的文化冲突与融合》，载《西南师范大学学报》（人文社会科学版）2001年第1期。

2　何爱平、张志敏：《马克思主义经济学与西方经济学的比较研究：第三辑》，北京：中国经济出版社2013年版。

的冲突与调和实施基因重组，从而产生质变和创新提升。这种文化的重构转型只是原有文化统一体内的部分更新和结构异化，而不是产生一种完全独立于原有文化框架和体系的全新文化。[1]

翻译的理论愿景和现实意义就是打破文化隔阂，促进异质文化与本土文化的相互了解和融合，概言之，即重建巴比塔，实现人类思想与价值的共享。这是一种互为主体、影响广被的传播交流活动，受到文化、历史、政治、经济、社会、种族及意识形态等多种因素的制约与影响。文学译介作为最常见的文化传播与推广方式之一，在中国文化走出去的大背景下已开始受到学界与业界的普遍关注与迫切期待。随着国际文化交流的日益频繁与密切，翻译活动呈现出极大的丰富性和广泛的复杂性，如何翻译、翻译什么、为谁翻译等问题成为文学译介与传播过程中绕不过去的结构性问题。毋庸置疑，在英语的强势存在和刚性制约下，汉语在世界上依然处于非主流地位，中国文学、中国文化在世界文化格局中依然处于弱势地位，中国文学的译介、传播与接受仍可能遭遇困难和挫折，也许需要耐心曲折的等待才能得以完成和实现。因此，在文化融合的大背景下理性认清现状、周密分析问题和精心设计对策，方能达到中国文学、中国文化走出去的本质目标和最终诉求。

中国学者对于如何认识和理解翻译在文化融合创新中的作用进行了深入的思考和激烈的讨论。其中一个有代表性的观点就是翻译应具有阶段演进性和历史价值观。如许钧提出应在两个方面的着力点上把握翻译的文化意义：首先，要充分认识翻译对于人类历史的发展所做出的实际贡献，其次，是要从纵向时空的角度来看翻译的可能性。[2]从翻译的历史观出发，要真正实现翻译在文化融合创新中的作用与价值，实现双向的、平等的、立体的文化交流，就要型构一个开放而多元的跨文化生态语境，坚持翻译本位的历时延绵性、动态发展性和包容系统性。

（1）历时延绵性。从翻译史的角度来看，中国文化的对外传播规模与外国文化的输入体量之间存在明显的不平衡、不对等。中国对外国文学尤其是西方文学的引进与接受已经历了相当长的历史阶段，相反，中国文学在西方国家的译

1　陈平：《多元文化的冲突与融合》，载《东北师大学报》（哲学社会科学版）
　　2004年第1期。

2　许钧：《翻译论》，南京：译林出版社2014年版，第273页。

介，无论在时间上、数量上还是效果上都相差甚远。这种中西文化相互外溢的不平等必然导致双方公众在文化交融场域和读者接受心态等方面的显著差距。因此，这就给中译外的翻译提出了新的要求，即如何在更大程度上契合域外读者的阅读习惯和期待视野，采取相应的权衡与妥协措施调整翻译策略与方法。

（2）动态发展性。在目前中国文学的对外译介中，译者出于对对方接受语境和读者欣赏水平的考虑而对原著采取删节、改译等翻译方法应被视为是合理而且必要的。而另一方面，翻译活动具有历时性和阶段性，这就意味着其多样化、差异性的语境以及阶段性的模式和特征都不是一成不变的。通过丰富多彩的翻译方式讲好中国故事、传播好中国声音、展示好中国形象，不仅是我国对外文化交流的需要，也符合世界了解中国、走近中国文化的愿望，更是人类文化生态走向交流、融合、对话的大趋势。

（3）系统包容性。翻译是人脑对信息进行认知加工后输出内容和意义的过程，每一次译者有意为之的信息凸显都在很大程度上影响着翻译的价值目标。因此，解决好翻译过程中的各种冲突，平衡好诸种因素的关系，就是实现翻译目的的理想途径。翻译活动不仅深刻影响了文学史的书写，更与一个国家或民族的思想史、文化交流史乃至社会发展史有着密切的关系。从这个意义上说，翻译不仅仅是中国文学走出去的重要手段，而且是中国文化走向世界、与其他异质文化进行平等互视与对话的现实渠道和核心平台。因此，我们需要站在包容的立场上，将中国文学的对外译介传播置于中国文化走向域外、融入世界文化格局并与其他文化共同呈现人类文化多样性的大视野之下，体现出坚定的文化自觉意识和鲜明的文化自主立场与选择，从内省转向外眺，从自我封闭走向对外开放，主动地以包容的心态与异质文化进行交流与对话，在与他文化的碰撞与融合中观照自己、完善自己，这是人类文明发展的必由之路，同时也是翻译的历史价值和创造精神之所在。[1]

1　刘云虹：《中国文学对外译介与翻译历史观》，载《外语教学理论与实践》2015年第4期。

第二节　跨文化背景下的翻译路径

全球化的语境赋予了翻译新的历史使命和实用功效，翻译早已超越了语言中心论的单一立场，从不同语言的相互转换沟通转向了更为辽阔高远的跨文化深层意义阐释。跨文化背景下的翻译活动更加开放和多元，从译者主体到公众接受，从内部通达到外在语境，从语篇解读到意义认知与输出，翻译成了全球化语境下观照文化与文明的万花筒。故而，在与时代的共振下，跨文化背景下的翻译途径或者说模式、渠道就有了多样化的视角选择。

20世纪70年代以来西方学界掀起了翻译研究的文化转向，开辟了翻译学术发展的新空间，也将翻译的主体问题，尤其是译者主体性探索摆到了跨文化背景下翻译研究的前台。传统的翻译观把翻译活动视为一种语言与另一种语言的转换，认为翻译就是一种模仿、一种对译、一种互换，而不是创造性书写和价值阈重构。故而，译者的主体性和创造性被一笔抹杀，导致了译者角色在翻译活动中的边缘化和薄弱化。而在大多数学者看来，在跨文化交际的背景下译者需要体现出三种能力：作为阅读方，译者需要调动自己的情感、意志、审美、想象等能力，与文本对话，实现语篇意义的完整构建；作为阐释者，他要分析作品的内容结构和社会价值，发掘作品的思想精髓和美学意蕴；作为再创造主体，他不仅要传达原作文本的基本信息，而且还要形构被译入话语适应于新环境的延伸解读和审美指向的调整。[1]翻译研究这种文化转向的视角使我们首先要关注和厘清跨文化背景下译者主体模式的翻译途径。

从翻译的历史关注立场来看，译者主体的翻译模式大致可以分成三种。

第一，以中国学者为主体的跨文化翻译模式。

在中国译者模式下，译者母语为汉语，要求对传统文化有相当程度的通晓，也能够弘扬中国文化精神，并做到忠实翻译、准确传达语篇信息，但如果译者不具备英美文化背景知识，兼之语言文字水平欠佳，对异域读者的阅读习惯及出版物市场不够熟悉，便较难得到被译入语国家读者的接受与认可。[2]因此，一些学

1　查明建、田雨：《论译者主体性——从译者文化地位的边缘化谈起》，载《中国翻译》2003年第1期。

2　胡兴文、巫阿苗：《中国文化走出去：面向受众的翻译出版路径》，载《中国出版》2014年第2期。

者对中国译者主体模式提出异议，认为只有极少数中国译者有此功力，不宜作为普及架构加以推广和应用。尽管该模式有一些欠缺，但在历史上该模式却十分盛行并起到了向域外传播中国文化的重要作用，表现出了中华民族自醒自觉的文化主体意识。

在对外译介中国文化的本土译者当中，近代史上中国派往国外留学的学者群体发挥了主要作用。这些留学生群体主要分成三个组团：留美学生群体、留英学生群体、留日学生群体。

留美学生群体无论在体量规模、中西学素养、文化自觉意识上都显得非常突出，其传播中国文化的渠道也十分广泛和直接多样。在留美生中译介中国文化享有盛名的当数林语堂。1933年至1934年他用英文写成《吾国吾民》（*My Country and My People*），详细介绍了中国民族文化的精神脉络，对中国人的性格、中国人的心灵、人生的理想等多层面做了深入剖析。该书出版后在美国引起极大的轰动，短短几个月就印刷发行了7版之多。1937年，林语堂又用英文写成《生活的艺术》（*The Importance of Living*）一书，向美国及西方读者传达了中国人的人生理念、行为方式以及东方情调等。这本书在美国连续一年多高居畅销书榜首，深受美国民众的欢迎。中国留美学生还凭借其深厚的国学基础、流畅通达的英文水平译介了大量中国传统文化经典，如儒家元典、老庄哲学、佛教文献等。这包括林语堂译介的《孔子的智慧》、《老子的智慧》、王阳明《传习录》，陈荣捷翻译的朱熹《近思录》、陈淳《北溪字义》等。留美生还译介了大量中国古典文学作品，如蔡廷干的《唐诗英译》，江亢虎的《群玉山头：唐诗三百首》，王际真的《红楼梦》节译、《儒林外史》节译、《镜花缘》《水浒传》《醒世恒言》节译等。[1]总之，留美学生对中国传统文化经典的翻译不仅立足于语言的转换和注重语义表达的忠实、顺畅，更是着力于诠释中国文化精神、传递思想观念与价值体系，在更高层面上推动了中国文化的对外传播。

留英中国学生群体虽然在数量上不及留美生，但在文化素养、译介成果方面却足以比肩留美生。留英生中的杰出代表是辜鸿铭，他以长袍马褂为其世俗形象，在留学欧洲时刻苦学习，通晓英、法、德等九种语言，是少有的学通中外的

1　元青、马良玉：《20世纪上半期留美学生与中国文化的对外传播》，载《南开大学学报》（哲学社会科学版）2012年第4期。

学者，代表了那个时代"穿越西方、回到传统"的知识分子群体。外国人曾戏称他为"北京三大怪"，有到北京可不吃烤鸭、不可不看辜鸿铭之说。辜鸿铭创造性地将儒家经典《论语》《中庸》《大学》译成英文，不仅文辞准确、表达完美、富有哲理，而且他借用西方著名思想家、学者的话语来解读儒家语篇原文，受到英美公众与学者的普遍认可。他还撰写了英文著作《中国人的精神》（*The Spirit of the Chinese People*），"揭示中国人的精神生活，宣扬中国传统文化的价值，鼓吹儒家文明救西论"[1]，对向外传播中国文化、让西方人了解中国产生了重要作用。除辜鸿铭外，在中国古典文学翻译方面也有不少留英生成绩卓著，如初大告翻译了《中华隽词》，老舍与英国学者艾之顿合作翻译了《金瓶梅》，杨宪益则翻译了《老残游记》。值得一提的是，还有一些留英生致力于翻译介绍中国五四以来的新文学作品。如叶君健把茅盾的《春蚕》《秋收》《残冬》及其他反映抗战内容的现实主义作品译成英文和世界语在英国出版，为英国公众了解中国抗战打开了一扇文学之窗。袁家骅翻译了《当代中国短篇小说选》，收录了鲁迅、沈从文、老舍、卞之琳、张天翼、施蛰存、端木蕻良等人的作品。总之，留英学生由于在国内受过良好教育，在民族文化的氛围中浸染成长，又能够在翻译中准确把握国外公众的接受心理，加之外语能力较强，能够避开文化背景差异引起的传播障碍，在译介中国文化、传播中国文化方面起到了积极的作用。[2]

中国近代史上，留日学生群体是最为庞大的留学群体，据不完全统计，从1896年到1937年这四十余年间，中国留日学生总数达到5万左右。[3]这是一个令人震撼的数字。留日学生身处和汉文化的交汇前沿，其译介活动主要以翻译日文书籍，向国内介绍西方资产阶级思想、文化为主，以启迪民智，推动社会改革。从数量上看，1896年至1911年，从日文译成中文的书籍共958种，以社会学类、史地类、语文类、物理类、化学类、生物类为主；从1902年至1937年，从日文译成中文的书籍共1760种，其中社会科学、自然科学领域的最多。[4]留日学生是这场

1　辜鸿铭著，黄兴涛、宋小庆译：《中国人的精神》，海口：海南人民出版社2007年版，第8页。
2　元青、潘崇：《中国文化走出去的一段经历——以20世纪上半期中国留英学生为中心的考察》，载《社会科学战线》2013年第4期。
3　孔凡岭：《留日学生对中国近代文化的贡献》，载《齐鲁学刊》1987年第6期。
4　谭汝谦：《中国译日本书综合目录》，香港：香港中文大学出版社1980年版，第62页。

文化反哺的主角。当然，在把中国文化译介给日本社会方面，中国留学生也做出了自己的贡献。如王国维就在日本汉学界拥有重要影响，他的多部史学著述都被译介给日本汉学界，为中日学术交流做出了杰出贡献。[1]留日学生中有国际影响的另一个重要人物是郭沫若。郭沫若先后在日本生活了20年，对日本社会和文化有着深刻的了解。他用日文创作、翻译了大量诗歌、小说、文艺评论、历史论文、史学专著等，在日本学界影响很大，同时也使日本社会和普通公众从中接触到中国传统文化的精华。另外，周作人将冰心的小说、诗歌和成仿吾的小说翻译成日文，发表在《北京周报》上。郁达夫、鲁迅也翻译了大量的中国诗歌和小说，介绍给日本公众。留日的中国学生还把一些中国现代戏剧作品译介到日本，加深了各界对中国戏剧的认识。如郭沫若的历史剧《王昭君》《卓文君》等就被译介到日本，为日本社会所了解和熟知。[2]

第二，以国外汉学家为主的跨文化翻译模式。

关于中国文化的对外翻译传播，也有不少学者认为应该首先选择外国译者模式，其代表者为上海外国语大学谢天振，他认为理想的中译外模式是国外汉学家作为专业人士的译介传播，外国译者的加盟是最佳选择[3]。这一派的理由是，在外国译者模式中，译者的母语为英语，且多为汉学家和翻译家，深谙西方文化，具有高超的英语写作和表达能力，因而他们翻译的中国文本能获得国外主流受众的认可，如英国汉学家阿瑟·韦利翻译的中国古典文学作品、美国翻译家葛浩文翻译的中国现当代文学名篇。不足之处是他们对中国文化的了解和认知有一定欠缺，选题较为主观，其翻译领域也缺乏一定的系统性，且人数十分稀少。[4]如果以外国学者担纲中译外重任来看，译者又可分成两类：一类是原籍为外国人，汉语是其第二或第三语言，如宇文所安（Stephen Owen）、康纳利（Christopher Connery）、葛浩文（Howard Goldblatt）；另一类是华裔汉学家，如王际真、乔

1　那波利贞：《王国维君殉节追悼会》，转引自陈平原、王枫：《追忆王国维》，北京：中国广播电视出版社1997年版，第336页。

2　元青、王建明：《北洋政府时期的留日学人与中国文化的对日传播》，载《广东社会科学》2009年第1期。

3　谢天振：《译介文学作品不妨请外援》，载《中国文化报》2013年1月20日。

4　胡兴文、巫阿苗：《中国文化走出去：面向受众的翻译出版路径》，载《中国出版》2014年第2期。

志高、余国藩、施友忠和欧阳桢。[1]

2012年轰动中国文学界的大事件是作家莫言借其带有魔幻现实主义色彩的系列乡土小说荣膺诺贝尔文学奖。在中国公众的一片欢呼声中，莫言的获奖也引起了各界不同的反应，持民族主义立场的赞誉者有之，戴着有色眼镜的争议者也不少。在学术界，莫言作品的对外翻译传播现象（中译外）成为中外学者们热烈讨论的中心话题。德国著名汉学家顾彬（Wolfgang Kubin）甚至认为，没有杰出的翻译就没有莫言的获奖。[2]莫言小说的英译者葛浩文虽然长时期执着于中国现当代文学研究并推动其在国际社会传播，但一直籍籍无名，未能引起社会的关注。因莫言的获奖，葛浩文最终被公众发现，从幕后走到了前台。他被美国作家约翰·厄普代克形象地比喻为"中国近现代文学在英语世界的接生婆"[3]，他的莫言作品英译本甚至被美国汉学界评为"比原著写得更好"。顾彬则给出了更高的评价："葛浩文对莫言获得诺贝尔奖有巨大的贡献，他创造了'国外的莫言'。"[4]与媒体一边倒的热烈反应相比，文化界和翻译界的学者们对此的思考要冷静、缜密、理性得多，但绝大多数都对以葛浩文、陈安娜为代表的外国译者在莫言作品获得国际认可的过程中所发挥的重要作用给予了肯定。例如，有学者认为："如果没有国外汉学家对莫言作品的完美翻译与尽力推介，莫言的获奖至少会延宕十年左右，或许他终其一生都有可能与这项崇高的奖项擦肩而过。"还有学者认为："中国的近现代文学史上成就杰出、声誉高于莫言的不少，但最终都无缘诺贝尔奖。追根溯源，中国作家作品由汉语译为英语的水平不足是重要原因，这次中国作家问鼎诺贝尔文学奖在一定程度上可以说是外国的译者成就了莫言。"这些言辞并不偏激却立场鲜明的论述可以说是对外国译者模式的有力支持。[5]

1　李伟荣：《中国文化"走出去"的外部路径研究——兼论中国文化国际影响力》，载《中国文化研究》2015年第3期。

2　陈晓勤、李佳贞：《顾彬：莫言小说冗长无趣，他能获奖翻译居功至伟》，载《南方都市报》2013年5月7日。

3　王丹阳：《作家和翻译谁成就谁？葛浩文译本被赞比原著好》，载《广州日报》2012年11月3日。

4　陈晓勤、李佳贞：《顾彬：莫言小说冗长无趣，他能获奖翻译居功至伟》，载《南方都市报》2013年5月7日。

5　刘云虹、许钧：《文学翻译模式与中国文学对外译介——关于葛浩文的翻译》，载《外国语》2014年第3期。

当然，也有些学者对葛浩文的翻译方式提出了异议，甚至对其彻底否定，认为葛浩文生产的是通过删节、改译、整体编译等非正常手段"化妆"之后焕然一新的文本，这会导致国外公众对中国、中国人、中国文化的误读。一些学者甚至直指葛浩文是为了迎合西方受众的心理预期，抹平了中国作家色彩鲜明的文体特点和语言风格，这才获得了诺奖评委和西方学界的认可。这些评论家之间、汉学家之间、评论家和译者之间的争论都直接或间接地涉及葛浩文的翻译策略与方法模式，值得进一步严谨、理性、深入地进行探讨和思考。但不管怎么说，莫言的小说迄今已有英、法、日、意大利、荷兰等几十种语言的版本，产生了广泛而深刻的国际影响，以葛浩文、陈安娜为代表的汉学家兼译者应该说起到了重要的桥梁作用。

在国外从事汉学译介、创作、研究的学者中，赛珍珠无疑是最有特色的一位。与其他汉学家不同的是，她出生4个月即随传教士父母来到中国江苏镇江，并先后在中国生活了37年之久。从这段经历上讲，汉语实际上是她的第二母语。她的汉语非常熟练，也会讲地道的方言，且对中国文化十分了解，具有相当深厚的中国情怀。她在各种场合都强调她与中国的亲戚关系，中国普通百姓的生活方式也是她多年来一直践行的模式样本。她与中国独特的渊源、扎实的传统文化功底和流畅通达的英语写作造就了她在译介中国文学作品和创作以中国为题材的文学作品方面的成就。赛珍珠翻译的《水浒传》是国际上该小说最早、最知名和影响最大的英语全译本。选择《水浒传》作为翻译文本，赛珍珠有着多方面的考虑。首先在于这一名著的世界价值和她秉持的文化融合观。她很欣赏《水浒传》的章回体特色、市井化叙事，认为将这一具有中国民族特色和人文普遍价值的作品译介到西方，可以让西方了解中国文化和文学，并以此为镜来反观自身的现状与发展。其次，赛珍珠译作迎合了当时西方读者追求娱乐化、理想化生活空间的阅读心理，为他们提供了一个远离现实的文学梦幻世界。她的这一策略在文化价值观、诗学规范、审美期待等方面都体现得非常突出。与国际上《水浒传》其他译本相比，赛珍珠译本的最大特点是刻意的直译。这种极端的"转述"（paraphrase）是她深思熟虑的翻译策略设计，她并没有使用流畅的英文译入，而是按照语篇的中文结构进行翻译，增加了文本的汉语特色，再现了中国人的思维方式和语言表达特征，使译文处处流露出中国式英语的痕迹，从而借助这一手法实现了向西方传播原汁原味中国文化的意图，赢得了西方读者的广泛认可。[1]
赛珍珠本人也是一名优秀的作家，她创作的有关中国题材的小说于1938年获得诺
贝尔文学奖。正是由于她作家的光环掩盖了其作为杰出汉学家、中文译介者的另
一重要角色的光芒，以至国际文坛对她的定位一直以来有所偏颇，甚至把她排除
在正统的海外汉学体系以外，这显然是有失公允的。

第三，中外译者合作的跨文化翻译模式。

围绕如何提升外译质量和促进中国文化走出去的问题，有学者认为，中国译
者的外语水平并不低，中国文学、文化走出去要靠本土的知识分子，不能倚重
国外汉学家，中国译者完全有能力、有水平把自己的优秀文学作品译介给世界。
但在"谁来译更好"的问题上，也有人坦承："虽然单就外语水平而言，我们国
内并不缺乏与这些国外翻译家水平相当的翻译家，但在对异质文化公众具体的用
语习惯、独特的文字处理偏好、微妙的审美品位等方面的把握上，我们还是要承
认国外汉学家比我们国内翻译家更有优势，这就是为什么由这些国外学者翻译的
中国文学作品更易为异域读者接受的原因。"[2]故而，综合民族主义的视角和世
界主义的立场，有不少学者认为本土译者和域外人士合作才是最佳翻译模式。一
方面，不能埋头拉车不看路，只关注文本如何准确达译，而不考虑中国文学作品
在国外如何被接受的情况，忽略译者的实际创造能力；另一方面，吃透原文是关
键，再好的汉学家，如果没有透彻地掌握中国语言文字的精髓、理解中华民族文
化精神，面对复杂多变的语篇也是翻译不出来的。故此，要为中国文学的对外传
播注入新生命、走出新路径、创造新形式，中外合译是一个逻辑上最好的选择。

中外合译模式吸收了前两种翻译模式的优点，既可以做到忠实于原文，对原
作者和作品负责，又能做到译文流畅通达，尽量满足读者的文化诉求，从而顺
应接受国公众的阅读习惯和心理期待，优势明显。以往中诗英译由中国学者和英
美诗人合作取得良好效果的例子为这一论断提供了佐证。如20世纪20年代合作翻
译中国古典诗词的威特·宾纳（Witter Bynner）和江亢虎（Kiang Kang-Hu），
以及艾米·洛威尔（Amy Lowell）和弗洛伦思·艾思柯（Florence Ayscough），

1　张静：《译者的文化身份及其翻译行为——赛珍珠个案研究》，载《当代外语研究》2011年第2期。
2　谢天振：《中国文学走出去：问题与实质》，载《中国比较文学》2014年第1期。

都是外国诗人与中国学者成功合译并在英美文学界取得盛名的典范。再如20世纪七八十年代类似的组合——肯尼斯·雷克思罗斯（Kenneth Rexroth）与钟玲、文森特·麦克休（Vincent McHugh）与C. H. 库克（C. H. Kwock），以及后来在国际翻译界崭露头角的陶忘机夫妇、葛浩文夫妇等，都是比较典型的中译外合作模式的实际范例。[1]

历史上中外译者合作翻译模式的实践者中最著名的当数杨宪益、戴乃迭夫妇。杨宪益是中国著名翻译家、外国文学研究专家，他精通中国古典文学，又曾在牛津大学学习古希腊罗马文学、中古法国文学和英国文学，可称得上是"穿越西方、回到传统"的文化翘楚。其夫人戴乃迭祖籍英国，生于北京，熟谙传统中国文化，自幼就对中国和中国人民有着浓厚的兴趣和相应的情感。杨宪益、戴乃迭不仅用他们的一生成就了一段异国爱情传奇，更创造了翻译史上少有的中西文化亲密无间、水乳交融的合作模式。

1943年起杨宪益、戴乃迭供职于国立编译馆，他们的中文英译活动进入了职业化的时期。至此之后，杨戴二人步入夫妻翻译作品成果丰硕的产出期，其中最值得一提的是他们对中国四大名著之一《红楼梦》的翻译。这项工作实际上在20世纪60年代就开始了，并发表了部分译稿，但由于政治因素被迫中断。直至1972年杨宪益与戴乃迭先后被释放出狱重新开始工作时，这一巨著的译稿才得以修改完成。[2]杨氏夫妇中译外的另一个显著成就是对中国传统名剧《牡丹亭》的翻译传播。他们翻译这出经典名剧并介绍给西方，是基于当时的时代背景——突破以美国为首的西方国家对中国采取的经济和信息封锁，让世界了解中国所发生的变化，以国家主体推介的形式向外传播中国文化，其翻译行为服务于复兴中华文化、提升国家形象的民族诉求。[3]在英译硕园版《牡丹亭》时，杨氏夫妇采用了面向话语植入系统、以可接受性为主导的翻译标准。这主要体现在以下两个方面：一是对硕园版《牡丹亭》文本内容的再次选择，在某种程度上迎合了西方

---

1 孔慧怡：《翻译·文学·文化》，北京：北京大学出版社1999年版，第106–107页。

2 Yang Xianyi: *White Tiger: An Autobiography of Yang Xianyi*, Beijing: The Chinese University Press, 2002, p. 267.

3 习少颖：《1949—1966年中国对外宣传史研究》，武汉：华中科技大学出版社2010年版，第15页。

读者的心理预设，是西方诗学规范在翻译中的投影；二是参照西方戏剧的标准对《牡丹亭》的语篇形式进行了去中国元素化的处理，以期减少民族文化差异对西方读者造成的冲击，这表明了他们把"适合国外读者阅读心理"作为其翻译活动贯彻始终的重要追求。[1]

在长达五十多年的翻译活动中，杨宪益、戴乃迭夫妇的译介主要围绕着中国古代文学经典和中国现当代文学精品这两个领域而展开。可以说，他们一生的译介实践都是为向西方介绍、传播中国文化，实现民族文化身份的认同，以在世界文学的百花园中实现话语占位，凸显出中国文学的独特风貌和靓丽色彩。[2]他们二人在半个多世纪的翻译生涯中，以崇高的使命感和严谨的责任心向西方社会描摹出一个真实的文化中国的形象。关于翻译的标准，杨宪益还强调"信、达、雅"的传统会通原则，认为翻译应力求不做过多的解释，译者应尽量忠实于原文的内涵和形象，既不要夸大其词，做信息的增减，也不要别出新意，随便延伸。[3]正是基于这个出发点，杨宪益、戴乃迭在翻译中国古代文学经典和现代文学精品的时候，都强调尽量忠实于原文语篇民族特色和其背景文化的翻译观，在母体文化和异质文化的会通摆渡中探索中国文化的核心、中国文明的精神，并力求平衡地传达给西方民众。[4]在这些目的和原则的指导下，杨氏夫妇在翻译策略上结合了异化和归化两种方式，尽量避免对原文进行大删大改，同时又照顾西方读者的文化习惯和审美取向。杨宪益尤其认为在把中国作品译介给西方社会时不能做过多的解释，译者应尽量贴近原文，否则就不是翻译，而是重新改写了。他们的这种译学范式淋漓尽致地表现在对《红楼梦》的英译中。同时，鉴于他们翻译的预期读者主要是英美民众，这些读者想了解中国文化，但是大多数又缺乏相关的背景知识，所以他们采取了多种翻译方法，如对等直译、直译加注、直译加解释等。这样既达到了真实传扬中国文化的目的，又满足了读者的心理需要和审

1　赵征军：《杨宪益、戴乃迭英译〈牡丹亭〉研究》，载《三峡大学学报》（人文社会科学版）2015年第3期。

2　杨苡：《杨宪益与翻译》，载《中国翻译》1986年第5期。

3　姜志文、文军：《翻译批评论》，重庆：重庆大学出版社1999年版，第287页。

4　央视国际：《夫妻翻译家——杨宪益　戴乃迭》，http://www.cctv.com/program/dajia/20040825/101005.shtml, 2004-08-25。

美诉求。[1]杨宪益、戴乃迭辉煌的翻译成果为中外译者合译的跨文化翻译模式提供了确切佐证，也由此引起了一批国内外学者对这一模式的推崇、支持与扩散。

从翻译方法论的视角看，跨文化背景下的翻译模式可以有三种选择。

一是作为文化翻译方法的"深度翻译"。

"深度翻译"来源于哲学和文化人类学的"深度描写"，其代表人物是吉尔伯特·赖尔和克利福德·吉尔兹，"深度描写"下的文化研究注重人类大脑深层的精神意识书写，而不是对普遍的社会问题和大众现象所做的一般性临摹，它关注的是不同文化之间的异同及其成因和发展趋势。美国翻译家奎姆·阿皮尔参照"深度描写"提出了"深度翻译"理论。该理论包含三个要点：第一，强调翻译意图总揽全局的重要性；第二，突出语境传播扩散的决定性作用；第三，充分关注不同文化的差异与区隔。为此，在"深度翻译"中译者必须有更加自觉地补缺意识和阐释指向，一些译者往往通过各种注释、译注和评析性序言来更大范围地揭示文本中蕴含的丰富信息。综合中外学者对"深度翻译"的理解和论述，试将"深度翻译"的理论要点归纳如下：文化人类学的"深度描写"范式对翻译策略研究有一定的借鉴意义，并以此帮助译著者建立起"深度翻译"的理论模型，但这种观照和仿效必须对其核心要点和思想精髓进行全面把握；对待"深度翻译"既要重视语境的渲染影响，也要高度强调主体意图的引导角色，如果忽视了意图的多样性和复杂性，就可能导致对语境的曲解；同时，我们必须认识到，在言语行为交流中主体的情感表现形式是认知主体意图的重要途径。[2]

作为翻译方法的"深度翻译"强调挖掘多元文化之间的特殊之处，通过对话语语境、主体意图与情感表现的分析与解读把文化差异作为一种语篇特色呈现给异域读者，使他们能够理解这些差异及其产生的原因、机制。"深度翻译"模式突出了译者的主体性地位，颠覆了客观、机械翻译的传统想象，强调了话语阐释的译者主体加工角色，从而使得这种文本的描述或者延伸具有了更广阔的视角，

---

1 付智茜、杨小刚：《对翻译家杨宪益、戴乃迭夫妇翻译思想的描述性研究》，载《湖南财经高等专科学校学报》2010年第6期。
2 章艳、胡卫平：《文化人类学对文化翻译的启示——"深度翻译"理论模式探索》，载《当代外语研究》2011年第2期。

同时还避免了译入语文化对翻译文本的规制与同化。[1]从理想化的逻辑来看，这使得译者和受众可以凭借一个共同的视角和立场在不同文化背景下进行交流与对话，即通过跨时间、跨语言、跨文化的深度阐释，尽可能消除异质文化之间的误读和跨文化交流的障碍，以期获得相互理解和认同。

当然，基于翻译的阐释学传统立场，翻译行为本身就是一种跨文化阐释。翻译活动既有纯粹进行语言转换的作用，又有着跨文化意义上对被译入语篇的题解与演绎功能，这一点尤其适用于文学作品和理论著作的翻译。在全球化语境下，翻译要真正做到对原作进行深层意义的解读与延展，更应该强调其对文化多样性的如实反映，这也是翻译的历史使命和当代责任。但是，翻译又不完全等同于跨文化阐释，它还受制于语言的规范和民族文化的特色，如同戴着镣铐的舞者，它应该是一种有限度、不越界的发挥与创造。在这一过程中，译者要把握好阐释的度：过于夸张的演绎会远离原作，而呆板地遵从于语言层面的"忠实"又很难激发出译入文本的丰富内涵，进而弱化译者的主体性、创造性和读者的接受力、欣赏力。[2]因此，这种跨文化阐释必须兼顾主客观的辩证统一，根据语境、社会、意识形态、审美习惯等因素因势利导地进行调整和转换。

二是作为受众模式选择的过滤式或改写型书写策略，这在翻译研究的传统视角下也可视作一种归化模式。

在西方学者眼中，一个国家的传统诗学内涵除了包含文学的社会角色外，还包含文学作品创造的主题、句法、结构、文体、人物、情景与象征等。[3]不同民族国家的文学作品都是以自己的语言文化为创作基础和实践手段的，因而，在作品中隐含的传统话语、社会文化、知识结构、意识形态及权力关系等各种因素都先天蕴含着各民族自己的诗学体系与思想记忆。所以，跨文化翻译总是面临着两难的选择，即究竟是遵从本民族文学记忆的指引，还是服务于译入语民族的诗学规范与审美趣味。这也就是翻译研究中归化与异化策略争论不息的逻辑起点。用施耐尔马赫的话来说就是，翻译要么"不打扰读者，让原作者接近读者"，要么

1　Theo Hermans: "Cross-cultural Translation Studies as Thick Translation", http://www.soas.ac.uk/Literatures/satranslations/Hermans.pdf, 2007-12-07.

2　王宁：《翻译与跨文化阐释》，载《中国翻译》2014年第2期。

3　A. Lefevere: *Translation, Rewriting, and the Manipulation of Literary Fame*, London: Taylor & Francis Ltd., 1992, p. 26.

"不打扰原作者，让读者接近原作者"[1]。换言之，前者主张为了目标读者对异文化认知的方便追求翻译文本的流畅、顺达、易读，使之能尽快融进译入国的文化环境；后者主张在翻译过程中保留原始文本的民族性、本真性、差异性，以丰富接受民族的文化生态及帮助其脱离保守主义的僵化思维和封闭立场。[2]这实际上也是翻译的世界主义视角与民族主义取向之争，持不同论者都能举出各自取向的优势与长处，也能罗列对方的弱项与缺陷。

置身于现代性话语盛行的全球化框架中，中国文化相对西方文化处于弱势区位，面对的主要是"西方中心主义"思维模式培育出来的知识群体。在走出去的初始阶段，应以吸引西方受众为第一要务，采取"归化"策略，避免过多陌生文化背景的表达方式，以自然流畅的风格贴近国外读者的审美期待，让我们的文化产品走向国外受众。[3]葛浩文对莫言作品的翻译就是这种滤写策略的实践代表。尽管他因此而"誉满天下，谤亦随之"，但他仍然坚持自己的立场——为读者翻译。一时间，"删节"、"改译"甚至"整体编译"等翻译策略成了葛浩文翻译的标签。围绕着这些敏感问题学者们展开了激烈争论，但不可否认，语言的审美价值是文学作品的基本诉求，就传播效应而言，翻译滤写策略可以发挥催化剂作用，虽不能说点石成金，但锦上添花是完全可以做到的。从世界主义的视角来看，翻译的滤写一方面可以促进中国文学接近甚至融入世界文学主流，助推中国文学与文化的国际化进程，另一方面也能够促使西方读者逐渐摆脱西方中心主义的思维定式，培育全球视野与天下立场，以更加宽容、开放的态度看待并接纳他民族的文学与文化。[4]但这种滤写策略也要注意与民族主义的区位平衡和对原文本基本事实与核心精神的保留，不可丧失或弱化中国文学与文化的民族性，遮蔽中国传统、经典文化及其思想价值的郁渥精华，从而误导西方受众对中国文化的认知欣赏。

1　杨柳：《20世纪西方翻译理论在中国的接受史》，上海：上海外语教育出版社2009年版，第98页。

2　Lawrence Venuti: *The Translator's Invisibility: A History of Translation*, Shanghai: Shanghai Foreign Language Education Press, 2004, pp. 5-20.

3　胡兴文、巫阿苗：《中国文化走出去：面向受众的翻译出版路径》，载《中国出版》2014年第2期。

4　陈伟：《中国文学外译的滤写策略思考：世界主义视角——以葛浩文的〈丰乳肥臀〉英译本为例》，载《外语研究》2014年第6期。

三是作为异化策略改良和提升的离散书写模式。

国内翻译界关于异化与归化的争论由来已久。有学者曾极力主张"二十一世纪的中国文学翻译将以异化为主导"[1]，反对的学者则声称"翻译应以归化为唯一遵循的标准"[2]，但最后，两人都得出了妥协、折中的结论。一方说："我们采取异化法的时候还要注意限度，讲究分寸，行不通的时候还得借助归化法——两种方法相辅相成，相得益彰。"[3]而另一方也改变了当初的立场："事实上，异化法和归化法并不是互相排斥的对抗性概念，而是相互补充、彼此促进的翻译策略和方法。"[4]实际上，人们已经认识到现今的翻译活动并不是一个单向度追求片面和极致的过程，而是两种文化、两种身份及不同背景进行相互对话和平等交流的动态衍化过程。已经有部分研究者及翻译工作者认识到："唯有通过充分的交流，才能预期不透明、不在场条件下产生的误解、隔阂在相互理解、彼此包容的氛围中逐渐消除，传统文化的框架格局、社会习俗和意识形态构成了固化的守旧心态，而本我与他者文化遭遇的徘徊焦虑只有在更为宽广的跨文化交流平台上才能平息。"[5]

在如何体现多元文化和价值观念的融合探索驱动下，翻译的离散书写模式应运而生。所谓离散书写指的是："离开自己的文化家园，在异域文化环境中憧憬并审视本土母系文化，在接触和体验异域他者思想行为的同时，进行主客文化间的沟通与杂糅。"[6]该策略的具体运用是：译者在译入语中充分展示自己本土的文化价值观念，从宏观文化心态到具体而微的精神因素，都是翻译操作的对象。译者犹如钟摆，在两种文化之间穿行，根据实际需要调整向哪一方靠近的角度、距离与张力。相对于单一侧面的异化翻译，离散书写有着更加丰富的内涵和意义。这个策略的提出与运行打破了传统僵化的异化、归化两分法归类，重新定位了异化的跨文化交际与对话内涵，具有理论创新与实践操作的深刻意义。另外，离散书写的应用性较强，同时也具有普遍价值和推广预期，可以解决好译文的通

1　孙致礼：《中国的文学翻译：从归化趋向异化》，载《中国翻译》2002年第1期。
2　蔡平：《翻译方法应以归化为主》，载《中国翻译》2002年第5期。
3　孙致礼：《中国的文学翻译：从归化趋向异化》，载《中国翻译》2002年第1期。
4　蔡平：《翻译方法应以归化为主》，载《中国翻译》2002年第5期。
5　Hatim & Mason: *Discourse and the Translator*, Shanghai: Shanghai Foreign Language Education Press, 2001, p. 264.
6　孔艺风：《离散译者的文化使命》，载《中国翻译》2006年第1期。

顺易懂与他国情调异彩纷呈之间的矛盾。[1]文化离散的策略还给翻译提供了多元化主体的视角选择。有学者指出，在纷繁复杂的交流行为中，译者身处社会环境的多重压力之下，同时尝试着在生活在各自不同文化背景中的原语语篇作者及其目的语语篇读者之间协商意义。[2]这种意义协商实际上就是一场心灵对话与精神沟通，它不是以哪一方为中心，而是综合汇总、考量、平衡各方意见，在这种对话与沟通中表现出多种声音和民族意识，并借助多主体之间的互动进行商讨、争论、交锋、调解，从而形成复调结构，共同完成文本意义的建构。因而，在这种离散策略指导下生成的翻译文书中，可以听到来自译者、读者和原作者各方的声音。对读者的特殊指向则体现在，一方面，读者对母语环境中常态化的东西失去了新鲜感，期待遇见、感悟、欣赏不同的文化；另一方面，读者又不愿为体验陌生、新奇的异域文化付出身心俱疲的认知代价。这就要求译者考虑读者的阅读心理，对文本风格、语言习惯、思想价值等因素做出调整。离散书写策略在翻译中的实施运用，揭示了翻译的对话本质、跨文化交流的主体间性和译者的创新意识。

第三节　跨文化背景下对外翻译人才体系的建构

在谈及中国文化走出去的问题时，翻译人才的缺乏是学者们公认的绕不开的问题。中国文学作品对外译介的质量不高，国外公众不感兴趣，跨文化传播人才缺位，尤其是高级翻译人才匮乏，已成为共识。有学者指出，从人才角度来说，现在的中国社会缺乏大师级的翻译家和审定稿人。[3]也有人认为还有更深层的原因。一位学者曾在一次演讲中提到，某集团公司有一位副总裁与他进行过深入的交谈，讲到其公司产品的技术含金量高，技术人员对外交流也没有障碍，但在文化和思想层面总显得比别人弱，这样在与外国人谈游戏规则、世界经济秩序与国

1　谭晓丽、李萃：《文化翻译的第三条路径》，载《衡阳师范学院学报》2007年第5期。
2　刘禾著，宋伟杰等译：《跨语际实践——文学、民族文化与被译介的现代性（中国，1900—1937）》，北京：生活·读书·新知三联书店2000年版。
3　周明伟：《建设国际化翻译人才队伍，推动中国文化走出去》，载《中国翻译》2014年第5期。

际话语权的时候就显得力不从心了。[1]要解决这个问题，这位学者认为关键要思考"如何提升国家软实力"，而在这个宏观层面上文化是最根本、最基础的动因，在制度设计上我们国家暂时还缺乏全方位的、长远规划的、体系严密的国际文化战略。据此，一些学者认为我们目前的翻译队伍外文能力和文化修养都有待提升，应该培养一支熟练掌握母语和外语、能较深入地把握中外文化精髓的翻译队伍。

要培养这样一支中译外的翻译队伍，助推中国文化走出去，首先要定义中译外人才必备的翻译综合素质和实践能力。对于社会公众而言，大多数人"还不能真正从学科发展和专业论证角度把翻译工作看作是一个高度专业化、学术化和创新性的职业，具备一定的语言交际能力就能做翻译这一认识上的误区在社会上还有很大的市场"[2]。实际上，语言交际能力仅是翻译能力的一个基本方面，翻译能力是一个相对来说复杂宽泛的范畴体系，它涵盖了语言技能、知识结构、应变素质、工具使用、策略选择、认知把握、心智程度等多个方面，这就要求我们认真梳理、严密建构一个评价标准体系。国际上翻译能力的界定多采用PACTE模式，这是目前国内外学界和业界广为接受的、较为权威的翻译能力测评标准。

PACTE模式将翻译能力看成有关如何叙事和完成仪式的相关知识共同组建的一个多层次知识序列。该序列主要由如下要素组成：（1）两种以上语言的双向交际能力，即在跨文化交流中必备的叙事性和仪式性知识，包括语法和词汇知识、语言应用、社会环境关系等。（2）语言外的延伸能力，主要是叙事性知识，即对世界的普遍认知能力和具体的专业基础背景，包括双文化知识、通识素养和学科领域知识。（3）翻译操作能力，主要涉及具体的技巧、手段，包括翻译活动的过程、方法、步骤等，翻译的市场化运作以及其他知识。（4）工具使用能力，主要指的是翻译中运用文献、信息及新技术进行跨语言转换的能力。（5）策略管理能力，其功能是对翻译项目进行顶层设计和实际执行，激活并弥补各种次能力的单一缺陷，发现问题并予以及时解决，它从宏观上控制着整个翻

1　纪宝成：《重估国学的价值》，北京：中国人民大学出版社2012年版，第313页。

2　郭晓勇：《加快推进翻译工作　服务中外交流大局》，www.china.com.cn，2012-12-06。

译过程。[1]

此外，PACTE模式还包括构成人类心智的各种要素，如感知力、记忆力、加工力、专注度和情感影响、好奇心、批判思维能力、自信心、自我认知、行为动机、创造力、逻辑推理、分析和综合能力，等等。

对照PACTE翻译能力测量体系，我们可以看到当前我国的对外翻译人才培养存在如下问题和不足：一是缺乏对翻译人才进行专业化遴选的权威机制。目前我国对翻译从业人员尚没有设置统一的、刚性的准入门槛，没有制订专业的认证考试标准和执业程序，使得翻译人才的培养缺乏有效的引导、定位与实施。二是全社会对行业及其评价规范的认知度不高，对翻译活动的各个环节把握不到位，同时，忽略了对国外出版市场的开拓发掘，市场化程度低下，市场意识、国际视角、行业规则缺失。三是专业技术领域的翻译人才匮乏，对译者人文素质的培养不够重视，现行的单一化语言翻译培养机制已无法满足中国文化走出去的深度和广度需要。四是对现代翻译工具运用的忽视，如对网络空间共享、电子资源记忆库、计算机辅助软件等新型技术手段的运用还不够普遍和充分。五是选择和制订翻译策略的时候主观性较强，较少考虑国外受众的文化心理和阅读感受，在民族主义的思想框架影响下，对外传播的文本往往欠缺自然通畅的表达美感，这就削弱了域外读者对译本的接受和认可度，造成中译外的作品在国外市场遭受冷遇。[2]现实中出现的以上问题和不足，折射出在全球化语境下中国文化走出去的策略与效果出现反向拉伸的尴尬，因而，注重多模块、多要素、多主体的翻译能力培养机制打造，思考构建跨文化背景下的对外翻译人才体系，是助推中国文化走出去，让世界了解和接受中国的一个重要措施。

对这个翻译人才体系的构建，在外部路径上可以关注大学翻译教育与政治、经济领域以及社会各合作伙伴的关系培育。随着信息化时代的到来、市场对人才需求的变化，大学作为唯一知识生产主体的格局已被打破，学校与用人单位开展合作的外部培养路径已经完善。传统的翻译工作仅仅定位于一种语言交往的平台媒介，往往局限于外事翻译、文学翻译等具体应用领域，但现在的翻译活动已辐

1　G. Pacte: "First Results of a Translation Competence Experiment: Knowledge of Translation and Efficacy of the Translation Process", in J. Kearns, ed.: *Translator and Interpreter Training: Issues, Methods and Debates*, London: Continuum, 2008.

2　吴赟：《翻译能力建构与中译外人才培养》，载《外语学刊》2015年第1期。

射到自然科学和社会科学的方方面面，翻译作为一种市场化的语言和文化服务产业不断发展和壮大。翻译形式从原来一般意义上的笔译和口译扩展到机辅翻译、语音自动翻译、本地化、语料库、术语集成和数据管理等复杂延伸形态，与之相应的文化服务咨询产业链也随之形成。翻译工具则经历了划时代的革命，从最早的手写、打字、计算机处理发展到今天的数字空间、微博、微信、人机协同翻译、译云、大数据处理、全球可视化同步会议、多语种电话咨询服务等。大数据时代提供的各种资源的整合、开发和利用，在线同步等方式给翻译教育提供了新的机会和可能。在众多的选项中，校企联合培养被提上议事日程，翻译语境社会化和翻译教学情境化已经共同成为培养学生实践操作能力的必要条件。故此，政府、社会力量与大学的联合培养模式逐渐成为翻译人才体系建构的外部路径，即以教育教学为中心，政府主管部门扮演各方关系协调人和行业监督者的角色，学校和用人单位根据设定目标共同制订培养计划，构建一种平台互动的合作关系。[1]

在内部机制上，培养兼具理论知识基础和实际操作能力的人才是建构科学、合理的翻译人才体系的关键。高校仍然是翻译人才培养的主要基地。2004年上海外国语大学率先设立了独立的翻译学位点，并从2005年开始培养翻译学硕士研究生和博士研究生，这标志了翻译学开始脱离外国语言文学一级学科取得合法、专业的地位。其后，教育部宣布设立翻译专业，这标志着翻译学作为学科细分的领域在我国取得了突破性发展，成为一项专门的新兴学科。目前，我国已经建立了涵盖本科、学硕、专硕和博士的完整翻译人才培养序列，翻译专业与其他专业并驾齐驱、地位等同，从而为进行专业方向嫁接、复合型翻译人才培养奠定了基础。实际上，翻译专业结合其他专业形成复合型培养模式已经成为一种显性发展趋势。目前各高校采用的复合型外语人才培养模式大概有五种，分别是外语与专业知识复合、外语与专业方向嫁接、外语与专业并修、专业与外语的双向加强，以及双学位教育。根据翻译专业在各高校中的实际状况与培养效果，多数专家认为应采取后三种模式作为复合型翻译人才培养的基本模式，最终实现学生在主修一门专业的必修课和选修课后，再辅修另一专业的课程，以实现知识交叉、结构

1　刘和平：《政产学研：语言服务人才培养新模式探究》，载《中国翻译》2014年第5期。

优化，从而拓宽学生的专业口径，增强学生的社会竞争能力。在翻译本科生培养探索方面，香港中文大学已实施了"翻译+专业"的"3+2"与"专业+翻译"的"4+1"复合型翻译人才培养模式并取得了显著成效。在翻译硕士研究生培养方面，国外大学的翻译学院实行的专业修学与翻译培养并重的复合型人才培养模式强调学科的跨越交叉和专业的深度结合，其运行模式已基本成熟。一般认为，外语与专业并修、专业与外语的加强和双学位培养的模式将是今后复合型翻译人才教育的主流渠道，各高校可发挥自己的优势形成多元化、高层次、优结构的翻译人才培养体系，以适应全球化背景下社会及市场对翻译人才的需求。[1]

在厘清了翻译能力评价体系、翻译人才外部培养路径、翻译人才内部培养模式等的内涵与相互关系之后，我国的中译外翻译人才队伍的打造已初步成形。

首先，以中国文化走出去为方向引领，逐步打造一支接近世界先进水平的、具有国际化视野的翻译队伍，即翻译领域的"国家队"，这是跨文化背景下中译外翻译人才体系的结构基石和核心力量。

从事中译外工作的人才目前国内有多少，其中有多少是高端人才，迄今为止还没有一个准确的统计数据，但根据人力资源和社会保障部的调查，截至2014年上半年，通过全国翻译专业资格（水平）考试（以初、中级为主）的人数仅3.6万人。而据中国译协估计，能够承担独立审定稿任务的各语种高端人才全国不会超过万人，其中中译外高端人才可能还不到千人。据中国译协近几年的调查，造成中译外人才极度缺乏的主要原因有高级翻译人才的培养成本高、难度大，翻译行业的社会地位和劳动报酬偏低，社会对翻译特别是中译外的重大意义的认知度不高等。[2]随着中国政治、经济、文化的快速发展和中外交流日益频繁与拓展加深，中译外高级人才的缺乏已经严重影响到中国融入世界话语体系并发出自己的声音、讲好中国故事、提升国家软实力的进程与战略。同时，世界对中国的信息需求量也越来越大，中国社会的进步与繁荣全方位、多层次、高频率地吸引了全球的目光，国际社会对中国的了解和认同欲望在广度和深度上都是前所未有的，这就造成了高级翻译人才供不应求的市场缺口。

1　武光军：《复合型翻译人才：我国翻译专业人才培养模式构建与改革方向》，载《外语界》2011年第3期。

2　唐闻生：《我国高端翻译人才队伍现状与对策建议》，载《中国翻译》2014年第5期。

党的十八大以来，习近平总书记提出要"创新对外宣传方式，加强话语体系建设，着力打造融通中外的新概念新范畴新表述"，要"讲好中国故事，传播好中国声音，增强在国际上的话语权"[1]，在国家战略的层面上为更有效、更深入地推进对外文化交流和国际话语阐释、传播能力建设，对建立一支高端的对外翻译人才队伍提出了明确的要求和目标设定。总体来说，这支高端中译外人才队伍应该通晓译入语国家的文化，并具有很强的语言能力，同时也要深谙中国传统文化的精髓和中国特色社会主义的价值指向。他们必须透彻了解中国文化走出去战略，又能对具体问题进行深刻思考和精辟阐释，做到辞能达意、辞可通情，还要在汉语和译入语的转换上充分考虑接受国民众的审美心理、文化诉求、价值偏好等，使中国文化的对外传播达到最佳效果，产生最好影响。这样的翻译，显然已经超越了语言中心主义视角下的文本相互顺畅转换的基本模式，上升到一种再阐释、再延伸、再创作、再写意的境界，它要求翻译人才具有扎实的中外文化和语言功底，还要储存足够丰富的专业知识背景。

目前国家已经成立了中国翻译研究院，把服务于国家话语体系的建设和高端翻译人才的打造作为两大支点，明确把工作重心放在对外翻译高端人才培养上面，着力解决中国对外文化交流中的逆差和大师级对外翻译人才短缺等影响和制约中国文化走出去的关键问题。这是形成一支高端中译外人才队伍的一个现实应对举措。这表明国家已经把翻译行业建设和翻译人才培养作为一项长期性、系统性、战略性的工程来抓，从教育资源的统筹、学科专业的设置、重大项目的设计与编制、翻译行业的规划与管理、翻译水平评价体系与权威发布等关键节点和重要内容入手，由国家统一牵头进行资源配置、行业规划、科学布局。国家翻译研究院的组建，其中一个目的就是集聚国内外的各种积极力量，加大对中国特色社会主义制度、理论、模式和传统优秀中国文化经典等对外译介传播的研究力度，探索中国话语体系的完形、维护、加强，以及提升中国国际话语权的问题；成立翻译研究院的另一个目的，就是打造一个国家级的翻译人才高地，并形成传帮带年轻翻译人员的平台和机制，同时注重与海外汉学家、翻译家开展讲好中国故事、弘扬中国智慧、传播中国价值的深入交流、研讨，建设一支全球化背景下的

1　中共中央文献研究室：《习近平关于全面深化改革论述摘编》，北京：中央文献出版社2014年版，第85页。

翻译领军人才队伍。[1]

其次，以翻译硕士专业学位（MTI）研究生教育为核心，建立一支实践应用型、与市场接轨的专业类翻译队伍。这是翻译人才体系中体量较大的部分，培养宗旨为满足社会和市场需求，呈现出明显的实用性特征。

美国最大的行业研究机构IBISWorld最近公布的报告显示，即使当前美国经济处于低谷期，翻译行业的岗位需求仍然保持着稳定的增长势头。自2003年以来，美国翻译行业市场一直保持平稳增长，据预测，从2012年到2017年这种势头仍将持续，翻译岗位将从2012年的61 989个增长到2017年的76 520个。[2]在美国劳工部关于2006年到2016年十年职业预测的报告中，口译与笔译岗位将增加24%，远远高于所有行业岗位增长的平均值。这说明，对应用型翻译人才的需求是持续增长的。站在文化本质主义的立场，韦努蒂曾经这样肯定翻译的功效：翻译不仅能够满足美国拓展疆域、增强国力、维护政治与经济霸权等刚性诉求，而且在塑造美国国家形象、输出美国文化、同质化非西方社会、推动美国政治和社会变革等影响方面发挥着重要作用。[3]对于正在融入国际话语体系并努力发出自己声音的中国而言，随着全球化交往的扩展与拓深，与各国的全方位交流合作必将更为密切，那么，我们对于应用型翻译人才的需求也会稳步增加。美国作为一个成熟的国际化国家，其对应用型翻译人才的重视与培养也可为我国应用型翻译人才队伍的打造带来启迪和参考。

自2007年我国在15所高校开展翻译硕士专业学位研究生教育以来，至2011年年底全国已拥有了159个翻译硕士培养单位。翻译硕士专业学位研究生教育的开展不仅符合国家教育纲要精神，也是教育部颁布的《高等学校哲学社会科学"走出去"计划》中"重点培养高水平、专业化翻译团队，加强国际译员和复合型人才培养储备"[4]有关要求的具体实践形式，对于优化外语类研究生教育结构及缓

1　周明伟：《建设国际化翻译人才队伍，推动中国文化走出去》，载《中国翻译》2014年第5期。

2　IBISWorld: "Translation Services in the US: Market Research Report", http://www.ibisworld. com, 2012.

3　L. Venuti: "American Translation", in M. Baker, ed.: *Routledge Encyclopedia of Translation Studies*, London: Routledge, 1998, pp. 305-315.

4　胡赤弟：《理论　实践　模式　宁波市高等教育协同发展——2014宁波高等教育研究论坛文集》，杭州：浙江大学出版社2015年版，第201页。

解高层次国际化翻译人才的需求压力具有积极的意义。目前我国开展翻译硕士教育的学校主要分为外语类院校、师范类院校、理工类院校、综合性大学和社会研究机构五种类型。培养单位从地域分布来看，东部地区占绝对优势，中部地区和西部地区相对较少；从办学层次来看，有32所是985高校，有82所是211院校，有77所是其他院校。虽然不同类型和区域的高校各有特点，培养目标和市场定位也不尽相同，但在培养应用型翻译人才方面依然体现出了如下共同特征：第一，整合不同学科、专业的外语师资力量，立足学校发展实际，形成特色鲜明的培养模块；第二，跨学科形成翻译硕士的课程群体系（cluster course），形成多极化培养路径，尤其是重视紧缺领域的专业翻译培养；第三，开展应用翻译及人才教育研究，加强翻译教育与社会需求之间的契合与对接；第四，通过多种方式为应用型翻译人才培养提供多渠道支持；第五，重视翻译职业道德建设，在培养方案中植入团队协作精神和行业操守培训；等等。[1]

翻译硕士教育是培养应用型、技术型、专业化翻译人才的重要途径，它需要社会各个方面的配合与协调，有助于我们进一步拓展翻译人才培养空间，推动翻译事业在中国文化走出去的背景下快速、健康发展。

最后，以本地化为核心建设一支技术翻译队伍。

信息技术的快速发展对翻译实践（包括方式、文本和内容）产生了巨大影响。近几十年来计算机网络技术和人工智能的革命性飞跃，使得翻译的信息化手段运用日渐受到人们的重视，这包括人机对话、翻译记忆储存、术语管理系统、软件本地化工具等。实际上，现今的翻译活动已不再是按传统思维定位的浅层语言交流平台了，而成为各种智能化设备和新新技术充盈其间的文化交际场域。

技术含量高的翻译实践在翻译职场中已变得越来越重要，目前世界上90%以上的翻译活动都受到了最新的信息革命手段的推动，都离不开新发明新技术的滋养。[2]有关德国市场的调查表明，德国的翻译人员主要从事技术文献的翻译，这类翻译工作占整个翻译业务的90%，也就是说，在德国人从事的所有翻译活动中，90%以上的内容并非文学艺术翻译，而且是一种集体性的和非个人署名的资

---

1 王志伟：《美国应用型翻译人才培养及其对我国MTI教育的启示》，载《外语界》2012年第4期。

2 Geoffrey Kingscott: "Technical Translation and Related Disciplines", *Perspectives*, 2002, Vol. 10, No. 4, p. 247.

料应用翻译。[1]故此，国外发达国家和地区的高校都相当重视对翻译技术的教学和研究，他们开设的涉及翻译技术的专业课程包括计算机与翻译，信息检索与管理，机助翻译（翻译记忆、机助术语学、翻译电子工具的使用），智能化翻译，受控语言、多语言文本处理，软件本地化，翻译项目管理等。[2]与之相比，我国高校翻译专业的培养目标大多定位于培养高校教师、文学翻译和口译人员，基本上是沿袭传统的文学、语言学理论和教学方法，但我们也已经开始注意到新技术在翻译过程中的重要作用。除传统的纸质工具书外，技术翻译人员在不断学习和知识更新中更加重视使用各种常规化的文字处理软件、数据库、电子工具书，利用互联网空间丰富的在线术语库、翻译记忆库、语料库、语言词典、百科全书等资源，解决翻译工作中遇到的问题。依靠各种新信息手段的广泛运用，翻译人员大大提高了技术文本翻译的效率和质量，产出了更多含金量高的、为市场所认可的知识产品。[3]

在技术翻译的各个领域中，由软件本地化带来的巨大行业变革对翻译活动产生了革命性的影响。目前从事软件本地化的跨国翻译公司有贝立兹（Berlitz）、莱博智（Lionbridge）、SDL和Star AG等，这些公司主要承接大型本地化项目，年营业额都在5000万美元以上。[4]

本地化项目通常由一个翻译团队集体合作完成，一般会经过以下流程：项目经理统筹规划整个项目并进行预算管理；语言专家（译者）负责文献内容翻译；软件工程师对最终完成的本地化产品及相关服务进行检测；桌面出版负责人把翻译好的文本打印或者编辑成在线手册。[5]在整个系统的分工中，译者角色占的权

1　Ursula Reuther: "LETRAC Survey Findings in the Industrial Context", http://www.iai-sb.de/docs/D22.pdf, 1999-04-02, p. 34.

2　柯平、鲍川运：《世界各地高校的口笔译专业与翻译研究机构（上）》，载《中国翻译》2002年第4期；柯平、鲍川运：《世界各地高校的口笔译专业与翻译研究机构（中）》，载《中国翻译》2002年第5期；柯平、鲍川运：《世界各地高校的口笔译专业与翻译研究机构（下）》，载《中国翻译》2002年第6期。

3　袁亦宁：《翻译技术与我国技术翻译人才的培养》，载《中国科技翻译》2005年第1期。

4　Geoffrey Kingscott: "Technical Translation and Related Disciplines", *Perspectives*, 2002, Vol. 10, No. 4, p. 252.

5　Bert Esselink: "The Evolution of Localization", in A. Pym, A. Perekrestenko, & B. Starink, eds.: *Translation Technology and It's Teaching (With Much Mention of Localization),* Tarrogona: Intercultural Studies Group in URV, 2006, p.25.

重相对较大，因为文本涉及的内容较多，译者须对方方面面（包括产品和服务）的文字部分内容负责。本地化项目偏重于宏观管理和详细的流程安排，重视利用各种记忆工具以提高翻译速度和效率。在软件本地化和网页本地化的过程中，文字翻译只是其中的一部分基础工作。除此之外，还有在译入文本框架上的后期改编，目的是使译文符合译入语民众的阅读习惯、社会习俗和法律法规等，而再加工的对象不仅是语言文字，更多时候还有对版面、图像、声音等多模态手段的编辑和设计等工作。本地化项目提供给客户的产品和服务（包括各种文本的改编）总体涵盖了科技翻译和商业翻译两个领域，主要是针对一些电子文本和技术服务型文本，如软件、网页等。这些翻译文本不仅实用性、操作性突出，而且注重精细的分层和语言文化之间的差异性、兼容性，加之对市场策略进行了通盘考虑，因而可塑性很强。但无论如何阐释和改编，忠实于文本语义的正确转换还是其前提和基础，所以，客观地讲，翻译是本地化工作的一部分，而且是非常基础和极其重要的部分。目前世界上比较知名的一大批本地化公司就是在原来传统翻译公司的模式上发展起来的，在两种语言文字和背景文化之间的转换诠释仍然是它们的主要业务。[1]

作为翻译研究的资深人士，艾塞林克认为本地化公司所需要的专业性翻译人才需要具备如下条件：

（1）在多种语言之间进行文本转换的能力；

（2）计算机辅助翻译的能力；

（3）熟练使用各种新的信息化翻译工具（如翻译记忆、术语管理库）的能力；

（4）具有相关专业技术领域的知识背景；

（5）对委托项目进行项目管理与服务跟踪的职业化综合技能。[2]

因而，本地化翻译人才是按照社会对职业技术翻译者的需求进行培养的。对本地化翻译人才的培养目标，既包括提高翻译人才的文化素养、专业知识和语言交际能力，也包括提高其在专业技术和项目管理上的相关技能。参照发达国家的

---

1 苗菊、朱琳：《本地化与本地化翻译人才的培养》，载《中国翻译》2008年第5期。

2 Bert Esselink: *A Practical Guide to Localization*, Amsterdam: John Benjamins Publishing, 2000, p. 9.

经验，吸取其失误与教训，以本地化业务拓展为核心打造一支技术含量高、达到国际认证标准、适应跨文化交际未来趋势的技术翻译人才队伍应是我国翻译行业在未来必然选择的一个发展方向。

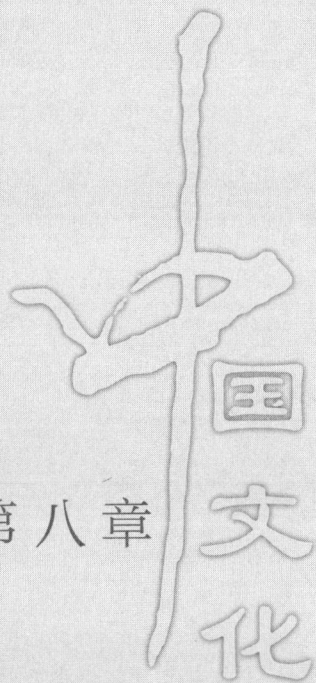

第八章

中国戏剧的
文化传承及域外传播

中国文化

第一节　中西戏剧的审美差异及中国传统戏剧的现代转型

从正式可查的有关历史资料中我们发现，在宋代之前都没有"戏剧"这一正式的称谓，在社会生活实践中戏剧只是以准戏剧、亚戏剧、前戏剧、泛戏剧等雏形出现，主要原因是这类戏剧的前在形式在叙事上的不成熟和欠规范。其青涩之处在于故事仅仅是此类前戏剧的溯源与依托，其审美价值主要体现于歌舞伎艺的声光色影之中，而不在于情节叙事本身。从文学理论上讲，这一文类偏离了戏剧以故事审美为核心的主体框架，由"托故事而歌舞"的演剧形态演化而来。时移世易，随着故事情节上升为戏剧艺术审美价值的核心，这些"准、亚、前、泛"的歌舞戏剧开始从体制上发生变化，全盘演变成为故事叙述与情节展开服务，最终基本定格为王国维所言的真戏剧——以歌舞演故事的现代叙事戏剧。

以歌舞衬托故事的演绎使中国传统戏剧体制发生了根本转型。有学者研究发现，中国戏剧的结构性嬗变在我国历史上大约经历了上千年的演化，最后到宋元时期才基本形成了南戏和北杂剧这样真正成熟的戏剧。[1]到了明清时期，戏剧演出已呈现"北有北京，南为扬州"的二水分流对峙之势。北京是当时的政治、经济、文化中心，天下戏剧皆入京城展示；扬州则是长江与大运河的交汇处，商业发达，是当时盐商的集聚地，各地戏剧演出人员纷纷流向扬州。至18世纪末，徽班相继进京为乾隆皇帝祝寿，百姓争相观看，盛况轰动一时。同一时期，京剧开始形成，唱、念、做、打固化为其典型的艺术表现形式，京剧逐渐成为流行于全国各地、社会影响最大的戏剧剧种。至此，中国戏剧的审美特征基本稳定和成熟。

1　王廷信：《从"托故事而歌舞"到"以歌舞演故事"——中国戏剧形成之主脉》，载《艺术研究》2004年第3期。

中国戏剧艺术有着鲜明的民族特色，从思想体系、表演手法到美学欣赏都与西方戏剧迥然相异，它的美学特征可以部分地反映中国艺术的精神。易中天对中国戏剧的美学特征做了如下概括：一是以歌舞诠释情节，熔诗、歌、舞于一炉，强调风骨与气韵，也讲究程式框架，是一种可以独立于故事情节的戏剧体裁。二是突出节奏和韵律，向舞蹈和音乐靠拢。同时，寓情感于歌扇舞袖之中，把家庭与社会伦理关系植入故事情节，让观众反复体验并进行自我图示的认知加工，以形成台上台下的共情共鸣。三是承认艺术的虚拟性，用写意的手法表达具象的情景，并与观众形成互动，共同营造和谐的艺术空间，在剧场这个文化场域中共演一台戏。四是追求一种自在的结构、诗意的想象，同时又编织一种虚实相间、互为映衬的场景，从环境、感受、故事、体验、时空、心境等方面刻意形塑中国戏剧的独特神韵。五是注重浪漫与空灵，既以歌舞展开叙事，又以框架化的程式设定歌舞，抽象与具象交替显现，语言表达与情感流露韵味共呈。这些因素综合起来共同构成中国戏剧的艺术精神。[1]这是从微观的角度对中国戏剧审美内涵与符号表征的考问与探索，聚焦于舞蹈气势、音乐灵魂、诗画意境、建筑法则和书法神韵等相互的关系与融合，探寻美学意义上的中国戏剧特征与结构组成。

从艺术形式体现的宏观角度和立场看，中国戏剧的审美体系具有以下三大特点：（1）塑造美好的艺术形象以触发丰富联想、增进人生情趣，在方寸之间的舞台上投射历史影像，进行情感宣泄，提供多样化的人生体验或对生活复杂性的理解，这是载歌载舞以隐喻展示情节的中国戏剧审美的一个突出本质特征。这个特征包括情趣写意的戏剧观、浪漫主义的情节、虚实相映的舞台表演三大层级。（2）具有独创性的表演手法，这些表演手法非常适合其内涵体现且富于民族文化特色。这些独创性的表演手法由综合性的舞台形式，程式化、泛美化的符号特征，假设与想象的时空观组合而成。（3）强调作者、演员、观众三个群体共同投入艺术情感并进行创造性的体验与认知活动。这包括作者情绪的编织与释放、演员的即兴诠释发挥、观众的心智加工和由此及彼的移情等三个层面塑造的内容。[2]中国传统的戏剧艺术正是凭借其鲜明的文化特色和历朝历代艺术家们不断的继承、发展和创新，形成了具有民族特色的表现形式和审美体系特征，并且成

1　易中天：《中国戏曲艺术的美学特征》，载《大舞台》1998年第5期。
2　赵启华：《中国传统戏曲美学特征》，载《戏曲艺术》2002年第1期。

为中国文化走出去的代表性艺术符号和国际社会日渐认可的世界古典戏剧遗产。

从中国戏剧的宏大叙事历程来看，它的本体影像在很大程度上是以俗文化的面目出现的，宋元杂剧就是这个方面的典型代表；这种俗文化在中国文化理论及其观念体系中历来处于较低的精神区位。在中国文艺史上，戏剧往往被以诗、文为代表的正统文学体裁边缘化为审美上的替代品和观照物。通俗化的标签似乎天生就伴随着传统戏剧，市井百姓被圈定为主要观众。虽然徽班进京使得传统戏剧一度上升到了宫廷雅赏的地位，但仍摆脱不了传统戏剧勾栏瓦肆中酒宴奉曲式的被娱乐、被消遣性质。认真审视和严谨分析中国戏剧的这些历史情况，是确定中国戏剧高雅和通俗审美取向的前提之一。从历史上的艺术表现形式出发，中国戏剧高雅和通俗的审美特质可以概括如下：高雅戏剧由士大夫阶层编织意境并引导，个人主创性和独立性较突出，观赏群体大部分是官员和文人，小部分是市井百姓。高雅戏剧的审美消费主要在于使观赏者获得精神满足，内容以反映社会道德、政权更迭、利益冲突、人生雅趣为主，讲究格律精严、文辞华丽、表演整饬、韵味丰富。通俗剧则由一部分文人与市民共同创作，其开放、散漫、自由、客观再现的特征较突出，深受市井百姓的欢迎与欣赏。通俗戏剧以满足观众的感官刺激和再现日常生活内容为主，形态趋于混杂粗俗，音律、格调、文采、服装等不受程式化限制，即兴发挥的表演较多。尽管高雅戏剧在中国戏剧史上以正统自居，实际上，通俗戏剧却始终能与高雅戏剧并驾齐驱，一时瑜亮，各呈风采。高雅戏剧与通俗戏剧在审美取向上的歧路与相互渗透酝酿了中国戏剧的生成、发展、衰荣、兴替，在各自的价值立场上阐释着传统艺术的文化精神。[1]

中国戏剧的这些审美特质由于文化的差异、历史的传承、观众的区隔与西方戏剧有着明显的分歧，这个区别源于中西方不同的文化特点。中国文化强调，艺术起源于人的性灵，而人心的波动是因为睹物有感、思虑生情。[2]此之谓艺术表演服从于主观想象、看重伦理并归于善的诉求的"联想说"。西方文化则解释说"因为艺术摹仿自然，因此可以用各种画彩颜料组合描摹事物，从而达到再现缤

1　杜隽：《中国戏剧审美取向简论——对中国戏剧"雅"与"俗"关系的初步研究》，载《戏剧文学》1990年第2期。

2　载于民：《中国美学史资料选编：上册》，上海：复旦大学出版社2008年版，第11页。

纷世界的目的"[1]。此即主观臣服于客观规制、强调科学理性并追求真实的"摹仿说"。在"联想说"中，主观体验与认知加工非常重要，艺术仿佛是从心灵中流淌出来的，是抽象创造的结果，故此中国传统艺术强调"写意"，淡化"写生"。在"摹仿说"中，主体服从于客观环境的形塑，人的心智丧失了主体性，退居为反映现实的一面镜子，如何再现客观真实是艺术家们首要考虑的问题，甚至连"灵魂"和"性情"都被柏拉图和亚里士多德认为是可以摹仿和再现的。[2]因此，从审美意识上看，西方的史诗、戏剧、雕塑等艺术体裁都以再现真实为主旨，强调与被摹仿对象的一致性和互等性，以客观统率主观，以科学观照艺术；中国的古代诗篇、音乐舞蹈、传统戏剧等则推崇抒情写意，突出虚构和想象，以情率志，用主观改造客观，以性灵衡量艺术，把表达情感作为艺术表演的主要宗旨。这是中国戏剧与西方戏剧审美意识上的第一个差异。

西方写实体戏剧以"三一律"为衡量标准，剧情化特征突出，以言语行为的交流与摹仿为其本质属性，每一场戏都有固定的时空关系，体现具体的人物行为和场景，没有主观想象与艺术虚构的联姻。中国戏剧则强调寄感达意，淡化情节故事，把歌舞表演作为其主要艺术手段，文本构建是一种宏大叙事，着重人物情感与自然环境的诗性融合，体现出深阔高远的艺术空间。这种"天人合一"、以想象勾画世界图景的审美意识和创作心态成为中国戏剧的民族属性和传统特色，最终统一于和谐浪漫、善良美好、性灵奔逸的文化精神。因而，中国戏剧在创作时的感知、情感、想象都与西方写实性戏剧创作理性再现、客观复制生活的特征有所不同，从而生产出来的作品也就呈现明显的泾渭之分、霄壤之别。[3]这是中国戏剧与西方戏剧审美差异的第二个不同。

中国戏剧以道德化审美为圭臬，伦理教化是其主体框架和核心线索。古典戏曲往往借古喻今，打乱历史事件的顺序以服从于道德宣教的目的，从而虚构、延伸、改编历史事实，满足伦理教化的需要。中国戏剧的审美过程往往以道德评说

1　中国社会科学院外国文学研究所外国文学研究资料丛刊编辑委员会：《欧美古典作家论现实主义和浪漫主义：一》，北京：中国社会科学出版社1980年版，第7页。

2　朱狄：《当代西方美学》，北京：人民出版社1984年版，第340页。

3　宋文文：《戏剧的泾渭——试论中国戏曲和西方戏剧的审美差异》，载《美与时代》（下半月）2009年第9期。

取代对历史的批判与把握，其对生活的反映受制于人的道德情感认知，而忽略了对历史真相的本质探求。这个跷跷板效应带来的实际影响就是，过于强调宣教，削弱了人们对历史的认知。故此，中国戏剧形成了这样的传统，即终极意义上趋向于道德情感的诉求，而不是对生活本质的把握和对历史真相的探寻。与之相反，西方戏剧的审美意识则是哲理化的。在西方戏剧中，道德评价并不是目的，摆在第一位的是再现生活的真实图景，以获得"求知"的快感，也就是把具象的生活压缩提炼为某种真实的认知。这也正是西方哲学的认识论基础对西方戏剧发展的基本历程的指导。无论是斯坦尼斯拉夫斯基、布莱希特，还是其他派别各异的现代主义者，尽管他们在再现与表意、写实与反写实、传统与反传统等美学原则上意见不一、分歧很多，但追寻对生活的哲理性解读是其共同的艺术诉求。之所以如此，是因为现代人文精神决定了以实体论证价值、面向自然界探索事实真相的思想逻辑。[1]这是中西方戏剧审美意识的第三个区别。

西方戏剧的文类区隔发端于古希腊时代。亚里士多德将史诗与悲剧的刚性分离和各自独立当作他诗学理论的逻辑前提，在他看来，悲剧是以对话的形式来复制现实生活的，没有了对话的叙事，戏剧就被抽掉了灵魂。[2]亚里士多德认为史诗是关于叙述的摹仿，悲剧则是话语的再现，言语行为即合流为话语。悲剧将叙述故事的话语变成叙述话语的话语，即一种元话语，叙述者一旦进入了剧中人物的境界，文本就变成了剧中人物的对话。这就是西方戏剧话语的本质起始与历史渊源，正是柏拉图、亚里士多德所阐释的话语规范决定了西方戏剧的典型范式，形成了其固定风格。莎士比亚之后，西方戏剧逐渐演变成为"话剧"，即对话的戏剧。中国戏剧史上戏曲文种的自觉归类意识并没有西方那么明确。中国戏剧话语中混杂着叙事与对话两种因素，二者的杂糅与混淆明显延宕甚至弱化了中国戏剧的对话机制及其生成。中国戏剧传统上受到"词为诗余，曲为词余"的意识规制，重传承，轻创造，始终未能形成独立的诗学体系及文类思想。在理论批评和戏剧创作中，都没有强调、延展、固化戏曲话语中的对话因子，因此中国传统戏曲始终未能用对话取代叙事，走上西方戏剧的本质嬗变之路。中国戏剧只是完成

---

1 王永敬：《中国戏曲与西方戏剧审美意识比较》，载《艺术百家》1987年第2期。
2 亚里斯多德、贺拉斯著，罗念生、杨周翰译：《诗学·诗艺》，北京：人民文学出版社1962年版，第14页。

了用表演对生活的叙事代言，并没有摆脱说唱文学的简单描摹框架套路，更没有人物思想、意志、价值之间的戏剧化冲突，当然就没有型构这种冲突的对话。[1]这是中国和西方戏剧在审美话语模式上的第四个分歧。

中西戏剧在审美意识和表现手法上的种种差异，造成了中国传统戏剧跨文化传播的障碍，阻隔了西方社会大多数民众对其的领悟与认可。《赵氏孤儿》的译者、欧洲传教士马若瑟认为，欧洲人很难欣赏中国戏剧的歌舞表演，这些艺术形式和舞台手段所包含的是他们不容易理解的东方风韵和难以把握的语言形象。为迎合西方人的审美期待，他把元杂剧的说唱改为西方话剧的对话，删掉了西方人难以理解的东方文本，也使剧作失掉了原作的民族韵味。连对中国文化怀有浓厚兴趣并大加推崇的伏尔泰和其他一些学者也一致认为："中国文化在其他方面有很高的成就，然而在戏剧的领域里，只停留在它的婴儿幼稚时期。"他们认为中国的"悲剧""其实不过是堆砌一大堆不合情理的情节罢了"[2]。主张新古典主义的阿尔央斯指出，《赵氏孤儿》没有遵守三一律中时间一致、地方一致的规律，包含着许多西方人从逻辑上不认可的舞台行为。他还认为中国戏曲演员的自我介绍、开门见山是对西方哲学或然律的违背和抵触。[3]在这些舆论领袖的影响下，西方观众这样评价中国的传统戏剧："扮演威严官员的演员在台上迈着四平八稳的步伐，仿佛是电影中慢动作的回放。相反的，另一个演员，却像疯子似的抽搐与冲动，四肢不停地颤抖，有些类似西方的小丑表演，但仍然显得太过生硬和夸张了。"[4]可见，西方的学者和观众大都是以自身的文化语境来看待和评价中国戏剧的，中西文化表现出来的从理论到实践的诸多差异造成了中国戏剧在国际上传播的困难。

文化背景迥异的西方观众面临的第一个认知障碍来自中国戏剧的具身特质，即其虚拟性、程式化、浪漫写意的表演风格和独特的审美取向，这与摹仿现实的西方话剧有着巨大的差别。另外，中国戏剧的翻译一直是一个大问题。戏剧翻译

1　周宁：《叙述与对话：中西戏剧话语模式比较》，载《中国社会科学》1992年第5期。

2　施叔青：《西方人看中国戏剧》，北京：人民文学出版社1988年版，第3-8页。

3　陈伟：《西方人眼中的东方戏剧艺术》，上海：上海教育出版社2004年版，第63页。

4　陈伟：《西方人眼中的东方戏剧艺术》，上海：上海教育出版社2004年版，第57-100页。

人才十分缺乏，大多数译者并不具备戏剧专业知识，对语篇文本理解不到位，英文字幕的准确性便难以保障，常常表达不出真实的意图，甚至出现误译，更谈不上传递中国戏剧的神韵和风骨了。跨文化的戏剧翻译需要译者具有中西语言的扎实功底，"信、达、雅"的翻译能力，"穿越西方、回到中国"的文化素质和对中国传统文化的深刻把握。因此，提高传统戏剧的翻译水平，获得域外观众的理解与认可，是中国戏剧走出去并受到国际社会认可的一个重要前提。[1]

目前，戏剧学界已形成了这样的共识：翻译是中国戏剧走出去的重要一环，也是实现跨文化交流和传播的关键环节。如何选择合适的译者，是采取中国译者为主、外国译者担纲、中外译者合译的哪一种译介方式还是几种翻译模式的综合，以助推中国戏剧走出去，是值得戏剧界和翻译界认真思考的问题。当然，要改变外国观众对中国戏剧业已存在的审美意识和价值体系，没有必要，也不可能。从某种程度上说，中国戏剧要走出去，采取适合接受者的市场策略势在必行。在这方面，中国戏剧的现代转型对不熟悉中国传统文化典故的外国观众来说不啻是一条中国戏剧域外传播值得探索的路径。

历史上中国传统戏剧改革曾经向西方写实话剧靠拢，如陈独秀认为可以借用光、电等西方科技手段来充实中国戏剧的表演空间。[2]梅兰芳也曾力推古装新戏，但都因种种原因陷入失败。1958年后现代京剧诞生，传统戏剧映射现实的能力得到提高，但依然没能走出一条既反映时代生活又不失传统韵味的成功之路。传统戏剧现代化转型遇到的主要问题，是如何既保持传统戏剧的美学价值和民族特色，又符合当代人们的审美取向并反映时代生活内容。传统戏剧的固定程式是在中国古代生活基础上总结提炼出来的，与特定的历史时代有着密不可分的联系。这对观众的人文素养和文化知识有着一定的要求，同时还需要观众、演员、文本进行多样化的互动和认知加工。实践证明，中国戏剧改革采取去除传统韵味、单方面走近西方话剧的路子是荒谬和错误的。如何使现代戏既能保持写意化、程式化和审美化的表演，又能真实地反映时代生活，引起观众的共情与共鸣，是一个需要长期探索的命题。

另外，传统戏剧在舞台布景方面也遇到困难与障碍，比较突出的是情节的虚

1　刘珺：《中国戏曲对外传播的跨文化障碍》，载《戏曲艺术》2010年第2期。
2　《安徽俗画报》1904年第9期，第10页。

拟性与舞台景物的写实性发生冲突。唱酬传统戏曲而用西式布景会造成格调不统一，在表演风格和叙事手段上形成矛盾，原有的神韵风骨荡然无存，对传统戏剧的根本属性产生虚脱与贬损，这种情形正在目前的舞台实践中逐步得到纠正。新时期传统戏剧向现代的转型已取得一些成功的经验，产生了积极的社会效果。例如，在舞台布景上可采用一些现代的艺术表现手法：一是把布景抽象化、模糊化。这就在一定程度上突破了西方戏剧律令的刻板限制，以一种情调、一种氛围、一种边缘模糊的空间概念替代了实际的具象场域，它既符合剧情的需要，又不强行规制舞台表演的程式化。二是合理运用灯光进行舞台环境调节。灯光的聚焦与明暗转化可以用来表示距离与时空的迁移、沧海桑田的变幻，光线、画面、色彩、布景与音乐的结合，可以造成非常强烈的、观众易于接受且具有较强感染力的艺术效果。灯光使传统戏剧在极短的时间里告别了陈旧的过去，跨入了一个新的时代。[1]

中国传统戏剧绵延近千年，几经兴衰转折，迭逢机遇与危机，虽然受到跨文化交际的种种困扰及现代生活方式、前卫艺术形态的冲击，仍然具有很强的生命力，是人类非物质文化遗产的重要组成部分。随着国家文化立国战略的确立，习近平同志强调的"传统文化是独特战略资源"已吹响了中国戏剧转型复兴的号角，相信中国戏剧在不久的将来会作为优秀传统艺术融入现代社会，不断兴盛、光大。

第二节　北京的戏剧——大众文化视角下的中国元素

在中国的戏剧种类中，京剧是独一无二的，没有其他戏剧能像京剧那样既风靡晚清、民国直到现代中国社会长达两百多年，呈雅俗共赏、开花结果之盛况，又远播欧美、日本等海外国家和地区近一个世纪，为外国人了解中国文化打开了一扇艺术之窗。京剧作为外国人最早接触的中国文化的符号表征，是他们眼中中国大众文化的典型。

京剧的最后形成地是北京，但这一剧种却是多种地方戏曲声腔系统相互影响、彼此渗透的产物。即既有弋阳腔、昆腔的先后入京，又有梆子、皮黄的几度

1　廖奔：《中华戏曲文化美学及其现代转型》，载《文化艺术研究》2010年第2期。

流行，更加上秦、徽、汉三种声腔的合流变异，随后便产生了"班曰徽班，调曰汉调"的杂糅型构、融合创新。这一系列混合杂糅特点的出现，标志着三庆徽班进京五十多年之后京剧作为一个独立剧种体系的形成。从中国戏剧的发展史看，19世纪末至20世纪前期，是京剧艺术产生并达到巅峰的时期。[1]

京剧艺术的体系完形与固化成熟离不开京剧名角，在演出体例上京剧逐渐由集体班子演出向名角领衔班子演出转变。最早享有社会名气的是老生这个角色，涌现出老生前三杰（余三胜、程长庚、张二奎）、老生后三杰（孙菊仙、谭鑫培、汪桂芬），其后又出现了四大名旦（梅兰芳、程砚秋、尚小云、荀慧生），形成了京剧的四大艺术流派，传承至今。另外，前四大须生（余叔岩、言菊朋、高庆奎、马连良），后四大须生（马连良、谭富英、杨宝森、奚啸伯），武生行当中的杨小楼、尚和玉、盖叫天，武净行当中的金少山、侯喜瑞、郝寿臣，文丑中的萧长华，武丑中的王长林、张占福等名角的层出不穷，充分展现了京剧行当群星璀璨的万千气象，真正形成了生旦净末丑花团锦簇、声动五方的鼎盛格局，名角不断涌现，流派空前发展。社会上形成了一个相当庞大的追捧京剧的票友阶层，表明京剧已身处一个雅俗共赏、消费固定、研究与实践相结合的良性生态环境。良好的生存环境与运作机制促成了京剧在20世纪初的辉煌与盛行，但却无法保障其长久的繁荣，最终，在外部环境影响及内部文化断代的双重作用下，京剧的社会定位始终是模糊的。

京剧内在的文化构成是多元的，它"来源于昆曲的士大夫文乐理念、来源于徽商的实用功利价值观念、来源于市民阶层的休闲娱乐习俗以及来源于农民的草根文化意识交互为用，复经宫廷艺术趣味锻炼、整合。上述文化形态各自并存而各成一定的传统，对京剧内部构成产生影响。同时，京剧在形成过程中，并未在上述诸传统中造就一种居于主导地位的文化理念"[2]。五味杂陈的多元化理念与价值综合体恰恰对应了中国传统文化的三分格局，即宫廷文化、文人士大夫文化和民间文化并存演进，而包括京剧在内的诸多地方剧种，是在中国文人阶层的式微和其美学趣味下沉的特殊时代背景下出现的，它预示了文人士大夫的审美取向

1　王钟陵：《中国京剧史略论》，载《清华大学学报》（哲学社会科学版）2008年第3期。

2　张伟品：《从自觉到迷失——京剧文化追求与现代中国的社会转型》，载《戏曲艺术》2009年第3期。

居统治地位的文化秩序的解体。[1]这说明，京剧自诞生之日起就面临的摇摆于雅俗文化之间的尴尬局面仍未得到改善，观念上的迷惑使京剧面临着冰火两重天的环境巨变和社会化消费路径选择。

1949年以后，文人士大夫阶层退出历史舞台，京剧赖以生存的消费基础消解、崩塌，以梅兰芳为代表的主张京剧归类于雅文化的戏剧流派失去目标，而大众的文化消费也没有把京剧纳入其视域之内，京剧的整体文化追求方向顿失，导致京剧在现代社会处于一种消费断层的尴尬地位。文化全球化的大背景加速了对传统文化的挤压，但仍保留了社会转型场域下的多元文化格局。京剧的生存空间日益缩小但仍苦苦维持，地域文化和传统文化在社会生态中不断发出生存和衍化的诉求，京剧已经获得了文化涵化与演进中的身份认同。我们所要思考的是，作为传统文化的京剧如何投身于文化多元化的大趋势，以新世界主义的视角进行转型与革新，既保留传统文化之内核，又能立身于现代大众文化的潮流之中，实现中国民族元素的递延、创新与发展。

考古学权威苏秉琦曾这样评价中国的历史与文明："在世界四大文明古国中，我国虽是较晚的一个，但是从一个历史悠久而连绵不断，文化发达而丰富多彩，两千年前已经形成统一的多民族的国家，过去曾对人类作（做）出过伟大贡献，在当代国际事务中仍然具有举足轻重的作用这些方面来说，是几个文明古国中仅见的。"[2]"中国元素"来源于5000年历史的积淀、文化的精魂。从学理层面上解析，中国元素应定位于中国独特文化脉络的具象有形符号和抽象思想记忆的各种表现形式。具象的物质载体就是自然物态与文化符号；抽象的精神书写介质分两个类型，一是传统的社会行为方式，二是民族的思想文化体系。从形态上看，中国元素符号可以分为三类：一是自然地理符号，如疆域、气候、人种、长城等；二是有指代性的文化符号，如汉字、书法、太极、气功等；三是历史传承的特殊文化符号，如农历、昆曲、京剧、春节、孝道等。[3]

在中国文化的对外交流中，中国元素的国际化表达与传播是一个十分重要的方面。首先，这种元素应当是能代表中国文化基本精神和中国传统价值取向的东

1　傅谨：《京剧崛起与中国文化传统的近代转型——以昆曲的文化角色为背景》，载《文艺研究》2007年第9期。
2　苏秉琦：《苏秉琦考古学论述选集》，北京：文物出版社1984年版，第265页。
3　成阳：《"中国元素"论》，载《文艺争鸣》2010年第12期。

西，是与其他国家、民族的精神文化能显著区别开来的、具有核心竞争力的独创性符号。它不是表层的、肤浅的、随意的整理堆砌，也并非那种民俗性、大众化的通俗意义指向，而是有着深厚的历史积淀和民族文化记忆的思想与行为的综合存在形态。其次，对中国元素的发掘与推出要考虑到跨文化交流中接受方的市场需求和审美标准，围绕国际市场上的文化需要与消费诉求而展开，尽量满足多元文化共融中的补缺、扩展、深化的内在需求，有针对性地进行中国元素的对外交流与推广。第三，中国元素的外在形式与国际表达也处于一种动态演化和载体流变之中。它完全可能受到各种文化因素的影响，也可能在与异国文化的遭遇、碰撞之中发生变异，产生出新的思想创意和符号书写。这并不是中国元素被异国文化同化，而是多种因素作用下民族文化产生的裂变，它可以使民族文化真正融入世界文化大潮之中，并进一步优化其特色，在人类文化生态中型构出百花齐放、争奇斗艳的共荣共生格局。京剧作为中国文化的代表符号，受到域外公众的热情关注，被认为是东方艺术独特韵味的象征，为外国人了解中国打开了一扇文化之窗，在跨文化交流中取得了较好的传播效果，进一步增进了人类社会作为一个整体的精神交往。

1919年孟春时节，青春妙龄、风华绝代的梅兰芳率京剧团到日本访问，迈出了中国戏剧走向世界的第一步，中国京剧在海外的传播至此拉开了帷幕。梅兰芳剧团在东京、大阪、神户三个城市巡演，演出了《天女散花》《御碑亭》《黛玉葬花》《虹霓关》《贵妃醉酒》《春香闹学》等经典剧目。1924年10月，梅兰芳再次率团赴日演出，向日本民众呈演了《贵妃醉酒》等梅派代表性剧目。由于日本文化与中国文化之间特有的渊源与亲近感，梅兰芳的两次赴日巡演均受到日本各界的热烈欢迎，梅兰芳的扮相、演技得到日本媒体的高度评价，日本报刊评论说："梅最精彩的地方就是他扮演的天女踏上缥缈的云路时的舞姿，真是举世无双。"[1]

1930年1月，梅兰芳率团赴美国演出，巡演地点包括华盛顿、纽约、芝加哥、旧金山、洛杉矶、檀香山等。虽然有了此前在日本演出的成功先例，但梅兰芳对去西方演出仍然有极大的顾虑，因为东西文化背景相距甚远，双方都面临陌生文化的冲击。美国评论界一开始也并不看好梅兰芳的演出，他们认为京剧语篇

1　张永涛：《中日外交文化比较》，北京：中国宇航出版社2015年版，第222页。

缺乏整体性和规律性，演员的唱念、吐字都是纯粹东方味道的，西方人难以欣赏其慢节奏、写意、夸张的表演，有人甚至把京剧唱腔形容为猫叫。[1]这反映出东西方审美的差异，也折射出一般的美国人对京剧的偏见与歧视。为了跨越中美文化的认知鸿沟，梅兰芳和他的剧团做了充分的准备。一是针对美国观众的喜好对京剧演出方式做了适当的调整，包括缩短观戏时长、采用实景舞台、以动作戏为主、注重剧本的英文翻译、多做英文剧情的阐释等。二是大力开展策划宣传，营造良好的社会氛围。梅兰芳剧团在赴美之前就与美国社会各界进行了沟通和交流，并预先寄去了英文的演出资料。剧团还专门组织撰写了宣传小册子，设计了200多幅京剧图谱，译成英文，详细介绍中国京剧的基础知识和梅兰芳的艺术生涯。[2]正是有了这些事前的安排与准备铺垫，梅兰芳的演出在美国大受欢迎，美国电影界将他的作品搬上银幕，一些著名大学先后授予梅兰芳名誉博士学位，以表达对中国京剧和梅兰芳本人的认可与敬佩。

其后，梅兰芳剧团又于1935年赴苏联演出，取得了较好的文化传播效果，获得苏联民众的广泛认同。每场演出完毕，梅兰芳都要谢幕多次，最后一场谢幕达18次之多。观看演出的不仅有苏联政要，还有苏联戏剧大师斯坦尼斯拉夫斯基和德国戏剧界巨擘布莱希特，著名文学家高尔基、阿·托尔斯泰等文学艺术界名人。[3]中华人民共和国成立后，中国开始以文化外交形式派京剧团赴世界各地访问演出，其中梅兰芳先后于1952年、1957年和1960年率团赴苏联访问，并于1956年第三次访问日本，这些巡演为中国传统文化在海外赢得了巨大声誉。他的精湛演技不仅让中国的"国粹"——京剧在世界上大受欢迎，还对日本、欧美的戏剧与电影艺术产生了深远影响，戏剧大师斯坦尼斯拉夫斯基和布莱希特在他们的创作中都汲取了京剧理论体系和表演艺术的精华。这一时期，京剧主要是作为中国文化外交的手段，外派的艺术团虽然名目不同，但全部为官方派出，观看京剧的海外观众多数还是出于对东方文化的憧憬与好奇前来观看，能够通过京剧欣赏来

1　许姬传、朱家溍：《梅兰芳的舞台艺术》，北京：中国戏剧出版社1960年版，第106页。

2　沈静、景义新：《跨越文化鸿沟——梅兰芳赴美演出成功原因探析》，载《新闻世界》2009年第3期。

3　李仲明：《梅兰芳把京剧推向国际舞台》，载《人民日报》2008年12月30日。

认识中国文化、了解中国文化的观众尚不多。[1]

故而，京剧作为中国元素在海外的传播虽也曾轰动一时，但总体上仍然存在诸多问题：一是真正欣赏中国文化和京剧艺术的海外观众群体尚未形成规模。国外观众观看京剧一般是出于一种猎奇的心态，对中国文化缺乏深入了解。京剧的受欢迎不过是由于观众变换口味的一时兴趣和休闲娱乐，京剧并非国外观众长期的审美诉求与大众文化热点。二是文化背景差异与语言交流困难阻碍了京剧在国外公众中的传播与扩散。有些人甚至把中国京剧误认为武术表演，只停留在对其美轮美奂的服装和刚劲利落的武打动作的欣赏，并未深入了解中国文化的精神内核。三是京剧演出还局限于市场化机制以外、受官方呵护的保守层面。京剧的传播仍处于国家政策保护、外交手段运用的官方语境之中，缺乏产业化的整合与开拓，因而无法在市场化演艺链中占有一席之地。因此，要增强中国京剧在海外传播的有效性，推动京剧艺术真正走向世界，提升中国文化在世界上的影响力，突破语言障碍和消除文化区隔是要首先考虑的问题。目前，在国家层面上，京剧的对外翻译与传播已列入文化战略，但让外国人真正了解中国文化精神仍需要长期不断的努力和大力推进，需要各方社会力量的多头协作、共同促成。

在京剧的对外传播中，除了原汁原味的中国元素展示与扩散外，还有一种以国外的人物、故事为题材的跨文化京剧形式存在。它以京剧鲜明的民族符号体系与程式化特征消化、融汇、改编国外经典名作，既以民族文化形式向外国观众进行了展示与表演，又向中国观众引进、介绍了外国名著，起到了内引外播的重要作用。这是中西文化发生遭遇之后的创新、变异，也是文化多元化的涵化趋势与演进脉络之一。自20世纪初以来，这种创新戏剧形态共产生了《黑奴吁天录》《茶花女》《奥赛罗》等52部剧作。迄今为止，跨文化京剧已走过了百年历程，掀起了一股模仿、融合、改编的热潮，在国内外均产生了一定影响，但仍然陷入了传承与发展的困境。这主要体现在：一是没有形成商业演出机制，仍然靠政策性支持进行演出和传播，其辐射力和影响力相对有限；二是对跨文化京剧的杂糅式审美情趣的欣赏者不多，国内观众流失严重，于是很多剧目便逐渐式微甚至慢

1　李四清、陈树、陈玺强：《中国京剧在海外的传播与影响——翻译与传播京剧跨文化交流的对策研究》，载《理论与现代化》2014年第1期。

慢消亡。[1]当然，跨文化京剧虽然没有走出一条成功的京剧转型与变革的道路，但其在全球化大背景下开展的创新与探索还是值得肯定的。在保护非物质文化遗产的意义指向下，如何既保持京剧符号系统的完整性又融合外来文化，以实施成功的嫁接，产生出既传播中国民族文化又符合域外观众观赏趣味的新京剧品种，是值得我们认真思考的问题，也是实现京剧传承和复兴的重要思路之一。

第三节　川剧的保护传承、创新发展与传播

川剧产生于18世纪中期，兴盛于清乾隆年间（1736—1795），以高腔为标志性发声，融昆腔、胡琴、弹戏与灯调于一体，是中国戏剧中较为古老的剧种，也是中国戏剧的重要代表剧种之一。川剧主要流行于四川、云南、贵州、重庆等西南省市，其表演写实性强、幽默风趣、生活气息浓郁，充分展现了近代巴蜀社会的风土人情、人文精神、艺术品格、社会风貌等，其特点是"雅中有俗、俗中求雅"，深受云、贵、川、渝地区群众的喜爱，已被列入国家级非物质文化遗产名录。

与其他地方戏剧相比，川剧除了在艺术表现手法上有独到之处，在整体风格上还有一个最大的特色，即喜剧性。巴蜀文化诞生于天府之国的富饶环境，百姓衣食无忧，向有诙谐幽默的传统，遂形成笑骂品评世象、闲谈打趣人生的生活模式。巴蜀之地也是文人辈出的地方，自古以来的尚文取向已固化为地域社会风尚，"蜀伶尤能涉猎古今，援引经史，以佐口吻资笑谈"[2]。因此，川剧的这种喜剧性已脱离了平庸的玩笑、低级的哄闹的品位，绝不是"把没有价值的东西撕碎了给人看"，而是既来自普通民众的生活，反映了底层民众的审美取向，又具有一定的文化品位和思想价值，体现为一种雅俗共赏、大俗大雅、亦庄亦谐的融合，是一种熟谙人生的幽默、洞察世事的豁达，型构了巴蜀风韵、大气成熟的喜剧艺术风格。

川剧的喜剧性表现在以下几个方面：一是戏剧文本的轻松活泼。绝大多数川

1　郑传寅、曾果果：《"跨文化京剧"的历程与困境》，载《东南大学学报》（哲学社会科学版）2012年第6期。

2　周密：《齐东野语》，北京：中华书局1983年版，第245页。

剧语篇都采用喜剧形式，涵盖历史、现代、神话、爱情等题材，以讽刺挖苦、生活写实、夸张谐趣为主要表现手法。川剧的剧本多直接反映特定时空的生活内容，追求对历史的真实再现。二是人物角色的丑化变形塑造。相比于其他戏剧，川剧更善于用各种丑角表演的自我矮化勾勒社会生活中的喜剧人物形象。这些人物形象既来自现实生活，又经艺术加工和综合提炼，给观众留下深刻印象。三是语言表达的近生活、接地气。川剧合理运用方言里的粗俗搞怪元素，对人物语言进行通俗幽默的量身设计，增强了川剧独特的逗趣色彩和诙谐效果。如来源于市井生活的"打牙祭""打飘飘儿""饿痨饿虾""又哭又笑，黄狗标尿""雄起""恶鸡婆"等语言，粗俗感、象声化突出，具有很好的舞台效果。四是舞台表演的丰富多样。川剧综合采用音乐、舞蹈、念白等表演手段，虚实互衬，想象与描摹结合，尤其是通过夸张的服饰、形体、眼神、面部表情等刻画个性鲜明的舞台形象，展现人物的内心世界。这些手段都增加了川剧作为喜剧表演的张力，提升了其艺术传播的效果。[1]

喜剧性的川剧是中国传统文化在戏剧上的夸张投影。中国历史上向来重视喜剧、推崇喜剧，喜剧带有中国人的典型生活烙印，与欣赏悲剧的西方人恰好处于两个极端。王国维在评说《红楼梦》时总结道，中国传统的文化精神是轻松乐观的，故代表这种传统精神的戏曲始终带有乐天的色彩，"始于悲者终于欢，始于离者终于合，始于困者终于亨"[2]。李泽厚后来则更进一步断言，中国文化的本质是一种"乐感文化"，一种大圆满文化，这与西方的"原罪文化"和日本的"耻感文化"形成了鲜明的区隔和分界。[3]中国的民族文化特别强调"活在当下""生在现世"，这种"当下"和"现世"既不同于宗教强调的彼岸世界，又不同于哲学指称的形而上精神领域。这种"乐"是紫陌红尘的乐，是人间市井的趣，沾染着世俗的泥土，浸透了时代的烟火，对人生充满了快乐美好的希冀。川剧的喜剧性正是这种"乐感文化"（大团圆文化）的代表符号，其艺术形式从一个侧面反映了中国文化独特风景的外在表征与内容诠释。川剧的喜剧特征体现了华夏民众对生活的通达、超然的态度，正如西方格言所言："西方人善于表情严

1　秦璇、戴威：《川剧：中国乐感文化的显性标识》，载《重庆科技学院学报》（社会科学版）2012年第8期。

2　王国维：《王国维散文》，上海：上海科学技术文献出版社2013年版，第91页。

3　李泽厚：《论语今读》，合肥：安徽文艺出版社1998年版，第27-28页。

肃地表达幽默，而中国人则善于以幽默的方式表示严肃的态度！"[1]在中国戏剧史上，川剧不仅仅是一个风格鲜明的地方剧种，它也从一个侧面对中国文化进行了艺术解读与舞台表达，它符合中国社会传统的审美趣味，还体现了中国人独特的幽默智慧。

虽然川剧以其地域性的民族风格著称，也曾经在中国戏剧界占有很高的地位，但在文化多元化的大背景下，尤其是在20世纪80年代以来流行文化的强烈冲击下，川剧也遭遇了危机，陷入观众流失、市场萎缩、人才凋敝、传统消亡的窘境。以各地的川剧团数目为例，20世纪90年代以后，作为主要地方戏剧剧团之一的川剧团从1979年的119个减至1998年的59个，其中尚有8个县级川剧团是挂牌剧团，即只剩下一块剧团的牌子，而没开展任何实质性演出活动。[2]导致川剧生存危机的主要因素是观赏群体的分化与流失，大众娱乐的电子化、互动化格局已取代了传统文化娱乐的慢节奏展演模式，川剧沦为老年人的专利，兼之政府保护、振兴川剧的措施落实不到位，川剧院团在文化市场上的核心竞争力不够等，直接导致了川剧阵地丢失、观众消亡、市场萎缩。另外，传统川剧的剧目流失也十分严重。据统计，川剧保存下来的传统剧目有逾3000个，远远高于其他地方剧种，目前有剧本可查的传统剧目就有逾2000种。可惜的是，近年来随着老艺人的退休歇业，这些传统剧目能上演的已经不多了，甚至很多经典剧目还来不及保存影像资料就已经失传了。还有一些优秀的经典剧目找不到完整的文本，诸多优秀传统剧目亟待抢救和传承。例如，在四川省川剧艺术研究院就有中华人民共和国成立以来几代人收集的逾2000册手抄本资料急需整理归档和进行数字化保存。[3]

在现代娱乐文化的冲击下，传统川剧乃至传统戏曲被边缘化，成为濒临灭绝的文化物种，这是一个残酷的现实。但并不是说传统川剧及其所代表的民族文化就无法逆转这种弱化衰亡的趋势，面对危机、迎接挑战、传承创新是中国传统文化与时俱进、伟大复兴的应有立场与现实坐标。在国家文化立国的战略背景下，

1　让·诺安著，果永毅、许崇山译：《笑的历史》，北京：生活·读书·新知三联书店1986年版，第305页。

2　宫平、林琳：《成都川剧生存状况及发展趋势调查》，载《四川戏剧》2001年第3期。

3　王景云：《关于保护、振兴川剧的建议》，http://xindu.gov.cn/chengdu/zfxx/2009-02/06/content_6d1ecbaa90ac4d28b423b0ee59dc10df.shtml，2009-04-16。

挽回失去的观众、重振萎缩的市场、培养川剧人才、保护古老剧目，是让川剧在戏剧百花园中生存、发展、绵延的有效路径。

川剧的国内保护传承、域外巡演传播与未来创新发展是挖掘传统戏剧遗产并使之成为中国文化表征符号的三个阶段，这三个阶段相互衔接、相互补充，形成一个严密的话语体系。具体来说，这个文化体系的构建与固化应从以下三个方面展开。

第一，在保护非物质文化遗产的话语框架下开展川剧的动态表演传承。

所谓"动态表演传承"即指如何以立体化、形象化的方式激活巴蜀地区静止沉睡的文化资源，以特定时期影响巴蜀社会和民众生活的川剧剧目演出来阐释地域文化归属和满足当地民众的精神诉求，从一个侧面再现中华民族的文化记忆和历史发展进程。近年来的川剧展演以《易胆大》《死水微澜》《巴山秀才》等一系列经典剧目，从不同社会层面、不同生活视角进行了寻找文化地标、实现川剧动态表演传承的尝试和探索，产生了良好的传播效果和保护示范导向。这些作为动态历史场景体现的川剧演出活动，是有关部门精心组织策划的话语传承实施，与民间自娱自乐的川剧演出相比，组织更周密，剧目更集中，指向更明确，效果更突出。这些批量推出的川剧大戏展演活动通过对一定历史时期当地社会生活的再现与描摹，对文化性格、伦理道德、家庭关系、人生理想等进行追问与探求，以集中放送、精致包装、超越常规的演出形态，激活并提升了川剧的固有文化价值和现代精神指向。可以说，川剧精品剧目的强势集中推出与大规模展演，已经显示了川剧超越其自我停滞的日常生存状态，为地方戏剧的自我觉醒、自觉扩展探索了一条新路，迈开了传统艺术复苏前进的步伐。

在这种集中性展演中，川剧代表性传承人的示范演出作用不可忽视。这种川剧传承人的凸现，是非物质文化遗产保护工作是否深入推进和广泛开展的一个衡量标准。强化和突出传承人的个人风格和艺术特性是这种示范演出的前提，但也要注意以代表性领军人物为核心形成一支老、中、青相结合的传承梯队。这个代际梯队的打造能凝聚川剧传承的集体意识，使川剧院团增强其组织归属感和获得社会的认同和重视，更好地发挥传承人的创造性、主动性和责任感。更重要的是，这种传承人及其团队的示范演出从整体上提供了川剧经典的动态文本，同时也记录、呈现、展示、传播、延展了非遗保护与传承背景下川剧的多模态存在。

这种文化记忆的再现和扩展使得川剧的艺术精髓、表演手段作为一个历史整体的鲜活场景持续绵延衍化，并不断创新嬗变，进一步营造、固化和重构了传统文化的新时代空间。[1]

第二，系统组织川剧的对外译介传播。

戏剧的翻译要解决戏剧诞生地与译入目的地两种背景在文化、习惯、语言、艺术手段等方面基于欣赏和审美而产生的认知不谐调问题，这种会通既要让异域观众能理解他文化戏剧的内容和意义，又要保持被译入戏剧本身的民族特色和鲜明风格。戏剧的翻译不仅聚焦于其文本转换，而且与表演手段、舞台效果是否迎合异国观众的审美期待关系很大。

巴蜀文化对于不少海外观众是陌生的、奇异的、难以理解的，由于缺乏相关背景知识，海外观众对川剧自然存在理解障碍，难以欣赏川剧之美。川剧剧本内容素以历史典故多著称，即所谓"唐三千，宋八百，数不完的三列国"，其创作素材多出于中国古典文学。国外观众对中国文化一向抱着一种好奇猎趣的心态，不可能改变自己的认知结构去学习系统的中国历史以完成对异质文化知识背景的建构，因此对川剧以及川剧所代表的巴蜀文化精神缺乏根本的了解，也就不能在短时间内认可与接受。因此，在川剧的跨文化翻译中，归化策略的运用应该受到特别的重视，但对于保留川剧中巴蜀文化特色与异域风情的异化翻译策略也是值得考虑的。

与此同时，川剧中的地方语言翻译转换也是一个不容忽视的问题。四川方言是巴蜀地区人民独有的精神交往符号，具有鲜明的地方特色，通晓四川话是了解当地民众言语行为和思想价值取向的基础。要翻译好四川方言是相当困难的，这要求翻译者既要通晓方言，又要对异域文化和语言载体十分熟悉，有了这两方面的基础方可以在两种不同文化生态之间实现有效的信息传递和真实的意义转换。在四川方言的翻译过程中，俚语、俗语、惯用词的翻译是一个显著难点，目前只能尽量在译入语辖域中寻找与这些俚语、俗语、惯用语意义相近的目标语词。然而，如果只是单方面强调这些特殊词汇的翻译如何满足对方理解的需要则会削弱川剧的民族特色，因此在川剧的对外译介中异化和归化这两种翻译策略要注意综

---

1 丁淑梅：《川剧展演与非物质文化遗产的活态传承》，载《中华文化论坛》2011年第3期。

合运用、相互补充，既尽最大可能保留川剧语言的地方特色和神韵，又能让海外观众理解中国文化、欣赏中国戏剧。[1]

总之，在巴蜀地方文化走向海外的进程中，川剧的对外译介是跨文化传播产生效果的关键环节，只有打通了翻译这一关，川剧的海外展演才有观众，才有市场，才可能赢得异域民众的认同与支持，并在世界戏剧的大格局中保有和强化自己的地位。

目前，川剧的对外译介面临着多重挑战，如：西方文化霸权的压制与阻力不容忽视，海外观众阶层的培育过程还十分漫长，川剧译介的模式与方法远未成熟，川剧对外译介的内容还较为单一，等等。面对这些复杂情况，川剧的对外译介工作应结合多方力量实施系统工程，共同应对挑战与困难。一是在全社会形成共识，高度重视川剧翻译产业的培育与发展，打造以企业为主体、市场为指针、高校为基础的复合型川剧翻译人才培养体系。二是借助新媒体优势打造数字化平台，将川剧传播与信息技术创新结合起来，不断提高传统艺术在信息时代的影响力和传播力。三是以全球化意识指导川剧译介工作，积极拓宽海外市场，形成川剧多元化的传播和营销模式，真正实现文化展示资源向经济开发资源的转变。四是对国外受众进行分类研究，使川剧译介针对不同阶层的受众心理，实现民族文化的分层外溢和域外扩散，以取得最优的传播效果。五是注重对内宣传，营造川剧展演的良好氛围，并不断创新川剧宣传产品的设计与制作，满足国内观众的多样化文化生活需要。[2]

第三，深入实施巡回展演。

目前川剧传播的主要途径仍然是以剧团实地演出为主，如演出剧团受邀参加国际公益活动、商业巡演、文化外交巡演以及针对当地华人的慰侨演出等。

香港回归之前，在1980年至1996年的十来年时间里，四川省组织了相关川剧院团先后六次到访香港，为香港回归祖国怀抱提前进行了文化预热和氛围营造。在香港的川剧联合展演共演出了《白蛇传》《芙蓉花仙》《四川好人》《张飞审瓜》等经典剧目。香港社会历来喜欢传统戏剧，听闻演出消息，市民翘首以盼，

1　陈哲敏、解庆锋：《跨文化传播视域下川剧的对外翻译》，载《戏剧之家》2015年第5期。

2　陈哲敏：《全球化背景下川剧翻译与传播的困境与对策》，载《吉林省教育学院学报》2016年第3期。

各社会团体也开展了广泛而深入的宣传。香港的演艺界对川剧团队来访也很重视，为川剧演员们提供了一切便利条件和尽可能的支持。每一场川剧在香港的演出都受到观众热烈的欢迎，观众的审美取向与演员的艺术发挥形成了良性循环，共同进行了民族情感与历史认知的互动交流和多样化体验。香港舆论界对川剧演出也是好评如潮，本土的主要华文报纸如《文汇报》《大公报》《商报》《华侨日报》《明报》等都从积极的角度盛赞这些艺术交流活动。文艺界人士纷纷撰文评价川剧的特色鲜明、技艺高超、人才辈出，认为川剧是与京剧、昆曲并驾齐驱的优秀剧种，尤其是川剧的帮腔、吐火、变脸等独门绝活更是给香港观众留下了深刻印象。[1]

日本与中国的戏剧交往始于1919年梅兰芳赴日的京剧会演，而川剧到日本则是近70年后。1987年5月，日本文化财团邀请四川省川剧院赴日演出，共在东京、大阪、福冈、京都、名古屋等七个城市演出24场，吸引观众达6万多人。其后，1990年5月至1992年5月成都市芙蓉花川剧团、乐山市川剧团、四川省川剧院又先后应日本文化财团、日本地方政府、民间艺术节的邀请四次赴日本巡回演出。由于中日两国共处华夏文明圈中，文化上有许多同气连枝的相通之处。日本的观众这样评价，与京剧、昆曲的厚重高雅相比，川剧的现代生活色彩与谐剧风格更加浓厚。川剧的伴唱尤其有特色，其艺术处理既似西方歌剧，又具巴蜀地域文化特点，观众非常喜欢。日本传统的能乐艺术、歌舞伎表演中也有类似的演唱手法，因此，日本的观众对川剧的审美表达没有陌生感。川剧在日本的大获成功还带动了川剧学研究在日本社会的兴起，日本的戏剧界从此开始系统研究川剧，形成了把中国古典戏剧与日本古典戏剧互相对照进行比较探索的学术思潮。1992年5月，四川国际文化交流中心与日本早稻田大学演剧博物馆等在成都共同举办了"首届川剧学国际研讨会"，中日两国学者就感兴趣的学术话题共同探讨、互相砥砺，将中国川剧的艺术形态与日本歌舞伎、能乐、狂言、文乐等民族表演形式做比较研究，产生了许多新的见解，发表了一批高水平学术成果，受到了两国戏剧学界的热切关注。[2]

1　川草：《回归情的文化通道——忆川剧在香港的演出》，载《四川戏剧》1997年第4期。
2　陈国福：《中日文化交流中的川剧艺术》，载《四川戏剧》1994年第3期。

川剧在欧洲的演出也产生了轰动效果。自重庆市与法国图卢兹市结为友好城市以来，"图卢兹·重庆文化艺术节"成了联结中法文化的重要纽带。在艺术节上，重庆市川剧院演出了该院创作改编的优秀现代剧目《金子》，为法国观众献上了一出巴渝文化盛宴，深深震撼了法国民众和文化艺术界人士。《金子》改编自曹禺的话剧《原野》，在表现手法上充分发挥了川剧亦庄亦谐的艺术特色，使全剧既具有极强的悲剧震撼感，同时又富于喜剧表演力。《金子》的改编创作是中国传统戏剧现代转型的一个成功尝试，既延续了中国戏剧的民族审美与程式框架，又与现代艺术形式进行了深入结合，具有突出的时代特征和观赏价值。巴渝文化跨越万里之遥，以其艺术魅力征服了法国民众，使法国观众领略到了古老川剧艺术和中国传统文化的民族特色和审美风格。《金子》展演之后，已有不少法国的文化机构与重庆市政府和重庆市川剧院接洽，表达了要把《金子》包装上市、推向法国商业演出的意向。[1]

川剧走出去，已成为中国文化国际影响力和传播力的重要组成部分。四川省川剧院与重庆市川剧院已经在法国、卢森堡、瑞士、比利时、意大利等欧洲国家和美国、加拿大等美洲国家，以及日本、韩国、新加坡等亚洲国家开展了多次巡演，形成了规模化、艺术化、多元化的戏剧展演体系，既贯彻了国家的文化战略、服务于公共外交进程，又开始探索川剧产业化发展的道路与模式。川剧这一古老的剧种在跨文化传播中已展现出其内在强盛的生命力和传承力，又与时俱进地延伸出其外在的创新能量和嬗变脉络。

第四节　以昆曲为代表的古老剧种的挖掘、传承与创新传播

昆曲发源于六百多年前（元末明初）的江苏昆山，被称之为"百戏之祖、百戏之师"。昆曲艺术影响了川剧、越剧、闽剧、滇剧等许多地方剧种，甚至对作为国剧的京剧也产生过重要影响。昆曲是中国目前最古老的戏种，也是联合国教科文组织批准的首批"人类口头和非物质遗产代表作"之一，是中国戏剧的活化石。

1　佚名：《"航空城"盛开巴渝奇葩——"中国文化年·图卢兹重庆艺术节"侧记》，载《重庆与世界》2004年第10期。

历史上昆曲主要兴盛于以江苏苏州为中心的江南水乡，清代学者曾描述道："金陵吴趋余杭之里，门第相望，鼓钟不绝。所奏伎乐皆尚吾邑魏良辅所定之昆腔。"[1]昆曲的萌芽大约在元末至明初这个阶段，当时的江南地区富甲天下，人民生活安定、闲暇、富足，对生活艺术的讲求、民俗传统的惯习、喜庆仪典的需要、社交往来的流行等社会因素都造成了昆曲的盛极一时，江南的慢节奏闲适生活常以昆曲为主要消遣内容，而在祭祀、喜庆、社交、游玩等仪式与活动中亦缺不了昆曲的身影。

昆曲能够在以江苏苏州为轴心的广大江南地区流行，有其复杂的背景原因，主要体现在以下三个方面：

一是官方奉昆曲为戏剧正统的政治主导。

元末明初，天下大乱而后大治，汉族阶层重新问鼎皇权，南曲正音——昆腔被明王朝定为官腔，"京师所尚戏曲，一以昆腔为贵"[2]。神宗、天启皇帝皆崇尚昆曲，他们不仅经常观赏昆曲演出，而且还以票友身份下场娱乐。明亡清继之后，昆曲的戏剧正朔地位不仅没有被削弱甚至还得到大大强化，这得益于清廷笼络汉人士子、管控戏曲剧种、展演朝廷仪典的政治需要。上有所好，下必随之，官方的推动使得昆曲在清朝社会受到广泛追捧和热烈欣赏。

二是社会上存在着一个固定的昆曲消费群体，有刚性需求。

龚自珍曾对江南地区崇文擅曲的现象大加称赞，他形象地称之为"人人妙擅小乐府"[3]。确乎，江南地区教育发达，尚文抑武，文人阶层的影响力巨大。文人士大夫是享受、消费昆曲的主要群体，他们不仅以昆曲为日常消遣方式和官方礼仪必备，还蓄养伶人戏班，甚至学唱昆曲以自娱自乐。另外，富商阶层也是推动昆曲消费的重要力量。江浙一带的富商附庸文人官僚的风雅消费指向，以蓄养昆班为风尚，有的还以票友身份活跃于舞台，推动了昆曲在晚清社会中的繁荣与发展。

三是昆曲艺术在江南地区受到推崇。

昆曲语篇故事大多以江南历史传说、社会生活为题材，观众与演员互动体验

1　转引自黄裳：《笔祸史谈丛》，北京：北京出版社2011年版，第93页。
2　史玄：《旧京遗事》，北京：北京古籍出版社1986年版，第25页。
3　龚自珍著，郭延礼选注：《龚自珍诗选》，济南：齐鲁书社1981年版，第118页。

充分，观、演双方容易产生情感共鸣与思想沟通。另外，昆曲剧本大多是优秀的古典文学作品，堪称千锤百炼的精品，极受文人的推崇与雅赏。在声腔个性上，昆曲讲究舒缓、婉转、细腻、轻柔，呈现出一种和谐、圆融、自然的氛围与美感，这和吴侬软语的交际传播效果极为接近，故很受江南地区民众的喜爱。[1]

正是由于以上三方面的原因，昆曲盛行于明清两朝，跨度达六百多年，起到了丰富民众娱乐文化生活、促进社会人际交流、文德教化泽被天下的作用，并以其内含的历史知识、情感风韵和思想观念深刻影响了江南地区，乃至中国广大地域的民众生活及其精神交往。

然而，"飘风不终朝，骤雨不终日"，鲜亮一时的昆曲在道光年间开始呈现出明显的衰颓趋势。影响昆曲生命力的社会因素是多方面的、复杂的：首先是近代中国内忧外患、兵争纷起，给昆曲优雅的吟哦华章带来了直接的冲击。昆曲本奠基于升平盛世，动乱的环境消解了昆曲赖以依存的固定观众群体，士大夫作为一个阶层的迅速瓦解则使得昆曲最大份额的消费人群流失。其次，多样化的娱乐方式兴起，西洋马戏、魔术、杂技、交响乐、电影、话剧等现代大众文化给传统戏曲带来了巨大的压力。快节奏的生活打败了慢悠悠的冶游，俗文化占领了雅文化的滩头，京剧、绍兴戏、苏州评弹、粤剧、沪剧等也都渴望从残存的戏曲观众中分一杯羹，昆曲不可避免地处于风雨飘摇之中。其实，最致命的一击来自作为昆曲中心和富庶之乡的苏州的衰落与作为十里洋场的现代城市上海的兴起。被誉为天下四聚之一的苏州，对于当时的太平天国造反者来说具有巨大的吸引力和诱惑力。1860年李秀成东征苏州，攻克之后建立了苏福省，使其成为太平天国重要的后方和物资供应基地。但清军于1863年重新占领苏州，在这场大搏杀中，繁华的江南尽成废墟瓦砾，田园荒芜，手工业、商业被摧毁殆尽。"据统计，1831年时，苏州府九县一厅，'实在人丁'340余万，到1865年只剩下129万左右。"[2]苏州在战争的摧残之下，经济上的富庶与繁华随风而逝，文化上的极致与优雅亦消失得无影无踪。随着条约口岸的兴起，上海迅速取代苏州成为江南新的中心城

1　朱琳：《昆曲与近世江南社会生活：以昆曲受众群体为对象的考察》，苏州：苏州大学2006年博士论文，第34—65页。

2　周武、何益忠、张剑、李志著：《太平天国史迹真相》，上海：华东师范大学出版社2000年版，第229页。

市。[1]苏州的衰落，标志着昆曲的重要中心和艺术辐射源的消失，至此，昆曲便成为无根之浮萍、无源之死水游荡于中国社会的边缘领域，曲高和寡地消散着前朝盛典之遗辉，延续其空谷幽兰的艺术绝响。

18世纪末19世纪初，西学东渐迎来高峰，在现代性观念的影响下，不少中国知识分子由原来昆曲的铁杆戏迷转而变为传统艺术的激进否定者。新文化运动就是当时以崇举西化、否定旧学为指向的批判性社会思潮。胡适曾说："现在中国戏曲有西洋的戏剧可作直接比较参考的材料，若能有人虚心研究，取人之长，补我之短；扫除旧日的种种'遗形物'，采用西洋最近百年来继续发达的新观念、新方法、新形式，如此方才可使中国戏剧有改良进步的希望。"[2]这明显是把中国戏剧置于一种文化上落后的区位。有的学者更为偏激，主张彻底淘汰老的东西，把一切陈旧腐败都挖个坑埋起来。这就是当时的拿来主义者和"打倒孔家店"的先锋对昆曲等传统戏剧的主体评价。[3]自此以后，昆曲的命运浮浮沉沉、若断若续，虽遗下了一缕香火，但早已不复往日的辉煌景象。

时至今日，昆曲的继承与发扬依然只是停留在表征意义上的口号式宣教，因为是否恢复昆曲的应有地位，如何发展创新一直是学术界和艺术界争论不休、尚无定论的话题。总的来说，目前存在两派不同的意见：一派认为昆曲只能恢复与继承，不能改换门庭、加入现代生活内容和新的艺术形式，保持昆曲的原汁原味是核心理念；另一派则主张在继承昆曲传统血脉的基础上，以现代社会为主要反映对象，并对昆曲的传统艺术表演方式进行改革创新，以迎合时下观众的审美期待和娱乐诉求。但不管怎么说，昆曲在历史价值、文化精神和艺术内涵方面具有一些其他剧种无法比拟的优势，这体现在以下几个方面：一是昆曲是我国现存最古老的剧种，迄今已有六百多年的历史，其经典性无可取代；二是昆曲的乐调汇集了古代中国音乐的精华，包含了唐宋大曲、宋词、元曲、诸宫调、唱赚等，其稀缺文献性十分突出；三是昆曲的剧本代表了中国古代戏剧文学的最高成就，其文学性远高于其他戏剧文本；四是昆曲具备系统完整的理论体系，其独创性特色

1 周武、何益忠、张剑、李志著：《太平天国史迹真相》，上海：华东师范大学出版社2000年版，第226-230页。
2 胡适著，朱自清评：《胡适文选　朱自清点评本：下册》，北京：中国文史出版社2013年版，第258页。
3 雪侬：《叠歌和唱与新乐剧的前途》，载《剧学月刊》1935年第7期。

鲜明；五是昆曲拥有完善的表演程式，是中国传统戏曲的杰出代表。[1]故此，全社会已基本形成共识，即昆曲代表着中国传统戏曲艺术的最高成就，同时也融合了文学、音乐、歌舞以及诗词歌赋等其他艺术形式，是民族文化的宝贵财富，也是世界文明的化石级遗产。昆曲所内蕴的中华民族的文化基因不能断裂，它必然随着时代的进步与社会的发展而传承下去并不断创新，成为代表中国文化精神的重要符号，并丰富着人类文化生态的格局与价值体系。

在昆曲的保护与传承中，目前讨论比较集中和热烈的问题是如何处理民族性和世界性的关系。有学者认为，这个问题关系到昆曲当下的定位和保护传承的策略，也关系到昆曲艺术的现代创新与商业运作。

昆曲融合了多种民族艺术的表现形式，又经历了较长历史时期的孕育、打磨、提炼，综合吸收了早期泛戏剧的精华，是中国古典戏剧的集大成者。所以，昆曲的唱腔、舞蹈、文辞及韵味都浸透了中国文化的核心精神，承载着民族集体的文化记忆，这是昆曲的民族性的根本。另外，昆曲独特的师徒传授的传承方式、在雅文化与俗文化之间的理念摇摆和现实中的完形运作等，都是其民族性的表现形式。因此，多种因素的影响促成了昆曲的民族性审美强势回归，并被文化守成主义者定义为非物质文化遗产保护与传承的关键内容。但是，昆曲作为中国传统文化精神的重要表征，仅仅停留在自说自话、画地为牢的国内层面是远远不够的，这只是文化本质性的自我想象与隔空欣赏。一种优秀文化只有跨越民族、国家的疆域，向广大的域外传播、扩散，参与到世界文化大格局的激荡、交流、竞争、融汇中去，才能鲜明彰显优秀文化的民族性，也才能真正延续其持久的生命力。从这个意义上说，世界性是民族性的合理衔接，也是民族性赖以生存和发展的必然路径。有学者认为，昆曲要走向世界，成为代表中国文化的优秀符号，应该在表达方式、传承形态和扩散机制上改革创新，既服从国家政策的指向和战略需要，又在商业市场上培育自己的生长空间和消费群体，在这双向的互动中重新焕发其生命力。昆曲的域外传播存在一个明显的短板，即叙事性不强，国外观众不好理解，因此很难欣赏。因此，昆曲要走向国外，在坚守其虚拟之美、程式之美的写意传神的同时，还要注意吸收具象化、鲜活性的表演手段，延续其创造

1　俞为民：《昆曲的现代性发展之可能性研究》，载《文化艺术研究》2011年第1期。

性和生命力。同时，昆曲的代际相传，除讲求传统的徒技师授之外，还要借助现代教育体系进一步提升昆曲演员的文化素养，发掘新的表演技艺，提高昆曲的表演水准。除此之外，昆曲虽具有深厚的文化底蕴和独特的艺术风格，但在译介传播过程中依然要注意异化和归化策略的协调运用，尤其是要注意对其进行合理的解读和深入的阐释。昆曲走向世界需要优秀的传播队伍进行策划、宣传，更需要国家从战略层面上加大重视力度，全社会通力合作形成多样化、立体性、高层次的传播体系，向世界介绍中国文化，丰富世界文明的精神遗产宝库。[1]

在全球化时代中，文化的交流与共享已经成为一种趋势和常态，一种文化如果不能主动地走出去，或者说缺乏这种走向世界的能力，这种文化就很难说是优秀的、积极的和有价值的文化。昆曲是中国的，它是传统文化精粹的浓缩与代表，也是世界的，属于全人类共同的精神财富。在西方现代性文化的冲击下，若中国文化愈加裹足于国门之内，就愈不能寻回自己的民族自信和获得国际社会的认同。[2]故此，昆曲的走向世界就具备了内外双向的价值追求和意义构建。昆曲在国内的存在只是民众茶余饭后的娱乐消遣和艺术欣赏，它在海外的生根与播散则更多的具有了文化身份认同的符号象征。对于那些长期生活于海外、自我构造文化孤岛的华人群体而言，对中国戏剧的消费娱乐确认了他们的民族文化身份。2006年白先勇携青春版《牡丹亭》剧组到美国巡演，获得华人社团的高度评价和热烈欢迎。在接受采访时，白先勇说："由于青春版《牡丹亭》在艺术上表演成功而勾动了各地华人观众在内心中潜伏已久的民族文化乡愁，所以才引起了如此热烈的反响与共鸣。"那么为什么唯独选择昆曲作为推介主体呢，他的回答是，昆曲只是一个切入点，其背后的实质是如何弥补中国多年以来的文化断层，如何让全球华人产生文化认同，而实实在在的表演艺术则是一条可视性路径。[3]可见，在他的心目中，昆曲已经成为中国文化传统的价值代表和精神核心，它是中国大众与异民族相区别开来的文化符号，也是中国古代思想遗产的集体记忆。

昆曲在海外最早的传播见于清初学者潘耒的《救狂砭语》一书，书中描写了昆曲祥雪班到安南（今越南）演出的情况，这是有关昆曲传播海外的最早记载。

1　王廷信：《昆曲的民族性与世界性》，载《民族艺术》2006年第3期。
2　帅伟：《中国戏曲对外传播的文化动力》，载《四川戏剧》2013年第3期。
3　白先勇：《姹紫嫣红开遍——青春版〈牡丹亭〉八大名校巡演盛况纪实》，载《华文文学》2005年第5期。

"且汝先以优伶一队号'祥雪班'者送彼国。复将歌童二人送彼主，彼主嫌价重遣还，现在汝方丈内唱曲侑酒。今复遣汝徒至苏州买优童十二人送往。"[1]祥雪班是当时的昆曲戏班，被送往越南为定居在那里的华人堂会演出，以慰藉故国之念、思乡之情，同时也向共处华夏文明圈的越南人民介绍了鼎盛时期的昆曲艺术。

1949年以后，在海外推广、弘扬昆曲的代表人物是被誉为"民国最后的闺秀"的张充和。她是曲学大师吴梅的亲传弟子，不仅熟谙诗书画印等中国传统艺术，而且对昆曲非常痴迷和执着，传薪昆曲，得继清芬，是当时海外昆曲曲会的组织者和主导人。现代昆曲的海外传播以美国为中心，一脉相承的正是吴梅所代表的融诗、书、画为一体的文化曲人传统。张充和来到美国后继续传唱和弘扬昆曲艺术，组织曲人到法国等国家和地区演出，并和其丈夫、著名汉学家傅汉思教授一起普及昆曲知识、开设昆曲讲座，并下场示范。她先后到过哈佛大学等二十多所名校演唱昆曲，通过传统戏曲展示使中国文化精神流韵西方，帮助海外的华人华侨重新确认自己的身份认同和文化渊源。为使昆曲绝学后继有人，并不断扩大昆曲传承表演的参与度与影响力，张充和与同是吴梅曲学传人的陈安娜于1988年成立了"纽约海外昆曲社"，经过多年的发展，逐渐成为海外培养昆曲演员、进行昆曲交流的文化中心，集聚了一大批来自中国的曲人精英、定居国外的昆剧爱好者和支持者等。过去十几年间，昆曲社举办了一百多场表演、示范和演讲，在华人社团和西方社会中影响很大。海外昆曲社最受欢迎的一次公演是于2006年11月在纽约曼哈顿举行的，当时演出了四场折子戏——《凤凰山》的《百花赠剑》，《水浒记》的《借茶》和《活捉》，以及《长生殿》的《惊变》，深受西方舆论的好评。此外，2008年10月为了纪念海外昆曲社成立20周年，全美昆曲同人在哥伦比亚大学举行了一场盛大的公演。当时演出了《长生殿》里的《定情》《哭像》，以及《潘金莲》中的《挑帘》《裁衣》等名段，引起社会轰动，受到一些美国观众和许多英文媒体的关注与欢迎。[2]时至今日，美国的海外昆曲社已成为异域他乡昆曲传播与推广的中心，为在国际文化圈传承、弘扬中国传统艺术

1　吴新雷：《中国昆剧大辞典》，南京：南京大学出版社2002年版，第216页。
2　孙康宣：《1949年以后的海外昆曲——从著名曲家张充和说起》，载《中国文化研究》2010年第2期。

发挥了重要作用。

除了张充和、李芳桂、蒋复璁、汪经昌、项馨吾、陈安娜等文化曲人身体力行地推广、演出、传承、弘扬昆曲艺术以外，还有一些学者以另外的方式助推昆曲的世界传播。八十多年前，音乐学家王光祈便怀有以音乐之力唤醒民族、实现民族文化复兴的理想，以其超前的思维、艰辛的探索，独具慧眼地将中国音乐和某些东方民族的音乐同西洋音乐进行比较研究，提出了把世界各地的乐制分为"中国乐系"（五声体系）、"希腊乐系"（七声体系）和"波斯阿拉伯乐系"（四分之三体系）三大体系的理论，同时还对中国历代乐律史料做了初步的整理，提出了不少有价值的见解。他的《论中国古代之歌剧》就是以昆曲艺术为主要论述对象的扛鼎之作。《论中国古代之歌剧》本是王光祈1934年毕业于波恩大学时用德文写成的博士论文，德国《东方与西方》杂志社为其出版了德文版本，在欧洲学术界产生了一定的影响。在书中王光祈指出，在中国戏曲史上，先古戏曲即宋元时期的南戏和元杂剧是中国戏剧产生的第一阶段，明清的戏曲四大声腔（昆曲为其代表）为中国戏剧发展的第二阶段，清末的梆子腔、皮黄腔等花部诸戏为中国戏剧流变的第三阶段。其中第二阶段的古典戏剧，尤其是以昆曲为代表的雅部戏剧是他的论述重点。他以比较音乐学的思维角度和研究方式对我国古代昆曲的历史、体裁、剧本、音乐等方面的问题进行了全面梳理和深入探讨，内容涵盖昆曲的音乐体系、昆曲的曲牌体系、昆曲的曲人及其作曲手法、昆曲与音乐美学的关系等。他的这些论述向西方社会全面介绍了昆曲艺术的基本体系，既进行了昆曲常识的普及和推介，又从比较研究的视域阐释了中国古代音乐体系下的乐律、宫调、乐谱和西方音乐体系的不同，使外国人对中国传统戏剧、对中国文化精神有了一定的了解和认知。[1]

1　罗天全：《他促进昆曲艺术走向世界——王光祈〈论中国古典歌剧〉学习札记》，载《音乐探索》2012年第2期。

第九章

高校在中国文化
走出去中的重要作用

第一节　高校是国家软实力的重要组成部分

自1990年美国哈佛大学教授约瑟夫·奈提出"软实力"概念及相关学术思想体系以来，软实力建设受到了很多国家的高度重视。在构成软实力的诸因素中，文化软实力已成为一个国家屹立于世界民族之林的精神意识、思想价值和智力保障，代表了国家和民族存在与发展的态度、立场、实力、品格和目标诉求，也成为国与国之间综合国力衡量的重要参数。关于文化软实力的精确定义，众多学者都从不同的侧面进行了阐述和总结，但多数学者都集中在以下几个关键点上：第一，文化软实力指国家民族的传统文化核心、价值观念中枢及其形塑的社会实际规范；第二，文化软实力指代表国家形象的公共文化素质、国民品格和集体精神；第三，文化软实力指由音乐、电影、电视、书籍、报纸、杂志、互联网、社交媒体等构成的文化产业生态链。以上三个方面构成了一个国家文化软实力的基本内容。[1]

从以上几个要素来分析，要提高一个国家的文化软实力，最基础也是最根本的工作就是高度重视教育事业，因为教育事业担负着文化传承、科学研究、培养人才、服务社会的神圣使命。其中，人才培养对社会的创新和发展至关重要。教育是增强国家软实力的血液，它循环流动在国家的整个躯体之内，要让我们的国家具备强大的软实力，首先要让教育软实力强大起来。[2]事实证明，教育是提升国家软实力的人才先导和价值基础所在，有了教育的软实力，才能形成思想文化的软实力，进而覆盖全体国民并向外辐射产生效应，最终构建一个国家民族的

1　张多来、赵阳阳、张旭敏：《高校文化软实力探析》，载《南华大学学报》（社会科学版）2012年第6期。

2　刘灵芝、张锐戟：《学术文化力：基于高校软实力构筑的文化思考》，载《南京工程学院学报》（社会科学版）2008年第4期。

软实力。[1]作为文化软实力建设的重要阵地，高校肩负着传承文化、培养人才、科学研究、服务地方的重要职能和历史使命，也是国家非物质领土安全的前沿阵地，是引领社会思想文化、宣传主流价值观、融汇多种精神形态的重要场域，在国家的软实力建设中发挥着越来越重要的作用。有学者指出，美国能够在短短几十年的时间里赶超英、德、法等欧洲国家成为世界头号强国，其中一个重要的原因就是美国高等学校的数量和质量都居全球之冠。"美国真正的实力并不在于造了多少汽车、多少飞机、多少超级电脑，而在于美国是一个大学林立的国家，具有三千多所高等院校和上百所世界知名的研究型大学。"[2]在大国崛起的历史上，高校为增强国家实力发挥了重要作用，尤其是为国家文化软实力建设提供了人才储备和思想资源。

高校对国家文化软实力建设的促进作用主要体现在三个方面。

一是高校培养人才的天赋职能为国家软实力建设提供丰富多样的人力资源。

近年来，我国高等教育事业随着国家的不断发展也取得了令人瞩目的建设成效，成为国家硬实力和软实力建设的人才基地。为鼓励高校培养优秀人才、发挥更大作用，我国实施了"211工程"和"985工程"，最近又实施了"双一流大学"建设工程，进一步从国家战略层面高度强调世界一流大学和一流学科建设，在大学中汇聚了一大批高层次专门人才，产生了一定数量的具有国际先进水平的优势学科和学术成果，为国家科学研究和文化建设做出了突出贡献。特别是高等学校的人文社会科学研究在习近平总书记在哲学社会科学工作座谈会上的讲话精神的指导下，近年来观点纷呈，成果丰硕，水平领先，已成为推动国家软实力发展的重要智库力量。据统计，每年在国家社会科学基金立项的规划课题份额中，高校所占比例都在85%以上，每年在全国各类学术刊物上发表论文的作者90%以上是高校的专家教授。[3]这说明，高校已经成为国家软实力建设的核心学术阵地，其研究成果已广泛应用于政治、经济、军事、文化等领域，成为国家决策的重要思想基础和制度设计来源。

---

1 徐迅雷：《增进教育"软实力"的必然选择》，载《江南时报》2005年10月11日第3版。
2 秦绍德：《大学之水》，北京：商务印书馆2013年版，第71页。
3 刘克利：《大学在国家文化软实力建设中的战略地位》，载《湖南大学学报》（社会科学版）2011年第5期。

二是高校科学研究的价值核心为国家软实力建设提供强大的智力支持。

据统计，在2012年度国家科学技术奖项授奖项目中，全国高校共获得国家三大奖183项，占总数（266项）的68.8%。其中，高校为第一完成单位的有139项，占总数的52.3%（以上统计不包含国防专用项目）。全国高等学校共获得国家自然科学奖二等奖24项，占总数412项的58.5%；全国高等学校共获得国家技术发明奖通用项目45项，占总数63项的71.4%；全国高等学校共获得国家科学技术进步奖通用项目114项，占通用项目总数162项中的70.4%。在2012年度国家科技奖励项目中，高校以压倒性优势一举包揽了具有自主知识产权、原始创新成果的国家技术发明奖通用项目和专用项目的3个一等奖，其中清华大学占2项，北京航空航天大学占1项。2012年国家科技三大奖揭晓，高校共获183项奖励，占总奖数的近七成。[1]这从一个侧面说明了高校的知识成果和专利发明在国家软实力建设中的重要地位，其科研生产的前沿性和应用性得到社会公认。

三是高校作为国家制度的设计者和研究者之一，为国家软实力建设提供规制支持和核心竞争力。

制度是社会关系中的生产生活规则、权利义务交织的放大及其汇聚形态，它特指人与人之间的行为规范和精神契约，即包括生活交往系统和理论思想架构；同时，这种社会关系只有在固化之后才形塑为制度，即一种具有普遍性价值的，可以进行历时性延伸和广泛性扩展的人类文明框架复合体；最后，固化的社会关系必须经过合法化和权威性认证才能保障社会成员在交往与合作过程中的基本权利和义务的划分。因此，只有人与人之间建立起来的比较稳固的、具有约束力的社会关系才能称之为制度。制度力则是人的自我约束律令和主体性自觉的能力考量，也表现为对社会成员关系、行为的协调、规制的能力和水平。在全球化条件下，制度力在很大程度上决定了国与国之间的比较优势向哪一方倾斜，好的制度体系可以吸引到更多的世界性资源，从而使拥有这种制度力的国家具备强大的国际竞争力和更多的国际话语权；从内部机制来看，拥有能充分发挥人的主体性因素的制度框架，国家就能从根本上建构一股国家建设和发展的重要聚合力量。反之，处于制度力劣势的国家则将在国际竞争的激烈角逐中败下阵来并失去相应的

1　任平：《现代教育学概论》，广州：暨南大学出版社2013年版，第54页。

身份认同和话语权，其社会发展自然也会受到极大的阻碍和延滞。[1]高校作为体系制度的主要设计者和研究者之一，在国家建设和发展中发挥着重要作用，它们作为建构和维护制度的主体性力量可以为国家发展、全球竞争、文化身份认同、话语权保有与提升提供充分的学术理论支持，为国家的综合实力进一步增强形成框架设计和约束保障的双向驱动和共同的意义指向。

作为国家软实力的重要内涵和文化表征，高校对国家软实力的贡献主要表现在其学术文化能量体系的建构与张扬上。越来越多的人发现，大学教育对个人和国家而言都已成为具有战略意义的要素，它已经从少数人享有的奢侈品成为大众生活的必要组成部分[2]，并且已呈现出这样的明显趋势："知识产业的出现，越来越多的人和越来越多的机构从来没有像现在这样需要、甚至要求知识。大学作为知识的生产者、批发商和零售商不仅介入社会生活，大学的边界已经伸展到能够拥抱整个社会。"[3]从定位来看，高校是专门从事教学与研究的社会学术机构，学术是高校的生命和灵魂，由此衍生出来的学术文化能量就是组织协调一切可以利用的教育教学资源并进行开发、生产，向社会提供人才培养、文化传承、学术研究等服务，以及进一步推动社会发展和文明进步的思想力和影响力。这种思想力和影响力既由显性的因素构成，也受到各种隐性的条件的约束；既包括技术的、物质的外在符号，也具备文化的、精神的抽象内涵。[4]

具体来讲，作为软实力体现的这种学术文化能量体系主要包括四个组成部分。

一是大学的精神影响力。

"精神力"一词为著名军事思想家贝伦霍斯特首创，他认为精神力是战争中的重要因素，既能对自己部队产生激励作用，又能对敌人造成一种无形的震慑。拿破仑则认为在战争中取得胜利的因素中精神力量所起的作用远高于物质力量。约瑟夫·奈把精神力的内容细化为导向力、吸引力和效仿力，并强调它是一种

---

1 王海传：《论制度与制度力》，载《山东社会科学》2007年第6期。
2 闵维方：《高等院校与终身教育》，载《中国大学教学》2004年第2期。
3 谢安邦、刘莉莉：《市场的逻辑与大学变革》，载《现代大学教育》2001年第3期。
4 阿什比著，滕大春、滕大生译：《科技发达时代的大学教育》，北京：人民教育出版社1983年版，第13页。

可以型固和强化的软实力。日本一家学术机构编著的《日本综合国力》一书则指出，有了强大的国民精神就可以应对可能发生的危机，国家生产的内含有丰富文化价值的商业品牌就具有了向全球传播的辐射能力，也才有可能在国际社会中争得自己的民族地位和话语权。我国学者则认为精神力是一种民族内核深层的软实力，包括心理素质、智力结构等基本要素，这些要素来源于思想深处，是深藏于人的内心的虚数能量、对理想信念的坚守和对核心价值的追求。[1]

大学的内涵在新时期下已超越了传统的人才加工厂的范畴，成为国家政策的理论源头和民族文化精神营养的一部分。民族崛起的关键是民族精神的崛起，而精神崛起的手段就是大学。从这个意义上讲，"大学及大学精神的兴衰，关乎一个国家和民族的未来"[2]。我们所熟知的历史名校国立西南联合大学（下文简称"西南联大"）就是抗战时期中华民族不畏强暴、弦歌不辍的民族精神的代表，它以"循思想自由原则，取兼容并包主义"为宗旨，为民族抗争、国家建设、社会发展提供了强大的精神支撑、优秀的人才储备和连绵不绝的文化传承。可以说，在当时的战争环境下，大学精神发挥了保卫国家非物质领土和凝聚民众思想意志的作用，为抗日统一战线提供了共同的价值指引和强大的智力支持，促进了中国学术和文化传统的继承和发展。

二是大学的文化传承力。

文化传承是大学的基本职能。中华民族的集体记忆和核心精神是国家软实力建构与发展的前提和基础，是一种内在的、隐形的思想竞争力。从本质上讲，大学承担着传统文化的代际演进、民族精神的形塑弘扬、身份认同的立场确认、文化创新的深入推行等责任和义务。大学对文化的传承首先要挖掘、提炼、汲取传统思想精髓，深刻领会其历史价值和现实意义，并在社会上以多种方式宣传和弘扬优秀传统文化，充分发挥大学的聚合、教化、培养、播散作用，吸引更多民众成为传统文化的传播者和支持者。[3]其次，要在多元文化的氛围中实行"多种声音、一个世界"的文化教育政策，承认和尊重文化的多样性，增强民众对国家的政治认同和身份归属感，寻求对他文化的包容、对民族文化的坚守和自信，形

1 李化树：《论大学的软实力》，载《清华大学教育研究》2005年第4期。
2 姚国华：《一个民族需要关注天空的人》，载《风流一代·经典文摘》2011第1期。
3 张宁：《以科学发展观为指导加快文化建设》，载《新东方》2008年第12期。

成本我强大的思想凝聚力和文化辐射力。最后，要促进传统文化的当代转型，以人类命运共同体思维和公天下立场，在更开放、更多极的环境中建设中国特色的文化体系，就要求大学"积极学习和借鉴世界各国人民创造的一切文明成果，博采众长，厚积薄发，推陈出新，在人类文艺发展史上谱写更加绚丽多彩的篇章"[1]，在借鉴他国优秀文化成果的同时，更加主动地向国际社会展示中国文化的内在魅力和思想价值，推动中国文化走出去，融入更广阔的世界文化格局。

三是大学的人才培育力。

大学的基本功能是产出人才，承担着为国家、民族培养继承者和建设者的重大使命。大学教育的目的是将学生培养成为合格的公民、文化的践行者、财富的创造者和社会的推动者。大学的培育力指的是大学通过专业教育手段生产高质量人才的能力。英国红衣主教约翰·亨利·纽曼（John Henry Newman）于1852年出版了《大学的理念》一书，在书中他对大学的目的和功用做了详细的梳理和总结。他认为大学是传授普遍知识的地方，通识教育是大学的基本目的和核心本质，是大学区别于其他教育机构的典型特征。[2]在纽曼的视阈中，大学的目的并不在于通过专业知识和技能的传授使学生成为某一具体领域的行家里手，而在于通过通识教育手段使公众受益；大学也不是培养特殊阶层和专业群体的地方，而是促进公众的素质养成与不断提升、培养国民良好的道德行为和一定智力水平的公共知识空间。因此，"使公众受益"和"习惯养成"是纽曼指称的大学教育的核心目的所在。[3]东方的教育家孟子则强调，"得天下英才而教育之"是人生的至乐之一。[4]可见，中外哲人、学者都认为高等教育具有强大的培育力，可以通过知识传授、道德教化、制度养成向社会输送德才兼备的人才并得到公众的高度认可。抗战时期的西南联大虽蜗居西南一隅，奔波流亡，磨难不断，但却创造了筚路蓝缕、光耀华夏的教育奇迹，八年间（1938—1946）共培养学生8000多人，

1　胡锦涛：《在中国文联第八次全国代表大会、中国作协第七次全国代表大会上的讲话》，转引自中共中央文献研究室：《十六大以来重要文献选编：下》，北京：中央文献出版社2011年版，第756页。

2　John Henry Newman: *The Idea of a University Defined and Illustrated*, Oxford: Oxford University Press, 1976, p. 10.

3　王晓华：《纽曼的大学目的观与功能论》，载《清华大学教育研究》2001年第1期。

4　《书立方》编委会：《孟子》，重庆：重庆出版社2010年版，第19页。

其中毕业生2500多人，这些莘莘学子后来都成了中国的精英、民族的栋梁。[1]因此，大学的培育力也是文化软实力的重要组成部分，一个国家、一个民族应该高度重视大学的人才产出能力，并促使其不断创新培养方式，为社会提供源源不绝的新生力量。

四是大学的综合创新力。

大学创新力是指高校有效利用和优化配置各种资源，通过知识加工、思想探索、技术革新、成果转化、管理提升等方式，产出高水平科研成果、高素质创新人才和先导性价值思想，形成与其他社会组织相区别的科研、创造、发展的综合能力。[2]创新力是现代大学的灵魂和核心所在，包括创新能力培养和学术研究水平两个层面。人才培养的关键是创新精神和开拓素质的养成与发展，学术研究水平是大学内在价值的体现，也是服务于社会的意义指向。创新力是大学区别于其他社会组织的根本特征，也是大学办学水平不断提升的关键，它直接影响着大学的长远发展和战略地位，是大学可持续发展的加速器和反应堆。

在很多学者看来，创新力是智力水平、知识结构、思维风格、人格养成、动机行为和环境影响这六种因素相互作用、整体迸发的结果。概括地说，创新力不是单一能力，而是与其他方面的各种能力发生关系、相互影响之后的聚变力和扩展力。一般来讲，现代大学创新力的构成可以从其主体、功能和制度三个层面来进行分析。从现代大学的主体性来看，大学创新力包括教学科研人员的创新力、学生的创新力和管理人员的创新力，即观念、知识、科研、技术等一系列环节的突破和首倡形式，学生的习得能力、移植能力和应用能力，管理人员的组织力、整合力、协调力、推动力、服务力等。从现代大学的功能上看，大学创新能力主要体现形式是教学、科研和服务这三大层面上纵向或横向的超越，即学生知识结构和实践活动中创新素质的提升和创新规模的增加，新观点的提出、新论据的发掘、新研究领域的创立、新技术发明的推动，大学创新能力在社会上的延伸与应用等。从现代大学的运行机制上看，大学创新力体现为大学区别于其他社会组织的管理自治和学术自由的制度设计，即不受外部其他力量的干涉和控制，全权拟

1　陈富强：《后岸书》，武汉：长江文艺出版社2016年版，第146页。
2　徐小洲、陈劲、叶鹰、顾建民：《大学创新力评价的理论、方法与策略》，载《高等工程教育研究》2007年第3期。

定自身的发展目标和计划，并付诸实施，真正成为依法办学、民主管理、自我约束和协调发展的教育组织，研究者不受外界因素的左右，自主、独立地进行学术探索、科学研究和精神交往，实现专家治校、教授治学，脱离一般化社会组织的行政化和官僚化规制等。[1]

随着全球化的不断扩展和深化，国与国之间综合国力的竞争与较量逐渐成为常态，以知识创新力和文化影响力为核心要素的软实力竞争已成为国际社会关注的焦点，如何进一步加强高校学术文化力建设的问题也越来越受到国家和政府的重视。目前国家文化软实力建设中与大学有关的问题主要体现在以下几个方面：（1）在意识形态之间的碰撞与冲突中，社会主义核心价值观和主流文化的引领和整合能力有待提升，部分民众的国家忠诚度和文化认同感趋弱。（2）文化软实力的建构模式单一，以自上而下的"灌输""宣教"为主，力量作用单向化，针对性不足，缺乏时代特色。（3）与发达国家相比，文化产业处于相对落后的低位，在国民经济中所占份额较小，轻、重产业的分配不合理，对外文化贸易长期处于逆差状态，文化赤字严重。（4）对文化资源统一开发利用的规划欠缺，各地方、各区域的无序竞争现象比较突出，中国文化走出去的载体、手段、方法、内容都严重滞后于西方国家，极大地制约了中国文化的全球传播力和影响力。（5）缺乏"穿越西方，回到传统"的中西文化的研究者与摆渡者群体，应花大力气培养一批对中外文化都有较深造诣的学者和翻译人才，既引进、吸纳优秀的西方文化资源，又推动中国文化走向世界，参与世界文化生态的交流互动。[2]

针对软实力建设中这种种与大学发展相关的问题，我们认为，要进一步提升国家文化软实力，高校应该发挥重要作用，既深化自己的内涵建构与改革发展，又处理好大学与社会外部环境的种种关系，更好地服务于国家战略政策和经济社会进程。具体说来应着重从四个方面加大高校的软实力建设力度。

第一，坚定确立并自觉维护大学办学育人的政治方向，以社会主义核心价值体系作为发挥其传承文化、培养人才、研究学术、知识教化、服务社会等基本职

1　刘红英：《创新力：现代大学的核心竞争力》，载《中国高教研究》2008年第4期。

2　唐踔：《论当代中国文化软实力的提升》，载《文化学刊》2011年第2期。

能的关键中枢，不断巩固其作为国家软实力重要阵地的基础和平台地位。高等学校要加强对中国特色社会主义话语体系的研究，用马克思主义当代运用和不断发展的最新理论成果引领学术风潮，张扬文化主体的自省自觉，在多元文化的遭遇中确立主导意识，既兼容吸收外来优秀思想，又自觉抵制西方价值观的侵蚀、渗透，引领和匡扶良好社会风气，捍卫国家文化安全。[1]

第二，培育大学精神，增强大学在社会系统中的凝聚力和号召力。大学精神是民族先进文化的一个代表性符号，由其历史沿革、现实发展共同谱就、代传、固化、提升。它是大学长期以来积淀而成的独特的思想遗产，也是一所大学的办学理念和价值追求，更是激励大学发展、提升大学办学水平的一种非物质动力。大学精神的形塑与定格同当时的历史、地理环境、文化特色，以及师生的集体心理和共同意识密切相关，又综合了民族精神、国家意志、时代内涵与学术传统等多种因素。大学精神一旦形成便具有相对的稳定性、较广的辐射性和强烈的影响力，是一所大学存在与发展的底蕴所系，也是引领社会风气和大众文化的风向标。大学精神包含了自由、独立、教化、传承、人文、科学、创新和批判等内容指向。大学精神的型构与提升离不开良好的思想道德培养，依托于丰富多彩、层次高雅的大学校园文化，亦受惠于人才培育、教学管理、科学研究的创新加速和不断促进。[2]

第三，重视优秀制度的导入和创设，加强大学的制度建设。一方面，现代大学应确立依法自治、学术自由、保障充分、管理有序的基本制度。这个制度首先要保障学术文化力的不断提升与强化，同时也要有利于整个社会文化素质、文明程度的良性延续。另一方面，在总体性原则和具体制度的创设上，大学应当积极引进和吸收前沿的办学理念，一切以教师和学生的根本利益为出发点，大力发展学术研究，不断提高教育教学质量和管理效益，其关注核心则是协调、理顺资源管理者与构成和运行主体（教师和学生）的互动合作关系。要始终围绕教育教学和学术科研这个中心，重构大学的外部运行环境和内在知识生产机制，同时还需要借鉴国外一流大学的演进发展经验，不断转变和完善管理方式。

1　刘克利：《大学在国家文化软实力建设中的战略地位》，载《湖南大学学报》（社会科学版）2011年第5期。
2　李化树：《论大学的软实力》，载《清华大学教育研究》2005年第4期。

第四，提升大学在社会上的影响力和国际上的传播力。大学作为国家软实力重要体现的思想文化阵地，具有很强的教化辐射功能，也具备广泛的国际传播能力。因此，在大学的文化建设中，一方面要高度重视传统文化教育在人才素质培养中的地位，不断推进传统文化经由大学传承、发展而向社会扩散的进程，进一步深拓优秀文化在全体国民中的普及、发展空间；另一方面要适应教育国际化的大趋势，在课程教学、教师队伍建设、科学研究等方面开展广泛的国际合作，实现国内外的人才交流和优势互补。美国耶鲁大学校长在亚洲大学校长论坛上指出，在经济全球化背景下，高等教育的国际化运行与发展已成必然趋势。在目前看来，作为全球性大学必须具备以下四个要素：（1）国际学生数量在在校生总数中达到一定比例；（2）具体教育教学活动的国际化，即在教学理念、模式，科研选题、过程、成果形式中注入更多的国际元素；（3）更广泛和深入的高校国际交流与合作；（4）国际化的网络教学，构建空中课堂和无疆域的学习环境。[1]只有不断拓展与国家间高校的深入交流与协作，充分发挥大学文化在公共外交领域的独特作用，进一步增强中国文化的外溢、传播和交流效果，才能向世界完整展示中国文化的吸引力和真实内涵。

第二节　国际文化交流中高校发挥的独特作用

对现代大学诞生的历史进行考察，我们发现大学自产生之日起即具有国际性的基因。有学者认为现代大学之所以诞生于中世纪贸易发达的欧洲，是为了满足当时跨国经济贸易和异域精神交往的需求，换句话说，开放性和国际性是培育现代大学的社会条件和滋生土壤。如大家所公认的现代大学的雏形就诞生在意大利的博洛尼亚，它是一个始建于公元5世纪的古城，也是一个交通方便、贸易繁荣的国际性城市，来自欧洲各国的学者和学生在这里集会讨论、研究学习，由此也使得各国社会风情与不同民族文化在这里交流、碰撞、杂糅，大学甫经产生就植根于国际文化汇集的思想和物质场域。

进入现代社会以后，大学从社会的边缘走向思想的中心，其重要性越来越凸

1　吕堂红、周林华：《我国高等学校软实力建设问题研究》，载《长春理工大学学报》（社会科学版）2010年第2期。

显，高等教育担负的社会责任也日渐复杂和重大，国际化趋势重新成为其发展的重要特征。联合国教科文组织提交的一份关于高等教育未来变革与发展的文件指出，高等教育日益国际化主要得益于不断加速的全球化趋势对教学和科研的深刻影响。高等教育所处的社会环境正由于经济、政治的一体化进程，多元文化的相互了解需求，以及贸易全球化的进一步增强而变得更加开放和包容。全球化和高等教育的国际化已经呈现出一种双向互动、相互促进的渗透态势和助推关系。[1]

1998年5月4日，江泽民同志在庆祝北京大学建校100周年庆典大会上指出，为了实现社会主义现代化，我国要建设若干所具有世界先进水平的大学，我国要有若干所具有世界先进水平的一流大学。"这样的大学，应该是培养和造就高素质的创造性人才的摇篮，应该是认识未知世界、探求客观真理、为人类解决面临的重大课题提供科学依据的前沿，应该是知识创新、推动科学技术成果向现实生产力转化的重要力量，应该是民族优秀文化与世界先进文明成果交流借鉴的桥梁。"[2]这已经明确指出了大学的四项重要职能，即培养人才、科学研究、服务社会和国际文化交流。

随着全球化进程的加快与扩展，大学的国际化职能也在不断被强化和前置。高等教育机构已经呈现出这样的优势，即集聚全球先进的科学知识和人文思想，并以此来丰富各国之间的文明对话内容与价值体系交流。各国学者之间的合作也越来越频繁和深入，工作、技术、成果、立场、视角和交往的国际化已形成明显趋势。[3]越来越多的事实表明，高等教育的国际化程度已经成为衡量一个国家教育是否发达和先进的一个重要标志。

高等教育国际化是后信息时代一流高校发展的必然方向，也是国际文化交往活动的重要组成部分。这其中高校之间开展的国际合作与交流是主要途径，包括师生交换、学者互访、合作办学、共同研究、国际会议、教育资源互补与援助等。因此，有学者指出，广义上来说，国际教育合作交流"是跨越国界的为了某

1　冯振业、杨鹤：《对大学的第四职能：国际文化交流与合作的一些理解》，载《国家教育行政学院学报》2003年第6期。

2　江泽民：《在庆祝北京大学建校一百周年大会上的讲话》，载《人民日报》1998年5月5日。

3　联合国教科文组织著，联合国教科文组织总部中文科译：《教育——财富蕴藏其中》，北京：教育科学出版社2014年版，第122页。

一教育目的的人员互动,特别是怀着不同兴趣和能力的学生、学者和专家的互动"[1]。目前,高校的国际交流与合作形式越来越多样、内容丰富、成果辈出,对进一步提升高校的教学、科研水平,培养更多具有国际视野的专门人才产生了重大积极的影响,国际化让高校真正融入全球一体的教育格局之中,并对进一步增强国家文化软实力、助推经济社会发展起到了促进的作用。

在当今全球化的大背景下,大学以其独有的开放精神形态和学术组织架构引领国际文化交流活动的高端潮流,有着积极的时代价值和现实指向。

一是对传承、弘扬本民族的优秀传统文化有极大的促进作用。大学是各种思想、观点交汇的场域,多元文化格局的型构对本民族文化的传承、发展也提出了更高的要求。在国际化已形成趋势和共识的情形下,如何保有、传承、弘扬本民族文化都是摆在各国政府和民众面前的重要课题。在国际文化流互动影响的过程中,大学并非仅仅起到形成精神场域和搭建思想平台的作用,它还要在多样纷呈的文化遭遇中对本民族文化进行提炼、优化、改进,以与异质文化进行平等对话与理性交流,确证自己的文化身份,寻求他文化的认同与接纳,从而既促进本民族优秀文化的代际相传,又树立起本民族优秀文化的主导、引领、中坚、刚性的优势地位。[2]

二是对大学自身的改革创新有提升和加速的作用。回顾大学发展的历史,我们不难发现,凡是高等教育比较发达的国家和地区,都非常重视发挥高校在国际文化交流中发挥的独特功效。以美国为例,其高等教育事业是在学习德国柏林大学等欧洲大学的经验之上发展起来的,欧洲大学所秉持的"教学与科研相结合"的办学理念从深层次上改变了美国大学的发展模式。在其影响下,美国的高等教育在19世纪末20世纪初发生了质与量的飞跃,最终形成了自己的风格和特色,成为目前世界上公认的教育强国和各国学习效仿的对象。[3]进入后现代社会以后,各国之间的文化交流更加频繁和多样,高等学校作为精神交往的前沿阵地和深层核心组织,就更必须深刻地考量如何引领和保障这种文化交流活动的健康发展,

1 董薇:《经济全球化背景下高校国际交流与合作的思考》,载《宁波职业技术学院学报》2009年第3期。
2 徐魁鸿:《国际文化交流——现代大学的第四职能》,载《现代教育管理》2010年第6期。
3 朱国仁:《高等学校职能论》,哈尔滨:黑龙江教育出版社1999年版,第204页。

并在这个互动进程中发挥平台和桥梁作用。

三是在与异质文化的相互审视、交流对话中起到平衡和规制的作用。文化的不同起源和异质性使得不同国家由于文化的差异与误读经常产生隔阂、歧视甚至亨廷顿所指称的文明的冲突，这些矛盾和冲突本是文化遭遇、碰撞过程中的正常现象，可以通过多种互为增益的手段进行化解和消弭，但也不排除一些国家打着传播现代文明的旗号，以国家利益为根本目的和价值先导，凭借其政治、经济、科技、军事的优势，输出本位主义的文化话语，甚至对弱小国家进行思想渗透和精神殖民，推行其意识形态和价值理念。这反而加剧了异质文化之间的相互抵制和思想对立，并引发了国家、民族之间的互怼和敌视。因此，新世界主义的理论立场要求通过文化的交流和对话，使不同民族国家相互理解、消除敌对，进而达到和平相处、共同发展的目标。而大学作为一个多元文化交汇的地带和场域，可以发挥其平衡与规制的效用与职能，使来自不同国家和民族的学者能够在学术活动中相互尊重、彼此认可、宽容接纳、平等对话，共同探讨、努力解决人类面临的重大问题，从而为人类命运共同体的形成打下深厚的思想与文化基础。[1]

在中国教育文化交流史上，有一所大学以其独特的办学理念、国际化视野和高质量的人才培养为中国与西方的文化对话，为中国现代教育事业和社会发展做出了突出的贡献，这所大学就是燕京大学。燕京大学虽是一所教会大学，但给当时的中国注入了先进的高等教育理念，帮助西方优秀文化在中国传播，也促进了中西之间的相互了解与文化互动。正如一位学者所言，传教士担任精神和文化的使命，协助向东方解释西方，向西方解释东方，作为中西文化的介绍者和传播者，他们参与了近现代中国社会的转型发展和深层变革的历史性进程。[2]燕京大学仅开办了33年，却为新中国培养了56名两院院士，在医学界、文艺界、史地学界、新闻界更是培养了大批精英，在国家软实力建设上功不可没。在当时，燕京大学的学界地位几可与如今的北京大学、清华大学比肩，更与世界知名学府哈佛大学有着密切的校际交流和学术合作关系，燕京大学无疑是我国历史上高校开展国际化交流的成功典范。

1　徐魁鸿：《国际文化交流——现代大学的第四职能》，载《现代教育管理》2010年第6期。

2　黄河清：《从冲突到交融——重评近代传教士办学在中西文化交流中的作用》，载《教育发展研究》2005年第18期。

燕京大学的光辉成就为我们提供了以下三点启示：一是始终坚持多元文化互视平等的理念。燕京大学在办学过程中表现出来的对异质文化的尊重与包容，为不同文化的交流和对话提供了思想场域和实践平台。校长司徒雷登十分欣赏和尊重中国传统文化，以宽广的心胸包容异质文化，使得燕京大学在办学过程中比较尊重文明差异，平等对待多元文化，这在一定程度上避免了文化冲突，是燕京大学在中国取得成功的一个重要原因。二是牢固确立中西互惠互利的办学目标。燕京大学并没有延续一般教会学校专注于单方面传播基督教的办学目的与动机，而是把西方文化和中国文化都置于相互补益的位置上，认为二者可以取长补短、互为借鉴。经过艰辛的探索和努力的践行，燕京大学从一个以传教为宗旨的教会大学发展成为以提供通识教育和素质培养为己任的世界一流大学，这个进步与积极目标的实现充分体现了高校的国际化运营对于全球教育文化生态的重要性。正是由于这样的宏大愿景，燕大才能吸引如此之多的国际化师资，培养出众多的学贯中西的人才，从一个置身于文化冲突与思想矛盾并存的复杂社会环境的教会学校发展成为一所真正的多元文化交流融合的精英学府。三是培养中西方文化的"诠释者"和"摆渡者"，在与异质文明的交流中传播中国文化精髓。燕京大学有一套先进的教育理念，制定了严格的选人用人机制。进入燕京大学任教的老师大多是学贯中西的学者，他们既了解自身民族文化，又热爱教育事业，同时又通晓西方人文和科学知识及其研究方法。作为文化传播主体，这些教师热爱中国文化，又尊重和包容外来文化，拥有世界主义视野，由他们来传播中国文化效果非常显著。在培育世界公民的办学目标指引下，燕京大学毕业的学生大多具备国际化思维模式，具有胸怀天下的立场，既通晓中国文化传统和民族思想精髓，又熟谙西方人文、自然科学体系与方法，真正契合了时代的需求和社会的发展。[1]

在中国教育史上还有一个例子可以用来说明高校在国际文化交流中所起的积极作用，那就是中法大学。中法大学实际上是几个学校的合称，包含北京中法大学、广东中法大学和里昂中法大学三个不同地域的校区。[2]北京中法大学"其前身就是民国初年蔡元培等发起组织的留法俭学会和法文预备学校及孔德

1　杨林彦：《论燕京大学在中西文化交流中的作用》，北京：北京外国语大学2013年硕士论文，第35-37页。

2　许睢宁、张文大、端木美：《历史上的中法大学1920—1950》，北京：华文出版社2015年版，第43页。

学校"[1]，首任校长为蔡元培。北京中法大学一方面按照中国学制办学，另一方面又受法国大学制度的影响，实行总长垂直管理从中小学到大学的一切教育事宜的行政体系。在学术传统上，北京中法大学提倡互动、勤劳、节俭，受到现代技术理性的影响重视自然科学，认为自然科学的理论和方法不仅适用于高深体系的学术研究进路，也适用于社会普及层面的成果推广和运用。北京中法大学作为与法国文化交流的桥头堡，广泛介绍法国的科学、哲学、文学和艺术，其校刊《中法大学月刊》大量刊登与中法教育相关的报道、学术论文，译介法国作家、作品以及与文学思潮相关的论著。北京中法大学还邀请一些法国学者担任外教，也积极派遣中国学生到法国留学。里昂中法大学则主要承担起了向法国以及欧洲其他国家传播中国文化的重任，在该校的积极鼓动和宣教下，中法政教各界人士发表了大量有关中国国情和中法教育事业的演讲，有关专家、学者都非常关心中国问题和局势。在中西文化的并存共育下，短短三十年时间里中法大学培养了一大批建设新中国的人才，包括很多投身中国革命的杰出精英，如陈毅、聂荣臻、吴祖光、戴望舒、杨沫、朱洗、卫念祖、程茂兰、马光辰等社会各领域的翘楚。总之，在中国近代教育史上，中法大学，诚如当时的校长李书华所说，它是沟通中法两种不同文化之教育机关，是中法文化交流最重要的中心。[2]

国际文化交流对国家、社会、大学、国民带来的积极作用显而易见，但以大学为主体开展的这种精神交往活动也是一把"双刃剑"，会出现一些意想不到或难以处理与把握的问题，高校在开展国际或校际文化交流时要充分考量各种隐患，协调好各种关系，做好相应的处置工作。

大学在从事国际交流时遇到的最大的问题就是如何处理好多元文化的关系，在民族主义与世界主义的不同立场和视角下如何保持思想对话的平衡、对等，如何处理好国际化和本土化的关系等。从理论上讲，国际文化交流体现的是一种双向的影响与改变，如前文所述，燕京大学和中法大学所发挥的作用一样，既传播、接受外国文化，又让中国文化走出去，让民族精神和本土思想汇入世界体系，展示民族文化的自信、自觉并获得合法化和理性化的身份认同。但是，由于

1 北京市文物事业管理局：《北京名胜古迹辞典》，北京：北京燕山出版社1989年版，第76页。
2 胡晓：《中法大学与中法文化交流》，成都：西南交通大学2003年硕士论文，第27—38页。

历史和政治的原因，目前的国际文化交流仍然呈现出"一边倒"的趋势，即西方发达国家制订游戏规则，并占据着这种单向强势渗透的主导地位。在类似全球化即是西方化的臆想逻辑驱使下，以美国为首的西方国家往往凭借其强势国力，利用报纸、网络、电视、广播、国际会议、学术期刊、留学生教育等平台向其他国家展开意识形态、文化观念、社会价值的传播和输出，以实现其全球战略和进行思想殖民。这给本意是平等互惠的大学文化交流活动投下了一丝阴影。因此，大学在开展国际文化交流活动时，应秉持理性、平等、互利、共赢的立场与态度，根据异质文化的风格特点和本土环境的可接受度，有选择地、批判地借鉴和吸收。同时，大学也应积极主动地向域外国家传播本民族的优秀文化，借助双向交流把民族精神和思想价值推向世界，丰富世界文化生态，并在与多元文化的交流中不断激发民族文化的生命力和创造力。[1]

而从文化自觉的角度看，面对高等教育国际化的大格局，高校国际交流活动的价值指向既不是保守主义的唯我独尊，也不是依附立场的自轻自贱。要承认他山之石可以攻玉，我国的大学要不断进步和提升，就必然要借鉴发达国家高等教育的先进经验，结合自身实际情况走出一条新路，但这并不意味着在西方现代性思潮中迷失自己的本性、丢弃民族的传统，而是要用历史的、动态的眼光，辩证批判地审视和理解各种外来文化，谨慎对待和理性借鉴西方大学的办学思想，学会合理吸收利用西方大学学术文化资源。这种对外来文化慎思明辨、合理利用的能力根植于行为主体的文化自觉和文化自信，只有明了自己文化的优势与短板、主动开放和坚持创新，才能提升对外来文化的判断力和鉴别力。这种批判性的思维和实践既要冲破霸权框架的枷锁，又要摒弃本位主义的基模，同时要注意防止我国大学文化主体精神、反思意识的渐衰与蜕变，在这个意义上，中国情怀、国际视野才是大学文化建设辩证取舍、博采众长、兼容并蓄、不断进步与发展创新的核心出发点。[2]

综上所述，高校在中外文化双向交流的互动过程中扮演着重要的角色，应坚持以中国优秀传统文化为内在中枢，与他国异质文化进行相互的观照、平等的对

1　陈学飞：《面向21世纪国际高等教育发展的六大基本趋势》，载《教育研究》1996年第12期。

2　胡港云：《大学文化自觉及其提升研究》，长沙：湖南大学2016年博士论文，第88页。

话，彼此取长补短，相互借鉴融合；域外多元文化则应被视为外在的催化剂和观照物，在哲学与自然之镜的双重洞见下实现中国传统优秀文化的时代转型与自我超越，不断提升中华文明的凝聚力、创新力、吸引力和影响力。

以高校为主体的国际文化交流活动对于提升国家文化软实力有着重要的助推作用，这体现在两个方面。

一是这种文化交流活动可以对国内社会乃至整个世界文化生态的发展、变化施加实质影响，大幅度提升国民的文化素质和知识能力，这就对构建国家文化软实力产生了一种积极的催化作用。在人本主义视角下，国民文化素质和知识能力的提升以及其教育程度、公德意识、法律观念的整体进步构成了国家文化软实力的外在表征，而通识教育、文化沟通、思想激荡则是型构这些表征的重要途径。因此，在国际文化交流中培养高素质的国民至关重要，因为他们不仅对中国文化有着血脉一家的认同感和自信心，而且能够以文化超越的自信与自为去引领社会思潮，创新民族精神。这些高素质国民对内可成为中国优秀传统文化的传承者、倡导者、推广者，将中国文化的精神遗产和思想价值展示与传播到各社会群体乃至整个民族，起到增强文化凝聚力和传承力的标杆作用；对外则可以演绎阐释者和摆渡者的角色，助推中国优秀文化走出去，提升世界对中国文化的认知度和理解力，不断增强中国文化的国际传播效果，从而为中国文化软实力的提档升级、嬗变飞跃奠定主体基础。

二是国际文化交流是民族文化走出去的典型路径，是主权国对世界各国的价值宣示和思想展现，这在很大程度上影响到世界格局的意识形态、制度观念、话语体系、言语行为等重要因素，并产生辐射和扩散的倍增效应，成为国家文化话语权在国际占位的一个关键向度。有学者认为，国家文化软实力的发展与提升并非同步进行，"发展"是提升的准备阶段，是量能的积累，构成"提升"的前在和基础，也可以描述为一种"隐性的演进"；"提升"是发展完成后的格局，是质变的飞跃，型固为"发展"的目标和效果，是一种"存在的形塑与刚化"。要实现这种"隐性"的状态向"现实"的具象的转化，国际文化交流活动是其重要的达成方式。中国历史上华夏文化圈的形成、各国使臣万邦来朝的盛况，都说明了当时的国家文化软实力通过隐性内敛而固化形塑、向外宣示、广泛扩散等方式被域外认知和接受，从而形成了巨大的影响态势和传播效能。19世纪的西学东渐浪潮也是西方文化软实力基于现代性能量的积累与裂变之后对中国进行渗透与凌越的结果，这些逞强于外的展示与宣传极大地改变了近代中国的社会结构，规制并限定了中国近代甚至现代的发展进程。[1]

可见，国际文化交流作为外化并提升国家文化软实力的重要手段和表现形式，在历史上和现实中都已得到验证和确认。高校作为这种交流活动的主体推动力量和重要展示平台，面对文化全球化的大趋势，更应该内视梳理自己本民族的精神遗产，加强与域外异质文化的沟通与平等对话，实现中外文化的互惠学习、比较借鉴、融合发展，以面向多元文化格局的思想超越与精神创新为最终目标，为世界文化生态的不断优化和复合演进做出自己的贡献。

第三节　孔子学院的2.0时代：从宏观布局到内涵发展

语言是人类社会关系交织与思想互动的工具和桥梁，没有了语言的润滑剂和解码器功能，国际物质交往和精神交往活动都无法延续和开展。在全球化趋势已不可阻挡的时代背景下，一个民族的语言能否走向世界，成为国际通用语言，对其话语权的保有与提升、民族的身份认同和地位确证至关重要。国家的综合实力是其语言国际化运用的基本前提和必要条件，反过来，语言文化传播的广泛性和其助推思想的深刻性又增强了国家软实力，为国家的发展和进步插上了腾飞的双翼。

语言传播是文化走出去的先导，它对于一个国家的民族思想和精神遗产走向世界，丰富全人类文化生态，在国际社会中获得本民族的文化认同和自我身份形塑，都有着极大的作用和重要的影响。因此，西方国家历来十分重视本国语言的国际传播与教化工作，不惜人力、物力、财力在世界范围内积极推广其民族语言，建立了许多高效、完善的语言推广机构。如美国的富布赖特基金会、福特基金会、卡耐基基金会等在全球的很多国家都设立了教育文化交流项目；英国文化委员会在全球已设有182家分支机构和1100万注册学员；法国则在全球133个国家设立了833个法语联盟分部；德国在98个国家设立了159个歌德学院分部；西班牙

的塞万提斯学院在欧洲、美洲、非洲和亚洲的44个国家建立了87个分院[1]；2007年成立的韩国世宗学堂也发展迅速。"据'世宗学堂财团'的统计资料，目前（2014年）为止，亚洲有22个国家79个学堂，欧洲有15个国家24个学堂，大洋洲有2个国家2个学堂，美洲有10个国家20个学堂，非洲有5个国家5个学堂等。其中在中国有最多的24个，日本有4个，美国有7个，俄国（俄罗斯）有4个等。"[2]因此，在这样一个群英并起、诸国争雄的文化竞争、思想激荡的宏观背景下，大力推动汉语的国际化进程，让中国语言和文化走向世界，进而增强中国的国际话语权和提升中国文化软实力，是我国必然采取的措施。

2004年，中国在东亚近邻韩国建立了世界上第一个孔子学院——首尔孔子学院，这标志着汉语国际推广孔子学院项目的正式启动。孔子学院项目的实施，其最初的设想就是仿照法语联盟、歌德学院等西方国家的语言传播机构，组建中国特色的语言推广部门。有一点不同的是，西方国家的语言推广活动，无论是法语联盟还是歌德学院，都是由政府隐身调控的非政府机构组织实施的，其运营原则基本遵循非政府组织的制度框架。然而，由于各种原因，中国的非政府组织、民间机构等力量都还比较薄弱，不能作为一个行为主体在国际上强力发声，无法独立承担汉语国际推广的任务。[3]所以，我国孔子学院是由政府牵头主导的，虽然各大学合作方在具体教育教学活动的安排上有一定权限，但国外孔子学院的运作基本上由教育部和国家对外汉语教学领导小组进行纵向序列管理。这有着政策、制度、资金、人力、资源相对集中和重点投放的战略优势，但也给孔子学院披上了国家官方的"宣教"外衣，致使其域外的繁衍与壮大引起了部分孔子学院所在国的诸多防范和心理戒备，为孔子学院的进一步发展增添了一些不确定的因素。

截至2017年10月底，孔子学院总部、国家汉办已在"全球142个国家和地区创设了516所孔子学院和1076个中小学孔子课堂"[4]。在世界文明史上，孔子学院

1　宁继鸣：《汉语国际推广：关于孔子学院的经济学分析与建议》，济南：山东大学2006年博士论文，第6页。

2　蔡建国：《东亚地区的教育、文化与安全》，上海：同济大学出版社2016年版，第130-131页。

3　李德芬：《全球化时代的公共外交》，济南：山东大学2009年博士论文，第95-96页。

4　孔子学院总部、国家汉办：《砥砺奋进的五年：数据看孔院（2012—2017）》，http://www.hanban.edu.cn/article/2017-10/23/content_702594.htm，2017-10-23。

这种大规模的语言推广与文化交流形式是十分罕见的，这体现了中国文化强大的传播力和我国不断增强的国家软实力。同时，孔子学院的这种蓬勃发展之势也标志着中国高等教育真正融入国际化的历史新阶段的到来。[1]

从孔子学院的主办者和运营方来看，目前海外孔子学院有如下几种办学模式：一是校际的合作模式，即国外高校和中国大学在教育教学方面进行的全面合作。目前大多数孔子学院采用这种运营模式。这种类型的孔子学院是国内高校开展国际教育文化交流活动的重要窗口，但其对国外大学的体系依赖也影响到孔子学院的可持续发展。二是中外高校与全球化企业三方合作的办学模式。在这种模式下，跨国公司承担孔子学院的运行费用，从而缓解了合作办学的资金压力，孔子学院拥有相对稳定的生源，但多头管理也会带来责、权、利的分割等相关问题。目前这种模式的孔子学院数量很少，如中兴公司参与办学的法国普瓦提埃大学孔子学院。三是外国基层政府、中国高校或中国政府部门以及外国大学合作的办学模式。如芝加哥孔子学院，由芝加哥市政府教育局与国家汉办、华东师范大学共同创设；西佛罗里达大学孔子学院由重庆市教委与西佛罗里达大学联合创办、运行。四是国外有汉语教学经验或对中国文化有研究基础的民间社团和国内高校合作办学模式。如美国华美协进社孔子学院就是以其原有的汉语教学实践及相关资源为依托，以服务社区为重要目的的新型孔子学院，其服务内容是对不同层面的汉语爱好者进行针对性教育与培养。[2]

从孔子学院的服务类型来看，有学者把目前运行的海外孔子学院归纳为如下四种模式：一是以教学任务为核心的孔子学院。这类孔子学院把汉语和中国文化作为主要教学内容，其课程设置等培养计划安排能融入主办大学的运行系统之中，是大学机构的有机组成部分，如澳大利亚悉尼大学孔子学院、日本立命馆大学孔子学院等。二是为当地社区提供相关服务的孔子学院。这类孔子学院大多提供汉语国际水平考试、"汉语桥"比赛、孔子新汉学计划、留学咨询及奖学金项目等教育服务，是中外高校的常规化交流平台，并逐渐成为提供本地化服务、了

1　J. Li: "Chinese University 3.0 in a Global Age: History, Modernity and Future", in P. C. I. Chou, J. Spangler, eds.: *Chinese Education Models in a Global Age: Transforming Practice into Theory*, Singapore: Springer, 2016.

2　周志刚、乔章凤：《海外孔子学院合作办学模式探析》，载《江苏高教》2008年第5期。

解中国及中国文化、推广汉语教学等的中心，如澳大利亚纽卡斯尔大学孔子学院、日本札幌大学孔子学院等。三是着重开展学术研究的孔子学院，主要集中在发达国家，如以汉学、东方学及全球化研究闻名的早稻田大学孔子学院，定位于中国和瑞士乃至欧洲文化交流与比较研究学术平台的日内瓦大学孔子学院等。四是成为当地大学附属部门的孔子学院。如日本有几所大学的孔子学院除被设定为推广汉语和传播中国文化的教育机构之外，其汉语教学课程还被纳入大学的本科生培养计划，这种孔子学院已经转型为融入了本地大学学生培养方案的正式二级组织，成为学校正规编制中的教学单位。[1]

当然，无论是从哪个角度来划分孔子学院的办学模式，这些模式都不是一成不变的，它们之间有可能已多极渗透、相互融合，并根据其运营的社会环境不断调整、改变、演进，在汉语教学、中国文化推广、汉学研究及国际交流合作等方面，已展现出了一定的适应力、多元性和互助性，正逐渐融入世界丰富的教育文化生态之中，不断凸显出中国文化的影响力和鲜明的民族特色。

孔子学院以汉语教学为其基本运行框架，以传播中国文化为其战略目的，孔子学院计划的终极价值是促进中国文明与世界上其他文明的平等对视、相互沟通、尊重理解，实现彼此的真实认知与多元的包容。有学者认为，孔子学院的文化传播功能体现在三个方面：一是沟通国际社会，促进精神交往。孔子学院并非一般意义层面上的大学，而是以国际教育、文化、经济等方面的交流合作为主要内容的发散性沟通平台，它扮演的正是这么一个国与国之间，或者说不同文明之间的摆渡者和诠释者的角色。二是在思想文化空间引导他国民众，实施柔性的社会调控。孔子学院在传播中国文化时对他国社会施加了一种无形的引导，这种调控一般具象表现为利用人际传播网络、传统大众媒体和新兴智慧媒体等多种信息渠道对他国民众进行广泛的精神文化展示与宣教，从而使其思想、行为受到自己所认同或宣教的社会规范体系的影响，实现这种文化外溢实践的价值诉求和民族意识的观点弥散。三是传承与弘扬优秀文化遗产。孔子学院作为中国古代文明和现代文明跨越时空的一个具象化联系纽带和符号代表，担负了向全世界传播中华文化的重要使命，发挥着一种特殊的社会继承功能。如果没有孔子学院发挥文化

1　李军、田小红：《中国大学国际化的一个全球试验——孔子学院十年之路的模式、经验与政策前瞻》，载《中国高教研究》2015年第4期。

传递和思想储存的作用，没有中国文化精神体系的延续发展，就会影响到整个人类文明不断衍化与进步的历史进程。[1]

因此，孔子学院并不仅仅体现了中国文化走出去的国家战略意图，从更宏大的背景和更深远的视角来看，它也是世界多元文化相互交流、共同借鉴，从而形成的包容涵化、保护继承、嬗变创新的人类文化生态和精神世界的平台。

迄今为止，孔子学院已生存发展了13年，其在海外传播中国文化的效果如何，是举办者和接受方都非常关注的问题。要对500多所孔子学院和1000余所孔子学堂进行系统、深入的调查、分析、统计，显然工作量较大，但如果借助质性研究的框架设计和研究进路，对有代表性的孔子学院进行深度的透视与解析，则也可以从一个角度管窥孔子学院的海外传播效果，为其下一步发展提供参考和建议。

有学者选取了美国、俄罗斯、泰国、日本、黎巴嫩5个国家的16所孔子学院进行调查分析，因为这5个国家分别处于基督教世界、东正教疆域、佛教文明、日本文明和伊斯兰宗教带之中，具有一定的代表性和典型性。在调查中课题组发现，与现实生活具象有关的中国传统文化元素的传播最有效。如五国受访者接触或体验过中国茶、中餐、长城、兵马俑，以及太极拳、中医、中国功夫、中国书法等文化符号的分别占受访总人数的91.3%和73.3%。这表明，虽然受访者对中国文化普遍感兴趣，但比较而言，实体化存在给他们留下的印象最为深刻，尤其是饮食、文明遗产、古迹等可视性或体验性信息。中国人的社会习惯和生活方式等如太极拳、中医由于不同的文化背景和思维模式，且受到受访者的生活趣味、行为趋向、心理期待等具体情况的影响，其传播效果一般，而有关民族精神内核的抽象符号传播效果最差。据此，课题组认为，中国文化的对外传播需从直观到抽象，先让外国人感知中国文化的具体表征，而对行为习惯、生活方式需考虑文化环境及其接受能力的偏好与制约，精神层面的交流活动要审慎缓行，采取不强求、多了解、重对话的柔性策略。另外，调查还发现，价值观的接受率与文化背景相似度密切相关，同处华夏文化圈的国家在行为和思想方面更易相互理解与接受。例如，在社会交往中"礼貌原则"指导下的话语价值取向在全体受访者中的认同度最高，这是由于在这项衡量指标上，中国传统文化思想与其他异质文

1　陈刚华：《从文化传播角度看孔子学院的意义》，载《学术论坛》2008年第7期。

明的文化元素具有共通性。而具有儒家文化传统特色的"孝道""谦虚""谨慎""中庸"等文化元素除泰国持赞成立场外，其他国家认同度都很低，这说明泰国的佛教文化背景与中国传统思想比较接近，而他国价值观与中国传统价值观在这些元素考量上则有较大的差异和冲突。[1]因此，孔子学院在传播中国文化时，首先要考虑衣、食、住、行等具象符号和行为表征，而在精神交流与思想对话方面则要寻找人类文化的共通内容，在身份认同和相似背景的基础上达到与他国文化的互视与包容，同时还要高度重视实践行为环境的差异性与特殊性，根据不同指标调整传播策略。

孔子学院已运行了十多年的时间，域外民众及所在国政府对孔子学院的印象，是孔子学院今后如何发展和进一步建设的重要参考尺度。近年来，国外有关孔子学院的一些非议也不时冒出来，有的质疑孔子学院开设的目的，有的无端指责孔子学院进行意识形态输出和文化渗透等。2012年5月17日，美国国务院签发指令，规定在美孔子学院必须获得美国的认证资格才能开展教学，要求持J-1签证的孔子学院中方教师须在6月30日前离境。这一决定在国际上引起了轩然大波，受到中国政府和在美华人的强烈抗议。虽然这一事件最后由美方主动出面加以解释而逐渐平复，但其引起的连锁反应却十分强烈。2018年2月13日，美国参议员卢比奥和联邦调查局局长克里斯多夫·雷在参议院又抛出"泛谍论"，在关于世界威胁的听证会上无端指责在美中国教授和学生为中国政府收集情报，对美国国家利益造成威胁，其中尤其提到孔子学院的意识形态宣传作用，并以2014年芝加哥大学和宾夕法尼亚州立大学关闭孔子学院作为立论证据。那么，孔子学院在海外是否遭遇了所在国政府与民众的强烈反对与抵制，其负面形象是否如传言中的那样呢？我们认为，要了解真实的孔子学院情况，不能只听一面之词，需从多方面审视、多角度考察其实际运行态势，而从形象学的立场看，以媒介形象为研究方法是一条可行的路径。

在现代社会中，媒介作为舆论的晴雨表、公众的主要思想表达和情感宣泄平台，对民族国家的形象建构和公众认知起着重要的映射作用。在这个思路指导下，以美国的主流媒体和其他国家及地区的代表性媒体指涉孔子学院的话题报道

1　吴瑛：《中国文化对外传播效果研究——对5国16所孔子学院的调查》，载《浙江社会科学》2012年第4期。

为分析对象，可以从中一窥孔子学院的海外形象，客观反映海外民众及官方机构对孔子学院的真实态度。有学者选取"孔子学院"为关键词，以第一所孔子学院问世到2013年年底为时间段，在有关媒体上一共搜索出101篇相关报道。其中，《高等教育纪事周报》22篇，《华尔街日报》7篇，《华尔街日报中文版》3篇，《华盛顿邮报》13篇，《基督教科学箴言报》1篇，《纽约时报》15篇，美国有线电视新闻网（CNN）1篇，《韦尔日报》1篇，其他电子媒体38篇。从这些报道的内容分析中发现，对孔子学院的评论主要围绕软实力、中文热、教育经费、学术自由、意识形态等核心述语展开。研究表明，外媒往往把孔子学院等同于国家软实力，认为二者是互为表里的关系。大多数媒体把孔子学院看成是中国扩大其海外影响的行为手段，但并没有对此持特别指责或尖锐批评的立场。对全球范围内中文学习热的报道也比较多，这是因为中国的崛起是当今时代的大事，世界对中国的关注引发了中文学习热潮的广泛兴起，而孔子学院的遍地开花不过是对这种潮流的一种顺应，这是外部环境自然发展的态势而非战略主题有意设计的结果。但外媒对孔子学院的迅猛发展也有一些担忧，主要是以下两点：一是害怕孔子学院的国家官方背景会威胁西方的学术自由，二是担心孔子学院被赋予了政治宣传职能。在第一个话题的评价上大多数境外媒体都能持比较客观公正的立场，从正反两方面都发表了不同看法。虽然有一些媒体发表了有关担忧学术自由可能遭受钳制的报道，但也有一些媒体对此进行了客观申辩和正面澄清。总体上，对孔子学院这方面的报道和评论正面评价超过负面刁难，并且负面的语篇论述大多空洞，缺乏实际依据。关于第二个话题，确有一些异议的声音，但这些指责仅仅停留在表征的情感宣泄上，缺乏深刻、翔实的内容阐述和相关论据。在外媒的报道中，有不少人能够理性地看待"意识形态""宣传工具"等符号表达，都认为不应该戴着有色眼镜看中国，每一个国家都有政治敏感，西方国家在这个问题上总是持双重标准。总之，在这101篇报道中传达负面意见的只有24篇，占总数的23.78%，而且以挑剔著称的美国媒体的报道除2篇外都给出了客观中性的评价。[1]

综合以上数据与分析，在境外媒体眼中，孔子学院是提升中国国家软实力的重要举措，它迎合了全球日益高涨的中文热，在中国政府的经费支持下提供了语

1　叶英：《从外媒报道看孔子学院的海外形象》，载《四川大学学报》（哲学社会科学版）2015年第3期。

言资源与教学条件，满足了中文教育需求。当然，外媒对孔子学院也有一些负面评价，但这些批评与指责所占比例较小，且都是表征形态的罗列与重复，更像是一些民族主义者或文化保守主义者的借题发挥。由以上研究结果来看，在一些代表性境外主流媒体的视野下，孔子学院的海外形象是偏正面的、积极的和客观真实的。

作为推广汉语与中国文化、促进中外文化融汇交流的公益性教育组织，孔子学院从无到有，从区域试点到遍及全球，已完成了其宏观布局、设点播种的第一期任务。目前孔子学院的建设已经出现了内部的一些问题，如管理体系尚欠完善、合作关系的认知定位偏差、权威教材和有经验的师资缺口较大、信息化教育手段滞后等，这将对孔子学院未来的发展产生掣肘和迟滞影响。首先，在外部环境上，孔子学院遭遇的是英语文化霸权的压制与冲击，我国对外文化交流与传播中存在着严重的不平衡现象。虽然有我国政府的重点支持与巨大投入，但也无法在短期内改变英语文化一家独大的不正常态势，只能尽力巩固和加强孔子学院这个文化信息平台，以期在国际社会中发出中国声音、讲述中国故事，为世界文化的多元生态构建做出自己的贡献。其次，孔子学院也面临着国际社会尤其是西方国家意识形态思维与行为模式的挑战。如有些国外人士受其固有的政治偏见和民族优越感的影响，以高高在上、不可一世的姿态俯视孔子学院，诬称孔子学院为中国文化渗透的特洛伊木马。针对这种刻意的误读和妖魔化定势的挑战，实践证明，仅以民族主义的刚性回击效果并不好，可以采取柔性策略与刚性回击并重的方式应对。这就要求孔子学院更加审慎行事以避免与所在国发生直接性文化冲突，在进行社会推广、参与公共活动、接触当地媒体与政府机构时，要注意传播策略与手段，立足于跨文化交流和言语行为方式的互动沟通，在寻求所在国民众了解、认同孔子学院宗旨的基础上，促进国家间多元文化的涵化与融合。对已经出现冲突和产生矛盾的区域和国家，国家汉办应牵头会商，积极主动应对，拿出有针对性的专门解决方案，尽快平息事态，消解对立，帮助孔子学院与所在国政府和社会进行良好的沟通。[1]

孔子学院从无到有的发展在传播学理论上可归结为一个创新扩散的过程，从大规模的布局完成、积累一定的数量值到内涵的提升、针对性的加强、文化传播

1　吴瑛：《对孔子学院中国文化传播战略的反思》，载《学术论坛》2009年第7期。

的深拓，从孔子学院1.0到2.0的转型演进、提档升级，勾勒出一个新生事物不断创新、突破陈规的典型轨迹。创新的形式是多样的，正如罗杰斯所说，并非所有的创新都来自理论思维和研究开发，以实践问题为导向的新的解决办法也是产生创新的重要路径。[1]罗杰斯对创新扩散的理解有几个要点：创新由于其可改变性效果容易被采用者接受，其本身可以在实践中得到推广应用；采用创新的主体可以是个体，也可以是团体；无论创新属于哪一种类型，其核心本质都是不同于原动形态的一种新颖的信息存在。[2]在他的这个扩散系统学说中，创新并非形而上的臆想，而是行为构成的核心要素，是针对实践者而言的。孔子学院创新的运用者和体验者既包括孔子学院学员，亲近中国文化的潜在学习群体等目标受众，孔子学院教学科研人员、志愿者、服务人员，还包括中外大学、孔子学院总部及下属各专业委员会等管理机构，中外政府及其教育部门或社区组织等。[3]

在这个框架视域下，2.0时代的孔子学院应该有哪些新的理念与举措超越1.0时代，并解决目前遇到的新问题和适应国际社会格局的新变化？我们认为，以下四个方面是孔子学院进行转型升级、内涵深拓时必须要认真考虑的问题。

（1）淡化政府色彩，寻求文化拥趸。

在一些国外批评者看来，孔子学院总部隶属于中国政府，那么国外孔子学院也必然受到中国官方的掌控和制约。其实，国家语言文化推广机构由政府直接或间接推动已成为国际共识，孔子学院遭到西方社会非难的原因在于中国与西方在意识形态和政治制度方面的巨大分歧，这些分歧在很大程度上扭曲了域外民众对孔子学院的认知。当然，这些问题的出现有其深刻、复杂的历史和现实原因，不排除文明冲突论、冷战思维论和权力政治学派的推波助澜，也受到文化本质主义的误导和影响，但认真内视自己、拷问本我，多从运作主体、关系处理上找原因应是理性、客观、审慎的立场和态度。

从中国国内视点来看，突出政府管理、官员重视是一种渠道特别的关照和传

---

1 罗杰斯著，辛欣等译：《创新的扩散》，北京：中央编译出版社2002年版，第117-123。

2 罗杰斯著，辛欣等译：《创新的扩散》，北京：中央编译出版社2002年版，第12页。

3 周汶霏、宁继鸣：《孔子学院的创新扩散机制分析》，载《中国软科学》2015年第1期。

统的政策倾斜，这意味着被重视者可以获得更多的国家资源和社会各界的支持，但站在国外民众与政府的立场来看，其效果恰恰相反，这一点反而成了少数极端分子攻击中国政府对孔子学院进行"直接操纵"的口实。在现代性自由主义精神情结的培育下，西方民众和媒体对政治体制和意识形态多抱有一种本能的批判和怀疑态度，对于外来文化代表的孔子学院和其背后的官方色彩就更加敏感和挑剔。因此，在孔子学院的宣传上要淡化其政府背景，在孔子学院总部领导构成上要更加突出其民间角色，由官方机构逐渐向非政府组织转型，这对于缓解由于西方社会的挑剔心理和多疑立场造成的问题十分重要。另外，要改善我们多年不变、一以贯之的政治宣教和文化传播的手段与方式，促使国际社会有兴趣了解中国的核心价值与理念，培养一批喜欢、欣赏、认同中国文化的目标人群，进一步发挥合作伙伴的积极性和主动性，消解当地民众对孔子学院的官方控制忧虑。[1]

（2）加大学术研究力度，从了解中国、研究中国到中国研究。

1.0时代的孔子学院是对外文化传播和教育交流的窗口，定位于向外国人介绍中国传统文化和当代国情，让国际社会了解中国、认知中国的资讯平台，扮演的是情况介绍者和会通翻译者的角色。这个战略布局和运作模式也迎合了世界范围内的汉语学习热和中国文化研究热，引发了域外学者和民众对中国及其传统和当代文化的关注与探索。但是，外国学者研究中国仍然是站在自我中心主义的立场和视角，自上而下俯视中国、打量中国，并把中国当作西方文明的参照物，带有本能的东方主义思维情结或者旧瓶新酒式汉学东方主义的余烬残温。从西方知识分子以往研究中国的立场看，其关注的并非历史的真相和现实的变迁，而是以其预设的文明审读非文明的话语方式主导的有关中国社会的形象建构和知识生产。在其自我臆想的理论视野中，中国正在被设定为依附于西方的，与西方同质的"理性、民主、法制、自由"的国度。中国文化要通过孔子学院等平台对世界产生影响，就要超越这种粗浅的常识介绍和低位的被审视状态，题解西方从"铁幕""竹幕"等话语围墙外揣度中国的波诡云谲的国际格局，大力推进中国研究，真正确立中国学术文化的自信心和自主性，向西方宣示客观真实、积极进步的本质中国形象。

---

1 李开盛、戴长征：《孔子学院在美国的舆论环境评估》，载《世界经济与政治》2011年第7期。

鉴于此，中国研究是立足自我立场对本我的全新审视和全面评价，是话语自觉和价值自决的过程，也是文化话语表征确立的过程。这意味着从被动言说到主动言说和话语输出的重大转型，这也就是2.0时代孔子学院提档升级、加大学术研究力度的根本宗旨。2013年"孔子新汉学计划"的实施是这一核心思路的现实体现，也是中国学术走出去的一个重要举措。[1]中国学术走出去应坚持中国主位的立场，积极回应国际社会对中国传统文化和当代实践的疑问与考量，型构积极、正面、负责任的大国形象，完善中国特色的话语生产方式，不断提升中国文化话语权。中国研究除了重视自我的走出去之外，培养一个海外中国研究群体十分关键。要增进这个学术阶层与中国的直接接触，培养其聚焦中国研究的学术兴趣，引导他们超越以往国外传统汉学研究的东方主义模式，使他们成为中国故事的国际代言人，并进而触发西方学界对当代中国话语的全面分析、阐释、引征。[2]

（3）改革组织结构，由孔子学院至孔子书院。

书院制是中国古代传统的教育教学形式，它突出的一个机制特点即教育实践与生活行为共同融入了同一场域。书院制的精神实质体现在以下几个方面：一是以普遍性人文道德关怀为价值核心；二是学以致用，心忧天下，以入世精神担当国家兴亡；三是淡泊名利，强调修身治学、陶冶情操；四是注重师长的思想引领和精神感染；五是建立和谐的师生关系，主张师生如家人，一起生活求知，共同实践。[3]

自21世纪以来，书院制已成为国内教育界探索办好现代大学的一种尝试，其倡议者认为书院制是对现代大学规模日益扩大而疏于教化功能的一种补充，它能够克服现代大学把学生的培养只限定在学科和专业范围内而忽略人文素质广泛养成的缺陷，可以满足学生个性化成长的本质要求。现代大学的书院制改革在社会上引起了广泛反响，目前已有多所高校开始试行书院制与现代大学制度联姻的组

1　北京外国语大学：《国际汉语教育：2014　第1辑》，北京：外语教学与研究出版社2014年版。
2　杨文艺：《全球竞争的文化转向与孔子学院的转型发展——孔子学院十周年回眸与展望》，载《中国高教研究》2015年第4期。
3　张应强、方华梁：《从生活空间到文化空间：现代大学书院制如何可能》，载《高等教育研究》2016年第3期。

织结构改革。这场教育教学革命能否成功，书院制能否在现代大学中生根开花，我们不敢妄下结论，但孔子学院2.0时代的发展若引入书院制改革，倒是一个值得期许的创新尝试。

将孔子学院更名为孔子书院，并进行一系列组织形式和教育模式的改革，具有以下优势和创新点：第一，书院制是中国传统教育和文化活动的一张名片，以书院冠名，既彰显了中国特色，又淡化了官方背景和摆脱了意识形态纠葛，有助于在国际社会精神交往中形成多元文化的平等互视、交流融合的大格局。第二，中国的书院制与西方牛津、剑桥的书院联邦制有价值、理念上的差异，也有结构和特色上的相似，以书院命名汉语推广和教育机构，更易于与西方教育文化制度形成有机联系和互补增益，不会引起国外民众和政府的敏感与提防，在世界文明生态中更容易赢得身份认同和推广发展。第三，书院制强调的是一种与天地和谐、追求个性发展、有机性质的教育和文化制度，这与建设性后现代主义思潮中大教育家怀特海等人推崇的"有机教育""有情教育"有相通之处，较易获得西方学界、教育界的认可。孔子书院不片面追求人数和规模，而看重以人格和德行为中心的教育文化生活质量，这样一种"小就是美"的设计理念和组织格局恰好符合建设性后现代哲学所倡导的"以社区为中心"的社会改革思路。第四，书院制体现了价值关怀与知识追求相统一的精神。这种教育实践形式的推广和应用可以为现代大学的教育体系生产某种促进创新变革的思想资源。[1]

孔子书院的试点与推行，完全可以为西方现代大学模式的发展提供观照和参考，即打破那种以追求实用与功利为目的的教育模式，克服专业越分越细带来的知识割裂，补全偏执于"片面而深刻"的短板，通过全面提升受教育者的品质素养去促进国家、民族整体道德水平的提升，而这恰恰是现代教育孜孜以求的终极目标。

（4）从走出去播种布局到着重融入异国文化生态，是推动文化涵化的必然进路。

孔子学院的全球布局是中国文化走出去的一个符号表征，也是国家文化战略的具体实施方式，但走出去只是一种主观设计及其实践行为，只有站得住、立

1　朱汉民：《书院精神与书院制度的统一——古代书院对中国现代大学建设的启示》，载《大学教育科学》2011年第4期。

得稳、融进去，形成丰富、多样、复态的世界文化格局，扩大人类精神层面的交流，才是文化涵化必然的发展趋势和未来指向。当然，一种文化要融入异质文明的内部组织之中，与之产生互视、对话，发生嬗变，需要一个漫长的过程。中国文化在异域要实现文化占位和影响固化还必须面对西方文化霸权及其全球化战略的压力和挑战，这也是中国文化走出去并实现其身份合法化和格局国际化的外部推动力。这种艰难的交融和共生发展并非是一项简单的计划，它应该是一个必然的方向和确定的未来愿景。

在全球化、第四次工业革命、文明冲突、文化霸权、权力政治、知识生产、后东方主义、人工智能、共享经济、非传统安全以及软实力、文化话语等事实、概念和认知共同塑造着国际社会复杂关系格局的今天，2.0时代孔子学院的大发展不仅是构建中国国际话语体系的重要举措，更是世界重心东移的一个明确指涉，而依靠中国自身的文化精神力和传播力融入全球文化生态并引领新世界主义浪潮，则是中国国家软实力提升的必然进路。[1]这种跨文化的交融和涵化效果也能反映中国作为崛起大国的包容特质、创新力度和和平立场，是促进世界和谐、共同繁荣，凸显中国智慧解决世界问题的途径诉求和宗旨昭明。

1　杨文艺：《全球竞争的文化转向与孔子学院的转型发展——孔子学院十周年回眸与展望》，载《中国高教研究》2015年第4期。

第十章

中国企业的
文化培育与跨国传播

第一节　中国企业文化的形成与发展方向

关于企业的定义，不同的学者从各自的视角和立场给出了差异化的解释。如劳伦斯·米勒认为，企业文化的内涵很简单，但却拥有提升国民素质和改造社会的动能。[1]威廉·大内（William G. Ouchi）认为企业文化由一个公司的传统品质和内在风气构成，也包括公司的宏观精神构成和价值指向，如运作方式、奋斗目标、达成路径、核心思想、社会效益等，并强调企业文化来自企业员工的言语行为且代代相传。[2]理查德在《公司战略》中则指出，每一个社会组织都有自己的文化。其内涵包括整体信仰、集团价值观、管理方式、员工品格等，它通过组织结构、集合系统、战略方针等反映出来。公司文化的形成不仅受到公司的过去、现在以及各种资源的影响，也受到员工的奋斗愿景、工作目的及其思想价值取向的影响。[3]综合这些论述并结合我国国情和企业现状，我们认为，企业文化一般指企业在一个较长历史阶段形成的集体理想、共同观念、工作作风、言语习惯、行为标准等的聚合物，是一个企业或一个组织在自身发展过程中形成的以价值为核心的特色个性精神结构，是社会思想规范与组织行为规范相互融合的结果，是企业在其生长、发育、成熟过程中一以贯之的精神财富的总体概括。[4]

企业文化建设对企业发展有着重要的作用，它可以把企业成员的理想、价值观、作风、行为等总合统一起来，为企业的长效生存与不断进步提供强大的精神

1　哈罗德·孔茨、海因茨·韦里克著，郝国华等译：《管理学：第9版》，北京：经济科学出版社1993年版，第23页。

2　周三多、陈传明、鲁明泓：《管理学——原理与方法》，上海：复旦大学出版社2009年版，第118页。

3　吴宝华：《人力资源管理实用教程》，北京：北京大学出版社2007年版，第95页。

4　艾亮：《企业文化建设研究》，天津：天津大学2012年博士论文，第3页。

推动力和制度演变力。企业文化包含理想价值、工作作风、行为准则、目标管理等内容，它面向组织全员，以最大限度地团结全体员工、形成工作制度、践行有效管理、提高生产效率为终极目标。企业文化是企业生存与发展的精神内核，引领着企业前进的方向。企业文化既体现了领导者的战略思想与经营理念，又反映了全体员工的集体智慧和言行规范，并具有代际传承、不断演进的特点。企业文化与企业战略彼此支撑、共同耦合、不断调整、相互适应，一起为企业的健康成长提供方向指引和实践指导。

从世界范围来看，企业文化理论的成熟出现在20世纪七八十年代，它是经济全球化必然带来的派生物，也是民族思想记忆和社会文化体系在时代催化下向企业等组织延伸、嬗变、融汇的结果。企业文化研究首先在美国兴起，其后向其他国家扩展，美国企业文化研究引领了全球企业文化建设与探索的风向与主流。在该领域丰富的研究成果中，威廉·大内的《Z理论：应付日本经济挑战的立论基础》（1982）[1]、理查德·帕斯卡尔（Richard Tanner Pascale）和安东尼·阿索斯（Anthony G. Athos）合著的《日本企业管理艺术》（1984）[2]、特雷斯·迪尔（Terence Deal）和艾伦·肯尼迪（Allan Kennedy）合著的《企业文化》（1983）[3]、托马斯·彼得斯（Thomas J. Peters）和小罗伯特·沃特曼（Robert H. Waterman）合著的《寻求优势：美国最成功公司的经验》（1985）[4]是其中的佼佼者。这四部专著不仅对企业文化的概念、内涵、模式、实践等进行了系统的关注和全面的阐述，而且对成功企业的共同管理特征进行了深入调研和梳理总结，极大地影响和充实了企业文化理论框架和行为模式的综合体系。

我国企业文化的研究始于20世纪80年代中期，前期的探索进路体现出典型的"类证复制性"取向，即一方面依赖于西方理论体系进行概念范畴推论以及数据量表检验，另一方面集中在企业文化的内涵辨析、逻辑取义等领域，并没有针对本土企业开展深入调查与数据收集，更没有构建自己的理论框架，科学性和有效

1　威廉·大内著，黄明坚译：《Z理论：应付日本经济挑战的立论基础》，台北：长河出版社1982年版。
2　帕斯卡尔、阿索斯著，陈今森译：《日本企业管理艺术》，北京：中国科学技术翻译出版社1984年版。
3　狄尔、肯尼迪著，黄宏义译：《企业文化》，台北：长河出版社1983年版。
4　彼得斯、沃特曼著，管维立译：《寻求优势：美国最成功公司的经验》，北京：中国财政经济出版社1985年版。

性都较差。近年来我国涌现出了一批在文化建设上取得显著成绩的企业，从而为中国企业文化的探索提供了更多样本对象，丰富了理论和实践的视野，拓宽了研究空间。从本土化策略和传统文化影响力的视阈透视中国企业文化建设，明确其基本框架内涵和主要特征维度，已成为多数学者的共识。

有学者通过对国内12个工商管理硕士（EMBA）班的394名学员进行开放式问卷调研，得出了代表中国企业文化的12个概念维度，并采用内部整合和外部适应的指标体系对这些特征进行了归类，将之总结为四个序列：一是全员的覆盖性。覆盖性指一个企业吸引全体员工广泛参与，乐于奉献，进行团队合作，与企业共同成长的能力。二是高度的统一性。统一性是指企业全员在理念、道德、规范制约下步调一致，并形成一个有机的整体。这包括价值执行力、核心主导力和沟通协调力三个类别。三是灵活的适应性。适应性是指企业对外部环境、市场态势等各种信号和要求在短时间内做出反应并因势利导调整自身的能力，包括学习力、导向力、创新力三个方面。四是强烈的使命感。使命感是指一个企业除经济效益外对国家、社会和公众承载的诚信道义、社会责任和宏大愿景。[1]这四个序列的内涵既有与西方企业文化类似的内容，又兼具中国特有的民族价值取向。这表明中国企业文化的本土化框架是建构其研究主体与判别标准的关键与基础，中国企业文化的建设与发展不能仅仅停留在复制、克隆西方企业文化的相应指标体系与评价手段的低位层面上，而应该有自己的理论观点突破和实践特征分析。

站在本土化立场建构企业文化的一个重要表现就是企业的文化自觉。企业文化自觉的主体是企业领导人和全体员工。企业领导人是企业文化的缔造者、宣讲者、推动者和创新者，全体员工是企业文化的追随者和践行者。企业文化自觉的主要内容包括主体自醒自悟状态下的深刻认知、嬗变创新和实践行为。自我认知是把传统文化的相关内容与企业文化建设分层结合、移植、融汇，客观把握自身的优势与短板，趋强避弱、追求殊胜。创新发展是在选择性吸收民族优秀传统文化和外来先进文化的基础上，积极建构适合自己的、独具特色的企业文化。实践行为是全体员工都认同、拥戴企业的文化理念，遵守其制度规范，并运用到自己的工作和生活中去，促进自己与企业共同成长。

企业文化自觉分为四个层次，即精神层面的核心理念、制度层面的体系规

---

1 徐尚昆：《中国企业文化概念范畴的本土构建》，载《管理评论》2012年第6期。

范、行为层面的模式表征、物质层面的符号外显。其中，精神层面的文化自觉处于价值中枢和领导地位，它决定其他三个层面文化自觉的走向与实践表现。企业文化自觉具有以下六个方面的特性：一是领袖主导性。这主要体现为企业领导人准确把握和构建企业文化的内涵、特色和发展方向，引导和促进员工自我觉醒，实现身份认同并应用于实践。二是全员整体性，即所有员工对文化自觉的意识认同和全面参与。三是认知科学性，即在对本企业状况进行精确评估与深刻分析的基础上，科学把握、精心设计本企业的文化理念与框架。四是积极主动性。文化自觉是企业主体意识的全面觉醒，是一种主动、预设、超前的价值追求，具体型构为一系列包括计划安排、目标设定在内的，针对特指的言语行为方式和理念实践集合。五是主体平等性。这种文化自觉不是单向度的命令训导，而是多中心、多主体、多层面的共振互动，是对自觉意识的平等激发。六是综合协调性。企业不再以追求经济效益最大化为唯一目标，而是质变为寻求自我、市场、社会环境协调发展的责任组织，以综合价值最大化为其终极目标。[1]

总之，企业文化自觉是其本土化建设的重要组成部分，它可以在提升企业核心竞争力、凝聚企业团队向心力、实现企业综合效益最大化方面发挥重要作用，进一步促进我国企业的可持续优化发展。

中国企业文化的本土化构建还体现在对民族传统相关价值理念和规范的认知、移植、借用、转化和创新上面。优秀的传统文化是中华民族历经几千年历史变迁而传承下来的思想、智慧结晶，是华夏文明价值体系和集体无意识的凝聚体现，它是进入全球化时代的企业文化建设的重要理论来源和观念基础，是具有中国特色的企业文化建设的精神内涵和符号指向。现代企业文化之所以具有强大的生命力，不仅在于其鲜明的时代特征和全新的环境哺育，还在于它对传统文化中先进成分的吸收、继承、转化、运用，离开了民族精神的滋养，中国特色的企业文化便成了无源之水、无本之木。中国企业要建立起既符合本国国情又适应本土企业内在机制与外部环境的组织文化体系，需从四个方面去考虑传统文化与企业文化的融合、发展和创新：一是保护环境、与万物和谐共处的思想对可持续发展的经营哲学的影响。儒家倡导的"天人合一"思想与现代社会的可持续发展原则

1　齐平、刘佳琪、肖旭东：《文化强国视野下国有企业文化自觉与企业成长关系研究》，载《吉林大学社会科学学报》2014年第1期。

相契合，其核心价值不断得到企业家的挖掘与再现。越来越多的企业采用各种方式与路径来践行保护自然、有限索取的哲学思想，积极寻求生态文明建设之路。二是以人为第一宝贵财富的观念对企业运营的影响。中国传统文化以人本主义为基本格调，强调以人为中心，企业应尊重人才，培养人才，为人才的成长创造良好的环境，从而充分调动员工的积极性和创造性，实现人尽其才、人尽其用的战略愿景。我们可以充分发掘传统思想的积极意义，加以改造、吸收，将其运用到现代企业文化建设中来。三是"天行健，君子以自强不息"的积极人生观对培养企业精神的影响。儒家一直提倡一种积极入世、自强不息的人生态度，儒家观念流传于世，依然发挥着重要作用，包括民族自尊、自信的爱国主义深厚情怀和为此不惜献身的无畏精神，讲究道德的自觉精神和崇德尚义的价值取向。四是"和谐中庸"的道德伦理结构对企业面临的各种关系处理的影响。以儒家文化为主的传统思想注重万事万物关系的和谐，包括社会的和谐、人与自然的和谐、人与人之间关系的和谐、群体（社区）之间的和谐等。讲求和谐目前已成为多数企业的伦理道德规训，是现代企业文化建设的重要内容之一，这也是经济全球化带来的竞争、协作、多赢、融合的必然趋势。[1]

优秀传统文化与现代企业文化相结合的共同点还有很多，以上只是举出几个典型的例子予以说明。相信随着有关管理思想研究的不断深入，中国企业文化建设与传统文化思想相互影响、对视观照的地方还会陆续体现出来，它们的彼此契合、融汇嬗变将为中国企业走出去提供强大的精神文化动力与国情资源支撑。当然，传统文化中的一些内容表述也可能会对企业文化建设产生负面影响，如过于强调遵章守纪而抑制了大胆创新，片面讲求和谐与亲密演变为消极的守成与维持现状，过于维护领导权威而影响到员工的积极性和主动性等。应根据企业实际情况做适当的策略调整，规避负面不利的因素，弘扬并践行有利于企业发展的积极价值体系。

作为社会的重要组成部分，企业不仅是经济建设的主体，为社会创造巨量的物质财富、提供合格的产品，而且推动科技进步、培养高素质人才，是促进社会发展和国家富强的关键力量。而企业所有的这些作用的发挥都离不开优秀的企业

1　李晋丽：《以中国传统文化为根基的现代企业文化研究》，西安：西北工业大学2006年硕士论文，第27—36页。

文化的指导。在这一点上，企业文化与国家软实力有着密切的联系，建设强大的企业文化已经成为提升中国软实力不可忽略的组成部分。在表征上，经济是推动社会发展的主要动力，而实际上，经济繁荣的背后是文化的昌盛在起作用。人们业已形成这样的共识：卖产品的属于低级企业，卖服务的属于好一点的企业，而优秀的企业则售卖文化。这个文化就是企业文化，是企业可持续发展的精神坐标与价值指针。在全球化背景下，企业不仅要输出物质产品，更要输出思想产品，这也可以进一步助推国家软实力的提升。具体说来，这种提升作用可以从四个方面去理解。

（1）企业文化的建设与培育是展示社会主义核心价值体系主要思想的实践行为方式。社会主义核心价值体系充分体现了中国国家意识形态的本质，是中国当代社会制度的中枢所在。企业文化的建设与培育正是践行这种价值体系的重要路径，在这个进程中企业员工是实践行为的主体。只有用马克思主义中国化的最新理论成果、社会主义共同理想、爱国主义精神、改革创新价值观念来培育、凝聚、鼓舞和教育企业员工，才能既确保企业文化建设沿着先进文化方向健康发展，又为社会主义核心价值体系提供现实佐证和组织保障。

（2）企业文化型构与拓展是国家创新战略的场域实践。不断创新是国家软实力提升的永恒追求，要稳步实施创新战略就必须在全社会大力弘扬探索未知和敢为天下先的精神，并型构能使创新成为常态化运作的社会组织和活动场域。企业就是国家创新战略的框架依托和运行场域。企业的生命力不能靠复制、仿效其他企业而获得延续，企业必须在学习他人的基础上，在产品研发、经营管理、文化理念上进行突破超越，才能融众家之长，形成独有品牌。企业文化的型构与拓展能激发员工的创新思维，开阔员工视野，深化企业发展思路，引领企业实现自己的战略愿景，同时企业的创新文化建设为国家软实力的增强提供了实践场域和运行依托，并进而带动了其他社会组织的创新实践，为国家话语权和软实力体系贡献了坚固的架构支撑。

（3）企业文化的塑造与固化为中国和平崛起的国际战略作了传播引导和符号诠释。中国的和平崛起战略以自我的繁荣与人类发展共同进步为核心，它强调了不通过军事扩张、文化侵略、资源掠夺、霸道统治来实现后起大国的赶超，而是主要依靠壮己筋骨、奋发自强以复兴伟大的中华文明，并积极寻求与国际社会合作，以本体内涵的提升来维护世界和平，促进共同繁荣。和谐理念的企业文化是以自身的具象诠释来解读中国和平崛起战略的组织符号。这种成熟的企业文化强调人与人的和谐、企业之间的和谐、企业与社会的和谐，倡导遵守职业规范，实施形象优化工程，提高社会声誉和公众认可度，促进社会的健康发展。这种塑造与固化的文化建设实际上是在国际社会中树立中国良好形象，题解中国和平崛起战略，为世界共同发展，为人类命运共同体的健康走向提供具象的符号诠释和对中国软实力的基本理念、框架体系和主题意义的聚焦呈现。

（4）企业文化的体系完善与理论推进是实施国家文化立国战略的重要途径。在知识经济的引导和催生下，文化消费已开始成为中国民众日常生活的重要内容。国家从顶层设计上制定了大力发展文化产业的战略，实施重大文化产业项目带动计划，把加快文化产业基地和区域性文化产业集群建设、培育骨干企业和战略投资者、进一步繁荣文化市场、不断增强国际竞争力作为主要内容。具体说来，这个文化战略包含两个维度：一个是文化走出象牙塔、向产业化靠近的维度，即打造文化产业链，把文化从学术推向市场，形成研究与经营并重的双轮驱动。另一个是实体产业向制造和传播内容靠拢，不断调整其产品结构，增大文化含金量的维度，即文化作为一种生产力要素植入国民经济的各个层面，推动各行各业经营的文化化和轻产业化。企业文化建设正是这种轻产业化的助推途径之一，它可以通过思想内容、精神框架、价值观层面的认同建构和方向引导，促成企业产业模式由物质产品制造向精神产品生产的转化，同时通过不断创新的企业文化产品推动文化产业的升级换代，这既践行了国家的文化立国战略、提升了国家文化软实力，又进一步促进了企业的层次提升和可持续发展。[1]

伴随着全球经济一体化进程的深入，越来越多的中国企业已经实施了国家倡导的"走向世界"战略，完成了拓荒播种、布局海外、进入国际市场的第一阶段任务。目前中国的对外开放事业已进入社会主义新时代，国家也顺应时代发展出台了许多新举措。这些战略的实施有利于中国适应经济全球化的新形势，顺势融入跨国经营的经济潮流，争取新的国际经济秩序话语权，分享全球化带来的旷世机遇；有利于发挥中国的资源、市场和人力优势，进一步提升企业的国际竞争

1　向勇：《文化产业发展与企业文化建设》，载《福建论坛》（人文社会科学版）2010年第4期。

力，这对于形成对外开放新格局具有十分重要的意义。在这样的背景下，要实现我国从经济大国向经济强国的转变，就必须培育出一批具备强大国际竞争力、拥有宏观战略眼光和以全球资源及市场为驱动力量的世界级跨国公司。国际经验证明，发展跨国公司是提升一国综合实力和国际影响力的有效手段，强大的企业可以形塑强大的国家，造就一批航空母舰级别的跨国公司，可以提升母国的国际地位和话语权[1]。因此，拥有一批世界级的跨国公司是中国和平崛起的重要依托，它们对增强国家综合实力、提升国际话语权起着关键性的作用，也是中国软实力的主导力量之一。

跨国公司海外经营的环境与国内相比发生了很大的变化，这不仅在于社会环境的差别、地理条件的陌生，更重要的是这种经营活动跨越了文化的疆界，从原来熟悉的物质商品流通和精神交往氛围到了一个完全异质的文化场域。因此，跨国公司的企业文化建设必然面临着新的抉择和嬗变，而这种态势的形成与指向也是时代的要求、潮流的体现。故而，跨国公司文化建设的多元化与融合化是中国企业文化未来的发展方向，它预示着经济全球化趋势下企业文化建设已超越了那种体制内的画地为牢、内向审视、自我经营、本体对话，从而走向更为开放和宽广的时空，进入更加多元和杂糅的新阶段。

中国企业文化发展的新阶段以其多样化形态和发展变化为标志，这种多样化趋势表现为不同文化在跨国公司里的面对面遭遇、起始的冲突和最后的相互渗透与融合嬗变。跨国企业文化的这种混杂指向是对异质文化的认知、包容和理解，具化为对各国、各民族文化精髓和价值观念的吸收，对风格迥异的国际文化组织的建构，这个建构的过程要经历三个阶段。

第一个阶段是本体文化与异质文化遭遇，发生冲突和误读的阶段。本体文化主要指的是传统思想、心理、价值观和言语行为方式等，它像遗传基因一样影响着本国民众的思维、判断与实践模式。现有的研究和发生的事实已证明，对本体文化的坚守是理解外来文化的基础，即只有在充分唤醒文化自觉和自我认知的基础上才能理解、包容、尊重外来文化，并寻求与之互益共生。

第二个阶段是文化的搅拌混杂阶段。各国家和地区的民族文化由于地理环

<hr>

1　卢进勇：《"走出去"战略与中国跨国公司崛起——迈向经济强国的必由之路》，北京：首都经济贸易大学出版社2012年版，第79—80页。

境、生活环境、文化环境的差异而形成了相互区隔、彼此排异的疏离状态，但随着全球化进程的深入，各民族文化在某个特定的时空场域发生交织、形成混杂的趋势越来越明显。跨国公司就是一个特定的互相渗透、双向延伸、充分搅拌各民族文化的典型平台，无论是东方还是西方，在这个平台上都处在生产和型构一种杂糅文化的过程中，这种杂糅文化使得东西方都得以超越它们各自先前的文化，焕发出前所未有的生机与活力。

第三个阶段是深层文化的融合与嬗变。经济全球化带来了文化全球化，为各国提供了一个更为广阔的精神视野，并确立了一个重新认识自我和进行文化创新的元境界。在多元文化的遭遇和碰撞之中，文化的融合是必然伴随的趋势，也是跨国企业超越本体文化接受多元文化的必经之路。在这个过程中跨国企业应重新认知和深刻把握本民族、本企业的精神特征，不断适应、吸收、融合欲植入的文化，从而引导本企业文化的嬗变创新和跨越发展。跨国企业的经营者不但要尊重、理解、包容所在国文化，包括其社会现状、历史背景、价值中枢、语言习惯等诸要素，更重要的是要秉持公平、客观、理性、全面的立场，既能保持本体民族特色，又能适应异域社会氛围，成为守望多种文明的复合型经济文化组织。[1]

第二节　跨国公司的文化管理与价值传播

跨国企业文化的形成过程是不同民族、不同国家、不同群体、不同个人的思想指针与价值体系不断进行互补交流、时代嬗变、融汇创新的过程。因此，跨国企业的文化体系具有多个形态各异的"剖面"，形成了多样性、复杂性、混合性的特点。同时，这种跨文化整体价值的型固亦是一个漫长的进程，即不同文化和价值观在同一场域中的"充分搅拌"是在一个较长周期中的内生性互动，它也受到各种外部环境因素的影响。另外，由于企业文化具有的刚性特质短时期内很难受到外力的侵蚀而发生改变，故而这种跨文化价值体系的融合与建构具有长期性、渐进性的符号表征。

总体来说，跨国企业的文化体系具有如下一些特征：一是聚焦"人"的本体

1　赵晓霞：《跨国企业文化多元化时代的到来——固有文化与外来文化的融合》，载《科技管理研究》2009年第11期。

价值，强调"人"在企业文化建构中的核心主导作用，即突出员工的重要性和平等性，重视人际关系的处理，真诚对待客户、同行和员工。二是宣示员工如家人的企业导向，以满足员工情感需要为重要着力点，建设亲密性、和谐性、关系性企业文化。三是凸显合作与互补，提倡协作精神，推行互惠互利、相辅相成，树立团队意识和责任意识，型构组织的智慧判断和价值追求。四是未雨绸缪，警钟长鸣，强调忧患的随时出现，居安思危地超前考量和提示预警，同时也促进员工关心企业、为企业发展献计献策。[1]

跨国企业的优秀文化建设与型固对其繁荣和壮大有着重要的推动作用。西方发达企业先进的管理经验、成熟的运作体制、一流的文化体系也是世界经济文化领域共同的财富，对中国企业的跨国经营及其文化建设也有着重要的指导意义，特别是如何形成开放包容、融合了全球化和本土化相关内涵的企业文化，对于中国跨国公司赶上甚至超过西方发达企业更有着宝贵的参考价值，是中国企业走向世界面临的关键课题。

跨国企业在经营和发展过程中面临着多元化、复杂化和陌生化的国际经济环境，而在经济动因背后则是文化生态在发挥着重要的促进和深层的催化作用。跨国公司的全球布局大多会面临许多陌生化和区隔性的复杂环境，在进入某个国家和地区之前，必须要详细认知和深刻把握进入国的市场与文化格局，根据不同国家的情况制订自己的企业标准与远景规划，采取相应的管理策略与经营手段。一般来说，跨国企业的文化管理应遵循三个普遍原则。

一是不断调整的本地化原则。跨国公司在全球进行经营活动时常面临着异域环境的考验，必然要充分了解当地的法律法规、文化习俗、社会规则等本土化因素，根据实际情况调整管理思想和方法，使企业能够获得文化身份认同和经营地位的合法化，尽快融入异国他乡的社会环境。这种以本土化为中心的跨文化管理体系建设实际上是各种文化相互发生作用和影响，进而形成动态平衡与包容杂糅的过程，也是企业逐渐适应陌生环境并开展正常经营活动的过程。

二是统一协调的系统性原则。企业是一个各种关系构成的统一体，只有各组织元素彼此协调、共同配合、相互衔接，才能保证系统健康、正常、顺畅、良

1　郭建平、刘胜会：《跨国企业的企业文化特征》，载《天津商学院学报》2003年第2期。

好、高效的运行态势。在系统性视阈下，跨国公司中的各组织要素必须消除歧视和抵触，形成优势叠加，共同为企业长远发展做出贡献。不同文化背景的驱动主体要努力消解文化隔阂与冲突，相互尊重、彼此包容、促成理解、创新融合，形成多元文化并存，进而催化新思想、新观念的产生、型固，为企业发展提供精神保障与思想动力。

三是平等相视、优势互补的原则。文化本质上没有优劣之分，跨国公司在形成自己企业文化的过程中，既不能以民族中心主义的视角居高临下地俯视进入国文化，把母国文化等同和固化为自己的企业文化，忽视与当地文化的交流与融合；也不能站在拿来主义的立场，盲目崇拜、模仿、接受发达国家的生活方式和思想价值观，失去自己的民族自觉与文化主导。跨国公司作为跨文化、跨民族、跨疆域的经济文化实体，其布局与运作的过程就是一个多元文化平等互视、相济双赢的过程，客观地讲，每一种文化都可能对企业发展产生促进作用，应坚持优势互补的原则，尊重不同文化的存在，在企业内部形成包容理解、平等交流的和谐氛围，调动不同国籍员工的积极性和创造性，共同形塑多元杂糅、有鲜明特色的新时代企业文化。[1]

在这些普遍原则指导下，跨国公司的文化管理形成了比较成熟、稳定的行为模式和运作框架，以美国宾夕法尼亚大学沃顿商学院教授霍华德·佩穆尔特总结的四种"中心论"为代表，即本国中心论、客国中心论、区域中心论和全球中心论。[2]本国中心论是以母公司的管理模式和企业文化来运行国外分公司的，母公司拥有对各分公司的直接控制权，分公司只能以下属身份执行母公司决策。这种模式实际上蕴含着一种民族主义的情结，即认为母国文化优于进入国文化，分公司文化建设多采取异化策略，以母国价值标准和精神指向来规制和约束分公司的员工，以此来解决文化差异带来的各种冲突，实现统一管理。客国中心论则是用本土化经营原则来管理国外分公司，采取归化策略，由分公司独立运作、自我发挥。这种运行模式可以有效融入所在国文化环境，充分利用当地的人力资源，调动本土雇员的积极性。区域中心论则是全球中心论的初级版本，即跨国公司在全

1　宋静：《文化差异与跨国企业文化管理研究》，合肥：合肥工业大学2007年硕士论文，第36-37页。

2　俞文钊：《合资企业的跨文化管理》，北京：人民教育出版社1996年版，第76-79页。

球不同区域内设立相对独立的区域集团总部（如亚洲区、北美区、非洲区、欧洲区等），区域总部负责辖区内本企业的一切管理核算。各个区域总部的文化管理模式可以完全不同，但区域内各分公司之间则是一种统一协调、尊重维护、彼此包容的企业内部文化关系。这种模式既有区域系统性，又有各自独立性，欧美一些跨国公司多采用这种模式。全球中心论则从世界主义的视角来看待和践行跨国公司文化管理，它认为跨国公司本身是不应该带有文化引导趋向的，既不主张像本国中心论那样用母国文化去凌越进入国文化，完全以中央集权的方式来管理各个分公司，又不赞成像客国中心论那样全面放弃母国传统文化，为克服和平息文化差异与冲突而彻底实施本土化策略。它驻足于理想主义的立场，主张分公司的文化建设与管理应超越主客二元划分的传统定势，根据当时当地的实际情况推行最合适的管理方式与规章制度。既可以选择母国的管理模式，也可以选择进入国的管理模式，更可以在二者基础上创造一种新的管理模式。[1]

现实情况下，以上四种管理模式的实际运用，并非只是其中一种的单项选择，更多的跨国公司在进行跨文化管理时可能混用了多种模式，其主要目的则是尽量避免跨文化冲突对企业产生的负面影响，使跨国公司在多元文化环境和复杂经济态势下健康成长、顺利发展。

对于跨国公司文化管理，尽管有了上述理论设计、原则拟定和模式建构，但跨国公司实际运营中的问题仍不可避免，因此不应轻视。几乎所有跨国公司在经营活动中都会遇到的问题就是文化冲突，文化冲突处理不当往往会导致跨国公司在海外经营遭遇困境。有人把文化冲突译为"文化休克"，这个概念最早由美国人类学家凯尔佛洛·奥博格（Kalvero Oberg）提出，其含义是，人们"由于失去了自己熟悉的交往环境和表意符号，被动置身于陌生的文化背景而产生的意义表达和社会交往的困境，以及在心理上产生的深度焦虑感"[2]。具体来讲，文化休克是人们进入异域文明之后的自我孤立与社会区隔状态，以及由此而伴生的失败、抑郁、压迫、沮丧等感受和知觉。本来人们熟知的交往符号和指涉信息，包括怎样与别人打招呼，如何接受或拒绝别人的邀请，什么时候该庄重严肃，什么

1　王婧：《我国跨国公司的跨文化管理研究》，株洲：湖南工业大学2008年硕士论文，第31—34页。

2　K. Oberg: "Culture Shock: Adjustment to New Cultural Environments", *Practical Anthropologist*, 1960, No. 7.

时候该轻松愉快，如何满足柴米油盐的日常所需等，这些都是人们实际起居所依赖的交往基础，是人们正常生活的基本条件，也是一种逐渐固化的集体无意识。在全球化的时代背景下，人们置身于异质文化环境后全部失去这些熟知的交往符号和指涉信息，其所遭遇到的恐慌和不安可想而知。[1]

企业跨国经营中面临的文化冲突可以归纳为四个方面的表现形式。

一是由于各民族文化的基本框架意识不同而产生的文化冲突。这些基本框架意识是文化的核心中枢层，学者们大都认为应该包括人的本质属性、人的思维方式、人际关系处理、人与环境的互动影响、人的历史取向、群体空间体验等。在这些因素的处理上，国家与民族之间存在着或显著或一般的差异，尤其是东西方文化分歧更大。

二是宗教信仰、价值体系迥异所导致的文化冲突。价值观念是文化的次核心层，它属于个人自觉遵守的一种持久性规范化信念，也是群体成员共享的形而上刚性体系，属于精神层面的规制约束。宗教信仰折射了一个民族的历史记忆和文化遗产，影响着人们的认知能力、行为方式和价值判断。不同国家、民族的人们在宗教信仰、价值体系方面的区隔常常导致社会交往的障碍，并可能阻碍跨国公司的正常经营与文化建设。

三是语言、习惯、礼仪、规则、制度等行为表层方面的文化冲突。这些具象物化的因素容易造成交往中的表达混乱与意思错位，从而引发群体区隔与文化冲突，这是跨文化交流中最常见的障碍与问题，直接触发了沟通的困境与相互的误读。

四是已成形的企业文化的排他性引起的文化冲突。如前文所述，企业文化具有刚性的特征，它一经形成就具有强烈的排他性，不容易也不愿意吸纳新的文化和进行自我变革。这在一定程度上维护了固化传统和坚持本位的保守主义模式，从而加剧了本已存在的社会差异。[2]

当然，跨国公司文化冲突的表现方式会因不同场域、不同主体而产生多样化的异变，但归根结底，文化的深层、中层、表层因素的构成与企业文化的惰性

---

1 叶秀梅、栾华：《美在华跨国公司跨文化冲突路径研究》，载《理论界》2013年第4期。
2 黄青：《跨国公司文化冲突和融合及跨文化管理策略》，载《当代经济》2011年第10期。

特征对这种冲突起着显而易见的生产与导向作用。企业要成功地开展跨国经营活动，首先要解决的就是文化冲突的问题。国内外众多学者对于如何解决文化冲突都发表了大量的理论阐述与实证研究成果，其中影响较大的是加拿大管理学家南希·阿德勒（Nancy Adler），他针对文化冲突提出了三种解决方案。

（1）强势凌越的单向度思维。一种文化对另一种文化形成压倒性优势，控制、支配其组织决策及行为方式，造成普天之下唯我独尊的态势。它包括文化渗透和文化移植策略，前者指的是跨国公司尊奉的母国文化向进入国企业组织及员工有计划或无意识地施加影响，潜移默化地使其接受的本位主义手段；后者指的是将母国文化有意识、有计划地输入进入国企业的具体策略方式，是强势文化对弱势文化的替代与覆盖。

（2）折中调和主义模式。不同文化遭遇时采取妥协与退让的策略，对双方差异进行有意回避与绕行，从而做到求大同存小异，最终维持多元文化的共处与稳定。这个方案包括文化规避和文化相容两种具体模式。文化规避指避开双方的差异，扬长避短，减少摩擦，以第三方介质或双方都认可的方法来保持和谐，用中性、间接的手段来调解矛盾、保证运营。文化相容指多元文化共生互助、彼此增益，搁置文化差异和因此带来的潜在冲突，使企业处于一种动态的平衡和暂时的稳定格局中。

（3）彼此融合创新的嬗变。不同文化在正视相互间差异的基础上，主动靠拢、积极协调、彼此渗透，从而发生嬗变和转型，形成一种全新的组织文化。这种新的组织文化不仅具有较强的稳定性，而且极具"杂糅"优势。不同形态的文化在嬗变融合中交相影响、互为支持、共同助推，促进优势互补，产生更强的竞争力。这种策略的最大优势在于这种全新文化兼备长期性、聚合性、稳定性、同一性等特点，具有较强的生命力，是跨国企业得以健康发展的重要策略。[1]

当然，南希·阿德勒的这三种方案只是理论上的设计，要有针对性地解决跨国企业文化冲突的问题还是要根据企业遇到的具体情况而定，不能机械搬用其中的某一种模式或使用某一种手段。前两种方案应该只是暂时性的和掩盖式的操作途径，要真正消解文化冲突，必须寻求长效的、稳定的、全面的应对策略。因此，促进不同文化之间的有效融合或相互渗透可能是比较现实和长远有效的进

1　郭咸纲：《企业文化扩张模式》，北京：清华大学出版社2005年版，第85—89页。

路，也是研究者和经营者应当重点考量的问题。

哈里斯和莫兰（Harris & Moran）认为，文化整合是在承认差异的视阈下彼此合作以达到共同进步的行为模式。通过文化整合，可以从求同存异到融化分歧再到寻求更广泛的资源，产生协同增效的实际结果，进一步促进企业文化建设并且丰富人类社会的精神交往活动。文化整合研究站在理解与欣赏差异的立场，把各民族文化差异视为一种资源、一种激励、一种动力，从而化短板为长项，为解决跨文化冲突提供理论思路与实际方案。[1]

具体来讲，这种跨文化管理求同存异的整合过程可分为四个阶段。第一个阶段是正视异质文化之间的分歧并进行准确的理解与把握，这是进行文化整合的前提和基础。不同文化之间的差异表现在精神核心层、价值体系等次核心层和行为与物化等外在表征等三个方面。这三个方面的差异是彼此衔接、渐次展开的，核心层的差异总体来说是辐射和影响次核心层和外部差异的，从另一个角度来看，这些程度不同的差异虽然有可能造成沟通障碍，但仍然可以为企业文化建设提供多样化的思想来源。第二个阶段是宽容和尊重差异。跨国公司应该允许多元文化在组织内部的包容并存、各展所长，对于核心层的差异不做强行归并调整，对于无关紧要的、非直接影响公司运转的价值观念采取宽容回避措施，对于外在表征的差异视具体情况而分别妥善处理。第三个阶段是促进多元文化的共处。在跨国企业的文化建设和管理中，调和多元文化的差异多是通过价值交流和思想沟通来实现的。这种交流应是广泛而深入的立体对话，贯穿文化的核心层、次核心层、外化层，指涉对象包括社会、企业和个人，其方式是多种多样的，如充分利用各种新信息技术开展各种培训、对话、研讨及进行文化移情教育等。第四个阶段是致力于多元文化的协同增效。这种协同整合不是一家独大、消灭异己，而是求同存异、共同发展。求同存异的理想化状态是既能融合不同类型和区位的文化，又能倾听不同的呼声、包容他者的诉求，从而尽最大可能维持各主体因素的和睦相处、平衡互动，实现系统的稳定运行和倍增多赢。[2]

有学者更进一步把这种解决冲突的文化整合定义为融汇不同理念与价值而

1　P. R. Harris, R. T. Moran: *Managing Cultural Difference*, Houston, Texas: Gulf, 1996, pp. 25-28.

2　唐炎钊、张丽明、陈志斌：《中国企业跨国并购文化整合解决方案探究》，北京：中国经济出版社2012年版，第89-94页。

创造一种新文化的过程。从商务交际的角度克拉克·利普（Clarke Lipp）、哈里斯、莫兰、奎尔（Quil）等提出了创立新文化、第三方文化或区域型工作文化的相关框架设计。例如，上海通用汽车有限公司是美国通用汽车与上海汽车工业总公司在上海合资组建的跨文化企业，在创立区域新文化的理念影响下，中方总经理避开了中美价值理念的差异，提出了以第三方融合文化为基础的新型合作模式：学习认知，达成理解；以上海通用利益为最终价值取向；规范化管理与标准化运作；充满活力，积极开拓；等等。[1]这种以共同价值观为基础的新企业文化的创立为中美员工的成功沟通和效率提升预设了基本前提，是中美文化在跨国公司平台良性整合的典型案例。

总之，这种试图融合不同文化的路径考量与框架设计，是跨国公司重视各民族文化中的积极因素、吸收各方优势长项而采取的综合取向的创新驱动式文化策略。它的前提是进入国与母国的文化区隔和环境差异较大，为避免产生直接遭遇的硬性文化冲突，尊重双方的价值诉求，相互取长补短，兼顾各方优势和积极因子，通过精心识别、认真选择与彼此认同，有效整合异质文化并进行理论化与体系化的突破创新。[2]

跨国公司推动了生产和经营的全球化，促进了国际贸易和国际分工的迅速发展，经济全球化实际上以跨国公司的全球布局为标志。跨国公司"经济巨人"的作用已为世人熟知，但它作为"文化巨人"的角色还不十分彰显，在其经济运作背后文化价值观导向、意识形态渗透、消费模式推广等的暗流涌动，实际上已构成了覆盖全球的多层次思想扩散网络，发挥着跨越国家、民族的边界范畴，传播多向度文化内容的重要功效。新时代下，跨国公司已成为文化传播的核心平台和强势力量，在各国的文化输出中占有显著地位，是全球化背景下文化走出去融入世界文化生态的重要媒介和主要角色。

新的国际关系格局的形成与固化使得各种资本和力量介入的全球传播已成为文化外延弥散的典型形式，以互联网为主干的空间信息传输促使世界传播结构发生剧烈变革，而以西方跨国公司为主体推动的经济文化浪潮为其介入全球传播，

1 庄恩平：《跨国公司管理中的文化整合与跨文化商务沟通研究》，载《上海大学学报》（社会科学版）2003年第2期。
2 郑后建：《正视文化差异 发展文化认同——跨国公司全球经营中的文化思维》，载《湖南商学院学报》2015年第1期。

不断向世界每个角落推送其母国文化理念、意识形态、行为导向等提供了便利条件。西方跨国公司的文化传播一般具有以下特点：以全球范围内的利益最大化为目标，以第四次工业革命产生的新媒体介质为技术平台，以提供充满诱惑力和吸引力的消费文化为基本传播内容。这种以展示人类欲望为符号表征的消费文化首先在西方社会中形成主流，然后通过多种媒介对其他国家进行单向强势传播，其广泛蔓延的态势已对其他国家的民族传统文化构成了一定的威胁。西方跨国公司主宰的全球传播把广大的媒介使用者视为核心对象，通过最大限度地满足其消费欲望来赚取超级利润，这确证了全球传播的实质依然是一种经济行为。[1]有学者认为，全球传播时代的跨国公司代表的不仅仅是国家利益，而是一种综合了各方诉求变量的复杂利益链，它已经超越了意识形态观念、文化帝国主义等色彩鲜明的政治文化价值体系，以跨国公司的文化侵略与精神渗透代替了国家、民族整体思想与价值观念的输出与传播。当然，这属于另外一个范畴，即传播文化内容的讨论，但西方跨国公司通过经济全球化平台、借用全球传播体系进行精神殖民则是隐藏在水面下的冰山，是人们容易忽视的现实问题。

跨国公司作为一个复合型的政治、经济、文化组织不仅给进入国带去了资金、技术、管理经验，也输出了其精心设计的母国文化观念体系。跨国公司开展的经济文化活动广泛影响了消费者的思想、行为，不同程度地改变了全球大众的日常生活甚至社会结构。正如米歇尔·盖尔特曼所言，人们因而看到工业化国家对世界秩序的某种原发性追求和规制性扩散。这种强制性的规设主要寻求的是消费模式和文化口味的趋同，其背后的推手则是西方文化尤其是美国文化。这种规制性影响和示范式宣教主要由西方跨国公司传送——从而引起他国民众对美国文化的模仿和对本民族文化的改变。[2]盖尔特曼明确指出了跨国公司文化传播有别于普通大众传媒或其他渠道文化传播方式的特点，即模仿、复制、改变。

在生物学基因理论的启发下，英国新达尔文主义倡导者理查德·道金斯（R. Dawkins）为了探讨基因复制与文化传承、演化的关系，首创了"模因"（meme）一词。他认为模因是文化传递的复制因子或者文化的基本单位，通过

1　杨伯溆：《从国际传播到全球传播：跨国公司的介入及其影响》，载《新闻与传播研究》2003年第3期。

2　米歇尔·盖尔特曼著，肖云上译：《跨国公司》，北京：商务印书馆1998年版，第57-58页。

非遗传方式（模仿和克隆）在人的大脑之间相互传播而进行扩散。模因靠复制而生存，某种思想在被复制之前不算是模因，只有当这一思想被模仿、复制、转发，它才成为模因。模因具有以下特性：繁殖扩散能力、拷贝真实性、长期存留度、自我中心主义和主体竞争力。模因必须通过模因生存器进行传播和演化。[1]模因论一经推出就成为解释帝国主义文化传播及其嬗变演化的理论图式，受到语言学、人类学、社会学等学科众多学者的关注与运用。在这个视阈下，跨国公司作为全球传播中的模因生存器，不仅输出技术、资金、管理模式，还不可避免地主动或被动输出母国的文化模因，成为影响国际文化潮流的重要力量。

模因论视角下西方跨国公司全球传播的内容产品是一种模因复合体，这包括两种类型。

一是以民主、自由、平等为标识性概念的基本框架型文化模因。民主、自由、平等是近代西方思想史上的三大理论支点，一直以来是西方国家对内对外重点宣示的文化扩张内容。西方跨国公司在输出母国框架型文化模因方面主要采取三个步骤：首先，向他国伸出橄榄枝，投入大量资金和先进技术，促进其经济快速增长，带动其社会结构变迁，由此形成其民主化需求的政治过渡带；其次，通过输出其文化产品传播西方人文主义精神，影响他国的广大公众；最后，通过不断复制和演化民主等框架模因，在他国民众的心智中植入西方社会价值观和态度立场，引领他国社会形成新的、类西方的模因复合体。承载这些新的模因复合体的主体阶层是他国的中产阶级，这个阶层是西方跨国公司重点关注和培育的对象，西方跨国公司正是通过对中产阶级的思想渗透和精神殖民来影响其所在国社会的舆论走向的。[2]

二是反映西方日常生活的大众文化模因。人们消费大众文化产品的行为就是把其模因复制、传播到新的模因生存机器的过程。以美国为例，其大众文化的概念内涵十分广泛，包括美国快餐型饮食文化、美国肌肉系体育文化、美国体验式娱乐文化、美国商业性影视文化等。这些模因复合体在全球范围内共同构成了

1　R. Dawkins: *The Selfish Gene*, New York: Oxford University Press Inc., 2006, pp.189-202.

2　韦依娜、肖华锋：《"模因理论"视域下美国传媒型跨国公司文化传播》，载《新闻大学》2013年第6期。

深受人们追捧的内容丰富、形式多样、流行广泛的现代大众文化体系。[1]如麦当劳在跨国经营中就着重从以下几个方面复制、传播美国式的民主价值观：（1）以品牌宣传体现个人主义取向。麦当劳经常向其员工和消费者灌输个人主义价值观，特别注重以迎合青少年的个性化发展为其宣传符号。（2）通过本土化策略体现其自由、宽容的文化立场，即突出对当地文化的吸纳和对个性选择的尊重。（3）以标准化经营消除阶层区隔，体现人人平等。宣称所有顾客都被平等对待，不管是富人、穷人、黑人、白人、男人、女人，权力阶级、普通民众，都接受同样标准的服务。（4）以特许授牌方式践行其分权的政治文化理念。特许制度的实施，实现了麦当劳集团中心管理权力的分散化和碎片化，指称了独特的美国精神。[2]

跨国公司在增强全球经济贸易交往、丰富世界文化生态、促进多元文化的共生共荣方面发挥了一定的积极作用，但其消极影响也逐渐显现，即其垄断共同体的形成有可能加剧强势经济文化对弱势经济文化的凌越和渗透，经济与文化的同质化问题越来越突出等。近年来，跨国公司的管理中还出现了一些文化污染现象，例如以行贿腐败为标志的权力污染、以环保违法为表现的环境污染、以遮蔽消费者的知情权与选择权为主要内容的产品污染、以非法逃税为主题的行为污染、以侵犯劳工权利为表征的道德污染等。[3]这虽然是极少数跨国公司的行为，但也暴露出了企业文化的融合和重构不到位、文化基因再造失败、权力监管存在漏洞等薄弱环节，值得我们认真总结和重新思考文化传播全球化和本土化的关系协调与处理等问题。

---

1 江南：《美国跨国传媒与美国大众文化全球扩张》，广州：暨南大学2008年硕士论文，第35-36页。
2 刘建华：《美国跨国公司与"民主输出"研究》，上海：复旦大学2007年博士论文，第72-76页。
3 董琳：《在华跨国公司文化污染现象与跨文化管理策略研究》，载《四川大学学报》（哲学社会科学版）2010年第4期。

第三节　中国跨国企业的文化管理、公共外交与全球传播

自20世纪80年代国家"走出去"战略实施以来，中国企业成批量、大规模走向海外。据不完全统计，目前中国跨国公司已达两万余家，2016年入围世界500强榜单的中国跨国公司有110家，数量创下历史新高。[1]"走出去"战略已初见成效，以前思考的是走出国门、布局海外的路径与方法，现在要解决的是走出去之后"怎么办"的问题。"怎么办"涉及如何建构企业的跨国文化系统并进行行之有效的管理，如何应对跨文化冲突，如何展示中国形象和本企业形象，如何尽到企业的社会责任并在中国的外交格局中发挥更为积极的作用，如何传播好中国文化和中国价值，如何讲好中国故事等方面。归纳起来应该是三个维度的问题，即主动实施跨文化管理、积极从事公共外交，以及在全球传播中国文化体系与思想智慧。实施跨文化管理是"怎么办"的基础，只有系统高效的企业文化管理才能为跨国企业发挥其职能和功效提供保障。公共外交和全球传播则是跨国企业的深层责任和核心担当，是除获取经济利益之外中国跨国公司的重要价值考量和终极发展目标。

由于跨国公司的员工来自不同的民族、国家，企业又置身于一个完全异质的文化环境之中，这内外两方面的情况都要求中国跨国公司塑造宽容、和谐的企业文化，形成内外互动、兼顾多方、良性发展的宣教态势。

企业内部的和谐表现在两个层面上，一是领导与员工关系的和谐，二是员工群体共处的和谐。我们认为，利益原则与人情原则是形成和谐格局的两个重要前提。利益原则要求企业建立一种完善的分配制度，处理好员工之间的利益关系，做到公开、公平、公正，并以价值共同体为根本，增强企业的内聚力和竞争力。人情原则强调关系中的自我，推进人们相互之间的信任、尊重、谦让、平等。这种对相互依存和彼此尊重的强调，提升了人与人之间的相处之道，使四处离散的、各思其想的精神因素聚合为积极的、强有力的核心意识，增强了员工的归属感和责任感，形成了一种强大的非物质力量。[2]要达到这种内部的和谐共生状

1　卢进勇、刘辉群、王辉耀：《中国跨国公司发展报告（2016）》，北京：对外经济贸易大学出版社2017年版。

2　杨雪英：《儒家人性智慧在现代管理中的运用》，载《经济问题探索》2000年第2期。

态，可以从以下几个方面入手：一是正视文化差异，通过较长时间的磨合交流努力建构价值认同。二是用各种理念沟通和能力培训来弱化冲突，形成系统内暂时性的平衡。三是在正视多元差异的基础上建构一种新型的为大家所共同承认的价值框架和文化理念，从而包容、平复异质文化间的分歧与冲突。[1]外部的和谐主要具化为以下几个方面：一是跨国企业如何处理好与进入国政府、企业同行、社会民众的关系。二是怎样遵守并利用好当地的法律、法规、政策、制度等刚性约束。三是如何融入当地文化环境，从被恶意他者化的"异质文化传播者"演进为多元生态的贡献者。四是如何塑造良好的企业形象和正面的母国形象。五是如何顺应当地的风土人情，又恰当地展示自己的文化特色和民族风格。接下来我们在跨国企业的公共外交中将详细论述其中的主要内容。

和谐目标取向的多元文化管理为中国跨国公司的域外发展战略提供了方向指引和价值预设。中兴通讯股份有限公司就是一家知名的中国跨国公司，它的文化理念和管理模式较好地诠释了中国跨国企业的和谐文化建设内涵。一位从另一家跨国公司来到中兴工作的海外员工这样描述中兴的企业文化特点：具有典型的中国传统价值框架——对儒家精神中庸之道的遵从与奉行，在异质文化主导的海外这个特点尤其明显。她认为，放弃极致的中庸是中国传统文化最精华的内容之一，这与西方企业文化追求利润最大化的模式形成了鲜明的对比。[2]

在中兴的管理体制中，中庸之道就是维持和促进企业协调发展的基本方法和准则，这是中兴企业文化最核心和最精髓的表述。中兴的企业文化建设遵循四条原则：一是平等相待，互相尊重，共同忠于中兴事业；二是换位思考，精诚服务，集中关注顾客本位；三是突破陈规，开拓创新，努力打造世界名牌；四是系统优化，科学管理，不断提高企业效益。在这四条原则的指导下，中兴的跨文化管理模式体现了以下特点：（1）以凝聚情感为核心，强调对员工的尊重和宽容，善待员工，在利益分配上把员工放在首要的位置考虑；在遵章守纪的前提下，员工的言论比较开放和自由。（2）突出子文化的独立意义，在坚持整体价值观的基础上，既彰显子公司特点，又强调与集团总部的协调统一。（3）把和

1　胡春艳：《跨文化企业的文化冲突与融合》，长沙：湖南大学2002年硕士论文，第44-47页。
2　赵渊：《企业文化重塑探讨》，载《管理世界》1994年第1期。

谐诚信作为企业价值的核心，在各种人际关系的处理上，提倡通过友善沟通达成理解或共识。（4）重视团队合作，促进内部各群体的协作、配合，不断提升企业的应变能力和革新能力。（5）倡导终身学习，重视员工的各种业务培训，推进企业的可持续发展和核心竞争力建设。[1]

中兴的跨文化管理模式是对和谐价值指向的企业文化的具体案例阐释，实践证明，高效率的文化管理为跨国企业在海外持续发展、承担更多社会责任和发挥文化传播与思想交流平台的作用打下了基础。

中国企业走出去扩展、延伸和深化了中国的海外利益，但也遭遇到一些国家无中生有的指责，这些非难包括掠夺资源论、占领市场论、文化侵略论、传播意识形态论等西方国家的自我想象模式构建，给中国跨国公司的海外经营预构了不利的舆论环境，并对其实际运行产生了一定的阻碍。如中国海洋石油总公司（以下简称"中海油"）在海外并购优尼科的无功而返就被认为是遭到了美国政府恶意的政治与经济手段打击，但同时中海油也没有运用有效的公共外交手段去消除政府和民间的反对声音，简言之，企业缺乏必要的公共外交策略与践行路径。因此，在中国跨国公司的海外发展中必须高度重视企业与外部运营环境的相互律动，即处理好与他国政府、民众、企业、社会团体等的关系，消除中国企业海外扩张、飞速发展中进入国方方面面的阻力和反对声音，塑造中国企业良好的国际形象，进而解决好有关国家利益的重大问题。著名学者卡尔·多伊奇曾指出，公共外交是现代外交思想的永恒主题，而跨国公司则担负着向世界传递并昭示母国价值观和思想文化的重任，在国家利益的诉求中发挥着不可忽视的作用。[2]

跨国公司公共外交的实践路径和目标达成首要树立自己企业良好的公共形象。优秀的企业形象可以大幅度提升企业的软实力，并对当地社会带来巨大的文化和外交影响力。有了良好的社会形象，跨国公司的经营才能避开阻力、顺应时局、顺利发展。

华为公司在美国的资产并购方案遭到美国国会的否决，美国政府随后禁止华为设备进入其国内公众网络，这固然是美国政府后冷战思维和妖魔化中国的历史

1　潘小鹏：《中兴通讯公司企业文化的研究》，武汉：华中科技大学2005年硕士论文，第19-27页。

2　转引自黄河：《跨国公司的公共外交决策》，载《公共外交季刊》2011年第2期。

情结在作祟，但从行为主体上看，华为公司的公共形象在域外建构不够及时，不够固化与完善，与外部环境的关系协调没有把握充分，这也是一个重要的原因。而在非洲，华为的发展则取得了瞩目的成就，这离不开祖国的大力支持、东道国的良好环境氛围、华为产品质量的有口皆碑等外在因素。但华为自身从一开始就注意建立企业良好形象，大力开展公共外交，提升自身软实力，这一系列举措明显发挥了积极作用。经过多年建构，华为正面、负责、上进的健康形象不仅留存在当地合作企业的视野之内，也深深植入了当地民众的脑海之中。有学者在非洲国家的官方网站上对华为影响力进行了随机检索，网站上对华为的这些赞誉和评价总括起来包含三个方面：（1）对中国经济与科技繁荣发展的高度认可。（2）对中国给予非洲国家的大力支持和贸易投资扶持表示深切谢意。（3）认为中国在与非洲国家的交往中秉持了平等、公正的立场，这与西方国家的霸权凌越形成了鲜明的对比。在非洲，华为还通过积极履行跨国责任义务、参与社会公益活动的方式加固企业正面形象在当地的认知积累，并映射祖国的正面形象。华为不仅特别强调遵章守纪、合法经营、承担责任，还以尊重差异为公司的文化管理基础，积极推进本土化策略。华为公司雇佣的本土员工超过分公司总员工数量的60%，并重视对非洲籍员工的培训，不断提升其知识水平和业务素质。华为是生态文明建设的践行者，强调绿色环保的自然理念，突出其产品生产各个环节的绿色、节能、无污染特点，为人类社会的可持续发展做出贡献。2006年以来，华为还在非洲的多个地区和国家举办了多场不同形式的公益回馈活动，致力于改善当地普通民众教育、通信条件，受到了当地舆论界的高度称赞。[1]

华为在海外正反两方面的经验教训向我们揭示了公共外交在促进跨国公司经营和发展方面的重要作用，也印证出了这种特殊目的的公共外交除开经济因素的追求和增值以外，在母国政治诉求、文化域外传播等非经济利益获取路径上的隐性影响和关系变量。

因而，由以上事实可以看出，跨国公司公共形象的塑造通常有两个渠道：一是借力于消费者的口碑相传，即通过对跨国公司产品、服务的体验认知而形成；二是依托社会媒体的报道扩散，即着重在跨国公司遵守商业道德、强调生产安

1　彭天：《中国跨国企业公共外交研究——以华为对非公共外交为例》，上海：上海师范大学2016年硕士论文，第16-26页。

全、关注职业健康、维护员工权益、爱护环境、回馈弱势群体等公益责任履行情况的描述、传播方面反映出来。[1]企业通过其产品质量、售后服务、社会责任折射出来的形象不仅体现为其经营理念、企业文化的影响催化，还常常被认为是母国政府政治文明与道德价值体系长期教化与规训的结果。因此，企业形象的建构与母国形象的投映是连在一起的，一荣俱荣，一损俱损，在这个建构过程中跨国公司的公共外交行为至为关键。

随着综合国力的不断增强，中国跨国公司在国际经济活动中的地位和促进全球财富增长的作用日渐提升，但企业形象、国家形象的成功树立，单靠经济方面的策略与手段是远远不够的，企业还要注重文化价值观的隐形引导和催化作用，打造中国自己的国际化品牌，参与全球传播的复杂生态，将品牌背后的民族文化精髓和思想价值体系展示于世界，为企业竞争力和国家软实力的提升做出贡献。

当今世界上著名的跨国公司大都来自发达国家，而这些世界性品牌（如麦当劳、可口可乐、华纳、苹果、三星、本田、三菱、松下、奔驰、通用等）的形成过程也是发达国家借现代性的格局扩张而引领世界主流文化的过程。以美国为代表的西方文明利用国际贸易、跨国投资等经济活动混搭输出其价值观念、思想框架、文化体系、生活模式等，以经济、政治、文化共融一体的策略不断推动全球化进程，从而造成全球化就是西方化，更是美国化的同质性蔓延态势。西方跨国公司的强势发展和全球传播的深入推进，加速了西方思想文化和价值观念对他国的移植与渗透步伐，强化了这种单向度的凌越与照射。这些西方跨国公司在海外扩张其经济势力的同时，也把其背后的母国价值观以所谓种族、文明优越的姿态浸入公司进入国的文化体系之中，喧宾夺主，鹊巢鸠占，力图型构其主导地位。跨国公司表面上推销的是其有形产品，实际上是促使人们消费其文化理念和价值体系，在消费主义的文化盛宴诱惑下，他国民众常常被无意识地纳入跨国公司所代表的思想文化范畴之中，从而失去或者动摇自己的精神身份。因此，西方跨国公司品牌及其代表的国家文化相互作用、互为帮衬，共同建构了一个覆盖于他国社会之上的"文化幕墙"，不断型固和强化西方文化在全球文化生态中的强势地位和霸权格局。对这种商品文化入侵的反击已经上升到了民族国家文化安全和产

1　黄盛凯、夏安凌：《跨国公司的公共外交价值及其开发利用》，载《江汉论坛》2011年第9期。

业安全的高度，要抵御西方跨国公司的精神殖民与思想浸透，中国的跨国公司必须加大对民族文化本土特质的固化和维护力度，服从和服务于国家的经济文化战略，实现本国跨国公司品牌的全球传播和国际化拓展。

中国跨国公司及其产品品牌的全球传播也是中国文化走出去的一个重要内容，因为跨国公司是现代文化全球弥散的模因之一，是国家思想与民族价值体系对外传播的平台和路径。中国跨国公司作为民族符号和国家形象的域外宣传载体，首先要有高度的文化自信，不仅要向国际社会提供高质量的产品和服务，而且应该协助优秀的民族文化走出去，弘扬中国思想和中国智慧，把国家产品核心竞争力的培养和文化传播力的提升作为双轮驱动战略来抓。其次，中国跨国品牌的培育与全球传播不是中国企业单独能完成的任务，需要国家层面上的制度设计和实践主导的波幅共振，不断强化中国元素在企业和产品中的精神核心作用，以民族价值观和国家文化形象引领跨国企业品牌及其产品的域外传播，使中国文化与中国企业、中国品牌共同构成世界人民的普遍认知。最后，应把文化产业化和企业文化化结合起来，将具有民族特色的文化产品推向国际市场，引领中国品牌的全球传播。在这一过程中，要大力推进文化创新，坚持以中国特色、民族风格的原创设计为发展核心，以自醒、自觉、自信的立场坐标挖掘东方文化中的核心价值，并以当代艺术形式向国际社会展示具有历史底蕴和时代魅力的中国文化产品与服务。[1]

中国跨国公司的全球传播与品牌推广还应注意借助社交媒体推广企业业务和进行文化传播。据统计，截至2011年上半年，在美国使用社交媒体的企业比前一年增长了一倍，其数量从12%上升到24%。79%的企业至少使用推特（Twitter）、脸书（Facebook）、优兔（YouTube）、博客这四种知名社交媒体平台中的一种。在美国的大型跨国企业中有20%使用这四个平台和其相关联系人进行互动。其中，Twitter是全球100强企业最爱使用的交互式媒体工具。65%的全球100强企业都开通了Twitter账户。全球所有地区的企业在Twitter上平均拥有1489名关注者。其中，美国企业平均拥有忠实关注者1732名，欧洲企业1081名，亚太企业1769名。全球100强企业一般会主动关注他人（尤其是同行和用户）

---

1 陈柳：《文化认同、跨国文化竞争与中国品牌国际化》，载《学习与实践》2012年第3期。

的Twitter账号，平均每个企业会关注731个Twitter用户。很多100强企业有多个Twitter账户（如三星的亚太区企业有至少18个账户，LG的亚太区企业有至少14个账户）。平均每家100强企业拥有4.2个账户，美国企业有6.6个账户，欧洲企业有2.7个账户，亚太区企业有5.4个账户。[1]这些数据表明，跨国公司对社交媒体的运用已经越来越普遍和深入。中国跨国企业也在融入这一热潮之中，不仅利用社交媒体拓展其经济关系和利益往来，而且努力在互动性和体验式信息平台上提升自己设置议程、引导议题的能力，通过虚拟空间广大用户的积极反应和广泛讨论来发展认同和建构意义，塑造跨国公司和祖国的正面形象，传播中国企业的优秀理念和特色民族文化。

中国跨国公司的全球传播把展示祖国的核心价值观作为其经济文化活动的关键内容之一。任何一个国家都不可能放弃全球化背景下的价值观渗透，企业、学校和各种非政府组织作为这种内容传递的模因复合体，使得思想观念的对外传播更为隐蔽和柔性。由此，全球化环境下的企业，尤其是跨越国界、触角遍布全球的跨国公司更是成为多数国家展示民族核心价值，实现文明交流、思想对话和精神交往的重要载体和平台。

华为公司就是以企业文化为载体传播中国价值观的一个成功典型。华为以"至诚守信、开放进取、自我批判、艰苦奋斗、成就客户、团队合作"为核心理念，这些制度和原则里传承和装载着中华民族传统文化的思想精髓和当代中国社会的精神指向。诚实守信是中华民族的传统美德，艰苦奋斗则是中国共产党的优良传统，开拓创新是21世纪以来中国社会努力践行的发展国策。华为独创的"狼性文化"与员工自觉奉献的精神融为一体，在华为人的眼中市场客户是核心，时代潮流是方向，开放包容是立场，创新发展是目标。优秀的企业文化为华为在国际市场上立住脚跟、不断壮大提供了强劲动力。

华为公司通过参与大量社会公益活动展示其责任理念，传播祖国价值观。如华为在南非开展的一系列以关爱女孩、重视其教育培养为主题的活动，为当地受歧视的女孩群体普及了更多的知识，描绘了美好愿景，并为促进非洲广大民众对弱势群体的良性认知做出了贡献。自2010年以来，华为与尼日利亚著名社会公

1　转引自钟新、汤璇、黄超：《跨国企业在公共外交进阶中的角色演变》，载《新疆师范大学学报》（哲学社会科学版）2016年第2期。

益组织、慈善机构一道在当地举办了关爱社会孤儿的"快乐儿童节"活动，数年间共赞助了该国的几百名孤儿，改善了他们的生活条件和学习环境。此外，在埃及、加纳、南苏丹、几内亚等国家的社会公益活动中都能看到华为的身影，华为的频繁出镜亮相给这些地区的民众传递了中国积极、进步、健康，负责任、有担当的国际形象。[1]

中海油在海外的发展历程也折射出跨国公司对中国价值观的践行，对优秀的中国文化理念的传播。其企业文化特质体现在三个方面。

（1）砥砺前行、引领创新扩散的开创精神。在国家政策和创新扩散理论的指引下，中海油在许多业务领域都是中国企业海外发展的先行者。中海油率先在"一带一路"上耕耘，是实现国家战略的排头兵，中海油"吃螃蟹"的每一个案例，无不彰显着其敢为人先的文化特质。外媒高度肯定中海油在国际业务开拓创新方面的勇气和能力，认为该企业富有与外国公司合作双赢的经验，为中国企业走向世界树立了典范。

（2）注重学习、不断超越自己、追赶先进的组织文化特质。中海油在20世纪90年代全球布局的时候就确立了以学习为主的发展思路，既承认自己与世界级大企业的差距，又努力追赶，从不懈怠。从走向国外初期主动寻求合作、借鉴同行模式与经验，到独立完成一系列大规模的海外资产收购，中海油不断嬗变转型，持续地提升自我、超越自我，以其学习创新的组织特质塑造了中海油的良好国际形象，传播了其文化理念和国家价值。

（3）做跨国责任主体，承担国际公司义务，追求企业与社会的和谐共赢。中海油并非把经济利益放在第一位的视野狭窄的盈利者，而是强调经济目标与社会效益并重，积极承担公益责任，既展现了中国央企的独特文化魅力，也赢得了其经营活动所在国政府和人民的认可。在中海油提供的产品和服务背后，中国文化的亲和力和传播力使得中海油的海外发展更加稳健、更加迅速，为"一带一路"倡议不断贡献更大的经济价值和文化效益。[2]

1　彭天：《中国跨国企业公共外交研究——以华为对非公共外交为例》，上海：上海师范大学2016年硕士论文，第27—29页。
2　杨彬：《中国海油拓荒一带一路的文化印记》，载《公关世界》2017年第13期。

中国文化

阿尔蒙德，鲍威尔，2007. 比较政治学——体系过程和政策[M]. 曹沛霖，等译.
    北京：东方出版社.

阿什比，1983. 科技发达时代的大学教育[M]. 滕大春，滕大生，译. 北京：人民
    教育出版社.

艾亮，2012. 企业文化建设研究[D]. 天津：天津大学.

艾喜荣，2016. 话语与话语之外：安全化理论发展述略[J]. 世界经济与政治论坛
    （6）：51-69.

安乐哲，2006. 儒家学说与社会进步——美国的"东方化"[J]. 东方论坛（6）：
    9-13.

安宇，沈山，2005. 日本和韩国的"文化立国"战略及其对我国的借鉴[J]. 世界
    经济与政治论坛（4）：114-117.

敖英，1985. 东谷赘言[M]. 北京：中华书局.

巴达维，2000. 全球化：风险与背景——在吉隆坡第14届亚太圆桌会议上的演说
    [N]. 新海峡时报，2000-06-07.

巴迪乌，陈杰，李谧，2008. 当代法国哲学思潮[J]. 国外理论动态（12）：77-
    82.

白晋湘，2011. 全球化视野下中华民族传统体育文化的传承与发展[J]. 南京体育
    学院学报（社会科学版），25（3）：34-37.

白先勇，2005. 姹紫嫣红开遍——青春版《牡丹亭》八大名校巡演盛况纪实[J].
    华文文学（5）：32-35.

白永秀，王颂吉，2014. 丝绸之路经济带的纵深背景与地缘战略[J]. 改革（3）：
    64-73.

白远，2010. 中国——文化创意产品的出口大国VS消费小国[J]. 财贸经济
（10）：84-92.

坂本太郎，1992. 日本史概说[M]. 汪向荣，武寅，韩铁英，译. 北京：商务印书
馆.

半田晴久，2006. 日本入宋僧研究[D]. 杭州：浙江大学.

包惠南，包昂，2004. 中国文化与汉英翻译[M]. 北京：外文出版社.

包仕国，2007. 全球化进程中中国文化安全的衍进与重构[D]. 上海：华东师范大
学.

鲍曼，2001. 全球化：人类的后果[M]. 郭国良，徐建华，译. 北京：商务印书馆.

北京市文物事业管理局，1989. 北京名胜古迹辞典[M]. 北京：北京燕山出版社.

北京外国语大学，2014. 国际汉语教育：2014第1辑[M]. 北京：外语教学与研究
出版社.

贝尔，2002. 社群主义及其批评者[M]. 李琨，译. 北京：生活·读书·新知三联
书店.

彼得斯，沃特曼，1985. 寻求优势：美国最成功公司的经验[M]. 管维立，译. 北
京：中国财政经济出版社.

别尔嘉耶夫，2007. 自我认知[M]. 汪剑钊，译. 上海：上海人民出版社.

卜朝晖，2010. 遣唐留学生阿倍仲麻吕和唐代的诗人们——阿倍仲麻吕和王维
[J]. 广西大学学报（哲学社会科学版）（5）：93-97.

卜琳，2012. 中国文化遗产展示体系研究[D]. 西安：西北大学.

卜长莉，2003. 文化资本多寡决定财富分配高低——布尔迪厄文化资本投资的启
示[J]. 中国行政管理（2）：56-58.

布尔迪厄，1997. 文化资本与社会炼金术——布尔迪厄访谈录[M]. 包亚明，译.
上海：上海人民出版社.

布尔迪厄，包亚明，1997. 文学场及知识分子的功能[J]. 天涯（2）：39-42.

布吕奈尔，等，1989. 什么是比较文学？[M]. 葛雷，张连奎，译. 北京：北京大
学出版社.

布赞，维夫，怀尔德，2003. 新安全论[M]. 朱宁，译. 杭州：浙江人民出版社.

蔡建国，2016. 东亚地区的教育、文化与安全[M]. 上海：同济大学出版社.

蔡靖泉，2010. 文化遗产价值论析[J]. 三峡大学学报（人文社会科学版），32（1）：76-86.

蔡力坚，2013. 以钱钟书翻译论为出发点谈翻译[J]. 中国翻译（2）：122-124.

蔡平，2002. 翻译方法应以归化为主[J]. 中国翻译（5）：41-43.

蔡骐，2012. 影像传播中的历史建构与消解——解析电视传播中的"口述历史"现象[J]. 新闻与传播研究（2）：59-67.

蔡骐，翁丽玲，2016. 集体记忆的影像史诗——透视纪录片《长城：中国的故事》[J]. 中国电视（9）：54-58.

蔡荣生，王勇，2009. 国内外发展文化创意产业的政策研究[J]. 中国软科学（8）：77-84.

蔡武，2007. 在"中译外——中国走向世界之路"高层论坛开幕式上的讲话[EB/OL]. http://www.tac-online.org.cn/zxzx/txt/2007-04/09/content-1546315.htm.

蔡学军，丁向阳，韩继园，2003. 我国高层次人才队伍建设现状、问题与对策[J]. 中国人才（10）：4-8.

曹桂梅，2014. 论如何做好巡回展览工作——以广东省流动博物馆为例[J]. 客家文博（2）：28-34.

曹合建，2005. 翻译与文化迁移[J]. 湖南大学学报（社会科学版）（6）：83-87.

曹娟，2005. 原真性概念与中国文化遗产保护[D]. 北京：中国社会科学院研究生院.

曹明伦，2008. 谈译者的主体性及其学识才情[J]. 中国翻译（4）：87-89.

曹瑞臣，2011. 西方大国崛起视角下中国海权与海洋大战略探析[J]. 大连海事大学学报（社会科学版），10（5）：92-95.

曹胜强，2014. 基于历史与现实视阈的中国文化对外传播力研究[J]. 中共中央党校学报（2）：96-100.

曹顺庆，1996. 文论失语症与文化病态[J]. 文艺争鸣（2）：50-58.

曹顺庆，2013. 东西方不同文明文学比较的合法性与比较文学变异学研究[J]. 外国文学研究（5）：54-60.

曹雪，2010. 美国大众文化渗透与中国文化软实力战略研究[D]. 厦门：厦门大学.

查明建，田雨，2003. 论译者主体性——从译者文化地位的边缘化谈起[J]. 中国翻译（1）：19-24.

常晖，黄振定，2011. 翻译"主体间性"的辩证理解[J]. 外语学刊（3）：113-116.

常江，2017. 从"傅满洲"到"陈查理"：20世纪西方流行媒介上的中国与中国[J]. 新闻与传播研究（2）：76-87.

车英，欧阳云玲，2004. 冲突与融合：全球化语境下跨文化传播的主旋律[J]. 武汉大学学报（哲学社会科学版）（4）：570-576.

陈爱国，2006. 论布尔迪厄文化资本的形态构造[J]. 学术论坛（6）：176-178.

陈爱生，秦菊波，2001. 试论我国国有企业文化的形成与发展[J]. 江西社会科学（9）：136-137.

陈昌贵，1998. 国际合作：高等学校的第四职能——兼论中国高等教育的国际化[J]. 高等教育研究（5）：11-15.

陈超，2006. 明末清初的"东学西渐"和中国文化对法国启蒙思想的影响[J]. 学术研究（5）：94-98.

陈芳，2006. 中国作家的文学翻译活动研究[D]. 洛阳：中国人民解放军外国语学院.

陈凤川，2003. 圣德太子与日本早期佛教[J]. 外国问题研究（3）：23-27.

陈富强，2016. 后岸书[M]. 武汉：长江文艺出版社.

陈刚，1996. 大众文化与当代乌托邦[M]. 北京：作家出版社.

陈刚华，2008. 从文化传播角度看孔子学院的意义[J]. 学术论坛（7）：162-167.

陈国福，1994. 中日文化交流中的川剧艺术[J]. 四川戏剧（3）：21-24.

陈继红，王易，2013. 中国传统文化与思想政治教育研究的论域、问题与趋向[J]. 思想理论教育导刊（11）：89-93.

陈磊，粟洪武，2016. 教育交流中的文化超越与国家文化软实力的提升[J]. 教育理论与实践（22）：11-14.

陈柳，2012. 文化认同、跨国文化竞争与中国品牌国际化[J]. 学习与实践（3）：12-17.

陈平，2004. 多元文化的冲突与融合[J]. 东北师大学报（哲学社会科学版）（1）：35-40.

陈平原，王枫，1997. 追忆王国维[M]. 北京：中国广播电视出版社.

陈其泰，1983.《金明馆丛稿二编》与陈寅恪治史风格[J]. 史学史研究（1）：37-40.

陈其泰，2016.《史记》"本纪"史学功能析论[J]. 社会科学战线（8）：81-91.

陈汝东，2011. 论国家话语能力[J]. 北京大学学报（哲学社会科学版），48（5）：66-73.

陈汝东，2015. 论全球话语体系建构——文化冲突与融合中的全球修辞视角[J]. 浙江大学学报（人文社会科学版）（3）：84-94.

陈汝东，2016. 论中国话语文明的历史走向[J]. 现代传播，38（6）：14-19.

陈尚荣，李振寰，2010. "中国制造"广告与国家形象传播[J]. 新闻前哨（3）：61-63.

陈少峰，2008. 国际化时代的中国文化表达[J]. 人民论坛（5）：52-53.

陈圣来，2016. 现代语境与国际表达中的中国文化考问[J]. 现代传播，38（10）：12-17.

陈世锋，刘新庚，2014. 全球话语体系：国际格局与中国方位[J]. 湖湘论坛，28（4）：5-11.

陈世联，2006. 文化认同、文化和谐与社会和谐[J]. 西南民族大学学报（人文社会科学版）27（3）：117-121.

陈淑丽，蓝波涛，2016. 中国传统敬业价值理念及其现代转化[J]. 学术论坛，39（8）：23-26.

陈思和，2007. 先锋与常态——现代文学史的两种基本形态[J]. 文艺争鸣（3）：59-68.

陈同艺，1985. 电影艺术鉴赏[M]. 成都：四川人民出版社.

陈伟，2001. 中国戏曲点燃布莱希特的理论火花——从"间离效果""打破第四堵墙"看东方戏剧美学对西方的影响[J]. 上海师范大学学报（哲学社会科学版）（5）：104-111.

陈伟，2004. 西方人眼中的东方戏剧艺术[M]. 上海：上海教育出版社.

陈伟，2014. 中国文学外译的滤写策略思考：世界主义视角——以葛浩文的《丰乳肥臀》英译本为例[J]. 外语研究（6）：67-72.

陈文新，2006. 中国文学编年史·隋唐五代卷：上[M]. 长沙：湖南人民出版社.

陈先元，2000. 跨文化交流的动因、趋向和形态[J]. 上海交通大学学报（哲学社会科学版）（3）：91-96.

陈晓勤，李佳贞，2013. 顾彬：莫言小说冗长无趣，他能获奖翻译居功至伟[N]. 南方都市报，2013-05-07.

陈学飞，1996. 面向21世纪国际高等教育发展的六大基本趋势[J]. 教育研究（12）：58-62.

陈学飞，1997. 谈谈美国高等教育国际化的若干基本要素[J]. 比较教育研究（2）：8-11.

陈炎，1996. 海上丝绸之路与中外文化交流[M]. 北京：北京大学出版社.

陈耀华，2014. 中国自然文化遗产的价值体系及其保护利用[M]. 北京：北京大学出版社.

陈寅恪，1980. 陈寅恪文集之三：金明馆丛稿二编[M]. 上海：上海古籍出版社.

陈悠悠，2012. 文化产业行业分析与投资指导[M]. 广州：广州出版社.

陈佑松，2007. 主体性建构的曲折与中国文学现代性的困境[J]. 四川师范大学学报（社会科学版），34（4）：65-70.

陈羽，石坚，2016. 网络文化隐喻性与微文化的主客体互动[J]. 求索（5）：172-177.

陈长生，1999. 全球化与美国权利的世界化——对美国文化输出的质疑[J]. 文艺理论与批评（5）：87-89.

陈哲敏，2016. 全球化背景下川剧翻译与传播的困境与对策[J]. 吉林省教育学院学报（3）：150-153.

陈哲敏，解庆锋，2015. 跨文化传播视域下川剧的对外翻译[J]. 戏剧之家（5）：10-12.

陈正良，周婕，李包庚，2014. 国际话语权本质析论——兼论中国在提升国际话语权上的应有作为[J]. 浙江社会科学（7）：78-83.

陈治国，2011. 布尔迪厄文化资本理论研究[D]. 北京：首都师范大学.

成阳，2010. "中国元素"论[J]. 文艺争鸣（12）：61-64.

程恩富，丁晓钦，2003. 构建知识产权优势理论与战略——兼论比较优势和竞争优势理论[J]. 当代经济研究（9）：20-25.

程曼丽，2007. 大众传播与国家形象塑造[J]. 国际新闻界（3）：5-10.

程伟礼，1987. 基督教与中西文化交流[J]. 复旦学报（社会科学版）（1）：55-60.

程宇宁，2004. 从京剧脸谱看中国传统文化的视觉符号意义[J]. 湖南社会科学（3）：137-138.

池田温，1992. 探索古代：唐与日本[M]. 东京：吉川弘文馆.

池田温，秦欣，1994. 日本的唐史研究——近年来的动向[J]. 中国史研究动态（5）：18-28.

仇蓓玲，陈桦，2003. 读者期待视野与译者翻译策略[J]. 北京第二外国语学院学报（6）：8-11.

楚树龙，2003. 文化、文明与世界经济政治发展及国际关系[J]. 世界经济与政治（2）：11-16.

川草，1997. 回归情的文化通道——忆川剧在香港的演出[J]. 四川戏剧（4）：3.

崔艳菊，2002. 文化迁移与翻译[J]. 河南教育学院学报（哲学社会科学版）（1）：150-151.

达夫塔里，余建华，段丽萍，1996. 中伊关系及"碰撞"：历史和现状：下[J]. 国外社会科学文摘（8）：24-27.

达芙塔瑞，王建平，王冬梅，1999. 中国回族和伊朗穆斯林双方伊斯兰文化的主要共同点[J]. 回族研究（2）：69-73.

达威，梓里，2014. 中外对比下的中国大运河[J]. 文化交流（6）：16-19.

大内，1982. Z理论：应付日本经济挑战的立论基础[M]. 黄明坚，译. 台北：长河出版社.

戴景贤，2015. 论宋代文化之基本形态及其在中国史上之位置[J]. 长江学术（3）：15-25.

戴炜栋，1999. 关于面向21世纪培养复合型高级外语人才发展战略的几个问题[J]. 外语界（4）：2-4.

单霁翔，2012. 文化遗产·思行文丛：报告卷1[M]. 天津：天津大学出版社.

单其昌，1990. 汉英翻译技巧[M]. 北京：外语教学与研究出版社.

单之蔷，2004. 世界遗产，是"最好中的最好"么？[J]. 百姓（8）：54.

道森，1999. 中国变色龙[M]. 常绍民，明毅，译. 北京：时事出版社.

德川光国，1928. 大日本史[M]. 东京：吉川弘文馆.

德里克，1999. 后革命氛围[M]. 王宁，等译. 北京：中国社会科学出版社.

德里克，王瑾，2007. 后现代主义、后殖民主义和全球化：当代马克思主义所面
临的挑战[J]. 当代世界与社会主义（2）：144-149.

邓广铭，1986. 谈谈有关宋史研究的几个问题[J]. 社会科学战线（2）：137-144.

邓小南，2004. 近年来宋史研究的新进展[J]. 中国史研究动态（9）：18-24.

邓晓芒，2000. 马克思论"存在与时间"[J]. 哲学动态（6）：12-15.

狄尔，肯尼迪，1983. 企业文化[M]. 黄宏义，译. 台北：长河出版社.

迪克，2003. 作为话语的新闻[M]. 曾庆香，译. 北京：华夏出版社.

丁柏传，郑瑞君，2000. 近代中国教会学校述论[J]. 中共中央党校学报（2）：
120-127.

丁钢，1995. 书院精神与中国现代大学的民族性[J]. 高等教育研究（3）：17-
57.

丁俊，2007. 中伊合璧，文脉不绝——回族文化的核心理念探析[J]. 回族研究
（4）：47-52.

丁峻，2012. 自我意识建构的具身机制及知识范式[J]. 心理研究，5（4）：3-7.

丁淑梅，2011. 川剧展演与非物质文化遗产的活态传承[J]. 中华文化论坛（3）：
10-15.

董健，1998. 中国戏剧现代化的艰难历程——20世纪中国戏剧回顾[J]. 文学评论
（1）：29-39.

董琳，2010. 在华跨国公司文化污染现象与跨文化管理策略研究[J]. 四川大学学
报（哲学社会科学版）（4）：102-107.

董薇，2009. 经济全球化背景下高校国际交流与合作的思考[J]. 宁波职业技术学
院学报（3）：93-95.

杜建华，林琳，2001. 成都川剧生存状况及趋势调查[J]. 四川戏剧（3）：34-36.

杜隽，1990. 中国戏剧审美取向简论——对中国戏剧"雅"与"俗"关系的初步
研究[J]. 戏剧文学（2）：36-41.

杜卫，2004. 王国维与中国美学的现代转型[J]. 中国社会科学（1）：93-93.

段峰，2006. 深度描写、新历史主义及深度翻译——文化人类学视阈中的翻译研究[J]. 西华师范大学学报（哲学社会科学版）（2）：90-93.

段京肃，2001. 略论文化交流中的"逆差"现象[J]. 国际新闻界（2）：5-10.

段清波，2015. 考古学要发掘遗产的文化价值[N]. 光明日报，2015-07-22.

段奕，2008. 硬实力-软实力理论框架下的语言-文化国际推广与孔子学院[J]. 复旦教育论坛，6（2）：48-51.

法小鹰，辛敏嘉，2011. 跨文化交际中的文化负迁移与适度文化移情[J]. 学术论坛（5）：175-178.

凡勃伦，1964. 有闲阶级论——关于制度的经济研究 [M]. 蔡受百，译. 北京：商务印书馆.

樊浩，2001. 伦理精神的价值生态[M]. 北京：中国社会科学出版社.

樊浩，2002. 应对"全球化"的价值理念及其道德教育难题[J]. 教育研究（5）：26-31.

樊勇明，2006. 西方国际政治经济学[M]. 上海：上海人民出版社.

范爱军，白玉竹，2015. 丝绸之路经济带建设对中国与中亚五国贸易互补性影响[J]. 东方论坛（5）：1-8.

范红，2013. 国家形象的多维塑造与传播策略[J]. 清华大学学报（哲学社会科学版）（2）：141-152.

范红，贾萌，廖正军，2006. 韩国放送公社"三个面向"的战略导向[J]. 现代传播（3）：37-39.

范可，2008. 全球化语境下的文化认同与文化自觉[J]. 世界民族（2）：1-8.

范晔，2014. 后汉书人物全传：（1）本纪[M]. 周殿富，主编. 方铭，点校. 北京：北京时代华文书局.

方晋，2016. "修昔底德陷阱"是理解中美关系的最佳视角[N]. 中国经济时报，2016-11-02.

方军，2007. 儒家的管理智慧[R]. 中国人民大学管理哲学创新论坛.

方克立，1999. 走向二十一世纪的中国文化[M]. 太原：山西教育出版社.

费尔克拉夫，2003. 话语与社会变迁[M]. 殷晓蓉，译. 北京：华夏出版社.

费孝通，1997. 反思・对话・文化自觉[J]. 北京大学学报（哲学社会科学版），34（3）：15-22，158.

费孝通，2003. 关于"文化自觉"的一些自白[J]. 学术研究（7）：31-33.

费孝通，2004. 对文化的历史性和社会性的思考[J]. 思想战线（2）：1-6.

费正清，1985. 剑桥中国晚清史1800—1911：上卷[M]. 中国社会科学院历史研究编译室，译. 北京：中国社会科学出版社.

冯崇义，1994. 罗素与中国：西方思想在中国的一次经历[M]. 北京：生活・读书・新知三联书店.

冯刚，2011. 加强高校文化建设提升国家文化软实力[J]. 湖南社会科学（5）：192-194.

冯国荣，侯德彤，2004. 中学西渐的历史线索及相关研究课题[J]. 东方论坛（5）：14-21.

冯骥才，1993. 二十一世纪：东方文化复兴的时代[J]. 文学自由谈（1）：28-30.

冯骥才，2007. 灵魂不能下跪：冯骥才文化遗产思想学术论集[M]. 银川：宁夏人民出版社.

冯骥才，2014. 文化先觉：冯骥才文化思想观[M]. 银川：宁夏人民出版社.

冯俊，柯布，2012. 超越西式现代性，走生态文明之路——冯俊教授与著名建设性后现代思想家柯布教授对谈录[J]. 中国浦东干部学院学报（1）：16-19.

冯克诚，2010. 两宋儒学教育思想与论著选读：上[M]. 北京：人民武警出版社.

冯庆华，2002. 文体翻译论[M]. 上海：上海外语教育出版社.

冯绍雷，相蓝欣，2005. 转型中的俄罗斯对外战略[M]. 上海：上海人民出版社.

冯寿农，2001. 文本・语言・主题——寻找批评的途径[M]. 厦门：厦门大学出版社.

冯天瑜，1995. 中华元典精神的现近代意义[J]. 华中科技大学学报（社会科学版）（1）：46-49.

冯天瑜，2014. 中华元典精神[M]. 上海：上海人民出版社.

冯天瑜，唐文权，罗福惠，1988. 评《剑桥中国晚清史》的文化观[J]. 历史研究（1）：87-95.

冯维江，2014. 丝绸之路经济带战略的国际政治经济学分析[J]. 当代亚太（6）：

73-98.

冯玮, 2004. 当今日本史坛值得关注的理论动向——阐析重构日本现代史观的三种理论[J]. 史学理论研究（3）: 80-90.

冯振业, 杨鹤, 2003. 对大学的第四职能: 国际文化交流与合作的一些理解[J]. 国家教育行政学院学报（6）: 61-66.

冯智强, 2011. 中国智慧的跨文化传播: 林语堂英文著译研究[M]. 青岛: 中国海洋大学出版社.

弗里德曼, 2009. 资本主义与自由[M]. 张瑞玉, 译. 北京: 商务印书馆.

福柯, 2007. 规训与惩罚: 监狱的诞生[M]. 刘北成, 杨远樱, 译. 北京: 生活·读书·新知三联书店.

付瑞红, 2012. 中国文化产业"走出去"的地缘战略格局[R]. 2012年全国经济管理类博士后学术论坛.

付智茜, 杨小刚, 2010. 对翻译家杨宪益、戴乃迭夫妇翻译思想的描述性研究[J]. 湖南财经高等专科学校学报（6）: 153-155.

傅才武, 陈庚, 2010. 当代中国文化遗产的保护与开发模式[J]. 湖北大学学报（哲学社会科学版）（4）: 93-98.

傅谨, 2003. 二十世纪中国戏剧的现代性与本土化[J]. 中国社会科学（3）: 89-96.

傅谨, 2007. 京剧崛起与中国文化传统的近代转型——以昆曲的文化角色为背景[J]. 文艺研究（9）: 87-95.

傅勇, 2004. 非传统安全与中国的新安全观[J]. 世界经济研究（7）: 10-14.

盖尔特曼, 1998. 跨国公司[M]. 肖云上, 译. 北京: 商务印书馆.

高福进, 2000. 文化交融中的再造行为: 1896—1945年中译日书事业及其影响[J]. 日本学刊（3）: 126-138.

高宏存, 牟晓春, 2011. 文化输出: 文化大国崛起的主要姿态和应变策略[J]. 长春市委党校学报（2）: 20-24.

高婧, 2015. 浅谈狮子会进入中国发展及思考[J]. 华人时刊（中旬刊）（1）: 14-15.

高峻, 2005. 哥本哈根学派复合安全理论的修正和演进[J]. 教学与研究（10）:

89-96.

高奇琦，2012. 论西方比较政治学与国际关系学理论路径的趋近[J]. 世界经济与
　　政治（4）：86-105.

高时良，1994. 中国教会学校史[M]. 长沙：湖南教育出版社.

高晓芳，2013. 论中国物质文化遗产传播的必要性及紧迫性[J]. 学习与探索
　　（10）：148-150.

高宣扬，2004. 布迪厄的社会理论[M]. 上海：同济大学出版社.

高学军，2010. 甲午战争前中日教育发展之比较[J]. 学术交流（5）：193-196.

高阳，2016. 明清之际基督教入华与耶儒之争[J]. 齐齐哈尔大学学报（哲学社会
　　科学版）（4）：87-89.

高毅，1991. 法兰西风格：大革命的政治文化[M]. 杭州：浙江人民出版社.

高莹，2016. 新媒体技术在非物质文化遗产保护中的实践与思考[J]. 新闻研究导
　　刊，7（2）：22-23.

高永晨，2003. 跨文化交际中文化移情的适度原则[J]. 外语与外语教学（8）：
　　29-32.

高永晨，2005. 跨文化交际中文化移情能力的价值与培养[J]. 外语与外语教学
　　（12）：17-19，34.

高玉，2010. 中国古代学术话语的历史变迁及其品格[J]. 湘潭大学学报（哲学社
　　会科学版），34（6）：86-90.

高玉，2011. 中国现代学术话语的历史过程及其当下建构[J]. 浙江大学学报（人
　　文社会科学版），41（2）：140-151.

葛朝霞，2008. 避免国际商务环境下跨文化交际活动中的"文化负迁移"[J]. 国
　　外理论动态（12）：103-104.

葛桂录，1997. 西方文化视野中的中国形象及其误读阐释[J]. 淮阴师范学院学报
　　（哲学社会科学版）（1）：3-6.

葛桂录，2000. 华兹华斯在20世纪中国的接受史[J]. 淮阴师范学院学报（哲学社
　　会科学版）（2）：48-52.

葛兰西，2000. 狱中札记[M]. 曹雷雨，等译. 北京：中国社会科学出版社.

葛兆光，2003. 文明史的研究思路——以宋代中国的历史为例[J]. 学术界（4）：

38-50.

耿超，2014.全球化视野中提升中国文化软实力的思考[J].理论月刊（3）：56-
61.

宫留记，2006.布迪厄社会理论的哲学维度[J].社会科学论坛（12）：17-19.

宫平，林琳，2001.成都川剧生存状况及发展趋势调查[J].四川戏剧（3）：34-
36.

龚鹏程.论宋文化的定位与争议[J].宋代文化研究（1）：20-49.

龚滟，2003.论美国文化输出战略[J].燕山大学学报（哲学社会科学版），4
（3）：63-67.

龚自珍，1981.龚自珍诗选[M].郭延礼，选注.济南：齐鲁书社.

辜鸿铭，2007.辜鸿铭文集：上[M].黄兴涛，宋小庆，译.海口：海南出版社.

辜鸿铭，2007.辜鸿铭文集：下[M].黄兴涛，宋小庆，译.海口：海南出版社.

辜鸿铭，2007.中国人的精神[M].黄兴涛，宋小庆，译.海口：海南人民出版社.

古濑奈津子，2007.遣唐使眼里的中国[M].郑威，译.武汉：武汉大学出版社.

顾明栋，2017.中国诠释学与文本阐释理论——跨文化视野下的现代构建[J].南
京大学学报（哲学·人文科学·社会科学）（3）：60-78.

顾庆良，陈亚荣，吴永毅，等，2003.在华跨国公司的跨文化冲突及其影响因素
探讨[J].东华大学学报（社会科学版），3（1）：6-14.

顾小存，2012.应对中美文化贸易逆差的战略思考[J].理论视野（10）：59-64.

顾自安，2006.制度演化的逻辑——基于认知进化与主体间性的考察[D].厦门：
厦门大学.

关合凤，2007.东西方文化碰撞中的身份寻求——美国华裔女性文学研究[M].开
封：河南大学出版社.

关志雄，2002.从美国市场看"中国制造"的实力——以信息技术产品为中心
[J].国际经济评论（4）：5-12.

管秀兰，2014.在日留学生与日本的中国形象建构问题研究[J].中国青年研究
（2）：92-96.

郭本禹，修巧艳，2007.马库斯的自我社会认知论[J].西南大学学报（人文社会
科学版），33（1）：17-21.

郭大顺，张克举，1984. 辽宁省喀左县东山嘴红山文化建筑群址发掘简报[J]. 文物（11）：1-11.

郭宏安，1998. 雪落在莱蒙湖上[M]. 北京：作家出版社.

郭建平，刘胜会，2003. 跨国企业的企业文化特征[J]. 天津商学院学报，23（2）：18-20，23.

郭建庆，高雨阳，2008. 全球化语境中文化传播对国际关系的影响及应对[J]. 社科纵横，23（12）：132-134.

郭丽娜，2016. 新媒体技术在非物质文化遗产数字化展示中的创新应用[J]. 探索科学（4）：89，92.

郭咸纲，2005. 企业文化扩张模式[M]. 北京：清华大学出版社.

郭原奇，2012. 德国文化外交政策的历史变迁[J]. 国外理论动态（10）：95-99.

郭重庆，2008. 中国管理学界的社会责任与历史使命[J]. 管理学报，22（3）：132-136.

国务院，2005. 国务院关于加强文化遗产保护的通知（国发[2005]42号）[R].

哈德斯，1994. 中国阿尔泰古代丝绸之路[J]. 西北民族研究（2）：48-57.

哈耶克，2000. 法律、立法与自由：第二、三卷[M]. 邓正来，等译. 北京：中国大百科全书出版社.

哈耶克，2000. 法律、立法与自由：第一卷[M]. 邓正来，等译. 北京：中国大百科全书出版社.

海德格尔，1987. 存在与时间[M]. 陈嘉映，王庆节，译. 北京：生活·读书·新知三联书店.

韩丛耀，陈璞，2010. 国家形象传播的转型初试——对"中国制造"广告的传播学分析[J]. 中国出版（4）：12-15.

韩东育，2009. 寻找池田哲学的原点——以两部对话录为核心[J]. 哲学研究（1）：41-47.

韩冬雪，2013. 论中国文化的包容性[J]. 山东大学学报（哲学社会科学版）（2）：1-6.

韩进，2014. 海外人文社会科学发展年度报告[M]. 武汉：武汉大学出版社.

韩莉，2008. 全球通史体系下的生态环境史研究[J]. 全球史评论（1）：143-151.

韩少卿，2013. 中伊关系的历史演变及对未来发展的几点建议[J]. 时代金融（中旬）（9）：8-9.

韩源，2004. 全球化背景下维护我国文化安全的战略思考[J]. 毛泽东邓小平理论研究（4）：9-16.

韩源，2004. 中国国家文化安全形势评析[J]. 当代世界与社会主义（4）：103-107.

韩召颖，2000. 输出美国：美国新闻署与美国公众外交[M]. 天津：天津人民出版社，2000.

韩子满，2002. 文学翻译与杂合[J]. 中国翻译（2）：54-58.

汉森，2004. 历史、政治与公民权：阿伦特传[M]. 刘佳林，译. 南京：江苏人民出版社.

郝保权，2009. 对全球化背景下美国文化霸权及其意识形态意涵的战略沉思[J]. 宁夏大学学报（人文社会科学版），31（3）：176-180.

何爱平，张志敏，2013. 马克思主义经济学与西方经济学的比较研究：第三辑[M]. 北京：中国经济出版社.

何朝燕，2012. 赛珍珠《水浒传》翻译研究[D]. 重庆：四川外语学院.

何成洲，2011. 跨学科视野下的文化身份认同：批评与探索[M]. 北京：北京大学出版社.

何慈毅，赵仲明，陈林俊，2013. 日本文化史的点与线[M]. 南京：南京大学出版社.

何俊，2010. 余英时学术思想文选[M]. 上海：上海古籍出版社.

何苗，肖建春，2011. 从媒介即讯息的角度审视中国国家形象宣传片[J]. 新闻世界（7）：272.

何秋杰，2011. 中国崛起背景下的国家形象塑造问题研究[D]. 济南：山东大学.

何星亮，2007. 文化多样性与文明互补[J]. 中山大学学报（社会科学版），47（3）：1-7.

何跃，1996. 试论中伊关系的发展[J]. 云南师范大学学报（哲学社会科学版）（6）：63-66.

何跃，1997. 试论中伊关系的开端[J]. 云南师范大学学报（哲学社会科学版）

（5）：45-47.

何跃，1997. 唐宋元明时期的中国伊朗关系[J]. 云南师范大学学报（教育科学版）（6）：29-31.

和磊，2011. 后霸权理论及其当代意义[J]. 社会科学（2）：22-30.

河清，2003. 全球化与国家意识的衰微[M]. 北京：中国人民大学出版社.

贺雪飞，2007. 全球化语境中的跨文化广告传播研究[M]. 北京：中国社会科学出版社.

赫罗兹尼，1958. 西亚细亚、印度和克里特上古史[M]. 谢德风，等译. 北京：生活·读书·新知三联书店.

赫胥黎，1971. 天演论[M]. 严复，译. 北京：科学出版社.

赫茵，塞尔登，2012. 审查历史：日本、德国和美国的公民身份与记忆[M]. 聂露，译. 北京：社会科学文献出版社.

黑格尔，1999. 历史哲学[M]. 王造时，译. 上海：上海书店出版社.

亨廷顿，1998. 文明的冲突与世界秩序的重建[M]. 周琪，等译. 北京：新华出版社.

侯洪，2014. 国家形象宣传片的界说、发展策略及国际传播[J]. 四川大学学报（哲学社会科学版）（1）：95-100.

侯苪菲，2008. 中国软力量建构中的传统政治价值因素[D]. 上海：上海社会科学院.

侯松，吴宗杰，2013. 遗产研究的话语视角：理论·方法·展望[J]. 东南文化（3）：6-13.

侯文辉，2009. 权力诉求视野中的艺术生产——从布尔迪厄艺术社会学理论解读全国美展创作现象[J]. 艺术百家，25（6）：198-201.

侯越，2006. 从韩流看"影视表象"与"旅游地形象"的构筑[J]. 旅游学刊，21（2）：62-66.

胡鞍钢，2005. 如何看待现代中国崛起[J]. 开发研究（3）：1-5.

胡超，2005. 大学生跨文化意识与跨文化交际能力调查报告[J]. 中国外语（3）：60-64.

胡赤弟，2015. 理论 实践 模式 宁波市高等教育协同发展——2014宁波高等教育研究论坛文集[C]. 杭州：浙江大学出版社.

胡春光，杨宁芳，2005. 布迪厄的教育社会学思想除魅——作为符号权力的文化[J]. 外国教育研究（7）：10-13.

胡春艳，2002. 跨文化企业的文化冲突与融合[D]. 长沙：湖南大学.

胡大平，2001. 全球资本主义和后革命氛围——论德里克的"后革命氛围"理论[J]. 南京社会科学（8）：11-15.

胡逢祥，2016. 文化比较视野下的中西史学近代转型[J]. 学习与探索（12）：159-166.

胡港云，2016. 大学文化自觉及其提升研究[D]. 长沙：湖南大学.

胡惠林，2000. 国家文化安全：经济全球化背景下中国文化产业发展策论[J]. 学术月刊（2）：10-18.

胡惠林，2000. 文化产业发展与国家文化安全——全球化背景下中国文化产业发展问题思考[J]. 上海社会科学院学术季刊（2）：114-122.

胡惠林，2005. 中国国家文化安全论[M]. 上海：上海人民出版社.

胡惠林，2006. 论20世纪中国国家文化安全问题的形成与演变[J]. 社会科学（11）：5-18.

胡惠林，2009. 关于我国文化产业发展战略研究的思考[J]. 东岳论丛（2）：5-12.

胡忌，刘致中，1989. 昆剧发展史[M]. 北京：中国戏剧出版社.

胡键，2010. 中国为什么需要海洋大战略？[J]. 社会观察（12）：30-33.

胡键，2011. 文化软实力研究：中国的视角[J]. 社会科学（5）：4-13.

胡令远，2003. 文明的共振与发展——中日文化关系研究[M]. 北京：时事出版社.

胡梦楠，2014. 论中国饮食文化的传播与认同——以纪录片《舌尖上的中国》为例[D]. 郑州：郑州大学.

胡日查，2005. 翻译中的对等（英文）[J]. 语文学刊（20）：9-13.

胡适，1918. 文学进化观念与戏剧改良[N]. 新青年，1918-10-15.

胡适，2013. 胡适文选 朱自清点评本：下册[M]. 朱自清，评. 北京：中国文史出版社.

胡文仲，1990.跨文化交际学选读[M].长沙：湖南教育出版社.

胡晓，2003.中法大学与中法文化交流[D].成都：西南交通大学.

胡兴文，巫阿苗，2014.中国文化走出去：面向受众的翻译出版路径[J].中国出
版（2）：34-37.

胡友珍，梅然，2010.后殖民主义理论的中国话语[J].中国农业大学学报（社会
科学版），27（2）：35-42.

胡玉鸿，2006.法律与自由：密尔法律思想之分析[J].中国井冈山干部学院学报
（1）：118-124.

胡正荣，2015.中国如何把握机会在国际话语体系中争取一席之地[J].理论导报
（8）：36-39.

胡志平，2000.大力发展来华留学生教育　提高我国高校国际交流水平[J].中国
高教研究（3）：32-35.

花建，2012.中国文化地缘战略和中国文化"走出去"的新格局[J].东岳论丛，
33（1）：46-52.

花建，等，2013.文化软实力：全球化背景下的强国之道[M].上海：上海人民出
版社.

华德，2009.中法学者沪上共论孔子思想[N].文汇读书周报，2009-09-18.

华静，2010.文化差异、文化误读与误读的创造性价值——兼析动画片《花木
兰》与《功夫熊猫》的中美文化差异与误读现象[J].兰州学刊（1）：217-
220.

黄国柱，贾永，曹智，2003.中国迈向"太空文明"新时代[N].新华每日电讯，
2003-10-17.

黄河，2011.跨国公司的公共外交决策[J].公共外交季刊（2）：21-26.

黄河清，2005.从冲突到交融——重评近代传教士办学在中西文化交流中的作用
[J].教育发展研究（18）：80-85.

黄红发，陈王琼，2011.全球化背景下西方意识形态渗透的主要手段和特征[J].
学术论坛，34（4）：64-68.

黄会林，杨卓凡，高鸿鹏，2015.中国电影的国际传播渠道及其对国家形象建构
的作用——2014年度"中国电影国际传播"系列调研报告之一[J].现代传播，

37（2）：13-24.

黄加振，2003. 汉文化与英译：从归化趋向异化[J]. 福建教育学院学报，4（7）：95-96.

黄健，蓝玉，2007. 新媒体传播业的现状分析与发展趋势[J]. 改革与战略，23（11）：102-105.

黄科安，2003. 重建现代知识者公共空间的言论平台——关于新时期中国现代随笔的解读和研究[J]. 文艺评论（2）：46-51.

黄鸣奋，2006. 海外教育五十年[M]. 厦门：厦门大学出版社.

黄启臣，1992. 16-18世纪中国文化对欧洲国家的传播和影响[J]. 中山大学学报（社会科学版），1992（4）：54-62.

黄青，2011. 跨国公司文化冲突和融合及跨文化管理策略[J]. 当代经济（10）：46-47.

黄仁伟，2003. 中国和平崛起与软力量建设[J]. 文汇报（23）：11.

黄仁伟，2006. 国际体系转型与中国和平发展道路[J]. 毛泽东邓小平理论研究（5）：5-13.

黄仁伟，2010. 地缘理论演变与中国和平发展道路[J]. 现代国际关系（A1）：18-25.

黄裳，2011. 笔祸史谈丛[M]. 北京：北京出版社.

黄文弼，2015. 西域史地考古论集[M]. 北京：商务印书馆.

黄夏年，2012. 充分发挥佛教对外服务的民间外交功能[J]. 世界宗教研究（3）：19-31.

黄献国，2008. 全球化语境的文化战略博弈[J]. 解放军艺术学院学报（2）：9-15.

黄旭东，2009. 美国文化安全战略及其对我国的启示[J]. 贵州师范大学学报（社会科学版）（3）：41-46.

黄友义，2008. 发展翻译事业　促进世界多元文化的交流与繁荣[J]. 中国翻译（4）：6-9.

霍步刚，2009. 国外文化产业发展比较研究[D]. 大连：东北财经大学.

霍夫斯泰德，2010. 文化与组织：心理软件的力量[M]. 2版. 李原，孙健，译. 北京：中国人民大学出版社.

霍跃红，2016. 略论翻译之于中国文化"走出去"[J]. 中外文化交流（1）：91-
　　92.

纪宝成，2012. 重估国学的价值[M]. 北京：中国人民大学出版社.

季进，2009. 我译故我在——葛浩文访谈录[J]. 当代作家评论（6）：45-56.

季羡林，2007. 季羡林说国学[M]. 北京：中国书店.

加达默尔，1994. 哲学解释学[M]. 夏镇平，宋建平，译. 上海：上海译文出版社.

贾磊磊，2013. 全球化时代中国文化传播策略的当代转型[J]. 东岳论丛，34
　　（9）：82-87.

简涛洁，2011. 霸权文化与文化威胁——美国文化外交及其对中国和世界的影响
　　[J]. 太平洋学报，19（6）：23-30.

江帆，2006. 让马可波罗重回中国——论冯承钧及其所译中外文化交流典籍[J].
　　中国翻译（2）：32-38.

江南，2008. 美国跨国传媒与美国大众文化全球扩张[D]. 广州：暨南大学.

江泽民，1998. 在庆祝北京大学建校一百周年大会上的讲话[N]. 人民日报，
　　1998-05-05.

姜飞，2006. 殖民话语的特性分析[J]. 学习与实践（7）：151-158.

姜耕玉，1997. 寻找：新诗体文本与母语的批评方式——二十世纪中国诗歌反思
　　[J]. 文艺研究（2）：87-94.

姜建成，2010. 论马克思主义方法论特质[J]. 苏州大学学报（哲学社会科学
　　版），31（4）：18-21.

姜楠，2017. 中国在伊朗的文化软实力建设研究[J]. 对外传播（3）：55-57.

姜锡东，2010. 宋代真理学的构件和后世的取舍[J]. 河北大学学报（哲学社会科
　　学版），35（5）：1-11.

姜义华，2010. 中华文明从传统向现代转型及其路径的独创性[J]. 社会科学
　　（3）：110-112.

姜治文，文军，1999. 翻译批评论[M]. 重庆：重庆大学出版社.

蒋建国，2008. 符号景观、传媒消费主义与媒介文化向度[J]. 新闻与传播研究
　　（4）：45-51.

蒋旭东，2015. 小议对外翻译中作者与译者的关系[J]. 海外英语（19）：118-119.

蒋寅，2007. 原始与会通："意境"概念的古与今——兼论王国维对"意境"的曲解[J]. 北京大学学报（哲学社会科学版），44（3）：12-25.

杰姆逊，1987. 后现代主义与文化理论：弗·杰姆逊教授讲演录[M]. 唐小兵，译. 西安：陕西师范大学出版社.

杰姆逊，张京媛，1989. 处于跨国资本主义时代中的第三世界文学[J]. 当代电影（6）：47-59.

金秉运，2008. 韩流热潮与中国大学的韩国语教育[J]. 黑龙江民族丛刊（4）：168-173.

金灿荣，2015. 中美关系与"修昔底德陷阱"[J]. 湖北大学学报（哲学社会科学版），42（3）：13-19.

金京勋，2009. 中国韩流的变化状况研究——以电视剧为中心[M]. 北京：中国社会科学出版社.

金耀基，2016. 中国文明的现代转型[M]. 广州：广东人民出版社.

金元浦，1997. 论文学的主体间性[J]. 天津社会科学（5）：86-96.

金元浦，2005. 美国政府的文化外交及其特点[J]. 国外理论动态（4）：33-36.

金元浦，2006. 文化创意产业：创新型中国的战略选择[N]. 人民日报，2006-12-29.

金元浦，2010. 我国文化创意产业发展的三个阶梯与三种模式[J]. 中国地质大学学报（社会科学版），10（1）：20-24.

井世洁，2011. 转型期中国社会信任问题研究的路径选择——基于中西比较的视角[J]. 社会科学（7）：78-85.

景海峰，2002. 中国诠释学的几种思路[N]. 光明日报，2002-09-26.

景海峰，2005. 儒家思想现代诠释的哲学化路径及其意义[J]. 中国社会科学（6）：26-36.

景海峰，赵东明，2015. 诠释学与儒家思想[M]. 上海：东方出版中心.

居珈璇，2010. 浅析跨文化交流中"文化休克"的原因及对策[J]. 黄冈职业技术学院学报，12（2）：83-85.

凯尔纳，赵士发，2011. 文化研究、多元文化主义与媒体文化[J]. 国外社会科学
（5）：66-74.

康兆春，2009. 文化分层化和跨文化再适应[J]. 广州大学学报（社会科学版），8
（10）：72-75.

柯布，刘昀献，2010. 中国是当今世界最有可能实现生态文明的地方——著名建
设性后现代思想家柯布教授访谈录[J]. 中国浦东干部学院学报（3）：7-12.

柯平，鲍川运，2002. 世界各地高校的口笔译专业与翻译研究机构：上[J]. 中国
翻译（4）：61-68.

柯平，鲍川运，2002. 世界各地高校的口笔译专业与翻译研究机构：下[J]. 中国
翻译（6）：45-51.

柯平，鲍川运，2002. 世界各地高校的口笔译专业与翻译研究机构：中[J]. 中国
翻译（5）：54-61.

孔茨，韦里克，1993. 管理学[M]. 9版. 郝国华，等译. 北京：经济科学出版社.

孔凡岭，1987. 留日学生对中国近代文化的贡献[J]. 齐鲁学刊（6）：30-35.

孔慧怡，1999. 翻译·文学·文化[M]. 北京：北京大学出版社.

孔令丞，郁义鸿，2005. 经济全球化与"中国制造"：一个基于价值链增值视角
的研究[J]. 科技导报，23（1）：58-61.

孔祥吉，村田雄二郎，2004. 罕为人知的中日结盟及其他——晚清中日关系史新
探[M]. 成都：巴蜀书社.

孔子学院总部，国家汉办，2017. 砥砺奋进的五年：数据看孔院（2012—2017）
[EB/OL]. http://www.hanban.edu.cn/article/2017-10-23/content_702594.htm，
2017-10-23.

匡瑛，石伟平，2006. 论社会文化传统对世界各国高职模式选择的影响[J]. 教育
与职业（33）：15-18.

拉什，程艳，2009. 后霸权时代的权力——变化中的文化研究[J]. 江西社会科学
（8）：248-256.

赖小萍，2006. 浅析韩剧热背后韩流经济的成功模式[J]. 当代经理人（9）：
238-239.

赖义美，2008.《中国崛起策》：探寻中国复兴路[J]. 红岩春秋（5）：84.

兰希秀，2005. 试论后现代语境下的后殖民理论的文化特征[J]. 淮北师范大学学报（哲学社会科学版），26（5）：88-90.

蓝红军，2016. 整体史与碎片化之间：论翻译史书写的会通视角[J]. 中国翻译（1）：5-11.

雷茜，2010. 好莱坞电影中的中国形象和华人形象的嬗变[J]. 电影文学（10）：41-42.

雷颖娟，2008. 浅析韩剧在中国流行的原因[J]. 新闻知识（2）：45-46.

雷钰，2011. 中古时期伊朗与中国的丝路商贸[J]. 人文杂志（1）：138-142.

黎永泰，黎伟，2003. 企业管理的文化阶梯[M]. 成都：四川人民出版社.

李安民，1988. 关于文化涵化的若干问题[J]. 中山大学学报（社会科学版）（4）：45-52.

李宝红，2002. 梁启超与近代中西文化交流中的"附会"现象[J]. 华中师范大学学报（人文社会科学版），41（4）：61-66.

李冰梅，2008. 林语堂《论语》英译与跨文化阐释[J]. 作家（10）：184-185.

李陈章，丁爱侠，2013. 中国古代海洋文明与西方海洋文明的比较[J]. 学理论（5）：139-140.

李德芬，2009. 全球化时代的公共外交[D]. 济南：山东大学.

李庚香，2003. 当代中国文化的命运及选择之走向二十一世纪的中国文化[J]. 青年学研究（2）：8-10.

李贵苍，2009. 揭露"傅满洲医生"[J]. 文艺与争鸣（1）：126-132.

李国强，2016. 关于中国海洋文化的理论思考[J]. 思想战线，42（6）：27-33.

李海燕，2007. 企业文化变革研究[D]. 北京：北京交通大学.

李宏伟，别应龙，2015. 工匠精神的历史传承与当代培育[J]. 自然辩证法研究（8）：54-59.

李宏岩，2014. 中国文化传播视域下的留学生英语课堂[J]. 新闻战线（9）：117-118.

李化树，2005. 论大学的软实力[J]. 清华大学教育研究（4）：48-54.

李辉，熊易寒，唐世平，2013. 中国的比较政治学研究：缺憾和可能的突破[J]. 经济社会体制比较，5（1）：138-151.

李惠生，1998. 中华海洋文化的历史及其辉煌成就——从远古时代至公元1433年的考察及评价[J]. 中国海洋大学学报（社会科学版）（1）：62-65.

李继高，2013. 论全球化语境下的文化自觉、文化自信和文化自强[J]. 西北大学学报（哲学社会科学版），43（5）：166-170.

李继民，2007. 从动态学角度研究翻译中的"文化迁移"[J]. 语言与翻译（汉文版）（1）：39-43.

李嘉珊，任爽，2016."一带一路"战略背景下海外文化市场有效开拓的贸易路径[J]. 国际贸易（2）：62-66.

李江帆，2003. 文化产业：范围、前景与互动效应[J]. 经济理论与经济管理（4）：26-30.

李金林，应飚，2004. 建设一流大学过程中对校园文化建设的思考[J]. 中国高教研究（1）：61-62.

李晋丽，2006. 以中国传统文化为根基的现代企业文化研究[D]. 西安：西北工业大学.

李景源，2016. 略论中国文化走出去[J]. 江汉论坛（11）：30-32.

李景源，2017. 认清中国文化走出去的必要性和现实路径[J]. 学术界（2）：246-246.

李炯英，2002. 中国跨文化交际学研究20年述评[J]. 解放军外国语学院学报，25（6）：86-90.

李娟，李月敏，2007. 日本动漫文化输出战略[J]. 河北大学学报（哲学社会科学版），32（4）：122-125.

李军，田小红，2015. 中国大学国际化的一个全球试验——孔子学院十年之路的模式、经验与政策前瞻[J]. 中国高教研究（4）：37-43.

李君文，2000. 东西方文化价值观念对比与分析[J]. 外语研究（1）：29-32.

李珺平，2014. 论《旧唐书》的是今文学观与多元化思想[J]. 青海社会科学（6）：118-125.

李开盛，2012. 人、国家与安全治理：国际关系中的非传统安全理论[M]. 北京：中国社会科学出版社.

李开盛，戴长征，2011. 孔子学院在美国的舆论环境评估[J]. 世界经济与政治

（7）：76-93.

李开盛，薛力，2012. 非传统安全理论：概念、流派与特征[J]. 国际政治研究，49（2）：93-107.

李康化，2013. "非遗"的认知困境与保护路径[J]. 中国文化产业评论（2）：249-267.

李磊，2013. 论谜米学视阈下的中国文学对外译介[J]. 长城（4）：197-198.

李立新，2012. 东学西渐与中国文化的传播历程[J]. 兰台世界（13）：76-77.

李琳，生安锋，2004. 后殖民主义的文化身份观[J]. 国外理论动态（12）：48-51.

李凌艳，2006. 汉语国际推广背景下海外汉语教学师资问题的分析与思考[J]. 语言文字应用（A1）：75-81.

李梦瑜，2014. 文化遗产传播现状及有效性研究——以群体为例[D]. 厦门：厦门大学.

李明伟，1994. 古丝绸之路与西北民族的凝聚[J]. 西北民族研究（2）：41-47.

李明伟，2005. 丝绸之路研究百年历史回顾[J]. 西北民族研究（2）：90-106.

李模，2015. 从文化遗产保护国际文件看文化遗产保护理念的发展[J]. 史志学刊（2）：104-109.

李佩英，2009. 中国传统文化的和合精神及现实价值[J]. 湖湘论坛，22（3）：107-108.

李平，黄慧，2013. 中国文学走出去——汉籍英译模式探究[J]. 现代语文（语言研究版）（11）：143-145.

李萍，2016. 当代川剧对外传播策略：顺应与创新——基于莎士比亚戏剧的对外传播经验[J]. 四川戏剧（7）：25-29.

李萍，曾青云，2007. 当代大学"软实力"建设缺失分析与策略研究[J]. 教育学术月刊（7）：43-45.

李强，2008. 社会分层十讲[M]. 北京：社会科学文献出版社，2008.

李强，2012. 浅谈《中国国家形象宣传片》的宏观视野与微观视点[J]. 当代电视（3）：37-38.

李青，2008. 前苏联东欧应对西方文化输出战略的经验教训[J]. 理论探索（3）：

40-42.

李全生, 2002. 布迪厄场域理论简析[J]. 烟台大学学报（哲学社会科学版）, 15
（2）: 146-150.

李瑞林, 2011. 从翻译能力到译者素养: 翻译教学的目标转向[J]. 中国翻译
（1）: 46-51.

李三虎, 2013. 中国近代以来的"技术强国"话语变迁及其统摄[J]. 长沙理工大
学学报（社会科学版）, 28（3）: 10-17.

李慎之, 1997. 数量优势下的恐惧: 评亨廷顿第三篇关于文明冲突论的文章[J].
太平洋学报（2）: 3-7.

李守石, 2006. 关于翻译和哲学问题的探究[J]. 世纪桥（11）: 147-148.

李四清, 陈树, 陈玺强, 2014. 中国京剧在海外的传播与影响——翻译与传播京
剧跨文化交流的对策研究[J]. 理论与现代化（1）: 106-110.

李涛, 李群, 2003. "最后的东学西渐"——十九世纪中国科举对西方文官考试
制度的影响及反思[J]. 海南师范学院学报（社会科学版）（3）: 94-98.

李廷江, 1999. 戊戌维新前后的中日关系——日本军事顾问与清末军事改革[J].
历史研究（2）: 87-96.

李微, 余建荣, 2014. 试论非物质文化遗产的新媒体传播策略[J]. 新闻知识
（2）: 48-50.

李巍巍, 2008. 跨文化传播中的文化冲突和融合[J]. 新闻爱好者（5）: 9-10.

李伟, 2003. "'移步'而不'换形'"——论京剧改革的梅兰芳模式[J]. 北京
社会科学（4）: 131-139.

李伟, 俞孔坚, 2005. 世界文化遗产保护的新动向——文化线路[J]. 城市问题
（4）: 7-12.

李伟荣, 2015. 中国文化"走出去"的外部路径研究——兼论中国文化国际影响
力[J]. 中国文化研究（3）: 29-46.

李炜洲, 2017. 宋代工艺美学思想对日本设计的影响研究[J]. 美与时代（1）:
14-15.

李文, 2004. 中国和平崛起: 何以能与何以为[J]. 当代亚太（5）: 3-10.

李希光, 1996. "妖魔化"中国的背后——美国传媒是如何讲政治的[J]. 国际新

闻界（5）：5-10.

李希光，1997. 再论"妖魔化中国"[J]. 国际新闻界（5）：5-13.

李希光，2016. 建设多元共存的"一带一路"大文明圈[J]. 丝绸之路（20）：5-11.

李喜所，1982. 清末留日学生人数小考[J]. 文史哲（3）：30-32.

李喜所，李来容，2009. 清末留日学生"取缔规则"事件再解读[J]. 近代史研究（6）：20-30.

李翔，刘刚，杜曙光，2012. 文化产业与"中国制造"融合发展：基于知识产权优势理论的评析与重构[J]. 马克思主义研究（9）：80-85.

李晓敏，2002. 中国的新安全观[J]. 和平与发展（2）：44-47.

李欣，2011. 数字化保护：非物质文化遗产保护的新路向[M]. 北京：科学出版社.

李新春，戴吉林，2004. 集群化"中国制造"的制度特征与竞争力[J]. 学术研究（7）：13-19.

李新英，2003. 接受美学与翻译中的归化和异化[D]. 北京：首都师范大学.

李雪英，2005. 西方视域中和平崛起的内在紧张与中国的超越[J]. 社科纵横（2）：40.

李彦冰，荆学民，2010. 国家形象传播研究的几个问题[J]. 国际新闻界（6）：118-122.

李艳，2012. 文化自觉的三重释义[J]. 东北师大学报（哲学社会科学版）（4）：230-233.

李杨，2011. 浅析欧美全球通史著作中有关中国史的论述[J]. 首都师范大学学报（社会科学版）（A1）：288-292.

李意，2015. 爱德华·萨义德与中东政治[M]. 上海：上海人民出版社.

李永晶，2016. 新世界主义：破解民族精神的时代困境[J]. 探索与争鸣（2）：64-68.

李友梅，2010. 文化主体性及其困境——费孝通文化观的社会学分析[J]. 中国社会科学文摘（12）：1-19.

李友梅，肖瑛，黄晓春，2012. 当代中国社会建设的公共性困境及其超越[J]. 中国社会科学（4）：125-139.

李元宵，2014. 外事笔译中的文化移情策略[J]. 海外英语（8）：180-181.

李泽厚，1980. 孔子再评价[J]. 中国社会科学（2）：77-96.

李泽厚，1998. 论语今读[M]. 合肥：安徽文艺出版社.

李泽厚，2003. 中国古代思想史论[M]. 天津：天津社会科学院出版社.

李泽厚，王德胜，1994. 文化分层、文化重建及后现代问题的对话[J]. 学术月刊
　　（11）：88-95，33.

李志江，2008. 马克思文化批判的当代意义[J]. 理论导刊（9）：9-12.

李智，2005. 文化外交：一种传播学的解读[M]. 北京：北京大学出版社.

李中华，2006. 谈编纂《儒藏》的意义[N]. 光明日报，2006-11-25.

李忠杰，2000. 新世纪中国全球战略构想[J]. 中共中央党校学报（1）：23-40.

李忠杰，2013. 李忠杰：不断提高中国话语体系的科学化水平[J]. 思想政治工作
　　研究（4）：9-10.

李仲明，2008. 梅兰芳把京剧推向国际舞台[N]. 人民日报，2008-12-30.

李卓，刘杨，陈永清，2006. 发展中国家跨国公司的国际化战略选择：针对中国
　　企业实施"走出去"战略的模型分析[J]. 世界经济（11）：40-51.

李卓，张暮辉，2007. 科举制度与日本[J]. 古代文明（4）：49-55.

李子蓉，2006. 美、日、韩动漫产业发展经验及对我国的启示[J]. 世界地理研
　　究，15（4）：23-29.

李宗桂，2004. 文化自觉与文化发展[J]. 中山大学学报（社会科学版），44
　　（6）：161-165.

利奇温，1962. 十八世纪中国与欧洲文化的接触[M]. 朱杰勤，译. 北京：商务印
　　书馆.

联合国教科文组织，2014. 教育——财富蕴藏其中 [M]. 联合国教科文组织总部
　　中文科，译. 北京：教育科学出版社.

联合国教科文组织世界遗产中心，国际古迹遗址理事会，国际文物保护与修复
　　研究中心，中国国家文物局，2007. 国际文化遗产保护文件选编[M]. 北京：文
　　物出版社.

廉勇，李宝山，2005. 文化差异在企业管理中的冲突和融合——中韩企业跨文化

管理研究[J]. 贵州财经大学学报（2）：78-82.

梁国杰，2014. 西方叙事话语对中国形象的塑造及启示[J]. 南京政治学院学报（6）：102-105.

梁鸿，2002. 话语、权力和主体——关于后结构主义者福柯的理论分析[J]. 湘南学院学报，23（1）：77-80.

梁凯音，2009. 论国际话语权与中国拓展国际话语权的新思路[J]. 当代世界与社会主义（3）：110-113.

梁凯音，2009. 中国拓展国际话语权的思考[J]. 中共中央党校学报（3）：109-112.

梁凯音，2013. 关于拓宽国际视野与构建国民意识问题的思考[J]. 当代世界与社会主义（4）：110-113.

梁凯音，2014. 中国话语权在经济全球化中的困境及其对策[J]. 国际商务（对外经济贸易大学学报）（2）：111-118.

梁晓波，2014. 中国国家形象的跨文化建构与传播[J]. 武汉大学学报（哲学社会科学版），67（1）：107-111.

梁燕，2012. 中国京剧海外传播的先驱——齐如山与梅兰芳[J]. 国际汉学（2）：557-585.

梁正，2000. 大陆文明、市场经济与资本主义[J]. 社会科学战线（2）：32-37.

梁中效，1996. 宋代文化对日本的影响[J]. 汉中师范学院学报（社会科学版）（2）：37-43.

廖奔，2010. 中华戏曲文化美学及其现代转型[J]. 文化艺术研究（2）：129-154.

廖国一，2005. 汉代合浦郡与东南亚等地的"海上丝绸之路"及其古钱币考证[J]. 广西金融研究（A2）：4-8.

廖晶，朱献珑，2005. 论译者身份——从翻译理念的演变谈起[J]. 中国翻译（3）：14-19.

廖文伟，2016. 全球风险社会的跨文化交流理论困境[J]. 当代传播（5）：31-34.

廖勇凯，2005. 跨国企业在沪子公司战略性国际人力资源管理模型建构与实证研究[D]. 复旦：复旦大学.

林豪，2014. "全球本土化"——台湾戏剧的传播形态研究[J]. 戏剧文学（6）：

107-111.

林宏宇, 2012. 中国海洋战略困境: 历史、现实与未来[J]. 人民论坛 (学术前沿) (6): 6-11.

林辉, 2004. 我国近代留美学生群体研究[J]. 华东师范大学学报 (教育科学版), 22 (2): 63-68.

林建华, 李华锋, 2005. 独联体 "颜色革命" 与美国 "新布什主义" [J]. 中共天津市委党校学报 (4): 85-89.

林克雷, 李全生, 2007. 广义资本和社会分层——布迪厄的资本理论解读[J]. 烟台大学学报 (哲学社会科学版), 20 (4): 63-68.

林绿绿, 程实, 2014. 民国时期教会学校西学东进的影响[J]. 兰台世界 (28): 159-160.

林曦, 2014. 在批判与建构之间: 跨文化形象学的两张面孔[J]. 东南学术 (1): 91-95.

林岩, 2012. 全球化中的他者——后冷战时期西方媒体中的中国人研究[D]. 上海: 上海外国语大学.

林移刚, 2014. 狮子入华考[J]. 民俗研究 (1): 68-74.

林移刚, 杨文华, 2012. 汉族民俗中的 "狮子" 形象及其内涵[J]. 艺术百家 (A1): 71-74.

林语堂, 2000. 中国人[M]. 郝志东, 等译. 上海: 学林出版社.

林玉娴, 2007. 日本动漫的全球扩散与日本文化输出战略[D]. 广州: 暨南大学.

林治平, 1977. 基督教入华百七十年纪念集[M]. 台北: 宇宙光出版社.

蔺雪春, 2013. 通往生态文明之路: 中国生态城市建设与绿色发展[J]. 当代世界与社会主义 (2): 32-36.

凌纯声, 1956. 中国台湾与东南亚的巴国石匕兵器及其在太平洋与美洲的分布[J]. (台湾大学) 考古人类学刊 (7).

凌来芳, 2017. 中国戏曲 "走出去" 译介模式探析——以 "百部中国京剧经典剧目外译工程" 丛书译介为例[J]. 戏剧文学 (8): 117-124.

凌薇, 2012. 普世价值与种族歧视——论好莱坞影片中的华人形象[J]. 电影文学 (23): 16-17.

刘爱河，2008.试论文化遗产的符号价值[J].辽宁行政学院学报（8）：185-186.

刘安经，2006.浅析文化交流"逆差"中的信息侵略现象[J].社会科学家（A1）：345-346.

刘朝晖，2016."被再造的"中国大运河：遗产话语背景下的地方历史、文化符号与国家权力[J].文化遗产（6）：60-67.

刘崇中，1998.重构文学史：观念及理论诸问题[J].外国文学研究（4）：65-68.

刘创，2015.大学创新力内生性构成要素分析[J].贵州社会科学（6）：113-117.

刘德定，2012.当代中国文化软实力研究[D].开封：河南大学.

刘芳，2005.郑和更像一位和平的使者——专访法国《回声报》记者阿德里安·孔博[N].参考消息，2005-07-05.

刘刚，2015."东西方"：海洋文明的经纬[J].国家人文历史（6）：89-89.

刘刚，2015.商与迈锡尼的衰落[J].国家人文历史（9）：81.

刘刚，张俊，刁常宇，2005.敦煌莫高窟石窟三维数字化技术研究[J].敦煌研究（4）：104-109.

刘禾，2000.跨语际实践——文学、民族文化与被译介的现代性（中国，1900—1937）[M].宋伟杰，等译.北京：生活·读书·新知三联书店.

刘和平，2008.中译外：悖论、现实与对策[J].外语与外语教学（10）：61-63.

刘和平，2011.翻译能力发展的阶段性及其教学法研究[J].中国翻译（1）：37-45.

刘和平，2014.政产学研：语言服务人才培养新模式探究[J].中国翻译（5）：40-45，128.

刘红英，2008.创新力：现代大学的核心竞争力[J].中国高教研究（4）：65-67.

刘鸿明，2008.论社会主义核心价值体系[J].西安文理学院学报（社会科学版），11（1）：76-78.

刘继南，何辉，2006.国际视野中的中国国家形象：中国国家形象的国际传播现状与对策[M].北京：中国传媒大学出版社.

刘佳，2014.后殖民翻译权力话语：后殖民主义译论与当代中国翻译[M].成都：四川大学出版社.

刘建飞，林晓光，2002.21世纪初期的中美日战略关系[M].北京：中共中央党校出版社.

刘建飞，林晓光，2006. 政治文化与21世纪中美日关系[M]. 北京：解放军出版社.

刘建华，2007. 美国跨国公司与"民主输出"研究[D]. 上海：复旦大学.

刘杰，2006. 国际体系与中国的软力量[M]. 北京：时事出版社.

刘捷，2014. 明末通俗类书与西方早期中国志的书写[J]. 民俗研究（3）：35-42.

刘静，2011. 软实力视域下传统文化输出的问题与对策[J]. 河南大学学报（哲学社会科学版），51（2）：117-121.

刘筠梅，2017. 全媒体时代表演艺术类非物质文化遗产的传播模式分析[J]. 中华文化论坛（6）：29-34.

刘珺，2010. 中国戏曲对外传播的跨文化障碍[J]. 戏曲艺术（2）：47-50.

刘康，金衡山，1998. 后殖民主义批评：从西方到中国[J]. 文学评论（1）：150-160.

刘克利，2011. 大学在国家文化软实力建设中的战略地位[J]. 湖南大学学报（社会科学版）（5）：5-6.

刘灵芝，张锐戟，2008. 学术文化力：基于高校软实力构筑的文化思考[J]. 南京工程学院学报（社会科学版）（4）：47-51.

刘宓庆，2005. 文化翻译论纲[M]. 武汉：湖北教育出版社.

刘朋，2012. 中国的政治认知与国家形象传播演化[J]. 国际新闻界（7）：26-31.

刘琼，2012. 中国文化遗产传播曲线变化：由被动传播到主动传播[J]. 艺术评论（8）：92-95.

刘群，孟永，2005. 马克斯·韦伯的社会分层与文化[J]. 巢湖学院学报，7（1）：29-32.

刘瑞强，2005. 试从翻译效应学角度看中国文化对日本文化的影响[J]. 昌吉学院学报，13（4）：63-66.

刘文宇，李珂，2016. 国外批评性话语分析研究趋势的可视化分析[J]. 外语研究（2）：39-45.

刘小丹，朱玮，2013. 韩流与"亚洲"想象[J]. 浙江传媒学院学报（3）：97-101.

刘晓东，2014. "晚明"与晚明史研究[J]. 学术研究（7）：98-103.

刘晓林，2004. 中国和平崛起[J]. 观察与思考（10）：12-17.

刘昫，等，1997. 旧唐书：第四册[M]. 陈焕良，文华，点校. 长沙：岳麓书社.

刘雅芳，2013. 陈季同与晚清中西文化交流[J]. 兰台世界（16）：78-79.

刘亚律，2009. 西方文论中国化的若干策略问题[J]. 江西社会科学（4）：112-117.

刘艳，2004. 傅满洲——西方社会妖魔化中国的形象巅峰[J]. 淮海工学院学报（社会科学版）（2）：51-53.

刘艳，段清波，2016. 文化遗产价值体系研究[J]. 西北大学学报（哲学社会科学版），46（1）：23-27.

刘瑶，2016. 日本动漫产业的发展历程、驱动因素及现实困境[J]. 现代日本经济（1）：63-75.

刘一鸣，杨跃，2014. 翻译伦理视阈下的文化"他者"研究——以葛浩文的英译本《丰乳肥臀》为例[J]. 东疆学刊，31（2）：105-109.

刘易斯，2002. 文化的冲突与共融[M]. 关世杰，主译. 北京：新华出版社.

刘毅，2000. 日本文化史研究的创新之作[J]. 日本研究（2）：96-98.

刘毅，刘英伟，2004. 中国文化对日本文化发展衍变的影响[J]. 边疆经济与文化（5）：83-85.

刘迎胜，1991. 唐元时代中国的伊朗语文与波斯语文教育[J]. 新疆大学学报（哲学人文社会科学版）（1）：18-23.

刘永彦，2008. 浅谈中国文化遗产保护存在的一些问题[J]. 经济研究导刊（17）：197.

刘云虹，2015. 译者行为与翻译批评研究——《译者行为批评：理论框架》评析[J]. 中国翻译（5）：65-70.

刘云虹，2015. 中国文学对外译介与翻译历史观[J]. 外语教学理论与实践（4）：1-8.

刘云虹，许钧，2014. 文学翻译模式与中国文学对外译介——关于葛浩文的翻译[J]. 外国语（3）：6-17.

刘云山，2016. 我们的文明观[J]. 当代世界（11）：14-21.

刘志琴，2004. 晚明史论——重新认识末世衰变[M]. 南昌：江西高校出版社.

刘祖云，2008. 非政府组织：兴起背景与功能解读[J]. 湖南社会科学（1）：73-
78.

柳宏，2010. 儒家经典的价值挖掘与诠释转型——论《论语》在当代和谐社会建
设中的参照意义[J]. 理论学刊（1）：70-76.

柳诒徵，2015. 民国大师文库：第10辑　中国文化史（下）[M]. 北京：北京联合
出版公司.

泷泽意伲，2006. 日本文化产业的发展与启示[J]. 国际贸易（10）：34-38.

楼宇烈，2003. 在深刻反思中走向近代文明——16世纪至20世纪初中国文明的发
展与转型[J]. 国学研究辑刊（12）：75-87.

楼圆玲，2010. 大众传媒对非物质文化遗产传播的研究[D]. 杭州：浙江大学.

卢进勇，2012. "走出去"战略与中国跨国公司崛起——迈向经济强国的必由之
路[M]. 北京：首都经济贸易大学出版社.

卢进勇，李建明，杨立强，2016. 中国跨国公司发展报告（2015）[M]. 北京：对
外经济贸易大学出版社.

卢进勇，刘辉群，王辉耀，2017. 中国跨国公司发展报告（2016）[M]. 北京：对
外经济贸易大学出版社.

鲁桐，郑俊圭，2005. 韩国企业在中国的投资与中韩经贸关系展望[J]. 世界经济
与政治（2）：66-70.

鲁毅，等，1997. 外交学概论[M]. 北京：世界知识出版社.

陆建松，2010. 中国文化遗产保护管理的政策思考[J]. 东南文化（4）：22-29.

陆妍，2012. 探析母语文化负迁移对翻译活动的影响[J]. 海外英语（6）：146.

陆玉林，2004. 中国学术通史：先秦卷[M]. 北京：人民出版社.

陆芸，2013. 近30年来中国海上丝绸之路研究述评[J]. 丝绸之路（2）：13-16.

罗伯逊，1990. 美国神话　美国现实[M]. 贾秀东，译. 北京：中国社会科学出版
社.

罗锋，翟菁，2013. 参与·记忆：关于中国社区影像传播效果的重新检视[J]. 现
代传播，35（1）：92-95.

罗刚，刘象愚，1999. 后殖民主义文化理论[M]. 北京：中国社会科学出版社.

罗钢，1997.关于殖民话语和后殖民理论的若干问题[J].文艺研究（3）：23-31.

罗国杰，1998.中国传统文化与二十一世纪人才培养[J].高校理论战线（6）：32-37.

罗怀臻，2004.重建中的中国戏剧——"传统戏剧现代化"与"地方戏剧都市化"[J].中国戏剧（2）：4-8.

罗家如，2005.从版权贸易看中国出版"走出去"[J].中国编辑（4）：22-25.

罗杰斯，2002.创新的扩散[M].辛欣，等译.北京：中央编译出版社.

罗敏，1991.论主客间认识关系的主体间情境[J].哲学研究（6）：37-45.

罗萍，2013.非物质文化遗产视野下川剧传承保护策略研究[J].四川戏剧（1）：43-45.

罗素，1996.中国问题[M].秦悦，译.上海：学林出版社.

罗天虹，1999.哥本哈根学派的安全理论评析[J].教学与研究（8）：47-53.

罗天全，2012.他促进昆曲艺术走向世界——王光祈《论中国古典歌剧》学习札记[J].音乐探索（2）：13-16.

罗新星，2011.跨文化传播视野下的文化软实力[J].湖南社会科学（2）：167-170.

罗彦，蒋淑君，2004.数字时代的文化基因重组——我国文化遗产数字化现状与未来发展[J].科技进步与对策，21（9）：55-57.

罗志田，1996.传教士与近代中西文化竞争[J].历史研究（6）：77-94.

骆莉，2006.日本文化立国战略推动下的文化产业发展[J].东南亚研究（2）：42-45.

吕娜，2009.当代奇卡纳代表作家研究[D].长春：吉林大学.

吕顺长，2001.清末留日学生从量到质的转变——关于清末"五校特约"留学的考察[J].浙江大学学报（人文社会科学版），31（1）：83.

吕堂红，周林华，2010.我国高等学校软实力建设问题研究[J].长春理工大学学报（社会科学版）（2）：93-95.

吕舟，2006.文化线路构建文化遗产保护网络[J].中国文物科学研究（1）：59-63.

吕舟，2014.面对挑战的中国文化遗产保护[J].世界建筑（12）：24-27.

吕舟，2015.《中国文物古迹保护准则》的修订与中国文化遗产保护的发展[J].
中国文化遗产（2）：4-24.

吕舟，2015. 略论中国文化遗产保护观念的发展[J]. 中外文化交流（6）：67-71.

麻国庆，朱伟，2014. 社会主义新传统与非物质文化遗产研究[J]. 开放时代
（6）：153-167.

马蒂尼克，齐克琛，1983. 北卡罗来纳大学所藏中国晚清历史手稿资料[J]. 清史
研究（2）：29-30.

马风书，2001. 转型期的俄罗斯外交战略[J]. 当代世界社会主义问题（1）：28-
39.

马惠娣，2003. 人类文化思想史中的休闲——历史·文化·哲学的视角[J].自然
辩证法研究，19（1）：55-65.

马娟，2007. 冷战后美国中亚战略的调整及影响[D]. 广州：暨南大学.

马丽蓉，2017. 丝路学，关于"中国与世界关系"的百年显学[EB/OL]. http://
opinion.huanqiu.com/opinion_world/2017-11/11411046.html，2017-11-29.

马斯泰洛内，2001. 一个未完成的政治思索：葛兰西的《狱中札记》[M]. 北京：
社会科学文献出版社.

马威，2008. 民间构建"新民族主义文化"之路——人类学视角下的民族文化传
播[J]. 国际新闻界（9）：5-9.

马也，2007. 西方戏剧的传入对中国戏曲的影响[J]. 中国戏剧（4）：6-8.

马一虹，2006. 日本遣唐使并真成入唐时间与在唐身份考[J]. 世界历史（1）：
58-65.

马艺，马勇，2013. 文化视角下川剧英译策略研究初探——以川剧《滚灯》为例
[J]. 四川戏剧（7）：64-67.

马勇，2016. "海洋文明"的迷思[J]. 中国图书评论（8）：73-77.

马祖毅，任荣珍，2003. 汉籍外译史[M]. 武汉：湖北教育出版社.

马作武，2007. 庄子平等、自由观发微[J]. 中山大学学报（社会科学版），47
（1）：40-45.

麦克高希，2003. 世界文明史——观察世界的新视角[M]. 董建中，王大庆，译.
北京：新华出版社.

毛巧晖，2016. 非物质文化遗产：文化记忆的展示、保护与实践[J]. 西北民族大学学报（哲学社会科学版）（4）：116-121.

茅海建，1995. 天朝的崩溃：鸦片战争再研究[M]. 北京：生活·读书·新知三联书店.

茅海建，郑匡民，2004. 日本政府对于戊戌变法的观察与反应[J]. 历史研究（3）：54-109.

梅显仁，1997. 郑和在海外华人中的影响[J]. 八桂侨刊（2）：33-36.

梅新林，葛永海，2008. 经典"代读"的文化缺失是什么？[J]. 作品与争鸣（11）：78-80.

梅新林，葛永海，2008. 经典"代读"的文化缺失与公共知识空间的重建[J]. 中国社会科学（2）：152-167.

梅原郁，胡德芬，1984. 日本研究宋史之现状[J]. 杭州大学学报（哲学社会科学版）（3）：105-108.

门多萨，1998. 中华大帝国史[M]. 何高济，译. 北京：中华书局.

孟根龙，2012. 建设性后现代主义生态危机理论管窥[J]. 武汉科技大学学报（社会科学版），14（3）：254-257.

孟华，2001. 比较文学形象学[M]. 北京：北京大学出版社.

孟建，2001. "文化帝国主义"的传播扩张与中国影视文化的反弹——加入WTO，中国影视艺术的文化传播学思考[J]. 现代传播（1）：23-31.

孟亮，2008. 大国策：通向大国之路的软实力[M]. 北京：人民日报出版社.

孟鸣歧，2000. 全球化：文化认同与文化冲突[J]. 北京行政学院学报（2）：54-55.

孟昭毅，李载道，2005. 中国翻译文学史[M]. 北京：北京大学出版社.

孟志军，2016. 非物质文化遗产传播策略选择[J]. 兰台世界（7）：31-33.

苗菊，2006. 西方翻译实证研究二十年（1986—2006）[J]. 外语与外语教学（5）：45-48.

苗菊，朱琳，2008. 本地化与本地化翻译人才的培养[J]. 中国翻译（5）：30-34，95-96.

苗绿，2016. 留学生与中国文化的海外传播[J]. 神州学人（2）：20-23.

闵维方，2004. 高等院校与终身教育[J]. 中国大学教学（2）：9-10.

敏贤麟，2008. 从西道堂创建看中伊文化的和谐交融[J]. 北方民族大学学报
（6）：84-87.

缪家福，2005. 全球化与民族文化多样性[M]. 北京：人民出版社.

摩根索，1993. 国家间的政治——为权力与和平而斗争[M]. 杨岐鸣，等译. 北
京：商务印书馆.

莫大华，2002. 建构主义式的安全研究途径——哥本哈根学派与批判性安全研究
学派之比较研究[J]. 复兴岗学报（74）：303-323.

莫盛凯，夏安凌，2011. 跨国公司的公共外交价值及其开发利用[J]. 江汉论坛
（9）：18-21.

牟常青，王莉，2015. 批评话语分析在跨文化交际研究中的应用[J]. 才智（9）：
102-105.

牟钟鉴，2005. 儒学是推动世界文明对话的重要精神力量[J]. 探索与争鸣（1）：
5-8.

穆雷，1999. 中国翻译教学研究[M]. 上海：上海外语教育出版社.

穆昭阳，2010. 大众媒介语境下的非物质文化遗产传播[J]. 长江师范学院学报，
26（4）：25-28.

那晓丹，2013. 文化全球化态势下的文化移情探究[J]. 时代教育（5）：30-31.

纳麒，2006. 文明对话"三部曲"：差异、碰撞与整合——兼论中国"回儒"
对话的历史轨迹[J]. 云南民族大学学报（哲学社会科学版），23（5）：136-
141.

奈，1992. 美国定能领导世界吗[M]. 何小东，等译. 北京：军事译文出版社.

奈，2005. 硬权力与软权力[M]. 门洪华，译. 北京：北京大学出版社.

奈，王缉思，赵明昊，2009. 中国软实力的兴起及其对美国的影响[J]. 世界经济
与政治（6）：6-12.

内藤湖南，1997. 日本文化史研究[M]. 储元熹，卞铁坚，译. 北京：商务印书馆.

宁继鸣，2006. 汉语国际推广：关于孔子学院的经济学分析与建议[D]. 济南：山
东大学.

牛宏宝，2005. "跨文化历史语境"与当今中国文化言说者的基本立场[J]. 人文

杂志（4）：96-102.

牛建科，2005. 复古神道哲学思想研究[M]. 济南：齐鲁书社.

牛群，2002. 唐代中日文献交流的特点及其对日本文化的影响[J]. 四川图书馆学报（6）：48-51.

诺安，1986. 笑的历史[M]. 果永毅，许崇山，译. 北京：生活·读书·新知三联书店.

欧阳宏生，梁英，2005. 混合与重构：媒介文化的"球土化"[J]. 现代传播（2）：6-9.

欧阳康，2001. 当代哲学视野中的社会认识论[J]. 天津社会科学（5）：34-36.

欧阳康，2002. 社会认识论——人类社会自我认识之谜的哲学探索[M]. 昆明：云南人民出版社.

欧阳康，陈仕平，2008. 论俄罗斯民族精神的主要特性[J]. 华中科技大学学报（社会科学版），22（1）：4-9.

帕斯卡尔，阿索斯，1984. 日本企业管理艺术[M]. 陈今森，译. 北京：中国科学技术翻译出版社.

潘德荣，2003. 文字·诠释·传统：中国诠释传统的现代转化[M]. 上海：上海译文出版社.

潘俊峰，杨民军，1998. 是总结，还是翻案——兼评《大东亚战争的总结》[M]. 北京：军事科学出版社.

潘娜娜，2012. 从多维视角解读西方对中国的误读[J]. 江汉论坛（4）：73-76.

潘小鹏，2005. 中兴通讯公司企业文化的研究[D]. 武汉：华中科技大学.

潘一禾，2005. 文化与国际关系[M]. 杭州：浙江大学出版社.

潘忠岐，2004. 非传统安全问题的理论冲击与困惑[J]. 世界经济与政治（3）：38-43.

庞卓恒，2001. 中西古文明比较[J]. 社会科学战线（4）：111-138.

培根，1984. 新工具[M]. 许宝骙，译. 北京：商务印书馆.

培根，笛卡尔，拉美特利，1999. 新工具：人是机器[M]. 张毅，等译. 北京：中国社会出版社.

裴娣娜，2002. 多元文化与基础教育课程文化建设的几点思考[J]. 教育发展研究，22（4）：5-8.

裴娣娜，孙鹏，2008. 学校教育创新力研究的几个基本问题[J]. 中国教育学刊
（6）：1-6.

裴秋芬，2011. 和谐视阈中资本文明和生态文明互补性的思考[J]. 青少年研究与
实践，29（2）：12-15.

彭波，2016. "一带一路"推进与文明交融[J]. 国际贸易（2）：31-36.

彭冬梅，潘鲁生，孙守迁，2006. 数字化保护——非物质文化遗产保护的新手段
[J]. 美术研究（1）：47-51.

彭清，2013. 汉籍外译对民族典籍英译之借鉴[J]. 广州大学学报（社会科学
版），12（2）：70-74.

彭树智，2013. 我的文明观[M]. 西安：西北大学出版社.

彭水香，2012. 分析美学：中国传统美学东学西渐的革新之途[J]. 东北师大学报
（哲学社会科学版）（1）：138-141.

彭天，2016. 中国跨国企业公共外交研究——以华为对非公共外交为例[D]. 上
海：上海师范大学.

彭修银，刘悦笛，1999. 文化相对主义与东方美学建构[J]. 天津社会科学（5）：
79-83.

彭艳，2012. 周作人的日本文学翻译成就[J]. 兰台世界（22）：55-56.

蒲星光，2005. 儒家文化道德对韩国的深远影响[J]. 东北亚论坛，14（6）：92-
94.

朴光海，2003. "韩流"在中国的波及与影响[J]. 当代韩国（C1）：71-75.

朴光海，2011. 韩流的文化启示：兼论韩流对现代社会生活方式的影响及其文化
根源[J]. 国外社会科学（4）：98-104.

朴文一，金龟春，1999. 中国古代文化对朝鲜和日本的影响[M]. 牡丹江：黑龙江
朝鲜民族出版社.

齐平，刘佳琪，肖旭东，2014. 文化强国视野下国有企业文化自觉与企业成长关
系研究[J]. 吉林大学社会科学学报（1）：133-140，175-176.

钱凤莲，陈传伟，2007. 东方民族文化身份需要重构吗？[J]. 东南亚纵横（4）：
61-66.

乔成果，1998. 试论中国传统文化的"和合"精神[J]. 中央社会主义学院学报
　　（3）：38-41.

乔虹，2008. 国家形象：一个和平崛起大国的新课题[N]. 中国妇女报，2008-03-
　　15.

乔玉，林一，2012. 京剧跨文化传播中的非语言要素研究[J]. 戏曲艺术（4）：
　　95-98.

乔兆红，2010. 中国与世界博览会：西学东渐与中学西渐[J]. 文史知识（1）：
　　96.

秦绍德，2013. 大学之水[M]. 北京：商务印书馆.

秦维宪，2002. 21世纪：东方文化全面复兴的新纪元——东方学大师季羡林先生
　　访谈录[J]. 探索与争鸣（1）：2-7.

秦璇，戴威，2012. 川剧：中国乐感文化的显性标识[J]. 重庆科技学院学报（社
　　会科学版）（8）：134-136.

清华大学校史研究室，1991. 清华大学史料选编：第二卷　国立清华大学时期
　　（1928—1937）[M]. 北京：清华大学出版社.

清华大学校史研究室，1991. 清华大学史料选编：第一卷　清华学校时期
　　（1911—1928）[M]. 北京：清华大学出版社.

清水茂，1996. 中国文学在日本[J]. 文史知识（1）：57-64.

邱丹阳，2005. 中国-东盟自由贸易区：中国和平崛起的地缘经济学思考[J]. 当
　　代亚太（1）：8-13.

邱凌，2011. 国家形象宣传片的跨文化传播策略[J]. 现代传播（12）：35-38.

邱紫华，王文戈，2004. 东方美学简史[M]. 北京：高等教育出版社.

裘禾敏，2014. 典籍英译与中国文化走出去[J]. 出版发行研究（7）：81-83.

屈彩霞，2011. 自我精神交往的本质内涵及宪政意义——阿伦特的自我精神交往
　　观[J]. 山西师大学报（社会科学版），38（6）：31-34.

瞿明安，1995. 中国饮食文化的象征符号——饮食象征文化的表层结构研究[J].
　　史学理论研究（4）：45-52.

曲慧敏，2012. 中华文化走出去战略研究[D]. 济南：山东师范大学.

曲金良，1999. 中国海洋文化研究[M]. 北京：文化艺术出版社.

曲金良，2012. 西方海洋文明千年兴衰历史考察[J]. 人民论坛（6）：61-77.

饶宝美，2009. 关于西学东渐和东学西渐的思考——全球化视角下的东西方文明
　　的交融[J]. 琼台学刊（4）：67-71.

任东波，2007. 范例与超越：全球史观的实践和全球化时代的批判——评《全
　　球通史——从史前史到21世纪》[J]. 北京大学学报（哲学社会科学版），44
　　（1）：156-157.

任洁，2004. 关于全球化视野下人类文化生存转向的几点反思[J]. 理论学刊
　　（10）：40-43，128.

任平，2013. 现代教育学概论[M]. 广州：暨南大学出版社.

任其怿，王维佳，刘倩，等，2010. 浅论民族主义在全球化背景下的新变化[J].
　　内蒙古大学学报（哲学社会科学版），42（4）：119-125.

任伟，2008. 解构美国新闻报刊中"中国威胁"的话语霸权[J]. 科学与管理
　　（3）：13.

任一鸣，2008. 后殖民：批评理论与文学[M]. 北京：外语教学与研究出版社.

任一鸣，2010. 国际文化交流：理念创新与实践的战略思考[J]. 毛泽东邓小平理
　　论研究（12）：70-74.

任媛，2009. 中国儒佛道思想在20世纪美国文坛的传播与接受——一个历史与文
　　化的巡礼[D]. 天津：南开大学.

日本综合开发研究机构，1989. 事典：90年代日本的课题[M]. 彭晋璋，监译. 北
　　京：经济管理出版社.

日知，1994. 张骞凿空前的丝绸之路——论中西古典文明的早期关系[J]. 传统文
　　化与现代化（6）：27-34.

容闳，1998. 西学东渐记：中国留学生之父的足迹与心迹[M]. 沈潜，杨增麒，评
　　注. 郑州：中州古籍出版社.

容中逵，2006. 后"殖民"：一个不容忽视的时代特性——后殖民理论及其视角
　　置换摭议[J]. 外语艺术教育研究（1）：79-85.

芮晟豪，2008. 跨文化传播：韩国留学生在上海的人际网络分析[J]. 现代传播
　　（3）：165-166.

萨义德，1999. 萨义德自选集[M]. 谢波，韩刚，等译. 北京：中国社会科学出版

社.

萨义德，2007. 东方学[M]. 王宇根，译. 北京：生活·读书·新知三联书店.

塞缪尔斯，曲翰章，1993. 对美国日本学研究的全面回顾[J]. 国外社会科学
　　（2）：41-47.

桑兵，1991. 文化分层与西学东渐的开端进程——以新式教育为中心[J]. 中山大
　　学学报（社会科学版）（1）：50-60.

上垣外宪一，2007. 日本文化交流小史[M]. 王宣琦，译. 武汉：武汉大学出版社.

尚春燕，2015. 新媒体环境下非物质文化遗产传播策略[J]. 青年记者（26）：
　　108-109.

尚杰，2008. 法国当代哲学论纲[M]. 上海：同济大学出版社.

邵培仁，姚锦云，2014. 传播模式论：《论语》的核心传播模式与儒家传播思维
　　[J]. 浙江大学学报（人文社会科学版），44（4）：56-75.

邵瑞珍，1997. 教育心理学：修订本[M]. 上海：上海教育出版社.

沈福伟，2014. 中西文化交流史[M]. 上海：上海人民出版社.

沈家煊，2001. 语言的"主观性"和"主观化"[J]. 外语教学与研究，33（4）：
　　268-275.

沈静，景义新，2009. 跨越文化鸿沟——梅兰芳赴美演出成功原因探析[J]. 新闻
　　世界（3）：55-56.

沈潜，2009. 试论容闳的现代化思想品格——以《西学东渐记》为中心[J]. 历史
　　教学问题（4）：23-27.

沈锡伦，2004. 中国传统文化和语言：增补本[M]. 上海：上海教育出版社.

沈壮海，2008. 大学文化建设与国家文化软实力[J]. 思想理论教育（17）：11-
　　19.

盛宁，1997. 人文困惑与反思：西方后现代主义思潮批判[M]. 北京：生活·读
　　书·新知三联书店，1997.

盛宁，1997. 新历史主义·后现代主义·历史真实[J]. 文艺理论与批评（1）：
　　47-57.

施米特，2006. 陆地与海洋——古今之"法"变[M]. 林国基，周敏，译. 上海：
　　华东师范大学出版社.

施叔青，1988. 西方人看中国戏剧[M]. 北京：人民文学出版社.

辻善之助，1953. 日本文化史[M]. 东京：春秋社.

石红梅，2016. 论译者的显形——对后现代语境下译者主体性的哲学反思[J]. 中
　　国翻译（3）：15-19.

石义彬，王勇，2010. 福柯话语理论评析[J]. 新闻与传播评论（0）：26-33.

石义彬，杨喆，贺程，2013. 文化认同视角下中华文化对外传播的危机与策略
　　[J]. 湖北社会科学（10）：193-196.

时胜勋，2008. 从天下文明到太空文明——中国文化未来发展的可能性[J]. 贵州
　　社会科学，217（1）：13-22.

时秀梅，栾华，2013. 美在华跨国公司跨文化冲突路径研究[J]. 理论界（4）：
　　69-71.

实藤惠秀，谭汝谦，1983. 中国译日本书综合目录[M]. 香港：香港中文大学出版
　　社.

史安斌，2003. 全球网络传播中的文化和意识形态问题[J]. 新闻与传播研究
　　（3）：52-60.

史革新，2009. 甲午战后中日学术文化交流流向转变初探[J]. 广东社会科学
　　（3）：90-98.

史璞，夏冰，2007. 后现代、全球化与多元文化[J]. 河南师范大学学报（哲学社
　　会科学版），34（1）：155-157.

史玄，1986. 旧京遗事[M]. 北京：北京古籍出版社.

《书立方》编委会，2010. 孟子[M]. 重庆：重庆出版社.

帅伟，2013. 中国戏曲对外传播的文化动力[J]. 四川戏剧（3）：127-130.

司马迁，1959. 史记：第3册　卷19-30[M]. 北京：中华书局.

司马迁，1982. 史记：第1册　卷1-7[M]. 北京：中华书局.

司马迁，2013. 史记精华[M]. 北京：商务印书馆.

司马云杰，2001. 文化社会学[M]. 北京：中国社会科学出版社.

斯塔夫里阿诺斯，1999. 全球通史：1500年以后的世界[M]. 吴象婴，梁赤民，
　　译. 上海：上海社会科学院出版社.

斯塔夫里阿诺斯，2006. 全球通史：从史前史到21世纪[M]. 吴象婴，等译. 北

京：北京大学出版社.

斯沃茨，2006.文化与权力：布尔迪厄的社会学[M].陶东风，译.上海：上海译文出版社.

宋成有，2000.日本史研究综述[J].世界历史（1）：85-95.

宋静，2007.文化差异与跨国企业文化管理研究[D].合肥：合肥工业大学.

宋娜，2017.浅谈新媒体时代地市级党报媒介互动的探索与突围[J].新闻研究导刊，8（18）：246.

宋文文，2009.戏剧的泾渭——试论中国戏曲和西方戏剧的审美差异[J].美与时代（下半月）（9）：117-119.

宋效峰，2005.文化全球化与中国的文化安全[J].探索（5）：166-169.

宋志明，2011.儒学与工具理性培育[J].学术月刊（9）：37-42.

苏秉琦，1984.苏秉琦考古学论述选集[M].北京：文物出版社.

苏国勋，2006.社会学与文化自觉——学习费孝通"文化自觉"概念的一些体会[J].社会学研究（2）：1-12.

苏国勋，张旅平，夏光，2006.全球化：文化冲突与共生[M].北京：社会科学文献出版社.

苏宏斌，2002.论文学的主体间性——兼谈文艺学的方法论变革[J].厦门大学学报（哲学社会科学版）（1）：25-32.

苏荟敏，2007.美学的跨文化研究：从文化自觉到审美共识[J].兰州学刊（3）：175-177.

苏威，2009.耽美文化在我国大陆流行的原因及其网络传播研究[D].上海：上海外国语大学.

苏文菁，2013.区域、国家与全球的文化互动——明代以降东南沿海区域的海洋文明研究[J].福州大学学报（哲学社会科学版），27（2）：5-14.

苏文菁，兰芳，2010.世界的海洋文明：起源、发展与融合[M].北京：中华书局.

苏勇，2009.文化身份认同与建构中的文化主体性[J].贵州师范大学学报（社会科学版）（1）：93-97.

隋岩，2001.全球化语境中的跨文化交流[J].国际关系学院学报（3）：38-42.

孙大廷，孙伟忠，2009. 美国高等教育国际化政策的文化输出取向——以"富布赖特计划"为例[J]. 黑龙江高教研究（5）：53-55.

孙发成，2014. 非遗保护背景下民间传统手工艺知识体系的构建[J]. 非物质文化遗产研究集刊（0）：267-276.

孙刚，2009. 文化遗产价值论[J]. 中国文化遗产（1）：8-11.

孙红霞，李爱华，2007. 文化外交的独特价值[J]. 国际研究参考，52（6）：17-21.

孙会军，2014. 葛译莫言小说研究[J]. 中国翻译（5）：82-87.

孙惠柱，2010. 从"间离效果"到"连接效果"——布莱希特理论与中国戏曲的跨文化实验[J]. 戏剧艺术（6）：100-106.

孙康宜，2010. 1949年以后的海外昆曲——从著名曲家张充和说起[J]. 中国文化研究（2）：15-24.

孙力，2017. 劳模精神的马克思主义审视及其当代价值[J]. 思想理论教育（8）：10-14.

孙立祥，2004. 日本右翼势力的"自卫战争史观"辨正[J]. 东北师大学报（哲学社会科学版）（6）：54-59.

孙利天，高苑，2015. 自发自觉的辩证法：论中国传统文化的现代转化[J]. 吉林大学社会科学学报（4）：152-159.

孙玫，熊贤关，2016. 接触·碰撞·融合——中国戏曲在西方的传播[J]. 艺术百家（1）：189-192.

孙牧，鲁艺，邹娜，2014. 论全球化背景下高校在境外设立孔子学院的意义[J]. 现代教育科学（11）：161-163.

孙艺风，2006. 离散译者的文化使命[J]. 中国翻译（1）：5-12.

孙毅，陈朗，2007. 美国总统就职演讲辞中隐喻机制的劝谏性功能[J]. 西南科技大学学报（哲学社会科学版），24（5）：59-62.

孙致礼，2002. 中国的文学翻译：从归化趋向异化[J]. 中国翻译（1）：39-43.

孙壮志，2005. 美国在独联体国家推动"颜色革命"的主要策略和做法[J]. 中国党政干部论坛（8）：46-47.

索端智，2008. 文化涵化与族群认同——青海河南蒙古族文化涵化问题研究[J].

青海民族研究，19（1）：18-22.

索绪尔，1996. 普通语言学教程[M]. 高名凯，译. 北京：商务印书馆.

索占鸿，2006. 海上丝绸之路[J]. 大陆桥视野（11）：13-15.

覃海川，2013. 三维可视化数字技术与文化遗产的传播[J]. 大众科技（6）：337-338.

谭千保，汪群，丁道群，2014. 具身框架下的自我研究[J]. 心理学探新，34（2）：106-110.

谭汝谦，1980. 中国译日本书综合目录[M]. 香港：香港中文大学出版社.

谭伟东，2001. 西方企业文化纵横：当代企业管理思想[M]. 北京：北京大学出版社.

谭晓立，2013. 大国标准的量化研究[D]. 北京：外交学院.

谭晓丽，李莘，2007. 文化翻译的第三条路径[J]. 衡阳师范学院学报（5）：144-148.

谭元亨，敖叶湘琼，廖文，2013. 中国南海海洋文化论[M]. 广州：广东经济出版社.

汤林森，1999. 文化帝国主义[M]. 冯建三，译. 上海：上海人民出版社.

汤晔峥，2015. 国际文化遗产保护转型与重构的启示——从ICOMOS的《威尼斯宪章》到UNESCO的《保护世界自然与文化遗产公约》[J]. 现代城市研究（11）：47-56.

汤一介，1993. 在有墙与无墙之间——文化之间需要有墙吗？[J]. 中国文化研究（1）：12-15.

汤一介，2000. 再论创建中国解释学问题[J]. 中国社会科学（1）：83-90.

汤因比，池田大作，1985. 展望二十一世纪：汤因比与池田大作对话录[M]. 北京：国际文化出版公司.

唐踔，2011. 论当代中国文化软实力的提升[J]. 文化学刊（2）：173-179.

唐凯麟，曹刚，2000. 重释传统：儒家思想的现代价值评估[M]. 上海：华东师范大学出版社.

唐述宗，何琼，2008. 文化全球化背景下的"东学西渐"——寻求与西方文明的平等对话[J]. 中国科技翻译，21（2）：33-37.

唐闻生, 2014. 我国高端翻译人才队伍现状与对策建议[J]. 中国翻译（5）: 7-8.

唐小洪, 2005. 《大长今》折射韩国文化战略[J]. 新民周刊（39）: 17-22.

唐小松, 2006. 中国公共外交的发展及其体系构建[J]. 复旦国际关系评论（2）: 42-46.

唐小松, 王义桅, 2003. 公共外交对国际关系理论的冲击: 一种分析框架[J]. 欧洲研究（4）: 62-72.

唐炎钊, 张丽明, 陈志斌, 2012. 中国企业跨国并购文化整合解决方案探究[M]. 北京: 中国经济出版社.

唐振华, 2000. 论汉译英中的文化负迁移[J]. 外语与外语教学（11）: 47-50.

陶东风, 2004. 研究大众文化与消费主义的三种范式及其西方资源——兼谈"日常生活的审美化"并答赵勇博士[J]. 河北学刊, 24（5）: 86-92.

陶杰, 2010. 美式游乐园密集落户亚洲[N]. 环球时报, 2010-03-23.

陶永生, 2014. 跨文化境域中"中国镜像"的自我塑型[J]. 文艺评论（5）: 4-10.

田炳信, 2003. 论美国妖魔化中国[D]. 广州: 暨南大学.

田传信, 2007. 论文化包容性与存在[J]. 文教资料（9）: 84-86.

田刚健, 2015. 俄罗斯国家安全战略的三个维度[N]. 中国社会科学报, 2015-05-15.

田鸿坡, 2011. 中国-伊朗文化交流研究[D]. 重庆: 西南大学.

田野, 2011. 电影音乐与电影鉴赏的共时性效应[J]. 电影文学, 529（4）: 118-119.

田泽坦, 1988. 从艺术看日本文化史[J]. 新美术（3）: 64-73.

童兵, 2013. 对我国跨文化传播的思考与展望[J]. 中国地质大学学报（社会科学版）, 13（4）: 69-72.

屠国元, 朱献珑, 2003. 译者主体性: 阐释学的阐释[J]. 中国翻译（6）: 8-14.

万本根, 2001. 东方文化的复兴——试论季羡林先生的东方文化观[J]. 中华文化论坛（2）: 101-104.

万明, 2006. 晚明史研究七十年之回眸与再认识[J]. 学术月刊（10）: 126-136.

汪德迈，2009.《儒藏》的世界意义[N]. 光明日报，2009-08-31.

汪晖，陈燕谷，1998. 文化与公共性[M]. 北京：生活·读书·新知三联书店.

汪寿松，2005. 晚清西学东渐与海外汉学研究述论[J]. 天津大学学报（社会科学版），7（1）：74-77.

汪旭晖，2007. 高等教育国际化的动因与模式——兼论中国大学国际化的路径选择[J]. 现代教育管理（8）：90-93.

汪应果，2003. 关于赛珍珠研究的几个有待深入的问题[J]. 江苏大学学报（社会科学版），5（1）：63-68.

王彬彬，2007. 以伪乱真和化真为伪——刘禾《语际书写》、《跨语际实践》中的问题意识[J]. 文艺研究（4）：150-157.

王朝晖，徐波，2005. 中国企业跨国并购的文化整合策略研究[J]. 特区经济（7）：45-47.

王晨，2015. 个体经验与集体记忆：非物质文化遗产数字化[J]. 中国文化产业评论（1）：347-354.

王存刚，2017. 文明史视野中的中国复兴[J]. 当代世界（7）：23-25.

王丹娜，2007. 从韩剧热播说"韩流"[J]. 文化交流（4）：32-33.

王丹阳，2012. 作家和翻译谁成就谁？葛浩文译本被赞比原著好[N]. 广州日报，2012-11-03.

王敦，2011. 流动在文化空间里的听觉：历史性和社会性[J]. 文艺研究（5）：14-21.

王尔敏，1975. 中国文献西译书目[M]. 台北：台湾商务印书馆.

王锋，2004. 丝绸之路与中伊双边关系研究[J]. 丝绸之路（A1）：24-25.

王逢振，2004. 詹姆逊文集：第4卷　现代性、后现代性和全球化[M]. 北京：中国人民大学出版社.

王富，2005. 理论旅行、文化杂糅与西方文论中国化[J]. 社会科学家（6）：36-38.

王耕野，2006. "韩剧现象"对中国电视剧创作的启示[J]. 电影评介（15）：28-29.

王光东，刘志荣，2000. 当代文学史写作的新思路及其可行性——对于两个理论问题的再思考[J]. 文学评论（4）：41-52.

王国桥，2008. 谈英汉翻译中的文化迁移[J]. 教学与管理（33）：111-112.

王国维，1983. 王国维遗书[M]. 上海：上海古籍书店.

王国维，1997. 王国维论学集[M]. 傅杰，编校. 北京：中国社会科学出版社.

王国维，2013. 王国维散文[M]. 上海：上海科学技术文献出版社.

王海传，2007. 论制度与制度力[J]. 山东社会科学（6）：83-88.

王恒亮，尉天骄，2011. 论中国传统和合文化的现代转化[J]. 前沿（7）：13-16.

王红茹，2010. 丝绸之路上的文化交流及其意义[J]. 丝绸之路（8）：34-36.

王鸿生，2001. 中华文明的文化结构及其现代转型[J]. 中国人民大学学报，15
（4）：45-51.

王沪宁，1993. 作为国家实力的文化：软权力[J]. 复旦学报（社会科学版）
（3）：91-96.

王沪宁，1994. 文化扩张与文化主权：对主权观念的挑战[J]. 复旦学报（社会科
学版）（3）：9-15.

王缉思，1995. 文明与国际政治：中国学者评亨廷顿的文明冲突论[M]. 上海：上
海人民出版社.

王缉思，2003. 美国霸权的逻辑[J]. 美国研究（3）：7-29.

王家骅，1990. 儒家思想与日本文化[M]. 杭州：浙江人民出版社.

王建华，2008. 美国总统就职演说精选：汉英对照[M]. 南昌：江西人民出版社.

王建明，2015. 抗战爆发前留日学人对日传播中国文化的特点[J]. 东北亚学刊
（2）：58-64.

王建新，2004. 唐代的日本留学生与遣唐使[J]. 西北大学学报（哲学社会科学
版）（6）：15-17.

王剑，2003. 全球化语境与文化创新[J]. 外语与翻译（C1）：220-223.

王洁，罗以澄，2010. 论新时期中国媒介的话语变迁[J]. 河北大学学报（哲学社
会科学版），35（1）：74-80.

王金会，2007. 跨文化传播下的文化融合与文化自觉[J]. 黑龙江社会科学（2）：
101-104.

王金林，2000. 略论中国的日本史研究及其21世纪初期的发展趋势[J]. 日本研究

（1）：56-63.

王景云，2009. 关于保护、振兴川剧的建议[EB/OL]. http://xindu.gov.cn/chengdu/zfxx/2009-02/06/content_6d1ecbaa90ac4d28b423b0ee59dc10df.shtml，2009-04-16.

王婧，2008. 我国跨国公司的跨文化管理研究[D]. 株洲：湖南工业大学.

王菊如，1994. 伊朗的民族与民族问题[J]. 西亚非洲（6）：32-36.

王巨山，2012. 在文化记录与情景叙事之间——谈电影对非物质文化遗产的保护与利用[J]. 当代电影（5）：152-155.

王军，孟宪凤，2009. 西学东渐与东学西渐——16-18世纪中西文化交流特点论略[J]. 北方论丛（4）：90-92.

王君燕，2010. 国家形象的塑造与国际传播——以商务部CNN"中国制造"广告为例[J]. 新闻传播（1）：22-23.

王隽，2014. 非物质文化遗产与媒体传播：二维耦合和发展路径[J]. 现代传播，36（6）：12-14.

王珺，2007. "中国制造"：特征、影响与升级[J]. 学术研究（12）：46-50.

王克千，1989. 价值之探求：现代西方哲学文化价值观[M]. 哈尔滨：黑龙江教育出版社.

王鲲，2014. 数字时代的文化载体融合[J]. 上海信息化（4）：78-80.

王磊，2015. 网络时代背景下新媒体传播业的基本现状和发展趋势[J]. 新闻传播（24）：22-23.

王立群，2003. 近代上海口岸知识分子的兴起——以墨海书馆的中国文人为例[J]. 清史研究（3）：97-106.

王立松，葛莉莹，赵烁，等，2014. 从生态翻译学的视角对比模因翻译论和翻译适应选择论[J]. 天津大学学报（社会科学版），16（4）：349-353.

王丽娟，2011. 跨文化适应研究现状综述[J]. 山东社会科学（4）：44-49.

王列，杨雪冬，1998. 全球化与世界[M]. 北京：中央编译出版社.

王泠一，2012. 2012：韩国执政党拿什么"争票"[N]. 文汇报，2012-01-30.

王洛林，江小涓，2000. 大型跨国公司投资对中国产业结构，技术进步和经济国际化的影响：下[J]. 中国工业经济（5）：5-10.

王明进，2012. 超越大国争霸：和平崛起之文化阐释[J]. 人民论坛（学术前沿）

（9）：44-49.

王明珂，2001. 历史事实、历史记忆与历史心性[J]. 历史研究（5）：136-147.

王宁，1995. 后殖民主义理论思潮概观[J]. 外国文学（5）：78-84.

王宁，1997. 后殖民主义理论批判——兼论中国文化的"非殖民化"[J]. 文艺研究（3）：3-13.

王宁，2002. 叙述、文化定位和身份认同——霍米·巴巴的后殖民批评理论[J]. 外国文学（6）：49-56.

王宁，2008. "全球本土化"语境下的后现代、后殖民与新儒学重建[J]. 南京大学学报（哲学·人文科学·社会科学）（1）：68-79.

王宁，2010. 重建全球化时代的中华民族和文化认同[J]. 社会科学（1）：98-105.

王宁，2014. 翻译与跨文化阐释[J]. 中国翻译（2）：5-13.

王平，2005. 后殖民主义视野中的东方学[J]. 上海交通大学学报（哲学社会科学版），13（1）：47-50.

王屏，2005. 日本"大东亚共荣圈"的欺骗性——九评日本政要否认战争罪责言行[N]. 人民日报，2005-06-27.

王庆节，2010. 中国思想传统中的身体观与儒家的"亲近"学说[J]. 哲学动态（11）：13-17.

王荣英，2008. 美国文化输出与我国文化外交战略[J]. 求索（3）：79-81.

王赛兰，2014. 基于三维全景交互系统的文化遗产传播研究[J]. 武汉理工大学学报（社会科学版）（2）：206-209.

王少娣，2011. 跨文化视角下的林语堂翻译研究[M]. 上海：上海外语教育出版社.

王世文，于立华，2005. 从康拉德笔下的中国人形象看他的种族歧视观[J]. 船山学刊（2）：196-199.

王守华，1988. 神道哲学刍议[J]. 日本学刊（6）：50-56.

王述坤，2009. 日本史纵横谈[M]. 上海：上海人民出版社.

王铁钧，2003. 明代的倭患与中国的日本学研究[J]. 华侨大学学报（人文社会科学版）（1）：117-122.

王铁钧，2004. 日本学研究史识：二十五史巡礼[M]. 南昌：江西高校出版社.

王廷信，2004. 从"托故事而歌舞"到"以歌舞演故事"——中国戏剧形成之主脉[J]. 艺术研究（3）：74-79.

王廷信，2006. 昆曲的民族性与世界性[J]. 民族艺术（3）：14-17.

王廷信，2006. 戏曲传播的两个层次——论戏曲的本位传播和延伸传播[J]. 艺术百家（4）：40-43.

王文娟，2009. 探讨跨文化传播中的文化自觉[J]. 东南传播（6）：33-34.

王文元，2002. 变与不变——中国历史之宿命[J]. 书屋（12）：4-16.

王文章，陈飞龙，2008. 非物质文化遗产保护与国家文化发展战略[J]. 华中师范大学学报（人文社会科学版）（2）：81-86.

王向远，2003. 比较文学平行研究功能模式新论[J]. 北京师范大学学报（社会科学版）（2）：91-97.

王小宁，2007. 英文写作措辞中的文化负迁移[J]. 中国外语，4（5）：94-97.

王晓德，1998. 美国"使命"观的历史和文化起源[J]. 史学集刊（2）：44-49.

王晓德，2004. 美国大众文化的全球扩张及其实质[J]. 世界经济与政治（4）：27-31.

王晓德，2007. "软实力"与美国大众文化的全球扩张[J]. 历史教学（10）：5-10.

王晓华，2001. 纽曼的大学目的观与功能论[J]. 清华大学教育研究（1）：44-49.

王晓秋，2000. 戊戌维新与近代中国的改革：戊戌维新一百周年国际学术讨论会论文集[M]. 北京：社会科学文献出版社.

王欣，邹统钎，杨文华，2013. 遗产文化价值的创意构建与体验[J]. 资源科学，35（12）：2352-2358.

王新华，2004. 中国传统文化对企业文化的影响[J]. 经济论坛（2）：69.

王秀丽，韩纲，2010. "中国制造"与国家形象传播：美国主流媒体报道30年内容分析[J]. 国际新闻界（9）：49-55.

王旭峰，2011. 后殖民主义[J]. 文学与文化（1）：127-133.

王一兵，1999. 高等教育国际化：背景，趋势与战略选择[J]. 教育发展研究（2）：1-5.

王义桅，2011. 超越和平崛起——中国实施包容性崛起战略的必要性与可能性

[J]. 世界经济与政治（8）：140-154.

王义桅，2016. "一带一路"的文明解析[J]. 新疆师范大学学报（哲学社会科学版）（1）：14-21.

王亦，叶洪，2016. 歌德学院网站设计对网络孔子学院文化传播与推广的启示[J]. 吉首大学学报（社会科学版）（S1）：153-159.

王寅，2008. 认知语言学的"体验性概念化"对翻译主客观性的解释力——一项基于古诗《枫桥夜泊》40篇英语译文的研究[J]. 外语教学与研究，40（3）：211-217.

王寅，2009. 主客主多重互动理解[J]. 哲学动态（10）：84-89.

王颖吉，2013. 媒介的暗面：数字时代的媒介文化批评[M]. 北京：北京大学出版社.

王永敬，1987. 中国戏曲与西方戏剧审美意识比较[J]. 艺术百家（2）：21-29.

王永平，1997. 东汉时期江南士人群体的兴起[J]. 江苏社会科学（2）：118-125.

王勇，2001. 日本文化——模仿与创新的轨迹[M]. 北京：高等教育出版社.

王勇，2008. 遣唐使时代的"书籍之路"[J]. 甘肃社会科学（1）：69-74.

王犹建，2012. 网络时代数字化语境下的非物质文化遗产传播[J]. 新闻爱好者（10）（上半月）：39-40.

王又平，孙斐娟，2011. 后革命氛围中的革命历史再叙事[J]. 华中师范大学学报（人文社会科学版），50（1）：76-84.

王寓凡，2016. 布迪厄文化分层的理论逻辑和现实意义[J]. 华中师范大学研究生学报（2）：30-34.

王元林，2015. 海陆古道——海陆丝绸之路对接通道[M]. 广州：广东经济出版社.

王岳川，1999. 后殖民主义与新历史主义文论[M]. 济南：山东教育出版社.

王岳川，2001. 后殖民主义与文化批评话语[J]. 求索（6）：105-109.

王岳川，2002. 发现东方与中国文化输出[J]. 解放军艺术学院学报（3）：5-12.

王岳川，2004. "发现东方"与中西"互体互用"[J]. 文艺研究（2）：109-117.

王岳川，2004. 新世纪中国身份与文化输出[J]. 广东社会科学（3）：5-13.

王岳川，2004. 中国后现代话语[M]. 广州：中山大学出版社.

王岳川，2005. 东方文化身份与中国立场[J]. 东南学术（1）：109-116.

王岳川，2006. 后霸权氛围与太空文明时代[J]. 文艺争鸣（5）：1-3.

王岳川，2007. 大国形象与中国文化输出[J]. 花城（5）：201-208.

王岳川，2008. 从"去中国化"到"再中国化"的文化战略——大国文化安全与新世纪中国文化的世界化[J]. 贵州社会科学（10）：4-14.

王岳川，2008. 大国文化安全与新世纪文化再中国化——人类应从物质现代化到精神现代化[J]. 当代文坛（5）：8-11.

王岳川，2010. 后东方主义与中国文化身份[J]. 创作与评论（3）：4-9.

王岳川，2010. 太空文明时代与文化守正创新[J]. 东岳论丛，31（10）：170-177.

王岳川，2011. 发现东方[M]. 北京：北京大学出版社.

王岳川，2011. 文化输出：王岳川访谈录[M]. 北京：北京大学出版社.

王岳川，2016. 季羡林评传[M]. 合肥：黄山书社.

王岳森，2014. 加强高校无形资产管理　提升国家软实力[J]. 中国高等教育（21）：16-18.

王长国，2010. 中译外：中国文学走向世界的瓶颈——兼与王宁教授商榷[J]. 探索与争鸣（12）：14-16.

王志军，张耀文，2015. 西方地缘战略理论批判与中国地缘战略理论构建[J]. 学术探索（2）：27-34.

王志勤，谢天振，2013. 中国文学文化走出去：问题与反思[J]. 学术月刊（2）：21-27.

王志伟，2012. 美国应用型翻译人才培养及其对我国MTI教育的启示[J]. 外语界（4）：52-60.

王忠桥，2001. 经济全球化背景下西方意识形态的渗透[J]. 哈尔滨市委党校学报（4）：18-21.

王钟陵，2008. 中国京剧史略论[J]. 清华大学学报（哲学社会科学版）（3）：5-17.

王仲殊，2000. 关于日本第七次遣唐使的始末[J]. 考古与文物（3）：21-27.

王子昌，2003. 解构美国话语霸权——对"中国威胁论"的话语分析[J]. 东南亚研究（4）：46-50.

王佐良，1989. 翻译：思考与试笔[M]. 北京：外语教学与研究出版社.

王作全，2007. 大学：人类文明的灯塔[J]. 青海师范大学学报（哲学社会科学版）（4）.

韦依娜，肖华锋，2013. "模因理论"视域下美国传媒型跨国公司文化传播[J]. 新闻大学（6）：91-95.

卫志民，2013. 建构中国文化产业"走出去"战略体系的设想[J]. 现代经济探讨（4）：32-35.

魏宝祥，欧阳正宇，2007. 影视旅游：旅游目的地营销推广新方式[J]. 旅游学刊，22（12）：32-39.

魏波，2011. 现代性建构中的文化困境及其运行机制[J]. 中国特色社会主义研究（3）：79-85.

魏大锅，2013. 中国大运河：中外文化交流走廊[J]. 文化交流（8）：10-14.

魏玲，2010. 后本质主义文明与国际政治[J]. 世界经济与政治（11）：34-44.

魏耀川，2008. 中译外策略分析与文化彰显[J]. 上海翻译（4）：67-70.

温朝霞，2008. 全球化时代跨文化交流中保持"文化自觉"[J]. 唯实（7）：34-37.

文化部对外文化联络局，2012. 联合国教科文组织《保护非物质文化遗产公约》基础文件汇编[M]. 北京：外文出版社.

翁文艳，房欲飞，2007. 当代美国大学生领导力教育成功经验分析[J]. 中国青年政治学院学报，26（2）：7-11.

沃尔特，潘忠岐，1997. 虚构新的妖怪——评亨廷顿《文明的冲突与世界秩序的重建》[J]. 国外社会科学文摘（8）：15-20.

沃林，周宪，1998. 文化战争：现代和后现代的论争[J]. 国外社会科学（2）：49-57.

吴宝华，2007. 人力资源管理实用教程[M]. 北京：北京大学出版社.

吴超平，2009. 毛姆笔下的中国人[J]. 世界文化（11）：50-51.

吴春明，2011. "环中国海"海洋文化的土著生成与汉人传承论纲[J]. 复旦学报（社会科学版）（1）：124-131.

吴春燕，2010. 日本佛教的本土化历程及特色[J]. 中州学刊，175（1）：170-172.

吴光辉，2003. 日本科举制的兴亡[J]. 厦门大学学报（哲学社会科学版）（5）：35-41.

吴光辉，2005. 科举考试与日本[J]. 东南学术（4）：53-58.

吴光辉，2010. 日本的中国形象[M]. 北京：人民出版社.

吴婕，2011. 日本动漫海外传播影响力研究[D]. 武汉：华中师范大学.

吴莉苇，2006. 论文化交流中的误读与创造[J]. 清华大学学报（哲学社会科学版）（2）：63-70.

吴卫民，石裕祖，2008. 中国文化"走出去"路径探析[J]. 学术探索（6）：108-114.

吴小如，2001. 中国文化史纲要[M]. 北京：北京大学出版社.

吴晓萍，2011. 中国形象的提升：来自孔子学院教学的启示——基于麻省大学波士顿分校和布莱恩特大学孔子学院问卷的实证分析[J]. 外交评论，28（1）：89-102.

吴新雷，2002. 中国昆剧大辞典[M]. 南京：南京大学出版社.

吴瑛，2009. 对孔子学院中国文化传播战略的反思[J]. 学术论坛，32（7）：141-145.

吴瑛，2012. 中国文化对外传播效果研究——对5国16所孔子学院的调查[J]. 浙江社会科学（4）：144-151.

吴咏梅，2008. 浅谈日本的文化外交[J]. 日本学刊（5）：90-103.

吴勇毅，2012. 孔子学院与国际汉语教育的公共外交价值[J]. 新疆师范大学学报（哲学社会科学版），33（4）：100-105.

吴予敏，1987. 从儒家文化到近代理性：评萧功秦《儒家文化的困境》[J]. 读书（11）：32-38.

吴玉军，2006. "他者"之镜中的"自我"——全球化语境下的中国近代民族认同[J]. 山东社会科学（5）：9-12.

吴赟，2015. 翻译能力建构与中译外人才培养[J]. 外语学刊（1）：148-153.

吴泽林，2012. 中国国际政治学界对公共外交理论与体系的构建[J]. 国际安全研究（5）：71-78.

吴宗杰，2006. 中西话语权势关系的语言哲学探源——话语学的文化研究视角
[J]. 浙江大学学报（人文社会科学版），36（2）：170-177.

吴宗杰，2008. 历史的解构与重构：泛化"封建"的话语分析[J]. 武汉大学学报
（人文科学版），61（5）：522-527.

吴宗杰，2012. 话语与文化遗产的本土意义建构[J]. 浙江大学学报（人文社会科
学版）（5）：28.

吴宗杰，侯松，2012. 批评话语研究的超学科与跨文化转向——以文化遗产的中
国话语重构为例[J]. 广东外语外贸大学学报（6）：12-16.

吴宗杰，胡美馨，2010. 超越表征：中国话语的诠释传统及其当下观照[J]. 文史
哲（4）：5-13.

伍秋萍，冯聪，陈斌斌，2011. 具身框架下的社会认知研究述评[J]. 心理科学进
展，19（3）：336-345.

武光军，2011. 复合型翻译人才：我国翻译专业人才培养模式构建与改革方向
[J]. 外语界（3）：2-8.

武艳珍，2013. 一个媒体人的"文化遗产传播工程"——齐欣访谈录[J]. 新闻战
线（6）：69-71.

习少颖，2010. 1949—1966年中国对外宣传史研究[M]. 武汉：华中科技大学出版
社.

夏德元，2011. 数字时代的媒介互动与传统媒体的象征意义[J]. 学术月刊（3）：
25-31.

夏生平，张元林，2011. 数字时代：世界文化遗产地敦煌莫高窟遗产保护和信息
资源组织与管理[J]. 数字图书馆论坛（9）：48-58.

向大有，1993. 试论少数民族华侨华人问题——现状与历史的分析[J]. 八桂侨刊
（3）：1-8.

向顺成，2008. 企业文化建设与企业发展[J]. 中国科技信息（6）：150-151.

向勇，2010. 文化产业发展与企业文化建设[J]. 福建论坛（人文社会科学版）
（4）：96-99.

向云驹，2016. 冯骥才文化自觉思想的构成和意义[EB/OL]. http://www.

chinawriter.com.cn/bk/2013-05-08/69461.html，2016-07-04.

肖雷，2017. 论新媒体在非物质文化遗产传承中的作用[J]. 才智（25）：249-
　　250.

肖丽，杨迪，2015. 基于跨文化交际及英语学习中的文化迁移现象评述[J]. 才智
　　（25）.

肖群忠，刘永春，2015. 工匠精神及其当代价值[J]. 湖南社会科学（6）：6-10.

肖永明，张天杰，2010. 中国文化软实力建设视域中的对外文化传播[J]. 现代传
　　播（5）：6-10.

肖永明，张天杰，2010. 中国文化软实力研究的回顾与前瞻[J]. 湖南大学学报
　　（社会科学版），24（1）：12-17.

萧功秦，1986. 儒家文化的困境[M]. 成都：四川人民出版社.

萧功秦，2007. 从千年史看百年史——从中西文明路径比较看当代中国转型的意
　　义[J]. 社会科学论坛（1）：5-31.

萧盈盈，2012. 中华文化走出去的现状分析与发展思考[J]. 现代传播，34（1）：
　　84-86.

萧振士，2014. 中国佛教文化简明辞典[M]. 北京：世界图书出版公司.

小岛宪之，1988. 上代日本文学と中国文学（下）——以出典论为中心的比较文
　　学之考察[M]. 东京：塙书房.

小林一彦，2012. 定家様と擬定家、その後：日本文化史上で擬定家本私家集を
　　どう捉えるか：六月二日(水)[J]. Review of the Institute for Japanese Culture in
　　Kyoto Sangyo University (17): 44-45.

谢安邦，刘莉莉，2001. 市场的逻辑与大学变革[J]. 现代大学教育（3）：8-12.

谢华，2006. 跨文化交流中文化误读的合理性与不可避免性[J]. 江西社会科学
　　（1）：186-189.

谢骏，2001. 王韬在近代中西文化交流中的地位[J]. 新闻大学（2）：52-55.

谢柯，2006. 中译外在当代语境下的使命[J]. 重庆职业技术学院学报，15（1）：
　　87-89.

谢梅，2014. 文化遗产保护在文化生产中的深层结构[J]. 中国文化产业评论
　　（1）：262-286.

谢守红，2003. 经济全球化与世界城市的形成[J]. 国外社会科学（3）：18-21.

谢天振，2013. 译介文学作品不妨请外援[N]. 中国文化报，2013-01-20.

谢天振，2013. 译介学[M]. 南京：译林出版社.

谢天振，2014. 中国文学走出去：问题与实质[J]. 中国比较文学（1）：1-10.

谢天振，查明建，学朴，2005. 新书架：《中国现代翻译文学史（1898—1949）》[J]. 中国比较文学（2）：117.

谢中元，2015. 非物质文化遗产与核心价值观传播[J]. 四川戏剧（9）：58-61.

忻剑飞，1991. 世界的中国观[M]. 上海：学林出版社.

新华社新闻研究所，2000. 新华社新闻论文选萃[M]. 北京：新华出版社.

邢悦，2011. 文化如何影响对外政策：以美国为个案的研究[M]. 北京：北京大学出版社.

兴越，2012. 基于焦虑/不确定性管理理论的中国留学生跨文化传播研究[D]. 上海：复旦大学.

熊美华，余妹容，2005. 跨文化交际中的文化迁移[J]. 江西社会科学（7）：202-204.

熊伟，2008. 透视跨文化传播的"误读"问题[J]. 东南传播（7）：50-52.

熊欣，2010. 对外传播及汉译外现状研究[J]. 山东外语教学，31（5）：99-103.

熊月之，1994. 西学东渐与晚清社会[M]. 上海：上海人民出版社.

熊月之，2007. 晚清新学书目提要[M]. 上海：上海书店出版社.

熊忠辉，2006. 新媒体与大众传媒业态变迁[J]. 视听界（4）：31-37.

宿景祥，齐琳，2007. 国外著名学者、政要论中国崛起[M]. 北京：中共中央党校出版社.

徐春玲，2012. 电影文化软实力的提升与国家形象传播[J]. 新闻界（1）：54-56.

徐军义，2010. 福柯的话语权力理论分析[J]. 文教资料（35）：118-120.

徐魁鸿，2010. 国际文化交流——现代大学的第四职能[J]. 现代教育管理（6）：11-13.

徐曼，2003. 论近代留美学生促进中国科技发展的途径和方法[J]. 安徽史学（5）：53-57.

徐善伟，2002. 东学西渐与西方文化的复兴[M]. 上海：上海人民出版社.

徐尚昆，2012. 中国企业文化概念范畴的本土构建[J]. 管理评论，24（6）：124-132.

徐小鸽，1996. 国际新闻传播中的国家形象问题[J]. 新闻与传播研究（2）：36-46.

徐小立，2011. 从文化输出的角度看韩剧的成功[J]. 沈阳师范大学学报（社会科学版），35（6）：6-10.

徐小洲，陈劲，叶鹰，顾建民，2007. 大学创新力评价的理论、方法与策略[J]. 高等工程教育研究（3）：35-39.

徐晓林，吕殿学，朱国伟，2012. 文化安全视野下的中国教育"走出去"战略[J]. 马克思主义研究（1）：114-122.

徐迅雷，2005. 增进教育"软实力"的必然选择[N]. 江南时报，2005-10-11.

许传静，2010. 我国大学国际化问题研究[D]. 重庆：西南大学.

许道勋，1986. 唐代方伎之士与科学文化——读《旧唐书·方伎传》[J]. 复旦学报（社会科学版）（2）：29-34.

许姬传，朱家溍，1960. 梅兰芳的舞台艺术[M]. 北京：中国戏剧出版社.

许建平，张荣曦，2002. 跨文化翻译中的异化与归化问题[J]. 中国翻译（5）：36-39.

许钧，2014. 翻译论[M]. 南京：译林出版社.

许琳，2007. 汉语国际推广的形势和任务[J]. 世界汉语教学（2）：106-110.

许启贤，2001. 世界文明论研究[M]. 济南：山东人民出版社.

许苏民，1992. 危机与探寻——"中学西渐"的分期、特点及其规律[J]. 学习与探索（6）：4-12.

许睢宁，张文大，端木美，2015. 历史上的中法大学1920—1950[M]. 北京：华文出版社.

许文郁，朱忠云，许苗苗，2001. 大众文化批评[M]. 北京：首都师范大学出版社.

许艳民，2011. 李提摩太与近代中西文化交流[J]. 甘肃社会科学（3）：65-68.

许肇琳，1996. 中华文化的传播与海外华人[J]. 东南亚研究（1）：23-26.

薛东前，石宁，段志勇，等，2013. 文化交流、传播与扩散的通道——以中国丝绸之路为例[J].西北大学学报（自然科学版），43（5）：781-786.

薛岚，吴必虎，齐莉娜，2010.中国世界遗产的价值转变和传播理念的引出[J].
经济地理（5）：844-848.

薛晓源，曹荣湘，2004.文化资本、文化产品与文化制度——布尔迪厄之后的文
化资本理论[J].马克思主义与现实（双月刊）（1）：43-49.

雪侬，1935.叠歌和唱与新乐剧的前途[J].剧学月刊（7）：29-35.

雅斯贝斯，1989.历史的起源与目标[M].魏楚雄，俞新天，译.北京：华夏出版
社.

亚理斯多德，贺拉斯，1962.诗学·诗艺[M].罗念生，杨周翰，译.北京：人民
文学出版社.

闫艳，2007.论思想政治教育主体间性的内涵及其确立的意义[J].学校党建与思
想教育（10）：25-27.

严加红，2010.西学东渐：中国社会和教育近代化路径的新抉择——容闳《西学
东渐记》研读[J].高校教育管理，4（6）：86-91.

严文华，2000.跨文化企业管理心理学[M].大连：东北财经大学出版社.

严昭柱，2006.关于文化"走出去"的意识形态问题——并贺《文艺理论与批
评》创刊二十周年[J].文艺理论与批评（5）：4-8.

阎嘉，2006.文学研究中的文化身份与文化认同问题[J].江西社会科学（9）：
62-66.

阎耀军，2003.试论社会预测的主客体互动反射性原理[J].预测，22（1）：11-14.

阎云翔，2006.差序格局与中国文化的等级观[J].社会学研究（4）：201-213.

央视国际，2004.夫妻翻译家——杨宪益　戴乃迭[EB/OL].http://www.cctv.com/
program/dajia/20040825/101005.shtml，2004-08-25.

阳赛玉，2015.新媒体语境下音乐类非物质文化遗产的传播特征[J].传媒观察
（12）：25-27.

杨彬，2017.中国海油拓荒一带一路的文化印记[J].公关世界（13）：109-112.

杨伯溆，2003.从国际传播到全球传播：跨国公司的介入及其影响[J].新闻与传
播研究（3）：29-38.

杨伯溆，李凌凌，2001.资本主义消费文化的演变、媒体的作用和全球化[J].新

闻与传播研究（1）：36-43.

杨博华，2000. 全球化、文化认同与文化帝国主义[J]. 南京社会科学（8）：56-60.

杨春时，2006. 不同领域的主体间性与美学建构[J]. 东方丛刊（1）：65-74.

杨代春，2002.《万国公报》与晚清中西文化交流[M]. 长沙：湖南人民出版社.

杨帆，周彦余，2014. 集体记忆对社会认知的影响[J]. 新课程：教师（12）：224-225.

杨国桢，2013. 中华海洋文明论发凡[J]. 中国高校社会科学（4）：43-56.

杨国桢，2014. 中华海洋文明的时代划分[J]. 海洋史研究（1）：3-13.

杨国桢，2015. 海洋丝绸之路与海洋文化研究[J]. 学术研究（2）：92-95.

杨国桢，王鹏举，2015. 中国传统海洋文明与海上丝绸之路的内涵[J]. 厦门大学学报（哲学社会科学版）（4）：22-27.

杨剑，2010. 浅析中日同形汉字词在汉译日中的处理[J]. 海外英语（7）：165-167.

杨京英，王金萍，2007. 中国与世界主要国家文化产品进出口统计比较研究[J]. 统计研究，24（1）：27-31.

杨静，2010. 跨文化交际中移情研究的语言与文化视域[J]. 华中农业大学学报（社会科学版）（2）：141-144.

杨利英，2009. 近年来中国文化"走出去"战略研究综述[J]. 探索（2）：102-106.

杨林彦，2013. 论燕京大学在中西文化交流中的作用[D]. 北京：北京外国语大学.

杨柳，2009. 20世纪西方翻译理论在中国的接受史[M]. 上海：上海外语教育出版社.

杨明，张伟，2007. 个人主义：西方文化的核心价值观[J]. 南京社会科学（4）：38-44.

杨乃乔，1999. 后殖民主义还是新殖民主义？——兼论从殖民主义文学批评到东方主义的崛起[J]. 人文杂志（1）：131-137.

杨青山，罗梅，2014. 非物质文化遗产的新媒体传播价值分析[J]. 传媒（11）：

78-80.

杨生平，2013. 后殖民主义话语下中国问题研究评析[J]. 中国特色社会主义研究
（2）：88-91.

杨威，关恒，2015. 当代中国文化"走出去"路径探究——基于唐宋文化对外传
播方式的考察[J]. 学术论坛，38（10）：139-144.

杨薇，2001. 日本文化模式与社会变迁[M]. 济南：济南出版社.

杨文静，2004. 重塑信息时代美国的软权力——《软权力：在世界政治中的成功
之道》介评[J]. 现代国际关系（8）：61-62.

杨文艺，2015. 全球竞争的文化转向与孔子学院的转型发展——孔子学院十周年
回眸与展望[J]. 中国高教研究（4）：44-52.

杨武能，1989. 17-18世纪中国文化在西方的传播[J]. 社会科学战线（4）：236-
242.

杨鲜兰，2015. 构建当代中国话语体系的难点与对策[J]. 马克思主义研究（2）：
59-65.

杨雪英，2000. 儒家人性智慧在现代管理中的运用[J]. 经济问题探索（2）：28-
29.

杨苡，1986. 杨宪益与翻译[J]. 中国翻译（5）：40-42.

杨云宝，2005. 全球化中的人类文化趋向和中国文化的历史命运[J]. 科学社会主
义（4）：53-56.

杨子，2009. 身体、空间与认同——梅兰芳访美演出的价值向度与启示[J]. 艺术
百家，25（6）：192-197.

杨自俭，2006. 简论翻译批评——《文学翻译批评论稿》序[J]. 解放军外国语学
院学报，29（1）：52-54.

姚淦铭，1994. 王国维对宋代金石文化的阐释[J]. 中国典籍与文化（4）：103-
106.

姚国华，2007. 文化立国与大学重建[J]. 社会科学论坛（3）：73-98.

姚国华，2011. 一个民族需要关注天空的人[J]. 风流一代·经典文摘（1）：47-
48.

姚介厚，2007. 跨文化交往和世界文明共同进步[J]. 浙江大学学报（人文社会科

学版），37（4）：21-26.

姚君伟，2001. 近年中国赛珍珠研究回眸[J]. 中国比较文学（4）：30-39.

姚黎君，2001. 全球化时代的中华文化走向——方克立教授访谈录[J]. 党政干部学刊（4）：6-9.

姚新勇，2013. "第三世界文学"："寓言"抑或"讽喻"——杰姆逊"第三世界文学理论"的中国错译及其影响[J]. 南方文坛（6）：49-54.

姚兆余，2001. 宋代文化的生成背景及其特点[J]. 甘肃社会科学（1）：74-76.

叶浩生，2008. 教育心理学：后现代主义的挑战[J]. 教育研究（6）：52-58.

叶浩生，杨文登，2012. 教育心理学：历史、分歧与超越[J]. 教育研究（6）：103-111.

叶晓红，2015. 哥本哈根学派安全化理论述评[J]. 社会主义研究（6）：164-172.

叶英，2015. 从外媒报道看孔子学院的海外形象[J]. 四川大学学报（哲学社会科学版）（3）：48-57.

叶自成，王日华，2008. 中国和平发展与国际环境的理论总结：崛起国与霸权国关系的新模式[J]. 国际观察（1）：9-20.

伊萨克斯，1999. 美国的中国形象[M]. 于殿利，陆日宇，译. 北京：时事出版社.

伊藤功，2011. 二十一世纪日本文化外交政策之研究——从大众文化的利用之观点[J]. 台北：台湾大学政治学研究所.

依田憙家，1989. 简明日本通史[M]. 卞立强，李天工，雷慧英，译. 北京：北京大学出版社.

佚名，2004. "航空城"盛开巴渝奇葩——"中国文化年·图卢兹重庆艺术节"侧记[J]. 重庆与世界（10）：20-22.

佚名，2007. 秦始皇陵何以挖出外国人[J]. 山西老年（5）：18.

佚名，2008. "韩流"与"韩流经济"[J]. 中国高新技术企业（6）：C9-C10.

易中天，1998. 中国戏曲艺术的美学特征[J]. 大舞台（5）：6-11.

殷小平，2005. 高等教育国际交流中的教育主权与文化安全[J]. 现代大学教育（6）：1-5.

殷晓蓉，2005. 话语分析：如何为媒介社会语言实践提供说明？——兼评《话语与社会变迁》的传播学意义[J]. 广播电视大学学报（哲学社会科学版）

（2）：22-24.

尹鸿，2000. 成人仪式：权威意识与东方主义的殊途同归[J]. 当代电影（1）：
　　34-37.

尹群，2007. 晚明和清朝前期中欧交往的语言媒介[J]. 学海（5）：104-109.

于朝晖，2008. 整合公共外交——国家形象构建的战略沟通新视角[J]. 国际观察
　　（1）：21-28.

于建凯，2010. 论《花木兰》与《功夫熊猫》的文化差异与误读[J]. 电影文学，
　　506（5）：77-79.

于俊青，2011. 威廉·琼斯与东方学的兴起——兼论其东方文学与世界文学观念
　　[J]. 山东社会科学（10）：53-57.

于连，1998. 迂回与进入[M]. 杜小真，译. 北京：生活·读书·新知三联书店.

于森，2010. 从孔子学院看汉语言文化推广的模式与效果[J]. 武汉大学学报（哲
　　学社会科学版）（6）：952-957.

于伟，韩丽颖，2002. 中美高校学生社团文化建设若干问题比较研究[J]. 外国教
　　育研究（10）：57-60.

于永湛，2006. 关于中国出版走出去的思考[J]. 出版科学（2）：4-7.

于运全，2007. 中国文化软实力建设任重道远[J]. 对外传播（1）：44-46.

余佳丽，2007. 论全球化时代对中国电影"自我东方化"的批评及对策[J]. 当代
　　电影（6）：148-150.

余葶，2016. 中伊文化双维度下的回族哲学[J]. 中国穆斯林（5）：43-45.

余英时，1995. 中国思想传统的现代诠释[M]. 南京：江苏人民出版社.

俞敏，2013. 论有闲阶级及其异化——读《有闲阶级论——关于制度的经济研
　　究》[J]. 中国电子商务（13）：270.

俞为民，2011. 昆曲的现代性发展之可能性研究[J]. 文化艺术研究（1）：133-
　　155.

俞文钊，1996. 合资企业的跨文化管理[M]. 北京：人民教育出版社.

俞新天，2011. 中国文化价值观的构建与传播[J]. 国际问题研究（6）：5-19.

虞云国，2006. 略论宋代文化的时代特点与历史地位[J]. 浙江社会科学（3）：
　　158-165.

宇红，王欢，2004. 解读布尔迪厄的社会资本理论[J]. 理论界（3）：97-98.

元青，马良玉，2012. 20世纪上半期留美学生与中国文化的对外传播[J]. 南开学报（哲学社会科学版）（4）：100-111.

元青，潘崇，2013. 中国文化走出去的一段经历——以20世纪上半期中国留英学生为中心的考察[J]. 社会科学战线（4）：75-82.

元青，王建明，2009. 北洋政府时期的留日学人与中国文化的对日传播[J]. 广东社会科学（1）：122-129.

元脱脱，等，1975. 宋史：第6册　卷143-172　志[M]. 北京：中华书局.

袁行霈，1997. 关于文学史几个理论问题的思考——新编《中国文学史》总绪论[J]. 北京大学学报（哲学社会科学版）（5）：57-69.

袁南生，2016. 关于中国文明转型的战略思考[J]. 外交评论（2）：1-12.

袁小文，2008. 品牌国际化文化差异评价与对策研究[D]. 南昌：江西财经大学.

袁新涛，2012. 提升我国文化软实力的战略思考[J]. 山西社会主义学院学报（3）：5-9.

袁亦宁，2005. 翻译技术与我国技术翻译人才的培养[J]. 中国科技翻译（1）：51-54.

袁玥，2012. 精神经济视角下的非物质文化遗产保护与发展[J]. 中国文化产业评论（1）：209-216.

袁祖社，2007. 自由主义的"文化公共性"观念及其多元价值观的困境——现代"生存"本位之"文化转向"的公共哲学意义[J]. 社会科学辑刊（2）：16-23.

乐黛云，2008. 文化自觉与中西文化会通[J]. 河北学刊，28（1）：185-189.

乐黛云，比雄，1995. 独角兽与龙——在寻找中西文化普遍性中的误读[M]. 北京：北京大学出版社.

乐黛云，王向远，2005. 中国比较文学百年史整体观[J]. 文艺研究（2）：49-56.

乐素娜，2010. 论日本茶道与宋代斗茶之渊源[J]. 茶叶，36（4）：253-255.

云杉，2010. 文化自觉　文化自信　文化自强——对繁荣发展中国特色社会主义文化的思考：中[J]. 红旗文稿（16）：4-8.

载于民，2008. 中国美学史资料选编：上册[M]. 上海：复旦大学出版社.

曾景婷，2015. 中国文学"走出去"译介模式探究——以葛浩文英译莫言作品为例[J]. 翻译论坛（2）：18-23.

曾丽雅，2006. 当代中国精神文化建设发展述论[J]. 求实（7）：73-76.

曾柱，苏磊鑫，2014. 关于来华学历留学生文化传播的思考[J]. 青年文学家（36）：175-177.

詹明信，1997. 晚期资本主义的文化逻辑：詹明信批评理论文选[M]. 张旭东，编，陈清侨，等译. 北京：生活·读书·新知三联书店.

詹乔，2007. 论华裔美国英语叙事文本中的中国形象[D]. 广州：暨南大学.

詹小洪，2004. 中韩经济的爱恨情仇[J]. 南风窗（1）：52-53.

詹小洪，2011. 韩国政坛崛起"第三势力"——从首尔市长补选看韩国2012年大选[J]. 南风窗（23）：82-83.

张爱萍，2005. 中日古代文化源流[M]. 杭州：浙江大学出版社.

张曾芳，张龙平，2002. 论文化产业及其运作规律[J]. 中国社会科学（2）：98-106.

张从益，张建明，杨永和，等，2004. 中西文化比较研究[M]. 长沙：湖南人民出版社.

张大为，2017. 东方心智与中国古典文明-政治秩序[J]. 社会科学论坛（3）：159-174.

张丹，2006. 独联体国家的"颜色革命"和美国的文化侵略[M]// 尹韵公，明安香. 传播学研究：和谐与发展　中国传播学会成立大会暨第九次全国传播学研讨会论文集. 北京：新华出版社：250-254.

张德让，2001. 伽达默尔哲学解释学与翻译研究[J]. 中国翻译（4）：23-25.

张德让，2010. 翻译会通研究——从徐光启到严复[D]. 上海：华东师范大学.

张迪，2016. 中国的工匠精神及其历史演变[J]. 思想教育研究（10）：45-48.

张多来，赵阳阳，张旭敏，2012. 高校文化软实力探析[J]. 南华大学学报（社会科学版）（6）：93-96.

张冠男，2012. 当代中国国有企业文化建设问题的哲学思考[D]. 长春：吉林大学.

张广智，1998. 近代中国对基督教入华的回应——一项现代新史学的理论诠释[J]. 复旦学报（社会科学版）（3）：53-57.

张桂萍，2004.《史记》与中国史学传统[M].重庆：重庆出版社.

张桂萍，2004.《史记》与中国史学的实录传统[J].学习与探索（1）：118-124.

张国刚，2006.欧洲的中国观：一个历史的巡礼与反思[J].文史哲（1）：108-118.

张国刚，2010.丝绸之路与中西文化交流[J].西域研究（1）：1-3.

张国涛，2005.本土生产与国际传播：试析韩剧的生产机制与传播策略[J].南方电视学刊（5）：30-35.

张国涛，2006.韩剧："咸鱼翻身"的奇迹[J].中国经贸（4）：50-51.

张国祚，2011.中国文化软实力研究报告[M].北京：社会科学文献出版社.

张国祚，2015.文化软实力研究[J].中国高校社会科学（1）：42-45.

张化，2012.对马克思主义观点再认识——学习《马克思恩格斯文集》十卷本[J].湘潮（下半月）（2）：47.

张焕萍，2015.论国际话语权的架构[J].对外传播（5）：50-52.

张辉，2002.成功借鉴的轨迹——模仿、自立与创新[J].日本问题研究（1）：65.

张慧，2016.网络媒介互动传播下的新闻传播活动特征[J].新闻战线（24）：37-38.

张继文，2003.中译日的结构调整与转换[J].东北亚外语研究（10）：40-41.

张骥，等，2005.国际政治文化学导论[M].北京：世界知识出版社.

张杰，2008.文化自觉、文化战争、文化立国——世界"现代性"进程中的文化三部曲[J].南京社会科学（2）：107-115.

张锦辉，2017.动态翻译观与中国文化走出去[J].长江丛刊（18）：72.

张京媛，1993.新历史主义与文学批评[M].北京：北京大学出版社.

张京媛，1999.后殖民理论与文化批评[M].北京：北京大学出版社.

张晶，2010.《2020年前俄罗斯国家安全战略》及其内外政策走向[J].欧亚经济（1）：1-4.

张静，1997.广学会与晚清中外文化交流[J].历史教学（11）：36-39.

张静，2011.译者的文化身份及其翻译行为——赛珍珠个案研究[J].当代外语研究（2）：49-53.

张乐天，2001. 国家话语的接受与消解——公社视野中的"阶级"与"阶级斗争"[J]. 社会学研究（6）：75-87.

张立文，2004. 中国学术通史：宋元明卷[M]. 北京：人民出版社.

张立文，2007. 和合、和谐与现代意义[J]. 江汉论坛（2）：7-11.

张立文，祁润兴，2004. 和平、发展、合作——儒家文明在世界文明对话中的地位和价值[J]. 孔子研究（4）：2-11.

张利华，2015. 论文化价值观的两重性[J]. 当代世界与社会主义（1）：96-101.

张龙海，2004. 哈罗德·布鲁姆教授访谈录[J]. 外国文学（4）：103-106.

张龙海，2005. 哈罗德·布鲁姆与对抗式批评[J]. 国外理论动态（1）：40-44.

张龙海，2010. 哈罗德·布鲁姆论"误读"[J]. 当代外国文学，31（2）：57-67.

张勉，李树茁，2001. 企业员工工作满意度决定因素实证研究[J]. 统计研究，18（8）：33-37.

张茉楠，2010. 中国需要更加理性看待自己[J]. 中国经贸（2-3）：62-63.

张南峰，2015. 文化输出与文化自省——从中国文学外推工作说起[J]. 中国翻译（4）：88-93.

张宁，2008. 以科学发展观为指导加快文化建设[J]. 新东方（12）：20-22.

张佩瑶，2007. 从"软实力"的角度自我剖析《中国翻译话语英译选集（上册）：从最早期到佛典翻译》的选、译、评、注[J]. 中国翻译（6）：36-41.

张其学，2007. 后殖民主义：一种反思现代性的话语方式——兼评作为历史分期概念使用的"后殖民主义"[J]. 哲学动态（9）：55-60.

张全，2002. 文化负迁移对英汉互译中词义理解的影响[J]. 北京大学学报（哲学社会科学版）（A1）：151-153.

张书端，2012.《舌尖上的中国》：国家形象柔性传播中的一次成功尝试[J]. 电视研究（10）：73-74.

张书杰，2008. "二十一世纪第一个十年中外汉学家眼中的中国文化"国际汉学研讨会综述[J]. 中国文化研究（3）：209-212.

张书勤，2011. 中国出版"走出去"的路径选择[J]. 出版发行研究（12）：46-49.

张廷玉，等，1974. 明史（全二十八册）[M]. 北京：中华书局.

张宛丽，1996. 非制度因素与地位获得——兼论现阶段中国社会分层结构[J].社会学研究（1）：64-73.

张宛丽，2002. 对现阶段中国中间阶层的初步研究[J]. 江苏社会科学（4）：85-94.

张伟品，2007. 本土传统的失落、冷落与没落 [J]. 中国京剧（6）：8-10.

张伟品，2009. 从自觉到迷失——京剧文化追求与现代中国的社会转型[J]. 戏曲艺术（3）：9-13.

张文生，2011. 论当代中国大众文化的建设[J]. 理论月刊（5）：112-115.

张文喜，2002. "实践"与"操心"的时间性阐释——海德格尔、马克思论"存在与时间"[J]. 学习与探索（3）：1-6.

张西平，2014. 从学习西方到中国文化的自觉和复兴[J]. 红旗文稿（22）：23-24.

张西平，管永前，2016. 中国文化"走出去"研究总论[M]. 北京：北京大学出版社.

张晓芸，2007. "垮掉派"文学作品在中国的译介研究[J]. 解放军外国语学院学报，30（3）：56-60.

张啸涛，2006. "动漫帝国"倾销中国[J]. 凤凰周刊（16）：63.

张雄，陈鸣达，1989. 文明：充满生死搏斗的神秘剧——汤因比的《历史研究》[M]. 昆明：云南人民出版社.

张旭，2006. 简析近代中国留日、留美学生差异及其影响（1900—1929）[D]. 长春：东北师范大学.

张旭东，2006. 全球化时代的文化认同：西方普遍主义话语的历史批判[M]. 北京：北京大学出版社.

张旭东，2015. 文化政治与中国道路[M]. 上海：上海人民出版社.

张雪永，2003. 十九世纪末的中法文化交流述略（1860—1900）[J]. 天府新论（2）：92-96.

张延，2015. 汤因比中国传统文化观研究[D]. 洛阳：河南科技大学.

张岩贵，陈晓燕，2009. 全球价值链与中国制造[J]. 世界经济研究（10）：8-13.

张彦娜，2012. 现代翻译学研究中的"文化"与"文化迁移"概念[J]. 群文天地
（11）：116-118.

张艳国，刘俊峰，2012. 国际环境与世界眼光下的中国文化遗产保护走向[J]. 学
术研究（4）：99-105.

张一兵，2015. 政治肉体控制：作为知识-权力存在的效应机制出场的灵魂——
福柯《规训与惩罚》解读[J]. 山东社会科学（3）：30-38.

张怡，2004. 文化与符号权力：布尔迪厄的文化理论导论[D]. 成都：四川大学.

张意，2005. 文化与符号权力：布尔迪厄的文化社会学导论[M]. 北京：中国社会
科学出版社.

张莹，2016. "西方中心主义"话语中的中国形象[J]. 文艺理论与批评（4）：
118-123.

张颖，2010. 20世纪40年代中国社会的文化论争及历史性转型[J]. 理论导刊
（2）：105-106.

张应强，方华梁，2016. 从生活空间到文化空间：现代大学书院制如何可能[J].
高等教育研究（3）：56-61.

张永涛，2015. 中日外交文化比较[M]. 北京：中国宇航出版社.

张咏梅，1997. 中亚犹太人与丝绸之路[J]. 文博（4）：45-47.

张友谊，2001. 全球化视野下的文化冲突与融合[J]. 西南师范大学学报（人文社
会科学版）（1）：23-31.

张云倩，2011. 当代中国生态文明观与生态马克思主义的比较研究[D]. 长春：吉
林大学.

张允熠，2004. 关于16至18世纪之"中学西渐"的反思[J]. 高校理论战线（9）：
51-56.

张蕴初，2014. 20世纪美国作家笔下的中国人形象解读[J]. 外文研究（3）：71-
74.

张泽乾，1989. 中国文学在法国[J]. 法国研究（2）：14-22.

张占斌，董青，卢晓玲，2016. 从讲好中国故事看构建对外话语体系和提高我国
的国际话语权[J]. 文化软实力（4）：53-56.

张之洞，1998. 劝学篇：外篇[M]. 郑州：中州古籍出版社.

张芝联，1980. 历史上的中法关系[J]. 历史教学（3）：16-21.

张志洲，2012. 文化外交与中国文化"走出去"的动因、问题与对策[J]. 当代世界与社会主义（3）：12-16.

章艳，胡卫平，2011. 文化人类学对文化翻译的启示——"深度翻译"理论模式探索[J]. 当代外语研究（2）：45-49，62.

赵敦华，2007. 为普遍主义辩护——兼评中国文化特殊主义思潮[J]. 学术月刊（5）：34-40.

赵建民，1998. 从文化史的角度看日本的"国际化"[J]. 上海社会科学院学术季刊（2）：89-97.

赵金龙，闫小锋，2011. 文化产业发展途径探析[J]. 市场论坛（8）：48-50.

赵可金，2003. 美国公共外交的兴起[J]. 复旦学报（社会科学版）（3）：86-92.

赵黎明，2015. 当代国有企业文化建设研究[D]. 长春：吉林大学.

赵丽涛，2014. 文化间性视域下中国传统文化现代转化再反思[J]. 内蒙古社会科学：汉文版（2）：142-148.

赵路平，吕颜婉倩，黄琰秋，2015. 基于报纸和网络文本的非物质文化遗产传播研究[J]. 图书情报工作（14）：37-45.

赵平，2009. 关于公共知识空间中心场域转移的思考[J]. 大学图书情报学刊，27（1）：3-10.

赵启华，2002. 中国传统戏曲美学特征[J]. 戏曲艺术（1）：61-66.

赵巧艳，2011. 文化包容性发展：理论与对策[J]. 长白学刊（6）：137-140.

赵世瑜，邓庆平，2001. 二十世纪中国社会史研究的回顾与思考[J]. 历史研究（6）：157-172.

赵淑梅，2007. 振兴大学国学教育的理论探索[D]. 长春：东北师范大学.

赵婷婷，2014. 中国式"蒙太奇"：齐如山与梅兰芳重新组织的现代性京剧[J]. 文艺理论研究，34（6）：130-137.

赵小兵，孙丽新，2010. 译者身份和作者形象辨[J]. 作家（16）：169-170.

赵晓霞，2009. 跨国企业文化多元化时代的到来——固有文化与外来文化的融合[J]. 科技管理研究（11）：460-461.

赵新艳，2011. 新媒介环境下非物质文化遗产传播中的媒介角色与传播特点[J].

新闻传播（8）：67-68.

赵旭东，2016."一带一路"观念对人类学文明研究的新拓展[J].思想战线，42
　　（1）：18-25.

赵一凡，2004.萨义德与美国文化批评[J].外国文学研究（3）：1-9.

赵渊，1994.企业文化重塑探讨[J].管理世界（1）：209-211.

赵征军，2015.杨宪益、戴乃迭英译《牡丹亭》研究[J].三峡大学学报（人文社
　　会科学版）（3）：104-109.

郑朝红，2014.16-18世纪"东学西渐"重探：动因与启示[J].贵阳：贵州社会
　　科学（5）：142-146.

郑传寅，曾果果，2012."跨文化京剧"的历程与困境[J].东南大学学报（哲学
　　社会科学版）（6）：81-86.

郑春晔，2014.领导者公共形象与大众媒介互动关系研究[M].北京：中国社会科
　　学出版社.

郑大华，2006.西学东渐：晚清从封闭走向开放的桥梁[J].河北学刊，26（6）：
　　96-98.

郑凤霞，张顺兴，2009.中国儒家传统文化对韩国社会发展的影响[J].延边大学
　　学报（社会科学版），42（4）：62-66.

郑甫弘，熊蔚霞，1995.海外移民与近代闽粤侨乡社会观念的变迁[J].八桂侨刊
　　（2）：41-45.

郑杭生，2011.学术话语权与中国社会学发展[J].中国社会科学（2）：27-34.

郑衡泌，2003.晚清西学东渐中西学中文书刊出版地域空间拓展轨迹[J].亚热带
　　资源与环境学报，18（3）：23-28.

郑后建，2015.正视文化差异　发展文化认同——跨国公司全球经营中的文化思
　　维[J].湖南商学院学报（1）：45-49.

郑华，2005.话语分析与国际关系研究——福柯的"话语观"对后现代国际关系
　　理论的影响[J].现代国际关系（4）：56-62.

郑匡民，2008.西学的中介：清末民初的中日文化主流[M].成都：四川人民出版
　　社.

郑彭年，1999.日本中国文化摄取史[M].杭州：杭州大学出版社.

郑世明，2006. "儒家思想的最大公约数"——论韩国历史题材电视剧《大长今》的文化内涵[J]. 现代传播（6）：85-88.

郑易生，2002. 自然文化遗产的价值与利益[J]. 中国园林，18（2）：26-28.

郑永年，2006. 中国人应理性看待中国复兴[N]. 联合早报，2006-07-11.

郑永年，2012. 通往大国之路：中国的知识重建和文明复兴[M]. 北京：东方出版社.

中共中央党史研究室宣教局，2015. 党史文化与中国特色社会主义时间段历史研究[M]. 北京：中共党史出版社.

中共中央马克思恩格斯列宁斯大林著作编译局，1974. 马克思恩格斯全集：第32卷[M]. 北京：人民出版社.

中共中央马克思恩格斯列宁斯大林著作编译局，1979. 马克思恩格斯全集：第42卷[M]. 北京：人民出版社.

中共中央马克思恩格斯列宁斯大林著作编译局，2009. 马克思恩格斯文集[M]. 北京：人民出版社.

中共中央文献研究室，2011. 十六大以来重要文献选编：下[M]. 北京：中央文献出版社.

中共中央文献研究室，2014. 习近平关于全面深化改革论述摘编[M]. 北京：中央文献出版社.

中国大百科全书总编辑委员会《考古学》编辑委员会，中国大百科全书出版社编辑部，1986. 中国大百科全书：考古学[M]. 北京：中国大百科全书出版社.

中国社会科学院世界宗教研究所，2014. 中国社会科学院世界宗教研究所建所50周年纪念文集（1964—2014）：上卷[M]. 北京：社会科学文献出版社.

中国社会科学院外国文学研究所外国文学研究资料丛刊编辑委员会，1980. 欧美古典作家论现实主义和浪漫主义：一[M]. 北京：中国社会科学出版社.

中国史学会. 戊戌变法：二[M]. 上海：上海人民出版社.

中国文化报，2014. 专家学者聚焦中国文化翻译与传播——"中国文化翻译与传播"暨国家语言与翻译能力建设高级研修班开幕式发言摘登[N]. 中国文化报，2014-05-22（9）.

《中华近代文化史丛书》编委会，1989. 中国近代文化问题[M]. 北京：中华书局.

中宣部文化体制改革和发展办公室文化部对外文化联络局，2005. 国际文化发展
报告[M]. 北京：商务印书馆.

钟伴仁，2004. 重塑"俄罗斯民族精神"——普京执政的一大亮点[J]. 中国党政
干部论坛（12）：55-56.

钟龙彪，王俊，2006. 中国公共外交的演进：内容与形式[J]. 外交评论（3）：
64-69.

钟新，汤璇，黄超，2016. 跨国企业在公共外交进阶中的角色演变[J]. 新疆师范
大学学报（哲学社会科学版）（2）：111-117.

周超，2012. 中国文化遗产保护法制体系的形成与问题——以《非物质文化遗产
法》为中心[J]. 青海社会科学（4）：120-126.

周东娜，2014. 中国传统文化的包容性发展及其当代启示[J]. 理论导刊（12）：
114-120.

周谷城，吴于廑，林志纯，1985. 古典文明研究在我国的空白必须填补[J]. 世界
历史（11）：1-3.

周华斌，袁英明，2010. 民国时期梅兰芳的访日公演[J]. 文艺研究（2）：79-85.

周济，2015. 智能制造——"中国制造2025"的主攻方向[J]. 中国机械工程，26
（17）：2273-2284.

周密，1983. 齐东野语[M]. 北京：中华书局.

周明伟，2014. 建设国际化翻译人才队伍，推动中国文化走出去[J]. 中国翻译
（5）：5-6.

周宁，1992. 叙述与对话：中西戏剧话语模式比较[J]. 中国社会科学（5）：
181-195.

周宁，2003. 东方主义：理论与论争[J]. 厦门大学学报（哲学社会科学版）
（1）：15-21.

周宁，2004. 另一种东方主义：超越后殖民主义文化批判[J]. 厦门大学学报（哲
学社会科学版）（6）：5-12.

周宁，2005. 风起东西洋[M]. 北京：团结出版社.

周宁，2005. 文明之野蛮：东方主义信条中的中国形象[J]. 人文杂志（6）：86-

96.

周宁，2005. 乌托邦与意识形态之间：七百年来西方中国观的两个极端[J]. 学术
月刊（8）：11-18.

周宁，2006. 亚洲或东方的中国形象：新的论域与问题[J]. 人文杂志（6）：
1-10.

周宁，2007. 世界是一座桥：中西文化的交流与建构[M]. 桂林：广西师范大学出
版社.

周宁，2007. 世界之中国：域外中国形象研究[M]. 南京：南京大学出版社.

周宁，2008. 跨文化形象学：当下中国文化自觉的三组问题[J]. 厦门大学学报
（哲学社会科学版）（6）：5-11.

周宁，2008. 西方启蒙大叙事中的"中国"[J]. 天津社会科学（6）：78-89.

周宁，2009. 跨文化形象学的"东方化"问题[J]. 福建论坛（人文社会科学版）
（4）：27-32.

周宁，2011. "巨大的他者"——日本现代性自我想象中的"中国"[J]. 天津社
会科学（5）：101-101.

周宁，2011. 跨文化形象学的观念与方法——以西方的中国形象研究为例[J]. 东
南学术（5）：4-20.

周宁，宋炳辉，2005. 西方的中国形象研究——关于形象学学科领域与研究范型
的对话[J]. 中国比较文学（2）：148-161.

周琪，2009. 亨廷顿与福山的分歧：文化与国际政治研究[J]. 国际社会科学杂志
（1）：110-112.

周庆安，2011. 国家形象宣传片的历史规律与现实挑战[J]. 对外传播（3）：18-
19.

周三多，陈传明，鲁明泓，2009. 管理学——原理与方法[M]. 上海：复旦大学出
版社.

周仕宝，2004. 林语堂的翻译观[J]. 外语学刊（2）：107-110.

周思源，2014. 中国文化史论纲[M]. 福州：海峡文艺出版社.

周汶霏，宁继鸣，2015. 孔子学院的创新扩散机制分析[J]. 中国软科学（1）：
77-87.

周武, 何益忠, 张剑, 等, 2000. 太平天国史迹真相[M]. 上海: 华东师范大学出版社.

周锡山, 2009. 论赛珍珠在中国现代文学史上的地位和意义[J]. 社会科学论坛（3）: 16-31.

周晓红, 2009. 论原作者、译者和读者三者之间的关系[J]. 科教文汇（9）: 260-260.

周一良, 1987. 中外文化交流史[M]. 郑州: 河南人民出版社.

周怡, 2008. 强范式与弱范式: 文化社会学的双视角——解读J. C. 亚历山大的文化观[J]. 社会学研究（6）: 194-213.

周勇, 张雅俊, 吴迪, 等, 2012. 电影框架与大国形象建构——基于1996—2010年间15部美国电影中中国人物形象的分析[J]. 现代传播, 34（3）: 43-47.

周宇豪, 2013. 文化软实力传播过程中的输出性与渗透性研究——以孔子学院为例[J]. 现代传播, 35（5）: 55-61.

周志刚, 乔章凤, 2008. 海外孔子学院合作办学模式探析[J]. 江苏高教（5）: 32-35.

朱狄, 1984. 当代西方美学[M]. 北京: 人民出版社.

朱狄, 2008. 信仰时代的文明: 中西文化的趋同与差异[M]. 武汉: 武汉大学出版社.

朱东润, 李俊民, 等, 1984. 中华文史论丛: 1984年第3辑（总第31辑）[M]. 上海: 上海古籍出版社.

朱凤云, 2002. 美国人的使命观与文化输出行为管窥[J]. 淮阴师范学院学报（哲学社会科学版）, 24（6）: 815-817.

朱峰, 2002. 浅议国际关系理论中的"软权力"[J]. 国际论坛（2）: 56-62.

朱国仁, 1999. 高等学校职能论[M]. 哈尔滨: 黑龙江教育出版社.

朱汉民, 2011. 书院精神与书院制度的统一——古代书院对中国现代大学建设的启示[J]. 大学教育科学（4）: 3-5.

朱宏斌, 2016. 中国文化软实力与文化外交——以中国当代艺术国际化为例的研究[J]. 上海文化（2）: 92-101.

朱琳, 2006. 昆曲与近世江南社会生活: 以昆曲受众群体为对象的考察[D]. 苏州：苏州大学.

朱宁，2003. 安全与非安全化——哥本哈根学派安全研究[J]. 世界经济与政治（10）：21-26.

朱芹，2006. "韩流"与文化软实力：以《大长今》等韩剧为中心[J]. 韩国研究论丛（0）：219-236.

朱伟珏，2005. "资本"的一种非经济学解读——布迪厄"文化资本"概念[J]. 社会科学（6）：117-123.

朱希祥，李小玲，2013. "东学西渐"现象及相关问题的简析[J]. 杭州师范大学学报（社会科学版）（3）：125-132.

朱永新，1994. 书院精神对于当代大学教育的启示[J]. 江苏高教（2）：66-69.

猪口孝，朱哲莹，2010. 日本文化变迁与民主发展：经验与反思[J]. 复旦政治学评论（0）：166-180.

竹立家，2012. "中国话语"变迁与构建[J]. 人民论坛（12）：51-53.

祝鸣，2012. 解读西方非政府组织的"非政府性"[N]. 新民晚报，2012-03-09.

庄恩平，1998. 东西方文化差异与对外交流[M]. 上海：华东理工大学出版社.

庄恩平，2003. 跨国公司管理中的文化整合与跨文化商务沟通研究[J]. 上海大学学报（社会科学版），10（2）：88-93.

庄恩平，2006. 对经济全球化背景下跨文化交际学研究的思考[J]. 中国外语，3（1）：57-61.

庄琴芳，2007. 福柯后现代话语观与中国话语建构[J]. 外语学刊（5）：94-96.

庄智象，2007. 我国翻译专业建设——问题与对策[D]. 上海：上海外国语大学.

资中筠，2005. 从美国总统就职演说看美国的变与不变[J]. 美国研究，19（2）：7-21.

紫苏，2014. "活"着的遗产——中国大运河[J]. 中外文化交流（7）：58-61.

邹广文，2001. 当代中国大众文化及其生成背景[J]. 清华大学学报（哲学社会科学版）（2）：46-53，67.

邹广文，2010. 马克思文化哲学思想的展开逻辑[J]. 求是学刊，37（1）：29-35.

邹广文，夏莹，2003. 文化主体、环境与态度——从中西文化交流看文化交流的主体间性及其原则[J]. 求是学刊，30（4）：23-28.

邹盛瑜，蔡朋杞，2008. 浅谈中国文化"走出去"战略中的制约因素及瓶颈突破
[J]. 时代文学（18）：83-84.

邹雅艳，2017. 16世纪末期西方视野中的中国形象——以门多萨《中华大帝国
史》为例[J]. 南开学报（哲学社会科学版）（1）：43-50.

邹应猛，2010. 国际体系转型与中国国际话语权提升战略[J]. 东南亚纵横
（10）：85-90.

左飚，2001. 环性与线性：中西文化特性比较[J]. 社会科学（12）：68-72.

左亚文，2010. 马克思文化观的多维解读[J]. 学术研究（3）：31-35.

佐佐木，2002. 日本社会的结构变化与高等教育的课题[J]. 国家教育行政学院学
报（5）：27-36.

ALTEMUS V, 1991. Book Review: Bound to Lead: The Changing Nature of
American Power [J]. *Armed Forces & Society*, 17(4): 621-622.

ANON, 2005. Japan Rules OK! A Special Report on Asia's Pop Culture Superpower:
What's Right with Japan [R]. *Time*, 165(5).

ASAD T, 2002. Muslims and European Identity: Can Europe Represent Islam?[M].
ELIZABETH H, STREET B, ed. *Cultural Encounters: Representing "Otherness"*.
London and New York: Routledge: 11-28.

BEAMISH P W, BAPUJI H, 2008. Toy Recalls and China: Emotion vs. Evidence [J].
Management & Organization Review, 4(2): 197-209.

BERNARDI C, 2013. *The Conservative Revolution* [M]. Ballarat: Connor Court
Publishing.

BLOOM H, 1973. *The Anxiety of Influence: A Theory of Poetry* [M]. New York:
Oxford University Press.

BOURDIEU P, 1984. *Distinction: A Social Critique of the Judgement of Taste* [M].
Cambridge, MA: Harvard University Press.

BOURDIEU P, 1989. *La noblesse d'État: grandes écoles et esprit de corps* [M].
Paris: Éditions de Minuit.

BOURDIEU P, WACQUANT L J D, 1992. *An Invitation to Reflexive Sociology* [M].

Chicago: The University of Chicago Press.

BRUNEL P, PICHOIS C, ROUSSEAU A-M, 1983. *Qu'est-ceque la litérature Comparée?* [M]. Paris:Armand Colins.

BUNLE P, WAGNER D, 2002. The Left and Popular Culture: Film and Television [J]. *Monthly Review*, 54(3): 43.

CARENS J H, 2000. *Culture, Citizenship, and Community: A Contextual Exploration of Justice as Evenhandedness* [M]. New York: Oxford University Press.

CHENG C Y, 2007. Preface: The Inner and the Outer for Democracy and Confucian Tradition [J]. *Journal of Chinese Philosophy*, 34(2): 151-154.

CHENG W, LAM P, 2010. Media Discourses in Hong Kong: Change in Representation of Human Rights [J]. *Text & Talk: An Interdisciplinary Journal of Language, Discourse & Communication Studies*, 30(5): 507-527.

CHOU P C I, SPANGLER J, 2016. *Chinese Education Models in a Global Age: Transforming Practice into Theory* [M]. Singapore: Springer.

DAWKINS R, 2006. *The Selfish Gene* [M]. New York: Oxford University Press Inc.

DURING S, 2005. *Cultural Studies: A Critical Introduction* [M]. London and New York: Routledge.

EDWARDS L, 1999. *The Conservative Revolution: The Movement That Remade America* [M]. New York: the Free Press.

ESSELINK B, 2000. *A Practical Guide to Localization* [M]. Amsterdam: John Benjamins Publishing.

ESSELINK B, 2006. The Evolution of Localization [M]. PYM A, PEREKRESTENKO A, STARINK B. *Translation Technology and It's Teaching (With Much Mention of Localization)*. Tarrogona: Intercultural Studies Group in URV: 25.

FILLER L, 1988. *A Dictionary of American Conservatism* [M]. New Jersey: Citadel Press.

FOWLER R, et al., 1979. *Language and Control* [M]. London: Routledge & Kegan Paul.

FREGE M J, 2002. Kant, and the Logic in Logicism [J]. *Philosophical Review*,

111(1): 25-65.

HALL S, 2001. Foucault: Power, Knowledge and Discourse [M]. WETHERELL M, et al. *Discourse Theory and Practice: A Reader.* London: Sage: 72-81.

HANDLER R, 1995. *Schneider on Schneider: The Conversion of the Jews and Other Anthropological Stories by David Schneider, as Told to Richard Handler* [M]. Durham, N.C.: Duke University Press.

HARRIS P R, MORAN R T, 1996. *Managing Cultural Difference* [M]. Houston, Texas: Gulf.

HARVEY D C, 2001. Heritage Pasts and Heritage Presents: Temporality, Meaning and the Scope of Heritage Studies [J]. *International Journal of Heritage Studies* (7): 4, 319-338.

HATIM B, MASON I, 1990. *Discourse and the Translator* [M]. London: Taylor & Francis Ltd.

HATIM B, MASON I, 2001. *Discourse and the Translator* [M]. Shanghai: Shanghai Foreign Language Education Press.

HERMANS T, 2007. Cross-cultural Translation Studies as Thick Translation [EB/OL]. http://www.soas.ac.uk/Literatures/satranslations/Hermans.pdf. [2007-12-07].

HODGSON G, 2005. *Soft Power: The Means to Success in World Politics* by Joseph S. Nye [J]. *American Economist*, 49(4): 680-681.

HöFERT A, SALVATORE A, 2004. Between Europe and Islam: Shaping Modernity in a Transcultural Space[J]. *International Sociology*, 19(1): 114-119.

HUNSTON S, FRANCIS G, 2002. Pattern Grammar: A Corpus-driven Approach to the Lexical Grammar of English [J]. *Lingua*, 27(2): 318-320.

HUNTINGTON S P, 1996. *The Clash of Civilizations and the Remaking of World Order* [M]. New York: Simon and Schuster.

IBISWorld, 2012. Translation Services in the US: Market Research Report [EB/OL]. http://www.ibisworld.com.

ICOMOS, 1990. Charter for the Protection and Management of the Archaeological Heritage [EB/OL]. http://www.international.icomos.org/charters/arch-e.pdf.

ICOMOS, 1999. International Culture Tourism Charter: Managing Tourism at Places of Heritage Significance [EB/OL]. http:// www. international. icomos. org/charters /tourism_e.pdf.

ICOMOS, 2005. Xi'an Declaration on the Conservation of the Setting of Heritage Structures, Sites and Areas [EB/OL]. http://www.International.Icomos.Org/ charters/xian-declaration.pdf.

IRIYE A, 1997. *Cultural Internationalism and World Order* [M]. Baltimore: Johns Hopkins University Press.

JAKOBSON R, 1994. On Linguistic Aspects of Translation [M]//RICHARD B. *Roman Jakobson: Life, Language, Art*. New York: Routledge.

JOHNSON J, 2000. Why Respect Culture? [J]. *American Journal of Political Science*, 44(3): 405-407.

KAPLAN R D, 2001. Looking the World in the Eye [J]. *The Atlantic Monthly*, 12(5): 68-82.

KINGSCOTT G, 2002. Technical Translation and Related Disciplines [J]. *Perspectives*, 10(4): 247-255.

LA NOBLESSE d'ÉTAT F J C, 1991. Grandes écoles et esprit de corps by Pierre BOURDIEU [J]. *Revue Française De Pédagogie* (94): 93-98.

LEFEVERE A, 1992. *Translation, Rewriting, and the Manipulation of Literary Fame* [M]. London: Taylor & Francis Ltd.

LEOPOLD R W, 2010. Historians and American Foreign Policy: A New Guide to the Field [J]. *Diplomatic History*, 8(3): 273-285.

MATLIN M, 2009. *Cognition* [M]. Hoboken, NJ: John Wiley & Sons, Inc.

NEWMAN J H, 1976. *The Idea of a University: Defined and Illustrated (Oxford English Texts)* [M]. Oxford: Oxford University Press.

NYE J, 1991. *Bound to Lead: The Changing Nature of American Power* [M]. New York: Basic Books.

NYE J, 2004. *Soft Power: The Means to Success in World Politics* [M]. New York: Public Affairs.

OAKES L S, TOWNLEY B, COOPER D J, 1998. Business Planning as Pedagogy: Language and Control in a Changing Institutional Field [J]. *Administrative Science Quarterly*, 43(2): 257-292.

OBERG K, 1960. Culture Shock: Adjustment to New Cultural Environments [J]. *Practical Anthropologist* (7): 177-182.

PACTE G, 2008. First Results of a Translation Competence Experiment: Knowledge of Translation and Efficacy of the Translation Process [M] // KEARNS J. *Translator and Interpreter Training: Issues, Methods and Debates*. London: Continuum.

QUESNAY F, 1946. *China, A Model for Europe* [M]. San Antonia, Fex: Paul Anderson Company.

RAINEY L D, 2010. *Confucius and Confucianism* [M]. Chichester: Wiley & Sons Ltd.

REUTHER U, 1999. LETRAC Survey Findings in the Industrial Context [EB/OL]. http://www.iai-sb.de/docs/D22.pdf, 1999-04-02.

SANGREN P S, 2010. Anthropology of Anthropology? Further Reflections on Reflexivity [J]. *Anthropology Today*, 23(4): 13-16.

SHI X, 2009. Asian Discourse Studies: Foundations and Directions [J]. *Asian Journal of Communication*, 19(4): 384-397.

SMITH L, 2006. *Uses of Heritage* [M]. London & New York: Routledge.

SOJA E W, 1996. *Thirdspace: Journeys to Los Angles and Other Real-and-Imagined Places* [M]. Cambridge, MA: Blackwell Publishers.

TU W M, 1993. *Way, Learning and Politics: Essays on the Confucian Intellectual*[M]. Albany: State University of New York Press.

TURKEL G, 1990. Michel Foucault: Law, Power, and Knowledge [J]. *Journal of Law and Society*, 17(2): 170-193.

VAN RIPER P P, 1976. *History of the United States Civil Service* [M]. Sweet Port: Greenwood Press.

VENUTI L, 1998. American Translation [C] // BAKER M, ed. *Routledge Encyclopedia of Translation Studies*. London: Routledge: 305-315.

VENUTI L, 2004. *The Translator's Invisibility: A History of Translation* [M]. Shanghai: Shanghai Foreign Language Education Press.

VOLATAIRE, 1901. *The Works of Voltaire* [M]. New York: The St. Hubert Guild.

WEBER M, 1973. *From Max Weber: Essays in Sociology* [M]. New York: Oxford University Press.

WELCH R, 1986. Structural Realism after the Cold War [M]. KEOHANE R O. *Neorealism and Its Critics*. New York: Columbia University Press.

WILLIAMS P, CHRISMAN L, 1994. *Colonial Discourse and Post-Colonial Theory: A Reader* [M]. New York: Columbia University Press.

WU D D, NG P, 2011. Becoming Global, Remaining Local: The Discourses of International News Reporting by CCTV-4 and Phoenix TV Hong Kong [J]. *Critical Arts*, 25(1): 73-87.

YANG X Y, 2002. *White Tiger: An Autobiography of Yang Xianyi* [M]. Beijing: The Chinese University Press.

YING Y W, LIESE L H, 1990. Initial Adaptation of Taiwan Foreign Students to the United States: The Impact of Prearrival Variables [J]. *American Journal of Community Psychology*, 18(6): 825-845.

后 记

在重庆的暑热中紧赶慢赶完成了这本书，四年的疲惫一扫而光，有交差完毕的轻松，也有些许回望的遗憾。总有意犹未尽的感觉，或者说有一种"无意识遗忘"的怀疑，因而，选择在篇后多说几句，或许可以为以后的进一步深化研究埋下思想伏笔。

中国文化走出去，既是世界文化脉络发展的本质需要和必然趋势，又是全球化图景中多元文化交流映射的内在诉求，并在一定程度上反映了文化自觉状态下国家战略的顶层设计意图，同时也是传统和非传统视阈下防止精神殖民、维护国家民族文化安全的重要举措。它包含以下基本内容：一是作为精神符号的对外言说，中国文学艺术作品的弘扬与传播是树立民族形象的主流路径；二是译介中国文化遗产是对世界文化宝贵财富的保护、传承与推广，是中国文明历史积淀的支点体现；三是作为经济、政治、文化模因复合体的全球适配，中国跨国公司是经济文化化和文化经济化的典型结合；四是作为反思与批判现代性来源之一，中国学术思想是中国文化走出去的支撑内涵；五是作为国际社会超越单极霸权、平衡体系生态的一种力量，中国话语是促使人类社会理性对话与命运一体、共存互荣的有效力量。

近年来中国文化走出去确乎取得了不小的成就，我认为一是受益于全球化与本土化的双向驱动，对中国文化的认知力得到提升，中国故事开始受到国际社会的日益关注，在一定范围内得到借鉴和运用。二是国家形象的重塑与提升使得中国话语的解释力进一步增强，中国表达得到了国际社会越来越多的理解与认同，话语可信度逐渐上升。三是国家综合实力和软实力的增强促进了中国文化的日渐广被与深入人心，不仅覆盖了更多的地方，而且传播效果与浸染力度明显提高。四是中国文化旺盛的生命力、包容性和延展度使得中国文化的涵化力不断加强与完善。作为一种非整合模式，中国文化与异域文化的相遇、交融、濡化、演进，既遵循了文化自身发展的普遍规律，同时又为世界文化宝库的丰富、传承、演进与创新做出了贡献。五是第四次工业革命对人类社会带来的巨大影响使得场景力的建构与应用成为一个重要命题，大数据时代的到来使得社交用户的场景需求被激活与唤醒，对空间与环境、用户实时状态与生活习惯等的重视促使中国文化周边流动的多模态言说能力凸显上扬。取得了这些成绩，并不意味着我们的文化战略尽善尽美，或者已经成功取代了现有权威话语的强势角色，而是俗话所说的完成了"万里长征的第一步"，它标示着一个崭新的开始。

中国文化走出去研究需要不断的创新，呼唤全方位的审视，这体现在以下几个方面：一是创新视角，要在新世界主义和人类命运共同体的立场上去挖掘、再造、重构中国文化的精神内涵，重新思考中国与世界的关系问题，既摒除民族主义的封闭依赖、妄自尊大，又把民族精神作为立身世界、推动文明进程的源泉；二是创新方法，在马克思主义总体性的视阈下，综合运用哲学、文学、人类学、文化学、民族学、心理学、社会学、政治学、管理学、传播学、统计学、艺术学等人文学科的现有研究思路与方法路径，借鉴自然科学领域的相关范式，实现知识融通与体系转换的交相辉映；三是创新文本，深度发掘、梳理、归类、概览、总括中国文化的历史轨迹和现实模板，形成一以贯之的理论体系和文献勾连，在此基础上重新审视、广泛融合、再度出发；四是创新内容，在文化走出去这个宏大叙事的命题上不仅要关注文化本身及其直接相关领域的思考与探索，更要注重文化的随器赋形与多维渗透，特别是其与经济、政治、资本、权力及各种社会关系进行立体互动与越界攀缘所产生的组织形态和激发效应；五是创新语境，要跳出机械主义的思维基模，强调周遭环境、多重间性对故事文本、言语行为的反哺、能动、影响作用，营造有利于文化规律流动、健康发展的正向生态环境。

在新时代下，如何进一步深化中国文化走出去研究，是我们接下来要重点思考的问题。我认为可以关注以下着力点：一是抓住晚期资本主义现代性黄昏这个重要的历史契机，高度重视以习近平新时代中国特色社会主义思想标识性概念的确立与完形，对马克思主义中国化的理论工程进行全面普及、重点攻关、深度阐释，进一步弘扬和延展马克思主义的思想谱系；二是把国家修辞能力体系的打造与强化提上议事日程，特别要注重培养"故事员"——各级政府官员、新闻发言人以及民间组织代表的舆论组织的素养，提升国家解释力和话语权；三是致力于海外话语力量的协调统摄与培养增强，这包括数千万定居国外的华人，以及对中国友好的外国非政府组织、学者、普通民众等；四是注重中国学术思想的型构、内固、拉伸与播散，确立"穿越西方、回到当代"的知识生产思路，延续轴心时代以来中国文明对世界文明体系的精神滋养与思想贡献，为实现中华民族的伟大复兴打下坚实基础。

最后，感谢国家社会科学基金和国家出版基金的双重支持，这为本书的面世赋予了底气。

感谢川大出版社的编辑同志高度的责任心以及他们夜以继日的付出。

林克勤

2018年12月于煮梦庐

书　评

百年来，尽管在西式现代性的强势挤压下，中国文化一直在逼仄的空间中挣扎。但正如世界著名建设性后现代思想家小约翰·柯布所坚信的："中国人的深层知觉能力是非常强大的，它最终将再次证明自己。"今天，伴随中华民族的崛起，中国文化的伟大复兴已成历史的必然。然而，中国文化到底该如何与世界文明接轨？如何在让世界文化走进中国的同时，又让中国文化走向世界？如何让博大精深的中华文化丰富世界文化生态，中华文化如何为世界的后现代转向及生态文明的建设提供思想资源？林克勤教授的《中国文化走出去的策略与路径创新研究》一书站在后现代的高度对上述重大问题提出了许多极富创意的宝贵擘画，是一部不可多得的力作。

中美后现代发展研究院常务副院长、著名后现代哲学家　王治河博士

有道是："来而不往，亦非礼也。"近代以来，西方文化大量进入中国，虽然其中有不少使我们困惑的成分，但是总体来说，西方的文化大大丰富了我们的文化及物质生活。当今中国国力增强，那么中国也应该着力推介自己的文化，为世界的和谐、文化生活的丰富多彩做出贡献。文化的多元化是丰富本民族文化的有效手段，是人类命运共同体建立的重要平台。本书就文化传播的宏观布局与内涵发表了很有见地的观点，呼吁文化的交流与共享，是很有时代意义的大作。

日本札幌大学文化学系教授、孔子学院创院院长　张伟雄博士

克勤教授的高文大册表达了以下重要观点：不管西方愿不愿意，中国的包容性崛起都是一个显在的事实。这个包容性包括对人类命运共同体的维护，对历史的铭记，对广大发展中国家的帮助，还包括对中西方文化的平等对视、融会贯通，这就需要一种"穿越西方、回到中国"的总体知识生产思路。没有对西方两千多年学术思想史的认知与把握，就没有中国参与世界竞争、建构新世界主义话语体系的理论锐度；没有对中国五千多年文明的历史记忆、钩稽梳理、流变转型，就没有民族精神的活力之源，就没有中国思想、中国智慧的理论厚度。因而，这本专著的理论意义和现实价值不言而喻，得到国家社科基金和国家出版基金的双重支持也在情理之中。

香港浸会大学传理学院院长　黄煜博士

打破西方文化中心主义和话语霸权，首先需要克服自我中心化。研究中国文化走出去，也应该在文化自觉、自省、自信的基础上，将中国文化置于中外政治、经济、文化交流的历史发展脉络中去观照和把握。而且，需要用东西方多种理论体系和视角去融会贯通，进而系统、全面而深刻地表达，才能够实现真实的、真诚的、平等的对话和了解。而达到这样一个目标，需要研究者有广博的多学科的知识储备和理论修养，更需要学术胸怀和视野。林克勤教授在这本书中做到了。

美国圣克劳德州立大学传播系终身教授　彭增军博士

　　我十分赞同林教授阐述的观点：中国文化走出去，是中国和平崛起的重要指征，也是融入国际社会的迫切需要。林教授十年磨一剑的大作，对许多学术界有待探索的领域和观念进行了探讨，例如文化商业输出、文化装备配置等，这是中国文化走出去的经济内涵和国防意义。正如林教授所说：文化外交代表着中国文化走出去的国际关系处置考量。文化外交最能体现"使用交涉、谈判、商议和其他和平方式对外行使主权"的外交特点。这种协商性、合作性和柔性文化（非刚性）的特点，使得文化外交成为外交中的外交，其柔性运作，取决于国家战略目标的非直接功利性——文化利益，也取决于其手段的选择——以思想文化为主的软权力。正是这种商议性或非刚性的特点，使得文化外交，相比于其他外交形式更易于被目标国所接受。这本著作条分缕析地梳理了古今中国文化流播的来龙去脉，似一脉源泉活水，耐人寻味。作者花了不少笔墨在讨论中国文化走出去的战略框架设想，在外交关系中运用文化外交的柔性手段，让读者深刻感受到未来中国在国际事务处理方面，应该更有操控性和回旋余地，也更易使他国政府和人民理解和接受中国的优秀文化。

新加坡南洋理工大学孔子学院创业院长、新加坡河洛塾创始人　许福吉博士